Die Pflicht zur Rechtsmittelbelehrung im Zivilprozeß

Europäische Hochschulschriften

Publications Universitaires Européennes
European University Studies

Reihe II
Rechtswissenschaft

Série II Series II
Droit
Law

Bd./Vol. 3382

PETER LANG
Frankfurt am Main · Berlin · Bern · Bruxelles · New York · Oxford · Wien

Corinna Carl

Die Pflicht zur Rechtsmittelbelehrung im Zivilprozeß

PETER LANG
Europäischer Verlag der Wissenschaften

Die Deutsche Bibliothek - CIP-Einheitsaufnahme

Carl, Corinna:

Die Pflicht zur Rechtsmittelbelehrung im Zivilprozeß / Corinna Carl. - Frankfurt am Main ; Berlin ; Bern ; Bruxelles ; New York ; Oxford ; Wien : Lang, 2002
(Europäische Hochschulschriften : Reihe 2, Rechtswissenschaft ; Bd. 3382)
Zugl.: Berlin, Humboldt-Univ., Diss., 2001
ISBN 3-631-39297-4

ISSN 0531-7312
ISBN 3-631-39297-4

www.peterlang.de

Vorwort

Die vorliegende Arbeit wurde im Wintersemester 2000/2001 von der Juristischen Fakultät der Humboldt-Universität zu Berlin als Dissertation angenommen. Das Manuskript wurde im Dezember 2000 abgeschlossen.

Ich danke sehr herzlich Herrn Professor Dr. Hans-Peter Benöhr für seine stets bereitwillige Unterstützung und seine zahlreichen Anregungen bei der Betreuung der Arbeit.

Berlin, im Dezember 2001 Corinna Carl

Inhaltsverzeichnis

Literaturverzeichnis

Allgemeine Gerichtsordnung für die Preußischen Staaten: Erster Theil: Prozeßordnung; Berlin 1831

Allgemeine Verfügung des niedersächsischen Justizministeriums vom 6. Oktober 1953; NdsRpf. 1953, 176

Alternativ-Kommentar: Kommentar zum Grundgesetz für die Bundesrepublik Deutschland; Gesamtherausgeber: Rudolf Wassermann; Band 1 (Art. 1 - 37), Band 2 (Art. 38 - 146); 2. Auflage; Neuwied 1989 (Zit.: Bearbeiter in AK-GG)

Alternativ-Kommentar: Kommentar zur Strafprozeßordnung; Gesamtherausgeber: Rudolf Wassermann; Band 1 (§§ 1 - 93); Neuwied 1988 (Zit.: Bearbeiter in AK-StPO)

Alternativ-Kommentar: Kommentar zur Zivilprozeßordnung; Gesamtherausgeber: Rudolf Wassermann; Neuwied, Darmstadt 1987 (Zit.: Bearbeiter in AK-ZPO)

Annalen der Großherzoglich Badischen Gerichte: In Verbindung mit anderen Rechtsgelehrten des Großherzogthums herausgegeben von J. B. Bekk, Merk, Bayer, Litschgi, Sander; 2. Jahrgang; Karlsruhe 1834

Arbeitspapier des Bundesjustizministeriums: 1999; unveröffentlicht

Arens, Peter: Mündlichkeitsprinzip und Prozeßbeschleunigung im Zivilprozeß; Berlin 1971

Arndt, Herbert / Lerch, Klaus / Sandkühler, Gerd: Bundesnotarordnung; Kommentar; 4. Auflage; Köln, Berlin, Bonn, München 2000 (Zit.: Bearbeiter in Arndt/Lerch/ Sandkühler, BNotO)

Ascheid, Reiner: Urteils- und Beschlußverfahren im Arbeitsrecht; 2. Auflage; Neuwied, Kriftel 1998

Aufhäuser, Siegfried / Nörpel, Clemens: Arbeitsgerichtsgesetz, Vollständige Textausgabe mit ausführlichen Erläuterungen und Anmerkungen; Berlin 1927 (Zit.: Aufhäuser/Nörpel, ArbGG)

Zum Bach, E. A.: Vollständige Gegeneinanderstellung der Hauptmomente der preußischen und französischen bürgerlichen Prozeßordnung und Beziehung derselben auf die rationelle Rechtspflege; Magdeburg 1822

Bachmeyr, Karl E.: Sind Rechtsmittelbelehrungen eine zumutbare Belastung für die Finanzbehörden? (Ein Beitrag zur Auslegung des § 246 Abs. 3 AO); StuW 1960, Spalte 747 ff.

Bader, Johann / Funke-Kaiser, Michael / Kuntze, Stefan / von Albedyll, Jörg: Verwaltungsgerichtsordnung, Kommentar anhand der höchstrichterlichen Rechtsprechung; Heidelberg 1999 (Zit.: Bader/Funke-Kaiser/Kuntze/von Albedyll, VwGO)

Bajons-Grimm, Ena-Marlis: Rechtsvergleich: Landesbericht Österreich; in: Rechtsmittel im Zivilprozeß (Hrsg.: Gilles, Peter / Röhl, Klaus F. / Schuster, Paul / Strempel, Dieter), Köln 1985 (Zit.: Bajons-Grimm in: Rechtsmittel im Zivilprozeß)

Barnstedt, Fritz / Steffen, Wilhelm: Gesetz über das gerichtliche Verfahren in Landwirtschaftssachen (LwVG), Kommentar; 5. Auflage; Münster 1993 (Zit.: Barnstedt/Steffen, LwVG)

Bassenge, Peter / Herbst, Gerhard: Gesetz über die Angelegenheiten der freiwilligen Gerichtsbarkeit/Rechtspflegergesetz, Kommentar; 8. Auflage; Heidelberg 1999 (Zit.: Bassenge/Herbst, FGG)

Baumbach, Adolf: Arbeitsgerichtsgesetz vom 23. Dezember 1926; Berlin 1927

Baumbach, Adolf / Lauterbach, Wolfgang / Albers, Jan / Hartmann, Peter: Zivilprozeßordnung mit GVG und anderen Nebengesetzen; Kommentar; 59. Auflage; München 2001 (Zit.: Bearbeiter in Baumbach/Lauterbach/Albers/ Hartmann, ZPO)

Baur, Fritz / Grunsky, Wolfgang: Zivilprozeßrecht; 9. Auflage; Neuwied, Kriftel, Berlin 1997

von der Behrens, Joachim: Das Urteilsverfahren 1. Instanz; in: Die Arbeitsgerichtsbarkeit, Festschrift zum hundertjährigen Bestehen des Deutschen Arbeitsgerichtsverbandes; Neuwied, Kriftel, Berlin 1994; S. 315 ff.

Bericht der Gesetzgebungs-Kommission, erstattet an Se. Kön. Hoheit den Grossherzog am 15. November 1830, mit der Vorlegung des Entwurfs der Prozeßordnung in bürgerlichen Rechtsstreitigkeiten für das Großherzogthum Baden die allgemeinen Motive des Entwurfs enthaltend; Freiburg 1831 (Zit.: Bericht der Gesetzgebungs-Kommission)

Bericht der Kommission für das Zivilprozeßrecht, Hrsg.: Bundesministerium der Justiz; Bonn, März 1977

Bericht der Kommission zur Vorbereitung einer Reform der Zivilgerichtsbarkeit, Hrsg.: Bundesjustizministerium; Bonn 1961

Berner, F.: Das Organisations-Edikt über die Rechtspflege in den unteren Instanzen im Königreiche Württemberg, nebst der provisorischen Verordnung vom 22. September 1819, betreffend den Rechtsgang in Civilsachen bei den höheren Gerichten, und weiteren damit in Beziehung stehenden Gesetzen, Verordnungen und Normalvorschriften; 2. Auflage; Stuttgart 1847 (Zit.: Berner, Das Organisations-Edikt)

Bettermann, Karl August: Der Schutz der Grundrechte in der ordentlichen Gerichtsbarkeit; in: Die Grundrechte, Handbuch der Theorie und Praxis der Grundrechte, 3.Band, 2. Halbband:Rechtspflege und Grundrechtsschutz; (Hrsg.: Bettermann, Karl August / Nipperdey, Hans Carl / Scheuner, Ulrich); Berlin 1959; S. 779 ff. (Zit.: Bettermann in Bettermann/Nipperdey/Scheuner, Die Grundrechte, 3. Band, 2. Halbband, S.)

Bienwald, Werner: Betreuungsrecht, Kommentar; 3. Auflage; Bielefeld 1999

Binding, Karl: Deutsche Staatsgrundgesetze in diplomatisch genauem Abdrucke zu amtlichem und zu akademischem Gebrauche, Heft II: Die Verfassung des deutschen Reiches vom 28. März 1849 und die Entwürfe der sogenannten Erfurter Unionsverfassung (März und April 1850); Leipzig 1893

Bischof, Hans Helmut: Rechtsmittelbelehrung im Zivilprozeß?; ZRP 1978, 104 ff.

Blankenburg, Erhard / Blankenburg, Viola / Morasch, Hellmut: Die Rolle des Anwalts auf dem Weg in die Berufung; in: Rechtsmittel im Zivilprozeß (Hrsg.: Gilles, Peter / Röhl, Klaus F. / Schuster, Paul / Strempel, Dieter), Köln 1985 (Zit.: Blankenburg, E./Blankenburg, V./Morasch, H. in: Rechtsmittel im Zivilprozeß)

Böckenförde, Ernst-Wolfgang: Entstehung und Wandel des Rechtsstaatsbegriffs in Festschrift für Adolf Arndt zum 65. Geburtstag (Hrsg.: Ehmke, Horst / Schmid, Carlo / Scharoun, Hans); Frankfurt a. M. 1969; S. 53 ff.

Boesche, Wilhelm / Dittmar, Fritz: Kommentar zum Arbeitsgerichtsgesetz; Berlin-Zehlendorf 1929 (Zit.: Boesche/Dittmar, ArbGG)

Bötticher, Eduard: Gleichbehandlung und Waffengleichheit, Überlegungen zum Gleichheitsgrundsatz; Heidelberg, Hamburg, Karlsruhe 1979

Bolgiano, Karl: Handbuch des Reichs-Civil-Prozeßrechts auf rationellen Grundlagen mit vergleichender Darstellung des gemeinen deutschen Civilprozesses für Studierende und zum Gebrauch in der Praxis, Allgemeiner Theil; Stuttgart 1879

Bolley, Heinrich Ernst Ferdinand: Entwürfe und Anträge zu einer umfassenden Civil-Gerichts- und Prozeßordnung für das Königreich Württemberg; Band 1 und 2; je Stuttgart 1844

Bomsdorf, Falk: Prozeßmaximen und Rechtswirklichkeit, Verhandlungs- und Untersuchungsmaxime im deutschen Zivilprozeß - Vom gemeinen Recht bis zur ZPO -; Berlin 1971

Bonner Kommentar: Bonner Kommentar Grundgesetz; Hrsg.: Dolzer, Rudolf / Vogel, Klaus; Band 3 (Art. 15-19), Band 8 (Art. 92 - 104); Loseblattsammlung; 71. Lieferung 1993; Stand: November 2000 (Zit.: Bearbeiter in BK-GG)

Brauer, Eduard: Das mündliche Verfahren vor dem Unterrichter in bürgerlichen Streitsachen, nach der neuen badischen Gesetzgebung vom Jahr 1851; Karlsruhe 1852
Brinkmann, Karl: Grundrechts-Kommentar zum Grundgesetz für die Bundesrepublik Deutschland vom 23. Mai 1949; Bonn 1967 - 1969
Brox, Hans / Walker, Wolf-Dietrich: Zwangsvollstreckungsrecht; 6. Auflage, Köln, Berlin, Bonn, München 1999
Bryde, Brun-Otto / Kleindiek, Ralf: Der allgemeine Gleichheitssatz; Jura 1999, 36 f.
Buchegger, Walter / Deixler-Hübner, Astrid / Holzhammer, Richard: Praktisches Zivilprozeßrecht I, Streitiges Verfahren; 6. Auflage; Wien, New York 1998 (Zit.: Buchegger/Deixler-Hübner/Holzhammer, Praktisches Zivilprozeßrecht I)
Circulare an sämmtliche Regierungen und Ober-Landes-Justiz-Collegia zur Erleuterung einiger Vorschriften der Prozeßordnung; Berlin, 20. 9. 1783
Codex Juris Bavarici Judicarii; Neue Auflage; 2. Auflage; München 1753
Coing, Helmut (Hrsg.): Handbuch der Quellen und Literatur der neueren Europäischen Privatrechtsgeschichte; Dritter Band: Das 19. Jahrhundert; 2. Teilband: Gesetzgebung zum Allgemeinen Privatrecht und zum Verfahrensrecht; München 1982 (Zit.: Autor in: Coing)
Constitution und Ordnung wie die Prozesse in Königlich Preußischen Landen, bey allen Instanzien in einen Jahr zu Ende gebracht werden sollen; Franckfurt und Leipzig 1748 (Zit.: Constitution und Ordnung ...)
Cordes, Helmut: Untersuchungen über Grundlagen und Entstehung der Reichsabgabenordnung vom 23. Dezember 1919; Diss. Köln 1971
Cosmo, Carl-Johan: Rechtsvergleich: Landesbericht Schweden; in: Rechtsmittel im Zivilprozeß (Hrsg.: Gilles, Peter / Röhl, Klaus F. / Schuster, Paul / Strempel, Dieter) Köln 1985 (Zit.: Cosmo in: Rechtsmittel im Zivilprozeß)
Costa, H. L.: Die gerichtsverfassungsrechtlichen und verfahrensrechtlichen Vorschriften des Dritten Strafrechtsänderungsgesetzes; MDR 1953, 577 ff.
Dahlmanns, Gerhard J.: Der Strukturwandel des deutschen Zivilprozesses im 19. Jahrhundert, Untersuchungen zur Entwicklungsgeschichte der ZPO an Hand ausgewählter Gesetzgebungsarbeiten; Aalen 1971
Dahlmanns, Gerhard J.: 7. Abschnitt: Deutschland, S. 2615 ff.; 8. Abschnitt: Österreich, S. 2699 ff.; 9. Abschnitt: Schweiz, S. 2755 ff.; in Coing, Handbuch der Quellen und Literatur der neuen europäischen Privatrechtsgeschichte, Dritter Band: siehe oben (Zit.: Dahlmanns in: Coing)
Dahs, Hans: Das rechtliche Gehör im Strafprozeß; München, Berlin 1965
Dallinger, Wilhelm: Aus der Rechtsprechung des BGHSt; MDR 1973, 554 ff.
Dallinger, Wilhelm: Das Dritte Strafrechtänderungsgesetz, II. Teil: Gerichtsverfassung und Strafverfahren, JZ 1953, 432 ff.

Dallinger, Wilhelm: StPO und GVG in der vom 1. Oktober 1950 an geltenden Fassung; Stuttgart, Köln 1950

Damrau, Jürgen / Zimmermann, Walter: Betreuungsgesetz, Kommentar; Stuttgart, Berlin, Köln 1991 (Zit.: Bearbeiter in Damrau/Zimmermann, Betreuungsgesetz)

Dauster, Manfred: Eckpunkte einer Justizreform; ZRP 2000, 338 ff.

Demharter, Johann: Müssen alle Entscheidungen der freiwilligen Gerichtsbarkeit mit einer Rechtsmittelbelehrung versehen werden?; FGPrax 1995, 217 f.

Dersch, Hermann / Volkmar, Erich: Arbeitsgerichtsgesetz, Kommentar; Mannheim, Berlin, Leipzig 1927 (Zit.: Dersch/Volkmar, ArbGG)

Dersch-Volkmar: Arbeitsgerichtsgesetz, Kommentar; 6. Auflage; Berlin, Frankfurt a. M. 1955 (Zit.: Dersch-Volkmar, ArbGG, 6. Auflage)

Dietz, Rolf / Nikisch, Artur: Arbeitsgerichtsgesetz, Kommentar; München, Berlin 1954 (Zit.: Dietz/Nikisch, ArbGG)

Donsbach, Chr.: Die Verfassung und das Proceßverfahren der Untergerichte im Großherzogthum Baden mit Vorschlägen zu Verbesserung durch Trennung der Justiz von der Administration, und der Oeffentlichkeit und Mündlichkeit des Verfahrens; Karlsruhe 1822

von Drais, C. W. F. L. Freiherr: Geschichte der badischen Gerichtshöfe in neuerer Zeit, Mit Blicken auf die Vorschläge unserer Tage für mehr Öffentlichkeit der Civil- und Criminaljustiz, für das Plädiren und die Geschwornengerichte; Mannheim 1821

Dreier, Horst: Grundgesetz, Kommentar, Band I (Art. 1 - 19); Tübingen 1996 (Zit.: Bearbeiter in Dreier, GG)

Dütz, Wilhelm: Aktuelle Fragen zur Arbeitsgerichts-Novelle 1979; RdA 1980, 81 ff.

Einundsechzigster Deutscher Juristentag: Der Tagungsverlauf; NJW 1996, 2987 ff.

Entwurf einer Civil-Proceß-Ordnung für die im Reichsrathe vertretenen Königreiche und Länder; Wien 1876

Entwurf einer Proceß-Ordnung in bürgerlichen Rechtsstreitigkeiten für den Preußischen Staat; Berlin 1864

Entwurf einer Zivilprozeßordnung, veröffentlicht durch das Reichsjustizministerium; Berlin 1931

Entwurf eines Gesetzes zur Änderung der Zivilprozeßordnung und des Gesetzes über die Angelegenheiten der freiwilligen Gerichtsbarkeit (ZPO ÄndG 1988), Gesetzentwurf der Abgaordneten Dr. Pick, Frau Dr. Däubler-Gmelin, Bachmaier, Dreßler, Klein (Dieburg), Schmidt (München), Schütz, Singer, Stiegler, Wiefelspütz, Dr. de With, Kretkowski, Dr. Vogel und der Fraktion der SPD: BT Drs 11/1704 (Zit.: *SPD-Entwurf*)

Entwurf eines Verwaltungsgerichtsgesetzes zur Vereinheitlichung der Verwaltungsgerichtsordnung, der Finanzgerichtsordnung und des Sozialgerichtsgesetzes; Schriftenreihe der Hochschule Speyer Band 40; Vorwort von Carl Hermann Ule; Berlin 1969 (Zit.: Entwurf eines VerwGG)

Erfurter Kommentar: Erfurter Kommentar zum Arbeitsrecht; Hrsg.: Dieterich, Thomas / Hanau, Peter / Schaub, Günther; München 1998 (Zit.: Bearbeiter in Erfurter Kommentar, ArbGG)

Ergänzungen und Erläuterungen der Allgemeinen Gerichts-Ordnung für die Preußischen Staaten durch Gesetzgebung und Wissenschaft, unter Benutzung der Akten Eines Hohen Justizministerii und der Gesetz-Revisions-Arbeiten; Hrsg.: Gräff, H. / Koch, C. F. / von Rönne, L. / Simon, H. / Wentzel, A.; 1. Abtheilung. Ergänzung des 1. Theils; Titel 1 - 35; Breslau 1839 (Zit.: Ergänzungen und Erläuterungen)

Eyermann, Erich: Verwaltungsgerichtsordnung, Kommentar; 11. Auflage; München 2000

Fasching, Hans W.: Lehrbuch des österreichischen Zivilprozeßrechts, Lehr- und Handbuch für Studium und Praxis; 2. Auflage; Wien 1990

Fassbinder, Hedwig: Das Arbeitsgerichtsgesetz in systematischer Darstellung; Trier 1928

Felix, Günther: Anmerkung zu BFH, Urteil vom 1. 12. 1954 - II 235/53 S, BStBl 1955, III S. 26; BB 1955, 150

Fenn, Herbert: Die Anschlußbeschwerde im Zivilprozeß und im Verfahren der freiwilligen Gerichtsbarkeit; Bielefeld 1961

von Feuerbach, Anselm Ritter: Betrachtungen über die Öffentlichkeit und Mündlichkeit der Gerechtigkeitspflege; Band 1: Öffentlichkeit und Mündlichkeit, Gießen 1821; Band 2: Über die Gerichtsverfassung und das gerichtliche Verfahren Frankreichs, Giessen 1825

Flatow, Georg / Joachim, Richard: Das Arbeitsgerichtsgesetz; Berlin 1928 (Zit.: Flatow/Joachim, ArbGG)

Fließbach, Wilhelm: Erläuterung zur Rechtsprechung, zum Urteil des BFH vom 1. 12. 1954 II 235/53; StuW 1955, Spalte 201 ff.

Fließbach, Wilhelm: Rechtsmittelbelehrung und Rechtsschutz im Steuerrecht; StuW 1956, Spalte 863 ff.

Forsthoff, Ernst: Begriff und Wesen des sozialen Rechtsstaats, 1954; S. 165 ff. in: Forsthoff, Ernst: Rechtsstaatlichkeit und Sozialstaatlichkeit; Darmstadt 1968

von Freydorf, R.: Prozeß-Ordnung in bürgerlichen Rechtsstreitigkeiten für das Großherzogthum Baden vom 18. März 1864 mit Erläuterungen, Allgemeiner Teil, Heidelberg 1867

Friese, Hans: Rechtsmittelbelehrung und die Folgen ihrer Unterlassung; NJW 1954, 660 ff.
Frohner, Siegfried: Rechtliche Einordnung der Nichtzulassungsbeschwerde - Rechtsmittel oder Rechtsbehelf?; BB 1980, 1164 f.
Gärde, N. / Engströmer, Thore / Strandberg, Tore / Söderlund, Erik: Nya Rättegangsbalken, jämte lagen om dess införande, med kommentar; Stockholm 1949 (Zit.: Gärde/Engströmer/Strandberg/Söderlund, Nya Rättegangsbalken)
Gebler, Martina: Die Aufklärungspflicht des Anwalts im Rahmen des Mandats und die Beratungs- und Belehrungspflichten bei Vergleichsabschluß sowie die Rechtsfolgen eines Pflichtverstoßes; Diss. Würzburg 1996; erschienen 1997
Geisler, Christiane: Anmerkung zum Beschluß des BVerfG vom 20. 6. 1995; StAZ 1996, 79 f.
Gensler, J. C.: Anleitung zur gerichtlichen Praxis in bürgerlichen Rechtsstreitigkeiten, verbunden mit theoretischen Darstellugnen und Bemerkungen, Erster allgemeiner Theil; Heidelberg 1821
Gerig, Otto: Das Arbeitsgerichtsgesetz vom 23. Dezember 1926; Berlin 1927
Germelmann, Claas-Hinrich / Matthes, Hans-Christoph / Prütting, Hanns: Arbeitsgerichtsgesetz, Kommentar; 3. Auflage; München 1999 (Zit.: Bearbeiter in Germelmann/ Matthes/Prütting, ArbGG)
Gesetz-Sammlung für die Königlich Preußischen Staaten; 1833, No 7; 1838, No 18
Gift, Emil / Baur, Hansjörg: Das Urteilsverfahren vor den Gerichten für Arbeitssachen; München 1993 (Zit. Gift/Baur, Das Urteilsverfahren)
Gilles, Peter: Rechtsmittel im Zivilprozeß; Berufung, Revision und Beschwerde im Vergleich mit der Wiederaufnahme des Verfahrens, dem Einspruch und der Wiedereinsetzung in den vorigen Stand; Frankfurt a. M. 1972
GK-ArbGG: Gemeinschaftskommentar zum Arbeitsgerichtsgesetz, bearbeitet von Rainer Ascheid u.a.; Neuwied 1991; Loseblattsammlung (Zit.: Bearbeiter in GK-ArbGG)
Goldschmidt, Heinz: Arbeitsgerichtsgesetz; Berlin 1927
Gottwald, Peter: Gutachten A: Empfehlen sich im Interesse eines effektiven Rechtsschutzes Maßnahmen zur Vereinfachung, Vereinheitlichung und Beschränkung der Rechtsmittel und Rechtsbehelfe des Zivilverfahrensrechts? in: Verhandlungen des einundsechzigsten Deutschen Juristentages, Karlsruhe 1991, Hrsg.: Ständige Deputation des Deutschen Juristentages, Band I: Gutachten; München 1996 (Zit.: Gutachten von Gottwald vor dem 61. Deutschen Juristentag)
Gräber, Fritz: Finanzgerichtsordnung; 4. Auflage; München 1997

Grävell, M. C. F. W.: Praktischer Kommentar zur allgemeinen Gerichts-Ordnung für die Preußischen Staaten; 1. Band; Erfurt 1825
Graf, Günther: Das Arbeitsgerichtsgesetz von 1926; Goldbach 1993
Gründler, A.: Ist der Amtsgerichts-Civilprozeß in seiner jetzigen Gestalt lebensfähig?, Einige Beiträge zur Beantwortung dieser Frage; Berlin 1879
Grundlagen der Rechtspflege: Lehrbuch; 2. Auflage; Staatsverlag der DDR; Berlin 1986
Grunsky, Wolfgang: Arbeitsgerichtsgesetz; 7. Auflage; München 1995
Hahn, Karl: Die gesammten Materialien zu den Reichs-Justizgesetzen, Zweiter Band: Die gesammten Materialien zur Civilprozeßordnung und dem Einführungsgesetze zu derselben vom 30. Januar 1877; 1. Abtheilung; Berlin 1880
Handbuch des Staatsrechts der Bundesrepublik Deutschland: Hrsg.: Isensee, Josef / Kirchhof, Paul;
Band I: Grundlagen von Staat und Verfassung; Heidelberg 1987
Band III: Das Handeln des Staates; 2. Auflage, Heidelberg 1996
Band V: Allgemeine Grundrechtslehren; 2. Auflage; Heidelberg 2000
(Zit.: Bearbeiter in Handbuch des StaatsR)
Handbuch des Verfassungsrechts: Hrsg.: Benda, Ernst / Maihofer, Werner / Vogel, Hans-Jochen; 2. Auflage; Berlin, New York 1994 (Zit.: Bearbeiter in Handbuch des VerfR)
Handwörterbuch zur Deutschen Rechtsgeschichte: Hrsg.: Erler, Adalbert / Kaufmann, Ekkehard / Werkmüller, Dieter, unter Mitarbeit von Schmidt-Wiegand, Ruth; mitbegründet von Stammler, Wolfgang; Band 5 (Straftheorie - Zycha, Register); Berlin 1998 (Zit.: Bearbeiter in Handbuch zur Deutschen Rechtsgeschichte, Stichwort)
von Harpprecht, Heinrich: Entwurf einer bürgerlichen Prozeß-Ordnung für das Königreich Württemberg, Stuttgart 1848
Hauck, Friedrich: Arbeitsgerichtsgesetz, Kommentar; München 1996
Heidelberger Kommentar: Hrsg.: Lemke, Michael / Julius, Karl-Peter / Krehl, Christoph / Kurth, Hans-Joachim / Rautenberg, Erardo Cristoforo / Temming, Dieter; Kommentar zur Strafprozeßordnung; 2. Auflage; Heidelberg 1999 (Zit.: Bearbeiter in HK-StPO)
Heither, Friedrich M. / Heither, Ulrike / Schönherr, Rudolf: Arbeitsgerichtsgesetz, Kommentar; Band 1; 3. Auflage; Bielefeld 1974; Loseblattsammlung; Stand: Juli 2000 (Zit.: Heither/Schönherr, ArbGG)
Hennig, Werner / Danckwerts, Hans Siegmund / König, Walter: Sozialgerichtsgesetz, Kommmentar; Loseblattsammlung; Stand: Januar 1990; Neuwied, Frankfurt (Zit.: Hennig/Danckwerts/König, SGG)
Hesse, Konrad: Der Rechtsstaat im Verfassungssystem des Grundgesetzes, in: Forsthoff, Ernst: Rechtsstaatlichkeit und Sozialstaatlichkeit; Darmstadt 1968

Heyland, Ingrid: Zur Auslegung des § 45 II S. 1 StPO n.F. - Bemerkung zu der Entscheidung BVerfG 41, 332 -; JR 1977, 402 ff.

Hingerl, Josef: Die Rechtsmittelbelehrung in den Verfahrensordnungen des öffentlichen Rechts; Diss. Konstanz 1982

Holzhauer, Heinz / Reinicke, Michael: Betreuungsrecht; Münster 1993 (Zit.: Holzhauer/Reinicke, Betreuungsrecht)

Huber, Pius Markus: Praxishandbuch, Zivilprozessrecht, Neuere Züricher Praxis zur ZPO mit Anmerkungen; Zihlschlacht 1997

Hübner, Claudia: Allgemeine Verfahrensgrundsätze, Fürsorgepflicht und fair trial?; Tübingen 1983

Hübschmann / Hepp / Spitaler: Hrsg.: Söhn, Helmut, u.a.; Abgabenordnung, Finanzgerichtsordnung, Kommentar; Band XI (§§ 54 - 114 FGO); 10. Auflage, Köln 1995; Loseblattsammlung, Stand: Dezember 2000 (Zit.: Bearbeiter in Hübschmann/Hepp/Spitaler, AO-FGO)

Hülle, Werner: Die Rechtsmittelbelehrung in der Hauptverhandlung; JZ 1953, 629 f.

Hummer, Rüdiger: Justizgewährung und Justizverweigerung in verfassungsrechtlicher Sicht; Diss. Marburg 1972

Ihrer Königl. Majestät in Pohlen und als Churfürstens zu Sachsen und Neue Appellations-Gerichts-Ordnung; Dresden 1734

Kaatz: Anmerkung zu BFH Urt. II 235/53 S v. 1. 12. 1954; FR 1955, 379

Kappes, Karl Heinz: Rechtsmittelverlust bei unterbliebener Zustellung; NZA 1991, 664 ff.

Karlsruher Kommentar: Karlsruher Kommentar zur Strafprozeßordnung und zum GVG mit Einführungsgesetz; Hrsg.: Gerd Pfeiffer; 4. Auflage; München 1999 (Zit. Bearbeiter in KK-StPO)

Keidel, Theodor / Kuntze, Joachim / Winkler, Karl: Freiwillige Gerichtsbarkeit, Kommentar; 14. Auflage; München 1999 (Zit.: Bearbeiter in Keidel/Kuntze/Winkler, Freiwillige Gerichtsbarkeit)

Keller, August: Die Badische Zivilprozessordnung von 1831; Berlin, Leipzig 1913

Kellner, Horst: Zivilprozeßrecht, Lehrbuch; Staatsverlag der DDR; Berlin 1980

Kip, Hans-Gerhard: Das sogenannte Mündlichkeitsprinzip, Geschichte einer Episode des Deutschen Zivilprozesses; Hrsg.: Fritz von Hippel; Köln, Berlin 1952

Kleinknecht, Theodor / Meyer-Goßner, Lutz: Strafprozeßordnung mit GVG und Nebengesetzen; 44. Auflage; München 1999 (Zit.: Kleinknecht/Meyer-Goßner, StPO)

Klempt, Walter / Meyer, Heinz: Rechtsmittelverfahren und Rechtsmittelkosten in Steuerstreitsachen; 2. Auflage; Stuttgart 1959

KMR: Kleinknecht, Theodor / Müller, Hermann / Reitberger, Leonhardt: KMR-Kommentar zur StPO und zum GVG mit Nebengesetzen, Kostenanhang und Sachregister; 3. Auflage; Darmstadt, Nürnberg, Düsseldorf, Berlin, Frankfurt 1954 (Zit.: KMR (3. Auflage), StPO)

KMR: Kommentar zur Strafprozeßordnung; Hrsg.: von Heintschel-Heinegg, Bernd / Stöckel, Heinz; Loseblattsammlung; 24. Lieferung (August 2000); Neuwied, Kriftel (Zit.: Bearbeiter in KMR-StPO)

Kniffka, Rolf: Chancenungleichheit durch Informationsgefälle im Zivilprozeß; ZRP 1981, 166 ff.

Kniffka, Rolf: Rechtsmittelbelehrung im Zivilprozeß; DRiZ 1980, 105 ff.

Koch, Elisabeth: Zum Einfluß des Code de procédure civile auf die deutsche Zivilprozeßrechtsreform, in: Französisches Zivilrecht in Europa während des 19. Jahrhunderts, Hrsg.: Rainer Schulze; Berlin 1994; S. 157 ff.

Kohlhaas, Max / Schmidt, Herbert: StPO mit GVG mit Erläuterungen für den Gebrauch der Polizei; Köln, München, Stuttgart, Tübingen 1954

Kopp, Ferdinand O.: Das rechtliche Gehör in der Rechtsprechung des Bundesverfassungsgerichts; AöR 106 (1981), 604 ff.

Kopp, Ferdinand O. / Schenke, Wolf-Rüdiger: Verwaltungsgerichtsordnung; 12. Auflage; München 2000 (Zit.: Kopp/Schenke, VwGO)

Kort, Michael: Anmerkung zu BAG vom 5. 3. 1997; SAE 1998, 72 f.

von Kräwel, R.: Bedenken über das Französische Wesen der für Preussen, Baiern und von der Commission in Hannover ausgearbeiteten Entwürfe einer bürgerlichen Prozeßordnung; Leipzig 1865

Kröger, Klaus: Einführung in die Verfassungsgeschichte der Bundesrepublik Deutschland - Vorgeschichte, Grundstrukturen und Entwicklungslinien des Grundgesetzes -; München 1993

Kühling, Jürgen: Abweichende Meinung zu BVerfGE 93, 99 = NJW 1995, 3173; BVerfGE 93, 99, 117

Kunig, Philip: Das Rechtsstaatsprinzip, Überlegungen zu seiner Bedeutung für das Verfassungsrecht der Bundesrepublik Deutschland; Tübingen 1986

Kur-Badensche Obergerichtsordnung wonach an dem Obergerichte und an sämmtlichen Hofgerichten die Prozesse zu führen und zu erledigen sind. Nebst der gerichtlichen und anwaltlichen Taxordnung, Mannheim (bey dem Hofbuchhändler Ferd. Kaufmann) 1804 (Zit.: Kur-Badensche Obergerichtsordnung)

Kur-Badisches Regierungsblatt: Zweiter Jahrgang Nro 1 bis 45, Nr. 13 (Di., den 27. März 1804); 1804, S. 65 ff.

von Lang, H.: Die wesentlichen Mängel der Deutschen Reichs-Civil-Prozeß-Ordnung und Vorschläge zu ihrer Revision; Tübingen 1894

Lange, Richard: Das Dritte Strafrechtsänderungsgesetz (Strafrechtsbereinigungsgesetz); NJW 1953, 1161 ff.
Lange, Rudolf / Wulff, Hans: Gesetz über das gerichtliche Verfahren in Landwirtschaftssachen, Kommentar; München, Celle 1954 (Zit.: Lange/Wulff, LwVG)
Laumen, Hans-Willi: Das Rechtsgespräch im Zivilprozeß; Köln, Berlin, Bonn, München 1984
Leipold, Dieter: Anmerkung zu BAG AP § 72 a ArbGG 1979 Nr. 5; a.a.O.
Leonhardt, A.: Betrachtungen über die Hannoversche Justizverwaltung mit Rücksicht auf die Vereinigung des Königreichs Hannover mit der Preußischen Monarchie, Hannover 1866
Leonhardt, A.: Das Civilproceßverfahren des Königreichs Hannover, Ein Beitrag zur deutschen Civilprozeßgesetzgebung, unter Benutzung der Acten des Königlich Hannoverschen Justizministeriums; Hannover 1861
Leonhardt, A.: Zur Reform des Civilprocesses in Deutschland; Zwei Beiträge: 1. Beitrag: ohne Titel, 2. Beitrag: Eine vergleichende Kritik das Grundprincipien des Entwurfs einer Civilprocessordnung für den preußischen Staat; Hannover 1865
Leuenberger, Christoph / Uffer-Tobler, Beatrice: Kommentar zur Zivilprozeßordnung des Kantons St. Gallen, Zivilprozeßgesetz vom 20. Dezember 1990; Bern 1999 (Zit.: Leuenberger/Uffer-Tobler)
Lieb, Franz / Gift, Hugo: Arbeitsgerichtsgesetz in der vom 1. Mai 1934 geltenden Fassung; 3. Auflage; München, Berlin 1934 (Zit.: Lieb/Gift (1934))
Löwe-Rosenberg: Die Strafprozeßordnung und das GVG, Großkommentar, Hrsg. Peter Rieß;
1. Band (Einleitung; §§ 1 - 111 n); 24. Auflage; Berlin, New York 1988 (Zit.: Bearbeiter in Löwe-Rosenberg (24), StPO);
1. Band (Einleitung; §§ 1 - 71); 25. Auflage; Berlin, New York 1999 (Zit.: Bearbeiter in Löwe-Rosenberg, StPO)
Lohmann, Ulrich: Gerichtsverfassung und Rechtsschutz in der DDR; Opladen 1986
Lorenz, Dieter: Der Rechtsschutz des Bürgers und die Rechtsweggarantie; München 1973
Maaßen: Notwendigkeit einer Rechtsmittelbelehrung bei Ermessensentscheidungen?; FR 1955, 256 ff.
von Mangoldt, Hermann / Klein, Friedrich / Starck, Christian: Das Bonner Grundgesetz; 1. Band: Präambel/Art. 1 bis 19; Hrsg.: Starck, Christian; 4. Auflage; München 1999 (Zit.: Bearbeiter in v. Mangoldt/Klein/Starck, GG)
Materialien zu dem Gesetz vom 1. Juni 1909: betreffend Änderungen des Gerichtsverfassungsgesetzes, der Zivilprozeßordnung, des Gerichtskostengeset-

zes und der Gebührenordnung für Rechtsanwälte; Beiheft zur Rechtsprechung der Oberlandesgerichte auf dem Gebiete des Zivilrechts, Drittes Heft; Leipzig 1909 (Zit.: Materialien zur Novelle 1909)

Maunz, Theodor / Dürig, Günther: Grundgesetz, Kommentar; Hrsg.: Herdegen, Matthias u.a.; Band I (Art. 1 - 11); Band II (Art. 12 - 21); Band V (Art. 92 - 146); Loseblattsammlung; Stand: Oktober 1999; München (Zit.: Bearbeiter in Maunz/Dürig, GG)

zur Megede, Friedrich-Carl: Rechtsmittelbelehrungen auch im Zivilprozeß?; ZRP 1975, 28 f.

Mellwitz, Artur: Sozialgerichtsgesetz, Kommentar; München, Berlin 1956

Menne, Heinz: Rechtsmittelbelehrung im Zivilprozeßrecht - eine Utopie?; RuP 1981, 184 ff.

Meyer, Jürgen: "Die Gerichtssprache ist deutsch" - auch für Ausländer; ZStW 93 (1981), 505, 527

Meyer-Ladewig, Jens: SGG mit Erläuterungen; 6. Auflage; München 1998

Miesbach, Hermann / Ankenbrank, Kurt: Sozialgerichtsgesetz; 2. Auflage, Stand: 1. Juni 1955; Frankfurt am Main (Zit.: Miesbach/Ankenbrank, SGG)

Mugdan, Leo: Das Reichsgesetz betreffend die Gewerbegerichte vom 29. Juli 1890; 3. Auflage; Berlin 1893

Müller, Hanswerner: Rechtsmittelbelehrung - ein Fortschritt?; NJW 1962, 1889 ff.

von Münch, Ingo / Kunig, Philipp: Grundgesetz-Kommentar; Band 1 (Präambel bis Art. 19), 5. Auflage, München 2000; Band 3 (Art. 70 - Art. 146), 3. Auflage, München 1996 (Zit.: Bearbeiter in v. Münch/Kunig, GG)

Münchener Kommentar: Bürgerliches Gesetzbuch; Hrsg.: Rebmann, Kurt / Säcker, Franz Jürgen / Rixecker, Roland; Band 5 (§§ 705 - 853); 3. Auflage; München 1997 (Zit.: Bearbeiter in MüKo-BGB)

Münchener Kommentar: Zivilprozeßordnung;
Hrsg.: Lüke, Gerhard / Wax, Peter; Band 1 (§§ 1 - 354), München 2000; Band 2 (§§ 355 - 802), 2. Auflage, München 2000;
Hrsg.: Lüke, Gerhard / Walchshöfer, Alfred; Band 3 (§§ 803 - 1048, EGZPO, GVG, EGGVG, IZPR), München 1992
(Zit.: Bearbeiter in MüKo-ZPO)

Musielak, Hans-Joachim: Grundkurs ZPO; 5. Auflage; München 2000

Musielak, Hans-Joachim: Zivilprozeßordnung, Kommentar; 2. Auflage; München 2000 (Zit.: Bearbeiter in Musielak, ZPO)

Nesselrodt, Jürgen: Die Rechtsmittelbelehrung in der Zivilprozeßordnung - eine überfällige oder überflüssige Norm?; DRiZ 1982, 55 ff.

Noack, Erich Erwin: Die Rechtsmittelbelehrung als Voraussetzung für den Fristenlauf; DÖV 1961, 216 ff.

Nöldeke, Werner: Plädoyer für eine ausführliche Rechtsbehelfsbelehrung in Fällen der Verwerfung einer verspäteten oder nicht formgerechten Revision nach §§ 346 I, 349 I StPO; NStZ 1991, 70 ff.

Nörr, Knut Wolfgang: Hauptthemen legislatorischer Zivilprozeßreform im 19. Jahrhundert; ZZP 87 (1974), 277

Nüse, Karl-Heinz: Zum Entwurf eines Strafrechtsbereinigungsgesetz; JZ 1953, 5 ff.

Oesterley der jüngere, Georg Heinrich: Handbuch des bürgerlichen und peinlichen Processes für das Königreich Hannover; Erster Theil. Bürgerlicher Proceß; Zweyter Theil. Bürgerlicher Proceß, Zweyte Abtheilung; Göttingen 1819

Oppermann, Heinrich Albert: Allgemeine bürgerliche Proceßordnung für das Königreich Hannover und Gesetz die Übergangsbestimmungen in das neue Prozeßverfahren betreffend; Göttingen 1852

Osterloh, Robert: Gutachten über den Entwurf einer Proceßordnung in bürgerlichen Rechtsstreitigkeiten für den Norddeutschen Bund im Auftrage der ständigen Deputation des Deutschen Juristentages für den Deutschen Juristentag erstattet; Leipzig 1870

Ostrowicz, Alexander / Kunzl, Reinhard / Schäfer, Horst: Der Arbeitsgerichtsprozeß; Berlin 2000

Palandt, Otto: Bürgerliches Gesetzbuch; bearbeitet von: Bassenge, Peter / Brudermüller, Gerd / Diederichsen, Uwe / Edenhofer, Wolfgang / Heinrichs, Helmut / Heldrich, Andreas / Putzo, Hans / Sprau, Hartwig / Thomas, Heinz / Weidenkaff, Walter; 60. Auflage; München 2001 (Zit.: Bearbeiter in Palandt, BGB)

Paulus, Christoph G.: Zivilprozeßrecht, Erkenntnisverfahren und Zwangsvollstreckung; 2. Auflage; Berlin, Heidelberg, New York 2000

Peters, Egbert: Richterliche Hinweispflichten und Beweisinitiativen im Zivilprozeß; Tübingen 1983

Peters /Sautter/Wolff: Kommentar zur Sozialgerichtsbarkeit, Hrsg.: Hommel, Hubertus / Bley, Helmar / Kummer, Peter; Band I; 4. Auflage; Loseblattsammlung; Stand: Februar 1994; Stuttgart, Berlin, Köln (Zit.: Bearbeiter in Peters/Sautter/Wolff, SGG)

Peterssen, G. R. / Struckmann, J.: Entwurf einer allgemeinen deutschen Civilproceßordnung, Nach den von der deutschen Civilproceß-Commission zu Hannover bei der ersten Lesung gefaßten Beschlüssen; Hannover 1864 (Zit.: Peterssen/Struckmann)

Pfeiffer, Gerd: StPO und GVG, Kommentar; 2. Auflage; München 1999

Philippsen, Hans-Erik / Schäfer, Horst / Schmidt, Klaus / Busch, Dirk: Die Beschleunigungsnovelle zum Arbeitsgerichtsgesetz; NJW 1979, 1330 ff. (Zit.: Philippsen/Schäfer/Schmidt/Busch)

Pieroth, Bodo / Schlink, Bernhard: Grundrechte, Staatsrecht II; 15. Auflage; Heidelberg 1999 (Zit.: Pieroth/Schlink, Grundrechte, Staatsrecht II)

Pietzner, Rainer / Ronellenfitsch, Michael: Das Assessorexamen im Öffentlichen Recht; 10. Auflage; Düsseldorf 2000 (Zit.: Pietzner/Ronellenfitsch, Assessorexamen)

Pikalo, Alfred / Bendel, Bernold: Grundstückverkehrsgesetz, Kommentar; Berlin 1963 (Zit.: Bearbeiter in Pikalo/Bendel, GrundstVG)

Pipkorn, Jörn: Auskunftsansprüche gegenüber Verwaltungsbehörden; DÖV 1970, 171 ff.

Pipkorn, Jörn: Auskunftspflichten der daseinsvorsorgenden Verwaltungsbehörden; Diss. München 1968

Preußisches Ministerial-Blatt 1927: abgedruckt in: Backhaus, Emil: Die gesetzlichen Bestimmungen über das Verfahren vor den Arbeitsgerichtsbehörden; Düsseldorf-Oberkassel 1928; Anhang 7, S. 213 (Zit.: Preußisches Ministerial-Blatt 1927 in: Backhaus, Anhang 7)

Pritsch, Erich: Das gerichtliche Verfahren in Landwirtschaftssachen, Kommentar; Berlin, Frankfurt a. M. 1955

Proceß-Ordnung in bürgerlichen Rechtsstreitigkeiten für das Großherzogthum Baden, Amtliche Ausgabe; Karlsruhe 1851

Proceß-Ordnung in bürgerlichen Rechtsstreitigkeiten für das Großherzogthum Baden, Amtliche Ausgabe; Karlsruhe 1864

Proceß-Ordnung und Sporteln-Taxe für die Unter-Gerichte im Königreich Hannover mit einem vollständigen alphabetischen Sachregister, Celle 1833 (Zit.: Proceß-Ordnung und Sporteln-Taxe)

Protokolle der Commission zur Berathung einer allgemeinen Civilproceß-Ordnung für die Deutschen Bundesstaaten: Band 1 (I - XXVII), Hannover 1862; Band 8 (CLVII - CLXXIX), Hannover 1864; Band 9 (CLXXX - CXCVI), Hannover 1864 (Zit.: Protokolle der Commission (*Deutscher Bund*))

Protokolle der Kommission zur Ausarbeitung des Entwurfs einer Civilprozeßordnung für die Staaten des Norddeutschen Bundes: Band 1 (I - LXXXV), Berlin 1868; Band 3 (CLXXXIV - CCLIV), Berlin 1869 (Zit.: Protokolle der Kommission (*Norddeutscher Bund*))

Puchta, Wolfgang Heinrich: Das Prozeßleitungsamt des deutschen Civilrichters; Gießen 1836

Puchta, Wolfgang Heinrich: Über die Grenzen des Richteramtes in bürgerlichen Rechtssachen; Nürnberg 1819

Redeker, Konrad / von Oertzen, Hans-Joachim: Verwaltungsgerichtsordnung; 13. Auflage; Stuttgart, Berlin, Köln 2000 (Zit.: Redeker/von Oertzen, VwGO)

Regensburger, Reinhold: Der Vorsitzende im arbeitsgerichtlichen Verfahren; Berlin 1929

Renaud, Achilles: Lehrbuch des Gemeinen deutschen Civilproceßrechts mit Rücksicht auf die neueren Civilproceßgebungen (Der ordentliche Proceß); Leipzig, Heidelberg 1873

Rieß, Peter / Hilger, Hans: Das neue Strafverfahrensrecht - Opferschutzgesetz und Strafverfahrensänderungsgesetz 1987; NStZ 1987, 146

Ring, Gerhard / Olsen-Ring, Line: Einführung in das skandinavische Recht; München 1999 (Zit.: Ring/Olsen-Ring, Einführung in das skandinavische Recht)

Ritter: Besteht im Steuerrecht eine allgemeine Rechtsmittelbelehrungspflicht?; ZZuVSt 1956, 199 ff.

Rödel, Ralf / Dahmen, Thomas: Rechtsmittel in der anwaltlichen Praxis, Erläuterungen und Muster für alle Verfahrensarten; Bonn 1997 (Zit.: Rödel/ Dahmen)

Röhl, Hellmut: Zur Rechtsmittelbelehrung im Strafprozeß; NJW 1954, 1314 f.

Rohlfing, Theodor / Rewolle, Hans-Dietrich / Bader, Peter: Arbeitsgerichtsgesetz, Kommentar; Frankfurt a. M. 1980; Loseblattsammlung (Zit.: Rohlfing/ Rewolle/Bader, ArbGG)

Rohwer-Kahlmann, Harry: Aufbau und Verfahren der Sozialgerichtsbarkeit, Kommentar zum SGG; Band I; 4. Auflage; Loseblattsammlung; Stand: Juni 1992; Sankt Augustin

Rosenberg, Leo / Gaul, Hans Friedhelm / Schilken, Eberhard: Zwangsvollstreckungsrecht, 11. Auflage, München 1997

Rosenberg, Leo / Schwab, Karl Heinz / Gottwald, Peter: Zivilprozeßrecht; 15. Auflage; München 1993 (Zit.: Rosenberg/Schwab/Gottwald, Zivilprozeßrecht)

Rümelin: Die Bedeutung des § 21 des Bundesverwaltungsgerichtsgesetzes für das Steuerverfahren; ZZuVSt 1955, 3 ff.

Rümelin: Nochmals zur Rechtsmittelbelehrungspflicht im Steuerrecht - Entgegnung auf die Ausführungen in Heft 13/14 S. 199; ZZuVSt 1956, 364 f.

Rüping, Hinrich: Der Grundsatz des rechtlichen Gehörs und seiner Bedeutung im Strafverfahren, Berlin 1976

Sachs, Michael: Grundgesetz, Kommentar; 2. Auflage; München 1999 (Zit.: Bearbeiter in Sachs, GG)

von Savigny, Friedrich Carl: Vom Berufe unserer Zeit für Gesetzgebung und Rechtswissenschaft; zweite,vermehrte Auflage; Heidelberg 1828

Schaub, Günter: Arbeitsrechtliche Formularsammlung und Arbeitsgerichtsverfahren; 6. Auflage; München 1994

Schellhammer, Kurt: Zivilprozeßrecht, Gesetz - Praxis - Fälle; 8. Auflage; Heidelberg 1999

Scheuner, Ulrich: Die neue Entwicklung des Rechtsstaats, 1960; S. 461 ff.; in: Forsthoff, Ernst: Rechtsstaatlichkeit und Sozialstaatlichkeit; Darmstadt 1968

Schilken, Eberhard: Zivilprozeßrecht; 3. Auflage; Köln, Berlin, Bonn, München 2000

Schippel, Helmut: Bundesnotarordnung; Kommentar; 7. Auflage; München 2000

Schmidt-Bleibtreu, Bruno / Klein, Franz: Kommentar zum Grundgesetz; 9. Auflage; Neuwied, Kriftel 1999 (Zit.: Bearbeiter in Schmidt-Bleibtreu/Klein, GG)

Schmidt, Eberhardt: Lehrkommentar zur Strafprozeßordnung und zum GerichtsVG, Teil II: Erläuterungen zur StPO; Göttingen 1957

Schmidt-Jortzig, Edzard: Effektiver Rechtsschutz als Kernstück des Rechtsstaatsprinzips nach dem Grundgesetz; NJW 1994, 2569 ff.

Schmincke, Henri / Sell, Karl: Kommentar zum Arbeitsgerichtsgesetz; 2. Auflage; Stuttgart 1928 (Zit.: Schmincke/Sell, ArbGG)

Schoch, Friedrich / Schmidt-Aßmann, Eberhard / Pietzner, Rainer : Verwaltungsgerichtsordnung, Kommentar; Band I; Loseblattsammlung; Stand: Januar 2000; München (Zit.: Bearbeiter in Schoch/Schmidt-Aßmann/Pietzner, VwGO)

Schrader, Henning: Wiedereinsetzung und Rechtsmittelbelehrung (§§ 35 a, 45 StPO); NStZ 1987, 447 f.

Schubert, Werner: Das Streben nach Prozeßbeschleunigung und Verfahrensgliederung im Zivilprozeßrecht des 19. Jahrhunderts, ZSavStR Germ. Abt. 85. Band (1968), 125 ff.

Schubert, Werner: Kodifikationsgeschichte Zivilprozeßrecht, Edition Baden, Prozeß-Ordnung in bürgerlichen Rechtsstreitigkeiten für das Großherzogtum Baden von 1851 und 1864, Mit einer Einführung in die Geschichte des badischen Zivilprozesses; Goldbach 1997 (Zit.: Schubert, Edition Baden)

Schubert, Werner: Kodifikationsgeschichte Zivilprozeßrecht, Edition Württemberg, Die Civilprozeßordnung für das Königreich Württemberg von 1868; Band 1: Zivilprozeßgesetze von 1818 - 1822, Handelsgerichtsordnung von 1865 und Civilprozeßordnung von 1868; Goldbach 1997 (Zit.: Schubert, Edition Württemberg); Band 2: Entwurf, Motive und Berichte der Justizgesetzgebungskommission der Kammer der Abgeordneten und der Standesherren von 1867 über den Entwurf einer Civilprozeßordnung für das Königreich Württemberg, Goldbach 1997 (Zit.: Schubert, Edition Württemberg, Band 2)

Schütz, C.: Der würtembergische Civil-Proceß mit Einschluß des Concurs- und Wechsel-Processes dargestellt in Zusätzen zu J. T. B. Linde's Lehrbuch des deutschen gemeinen Civil-Processes (3. Auflage, Bonn 1831); Tübingen 1834

Schulz, Georg: Strafprozeßordnung mit Erläuterungen für Polizei- und Kriminalbeamte, Hamburg 1956

Schunck, Egon / de Clerck, Hans: Gesetz über das Bundesverwaltungsgericht, Kommentar; Siegburg 1953 (Zit.: Schunck/de Clerck, Gesetz über das Bundesverwaltungsgericht)

Schwartz, Johann Christoph: Vierhundert Jahre deutscher Civilproceß-Gesetzgebung, Darstellungen und Studien zur deutschen Rechtsgeschichte; Berlin 1898

Schwarz, Otto: Strafprozeßordnung; 18. Auflage; München, Berlin 1955

Schwertfeger, Gunther: Öffentliches Recht in der Fallbearbeitung; 10. Auflage; München 1997

Seng: Erläuterungen zur Großherzoglichen Badischen neuen Prozeßordnung, Freiburg 1836

Seuffert, Lothar: Civilprozeßordnung für das Deutsche Reich nebst Einführungsgesetz; Nördlingen 1877

Siefart, Hugo: Arbeitsgerichtsgesetz vom 23. Dezember 1926; Berlin 1927

Smid, Stefan: Zum prozeßrechtlichen Grund des Haftungsausschlusses nach § 839 Abs. 2 S. 1 BGB; Jura 1990, 225 ff.

Sodan, Helge / Ziekow, Jan: Nomos-Kommentar zur Verwaltungsgerichtsordnung; Band II; Loseblattsammlung; Baden-Baden 1996, Stand: Juli 2000 (Zit: Bearbeiter in Sodan/Ziekow, VwGO)

Soergel, Hs. Theodor: Bürgerliches Gesetzbuch; wissenschaftliche Redaktion: Otto Mühl / Walter Hadding; Band 5/2 (§§ 823 - 853); 12. Auflage; Stuttgart, Berlin, Köln 1999 (Zit.: Bearbeiter in Soergel, BGB)

Spohr, Tilman: Die richterliche Aufklärungspflicht (§ 139 ZPO) im Zivilprozeß; Diss. Göttingen 1969

Staehelin, Adrian / Sutter, Thomas: Zivilprozeßrecht nach den Gesetzen des Kantons Basel-Stadt und Basel-Landschaft unter Einbezug des Bundesrechts, Zürich 1992 (Zit.: Staehelin/Sutter)

Stahlhacke, Eugen / Bader, Peter: Arbeitsgerichtsgesetz; 3. Auflage; Neuwied, Berlin, Kriftel 1991 (Zit.: Bearbeiter in Stahlhacke/Bader, ArbGG)

Statistisches Jahrbuch 2000 für die Bundesrepublik Deutschland: Hrsg.: Statistisches Bundesamt; Wiesbaden 2000

Stein, Friedrich / Jonas, Martin: Kommentar zur Zivilprozeßordnung; 21. Auflage; Band 3 (§§ 253 - 299 a), Tübingen 1997; Band 4, Teilband 1 (§§ 300 - 347), Tübingen 1998; Band 4, Teilband 2 (§§ 348 - 510 b), Tübingen 1999; Band 5, Teilband 2 (§§ 592 - 703 d), Tübingen 1993; Band 7, Teilband 1 (§§ 864 - 945), Tübingen 1996 (Zit.: Bearbeiter in Stein/Jonas, ZPO)

Stelkens, Paul: Die Rechtsbehelfsbelehrung bei Verwaltungsmaßnahmen; NuR 1982, 10 ff.

Stempf, L.: Prozeß-Ordnung in bürgerlichen Rechtsstreitigkeiten für das Großherzogthum Baden, mit Motiven, Commissionsberichten und den landständischen Verhandlungen; Mannheim 1864

Stern, Klaus: Das Staatsrecht der Bundesrepublik Deutschland, Band I; 2. Auflage; München 1984

Stober, Rolf: Rechtsbehelfsbelehrungspflicht bei Anordnung der sofortigen Vollziehung?; BayVBl 1976, 169 ff.

Stohanzl, Rudolf: Zivilprozeßgesetze; 7. Auflage; Wien 1995

Stürner, Rolf: Die richterliche Aufklärung im Zivilprozeß; Tübingen 1982

Terlinden, R. F.: Theorie der gerichtlichen Civil-Praxis nach Anleitung der allgemeinen Gerichtsordnung für die Preußischen Staaten; Halle 1797

Tettinger, Peter J.: Fairneß und Waffengleichheit, Rechtsstaatliche Direktiven für Prozeß und Verwaltungsverfahren; München 1984

Thilo, Wilhelm: Proceß-Ordnung in bürgerlichen Rechtsstreitigkeiten für das Großherzogthum Baden, aus Quellen der Gesetzgebung, richterliche Entscheidungen und Doctrin für praktische Rechtsgelehrte, Karlsruhe 1841

Thomas / Putzo: Zivilprozeßordnung; Hrsg.: Thomas, Heinz / Putzo, Hans / Reichold, Klaus / Hüßtege, Rainer; 22. Auflage; München 1999 (Zit.: Bearbeiter in Thomas/Putzo, ZPO)

Tipke, Klaus / Kruse, Heinrich Wilhelm: Abgabenordnung, Finanzgerichtsordnung, Kommentar; 16. Auflage; Köln 1996; Loseblattsammlung; Stand: November 2000 (Bearbeiter in Tipke/Kruse, AO-FGO)

Treutlein, Gerhard / Crusius, Peter: Kommentar zum Grundstückverkehrsgesetz; Neuwied, Berlin 1963 (Zit.: Treutlein/Crusius)

Ule, Carl Hermann: Gesetz über das BVerwG, Handkommentar; Berlin, Köln 1952

Vogel, Oscar: Grundriss des Zivilprozessrechts und des internationalen Zivilprozessrechts der Schweiz; 5. Auflage; Bern 1997

Vollkommer, Max: Der Anspruch der Parteien auf ein Faires Verfahren im Zivilprozeß; in: Gedächtnisschrift für Rudolf Bruns (Hrsg. von Baltzer, Johannes / Baumgärtel, Gottfried / Peters, Egbert / Pieper, Helmut), München 1980, S. 195 ff.

Vorwerk, Joachim / von Spreckelsen, Heinrich: Grundstücksverkehrsgesetz, Kommentar; München, Basel, Wien 1963 (Zit.: Bearbeiter in Vorwerk/von Spreckelsen, GrundstVG)

Wach, Adolf: Vorträge über die Reichs-Civilprocessordnung, gehalten vor praktischen Juristen im Frühjahr 1879; Bonn 1896

Waldner, Wolfram: Aktuelle Probelme des rechtlichen Gehörs im Zivilprozeß; Diss. Erlangen-Nürnberg 1983

Waldner, Wolfram: Der Anspruch auf rechtliches Gehör; Köln, Berlin, Bonn, München 1989
Warda, Günter: Um die Rechtsmittelbelehrung im Strafprozeß; MDR 1957, 717 ff.
Weihrauch, Matthias: Anmerkung zu BVerfG vom 27. 7. 1971; NJW 1972, 243
Wendisch, Günter: Anmerkung zu OLG Düsseldorf, Beschluß vom 22. 11. 1985 - 1 WS 1028/85; NStZ 1986, 234
Wendt, Peter: Rechtsstaat, Rechtsmittelbelehrung und Finanzverwaltung; BB 1955, 437 f.
Werner, Fritz: Anmerkung zu BFH II 235/53 vom 1. 12. 1954; JZ 1955, 347 ff.
Wieacker, Franz: Privatrechtsgeschichte der Neuzeit; 2. Auflage; Göttingen 1967
Wiese, Eberhard: Arbeitsgerichtsverfahren; Tübingen 1994
Winter, W.: Erläuterungen zu dem Entwurfe einer allgemeinen Civilproceßordnung für die deutschen Bundesstaaten aus den Protocollen der Bundescommission zu Hannover, unter Vergleichung der betreffenden Vorschläge des Entwurfs einer Proceßordnung in bürgerlichen Rechtsstreitigkeiten für den preußischen Staat, Wiesbaden 1867
Wlotzke, Ottfried / Schwedes, Rolf / Lorenz, Martin: Das neue Arbeitsgerichtsgesetz 1979, Erläuterungen zu den geänderten Vorschriften; Düsseldorf, Frankfurt a. M. 1979 (Zit.: Wlotzke/Schwedes/Lorenz, Das neue ArbGG)
Wollschläger, Christian: Zivilprozeß-Statistik und Wirtschaftsentwicklung in Preußen im 18. und 19. Jahrhundert; ZNR 3 (1981), 16 ff.
Ziegler, R.: Entwurf eines Gesetzbuches des Verfahrens in bürgerlichen Rechtssachen; Mannheim 1826
Zivilprozeßordnung und andere prozeßrechtliche Bestimmungen: Textausgabe mit Anmerkungen und Sachregister, Hrsg.: Ministerium der Justiz; 8. Auflage; Staatsverlag der DDR; Berlin 1970
Zivilprozeßordnung und andere verfahrensrechtliche Bestimmungen: Textausgabe, Hrsg.: Ministerium der Justiz; 4. Auflage; Staatsverlag der DDR; Berlin 1987
Zivilprozeßrecht der DDR: Kommentar zur Zivilprozeßordnung; Staatsverlag der DDR; Berlin 1987
Zöller, Richard: Zivilprozeßordnung; Kommentar; 22. Auflage; Köln 2001 (Zit.: Bearbeiter in Zöller, ZPO)
Zusammenstellung der neueren organischen Proceß-Gesetze Preußens nach ihrem neben einander laufenden Texte sowie der auf dieselben sich beziehenden gesetzlichen Einzelvorschriften nebst Bemerkungen zur Erläuterung der Verordnung vom 21. Juli 1846 betreffend das Verfahren in Civil-Processen; Posen 1847

Einleitung

In vielen Prozeßordnungen des geltenden Rechts sind Vorschriften über eine Rechtsmittel- oder Rechtsbehelfsbelehrung enthalten, nicht jedoch im Zivilprozeß. Dies verwundert um so mehr, als der Zivilprozeß das am meisten in Anspruch genommene Prozeßrecht ist.[1] Ausgerechnet in diesem für die Rechtsuchenden wichtigsten Verfahren ist *keine* Rechtsmittelbelehrungspflicht seitens des Gerichts vorgesehen. Es finden sich im Zivilprozeß lediglich einige wenige vergleichbare Belehrungsvorschriften (§ 340 II S. 4 ZPO / § 692 I Nr. 3 und 4 ZPO), nicht jedoch eine obligatorische, umfassende Rechtsmittelbelehrungspflicht.

Dennoch gab es in den letzten fünfzig Jahren immer wieder Diskussionen um die Einführung einer Rechtsmittelbelehrung im Zivilprozeß. Die neueste Auseinandersetzung mit diesem Thema basiert auf einem Beschluß des Bundesverfassungsgerichts vom 20. Juni 1995, in dem dieses eine verfassungsrechtliche Pflicht zu einer Rechtsmittelbelehrung im Zivilprozeß "jedenfalls derzeit noch" ablehnte.[2]

In der Diskussion um eine grundlegende Reform des Zivilprozesses kam eine mögliche Rechtsmittelbelehrungspflicht ebenfalls zur Sprache.[3]

Ein Schwerpunkt dieser Arbeit soll daher auf der Frage liegen, ob die Forderung nach einer Rechtsmittelbelehrungspflicht für den Zivilprozeß eine Forderung der zweiten Hälfte des 20. Jahrhunderts ist oder ob sich geschichtliche Ansatzpunkte für derartige Überlegungen finden lassen. Außerdem soll ein weiterer Schwerpunkt der Arbeit auf der Analyse der bestehenden Rechtsmittelbelehrungspflichten in den anderen Prozeßrechten liegen. Es stellt sich hier die Frage, ob diese Normen für eine zivilprozessuale Regelung als Vorbild dienen können und ob ihnen ein gemeinsamer Gedanke zugrunde liegt. Ausgehend von dieser eventuellen Übereinstimmung soll im dritten Hauptteil der Arbeit eine verfassungsrechtliche Herleitung einer Rechtsmittelbelehrungspflicht für den Zivilprozeß erörtert werden. Der vierte Teil der Arbeit befaßt sich damit, wie konkret eine Rechtsmittelbelehrung im Zivilprozeß aussehen sollte und wie sie gesetzlich normiert werden könnte.

---

1 Statistisches Jahrbuch 2000 für die Bundesrepublik Deutschland, S. 346 ff..

2 BVerfGE 93, 99.

3 unveröffenlichtes Arbeitspapier des Bundesjustizministeriums.

Teil 1: Die Pflicht zur Rechtsmittelbelehrung im Zivilprozeßrecht

A. Gegenwärtige Regelungen in der Zivilprozeßordnung

Die Zivilprozeßordnung enthält keine umfassende obligatorische Pflicht zu einer Rechtsmittelbelehrung. Es existieren in der Zivilprozeßordnung lediglich zwei Regelungen, die einer Rechtsmittelbelehrung ähneln, da sie nicht bloße Belehrungen im aktuellen gerade stattfindenden Verfahren sind, sondern vielmehr auf den Ablauf des gesamten Verfahrens Einfluß nehmen. Sie beinhalten weitergehende, auf die Fortsetzung des Verfahrens gerichtete und damit über den aktuellen Verfahrensstand hinausgehende Hinweise. Hierbei handelt es sich nicht um umfassende Regelungen. Sie gelten nur in speziellen Fällen des Zivilprozesses. Diese Regelungen sind § 340 III S. 4 ZPO für das Säumnisverfahren und § 692 I Nr. 3, 4 ZPO für das Mahnverfahren.

I. § 340 Absatz 3 Satz 4 ZPO

Im Säumnisverfahren ist bei der Zustellung des Versäumnisurteils die Partei auf die Folgen hinzuweisen, die eintreten, wenn die Einspruchsfrist versäumt wird (§ 340 III S. 4 ZPO). Die Form und der Inhalt dieses Hinweises richtet sich nach den Regelungen, die für die Belehrung über die Fristversäumung nach § 277 II, IV ZPO gelten.[4] Dabei genügt nach herrschender Meinung für die Partei nicht ein bloßer Hinweis auf die Normen des § 296 I ZPO, sondern es müssen genauere Ausführungen hinzukommen. Auch der Rechtsunkundige muß in der Lage sein, den Hinweis ohne Probleme zu verstehen.[5]

Die Belehrung wird nur über die Folgen einer Fristversäumung im Hinblick auf eine fristgerechte Begründung erteilt. Über die Dauer der Einspruchsfrist selbst und über die Erfordernisse für eine ordnungsgemäße Einlegung, etwa die Schriftform des Einspruchs, wird nicht belehrt.[6]

---

4 Grunsky in Stein/Jonas, ZPO, § 340 Rdnr. 14.

5 BGHZ 86, 218; BGH NJW 1991, 2773, 2774; OLG Karlsruhe Justiz 1983, 409; Hartmann in Baumbach/Lauterbach/Albers/Hartmann, ZPO, § 340 Rdnr. 16; auch Leipold in Stein/Jonas, ZPO, § 277 Rdnr. 20; Thomas in Thomas/Putzo, ZPO, § 340 Rdnr. 8 und § 296 Rdnr. 31.

6 Hartmann in Baumbach/Lauterbach/Albers/Hartmann, ZPO, a.a.O.; Bischof, ZRP 78, 105.

Auch wenn die Belehrung unterblieben ist, wird der Lauf der Einspruchsfrist nicht gehindert. Die Frist zur Einspruchs*begründung* beginnt nicht zu laufen.[7] Die Verwendung von Belehrungsformularen ist möglich.[8]

II. § 692 Absatz 1 Nr. 3, 4 ZPO

Auch im Mahnverfahren ist eine Belehrung durch das Gericht - ähnlich einer Rechtsmittelbelehrung - vorgesehen. § 692 I Nr. 4 ZPO enthält ausdrücklich eine Hinweispflicht darüber, daß ein Vollstreckungsbescheid mit dem Inhalt des Mahnbescheides gegen den Schuldner ergehen kann, wenn er nicht fristgerecht Widerspruch einlegt. Hier existiert somit eine konkrete Pflicht, auf diesen Rechtsbehelf "Widerspruch" aufmerksam zu machen. Dabei ist § 692 I Nr. 4 ZPO nicht alleine zu sehen, sondern immer im Zusammenhang mit § 692 I Nr. 3 ZPO. Nach § 692 I Nr. 3 ZPO ergeht an den Schuldner im Mahnbescheid die Aufforderung innerhalb der Frist von zwei Wochen ab Zustellung des Mahnbescheides die Schuld zu begleichen oder dem Gericht einen Widerspruch mitzuteilen. Dabei ist § 692 I Nr. 3 ZPO keine Anordnung oder Anweisung,[9] sondern nur ein Denkanstoß seitens des Gerichts, die in Frage stehende Schuld zu prüfen. Da diese Aufforderung zugleich auch den Hinweis auf einen bloßen Teil-Widerspruch enthält ("ob und in welchem Umfang"), ähnelt diese Vorschrift sehr stark einer Rechtsmittelbelehrung. Das Gericht zeigt dem Schuldner durch diese Aufforderung die Möglichkeiten auf, sich gegen den - möglicherweise unberechtigten - Mahnbescheid zu wehren.

Allerdings ist § 692 I Nr. 3 ZPO etwas ungenau, da der Schuldner nicht darauf aufmerksam gemacht wird, daß er auch dann einen Widerspruch einlegen kann, wenn er bereits bezahlt hat oder wenn er beispielsweise Nebenforderungen für unbegründet hält.[10]

III. Sonstige Belehrungsvorschriften in der Zivilprozeßordnung

Die Zivilprozeßordnung enthält darüber hinaus noch einige andere Vorschriften, die eine Belehrungspflicht seitens des Gerichts statuieren. Diese Normen gelten jedoch alle nur innerhalb eines laufenden Verfahrens in einer Instanz. Sie sind

---

7 OLG Karlsruhe Justiz 1983, 409 f.; Grunsky in Stein/Jonas, ZPO, § 340 Rdnr. 14.
8 Vgl. auch Hartmann in Baumbach/Lauterbach/Albers/Hartmann, ZPO, a.a.O.
9 Hartmann in Baumbach/Lauterbach/Albers/Hartmann, ZPO, § 692 Rdnr. 4.
10 Schlosser in Stein/Jonas, ZPO, § 692 Rdnr. 4.

keine Belehrungen über weitergehenden Rechtsschutz, wie die beiden Normen aus dem Säumnis- und Mahnverfahren. Die übrigen Belehrungen sind damit keine Rechtsmittelbelehrungen und auch nicht einer Rechtsmittelbelehrung ähnlich. Ihnen fehlen die auf eine anderweitige Nachprüfung der gerichtlichen Entscheidung gerichteten Aspekte der Belehrung.

Zu diesen sonstigen Belehrungsvorschriften zählen beispielsweise § 139 ZPO mit seiner richterlichen Hinweispflicht, § 276 II ZPO oder § 277 II, IV ZPO mit der Belehrung über die Fristversäumung und die Formvorschriften im schriftlichen Vorverfahren oder der Klageerwiderung und der Replik des Klägers. Gemäß § 499 ZPO ist der Beklagte auch über die Anerkenntnisfolgen zu belehren, nach § 504 ZPO auf die Unzuständigkeit des Gerichts hinzuweisen oder gemäß § 383 ZPO über ein Zeugnisverweigerungsrecht zu informieren. Auch über die Bedeutung eines Eides und über die Form desselben ist ein Schwurpflichtiger vom Richter vor der Eidesleistung gemäß § 480 ZPO zu belehren.

B. Geschichtliche Entwicklung

Die Tatsache, daß die Zivilprozeßordnung nur ansatzweise Belehrungspflichten des Gerichts normiert, ist um so erstaunlicher, als der Gedanke einer gerichtlichen Rechtsmittelbelehrung keinesfalls neu ist. Er findet sich in mehreren partikularrechtlichen Verfahrensordnungen für das Zivilverfahren des 19. Jahrhunderts.

Diese unterschiedliche Gewichtung einer Rechtsmittelbelehrungspflicht durch das Gericht führt zu der Frage, welche Grundgedanken den Belehrungspflichten der partikularrechtlichen Prozeßordnungen zugrunde lagen. Danach stellte sich die Frage, ob die heutige Zivilprozeßordnung diese Regelungen bewußt nicht übernommen hat oder eher zufällig.

Die Entwicklung der Rechtsmittelbelehrungspflicht in den partikularrechtlichen Zivilprozeßordnungen des 19. Jahrhunderts läßt sich besonders deutlich an den Prozeßordnungen in den Partikularstaaten Preußen, Baden, Württemberg und Hannover aufzeigen. Die Betrachtung gerade dieser vier Partikularrechte ist durch folgendes gerechtfertigt: Hannover und Preußen haben - direkt oder mittelbar - über den Norddeutschen Bund in besonderem Maße auf die Entstehung der heutigen Zivilprozeßordnung eingewirkt. Die Prozeßordnungen in Baden und Württemberg repräsentieren von der preußischen Auffassung stark abweichende Gedanken. Sie waren noch länger als die beiden anderen Staaten in dem gemeinrechtlichen Prozeßsystem verhaftet. Andererseits aber hatte die Badische

Prozeßordnung von 1831 lange Zeit "Modelcharakter" für andere partikularrechtliche Regelungen.[11]

I. Die Rechtsmittelbelehrung im Zivilprozeßrecht Preußens

Im System des preußischen Zivilprozesses fanden sich Normierungen von Belehrungspflichten über Rechtsmittel nur in den Ende des 18. und zu Anfang des 19. Jahrhunderts entstandenen Kodifikationen.

1. Constitution von 1748

Eine frühe Rechtsmittelbelehrungspflicht im preußischen Zivilprozeßrecht fand sich in § 6 der "Constitution und Ordnung wie Processe in Königlich Preußischen Landen, bey allen Instanzien in einem Jahr zu Ende gebracht werden sollen" von 1748:

"Im übrigen ist 4) der Unterrichter schuldig, bey der Publication des Bescheides, oder Urthels, denen Partheyen kund zu machen a) daß sie, (wann sich sonst die Sache zu einer zweyten Instanz qualificiret) an das Hof-Gericht appelliren könne, aber sothane Appellation innerhalb 10. Tagen interponiren müsse: b) daß sie bey dem Hof-Gericht einen Advocaten bestellen, demselben eine gedruckte Vollmacht überschicken; und c) binnen 4. Wochen ihre Justifications-Schrifft ohne weitere Verordnung daselbst sub poena Desertionis eingeben müssen: und daß d) solche Erinnerung gethan worden, muß der Richter auf Pflicht und Gewissen unter dem Bescheid notiren."[12]

Diese Rechtsmittelbelehrungspflicht war umfassend. Die Parteien wurden nicht nur über das Rechtsmittel selbst belehrt, sondern auch über das zuständige Gericht und den Anwaltszwang vor dem Hof-Gericht.

2. Corpus Juris Fridericianum und das erläuternde Circulare von 1783

Die Reformarbeiten am preußischen Zivilprozeßrecht nahmen eine umfassendere Gestalt an durch die Ideen und das Engagement Cramers und seines Mitarbeiters Carl Gottlieb Svarez. Die Ideen Cramers, die eine Abweichung von den vorherrschenden Grundvorstellungen des gemeinen Prozeßrechts darstellten, wurden zunächst im Corpus Juris Fridericianum vom 26. April 1781 verwirklicht und später in die Allgemeine Gerichtsordnung übernommen. Das neue Verfahren des

11 Schubert, Edition Baden, Einführung S. VII.
12 Constitution und Ordnung ..., S. 20.

Corpus Juris Fridericianum war gekennzeichnet von einer "Verbannung" der Advocaten aus den Verfahren jeglicher Art. Stattdessen wurde eine stärkere richterliche Prozeßleitung des Zivilprozeßbetriebs von Amts wegen eingeführt.[13] Außerdem wurden sogenannte Assistenzräte als Helfer der Prozeßparteien eingeführt. Diese waren im Gegensatz zu den Advokaten keine echten Parteivertreter, sondern bloße Helfer.[14]

Während in dem 1781 entstandenen Corpus Juris Fridericianum - trotz der verstärkt prozeßleitenden Befugnisse des Gerichts - keine Normierung einer Belehrungspflicht über Rechtsmittel zu finden war, beschäftigte sich das "Circulare an sämtliche Regierungen und Ober-Landes-Justiz-Collegia zur Erleuterung einiger Vorschriften der Prozeßordnung" vom 20. September 1783 mit Belehrungspflichten.[15]

Im VI. Titel, der von der Publikation der Erkenntnisse handelte, war in Nr. 15 eine Belehrungspflicht normiert:

"In diesem Termin [Anm.: Publikationstermin] wird ihnen das Urtel durch den vorigen Instruenten publiciert; sie werden wegen der ihnen dagegen zulässigen Remediorum verständigt; und vernommen, ob sie von solchem Remedio Gebrauch zu machen gedenken."

In Nr. 19 des VI. Titels dieses Circulare befand sich ein Hinweis auf die Folgen des Nichteinlegens einen Rechtsmittels:

"Aeußert eine Partey, daß sie über die einzuwendende Appellation sich noch nicht erklären könne, sondern die Sache noch erst näher überlegen wolle; so muß der die Publikation verrichtende Deputatus ihr den nächsten Sessions-Tag nach dem Ablauf des Decendii, als denjenigen Tag bestimmen und bekannt machen, an welchem sie sich an ordentlicher Gerichtsstelle melden, und ihre Erklärung: ob sie appelliren wolle oder nicht, abgeben müsse; mit dem ausdrücklichen Bedeuten, daß bey unterbleibender Anmeldung, es dafür, daß sie bey dem Urtel sich beruhigen wolle, angenommen werden wird."

Auf den ersten Blick erscheint es erstaunlich, daß die eigentliche Prozeßordnung keine Rechtsmittelbelehrungspflicht enthielt, während ein bloßes Circulare, also eine Ergänzung der Prozeßordnung durch Hinweise an die Gerichte, eine solche Pflicht kannte.

In der Einleitung zum VI. Titel des Circulare von 1783 fand sich hierfür eine Begründung:

---

13 Dahlmanns in Coing III/2, S. 2646 f..

14 Dahlmanns in Coing III/2, S. 2648.

15 Circulare an sämmtliche Regierungen und Ober-Landes-Justiz-Collegia zur Erleuterung einiger Vorschriften der Prozeßordnung, S. 51 f..

"Die Vorschriften des Corpus Juris Fridericiani wegen Publikation der Erkenntnisse, Berechnung der Fristen zur Anmeldung der Rechts-Mittel, auch Einleitung der Rechts-Mittel selbst, sind eigentlich auf den Fall gerichtet, wenn eine Sache Processu ordinario, mit Zuziehung von Aßistenz-Räthen instruiert worden. Damit nun bey Anwendung dieser Vorschriften auf die häufig vorkommenden, und in der Folge noch häufiger zu erwartenden Fälle, wo keine Aßistenz-Räthe zugezogen sind, sondern die Instruktion entweder summarisch, mit den Partheyen alleine, oder mit Mandatariis derselben, erfolgt ist, ein gleichförmiges und zweckmäßiges Verfahren beobauchtet werden möge, so haben die Collegia nachsthende Anweisungen zu befolgen: ..."[16]

Das Corpus Juris Fridericianum regelte nur die Verfahren, in denen die Parteien sich durch rechtskundige, mit heutigen Anwälten vergleichbare Personen vertreten ließen. Das Circulare betraf dagegen ausdrücklich vor allem die Fälle, in denen die Prozeßparteien ohne "Aßistenten" oder "Justiz-Commissariis" einen Prozeß führten. Die "Mandatarii" mußten nicht notwendig rechtskundige Vertreter sein. In den Fällen, in denen die Partei sich von den "Aßistenz-Räthen" oder "Justiz-Comissarii" vor Gericht vertreten ließ, kannte auch das Circulare keine Rechtsmittelbelehrung (Titel VI. Nr. 1 - 12).

Das Circulare von 1783 unterschied weiter, ob die betroffenen Parteien an Ort des Gerichtssitzes anwesend waren oder nicht. Die Erläuterungen in den Nummern 15 und 18 galten für die anwesenden Parteien. Waren die Parteien bei der Urteilsverkündung nicht am Gerichtsort, so galt die Vorschrift Nr. 23:

"Sind in einer bloß summarisch ohne Aßistenz-Räthe und Justiz-Commissarios instruirten Sache, die Partheyen, oder deren sonstige Mandatarii, an dem Orte, wo das Gericht seinen Sitz hat, nicht gegenwärtig, so muß der Referent in erster Instanz, nach abgefaßten und unterschriebenen Urtel, zugleich ein besonderes Communicatorium an dergleichen abwesende Parthey dekretiren, wodurch derselben das Urtel loco publicationis zugefertigt wird, und zugleich die nöthigen Bedeutungen, wegen des etwa zu interponierenden Remedii beygefügt werden."

Die abwesende Partei erhielt somit eine schriftliche Rechtsmittelbelehrung.

3. Allgemeine Gerichtsordnung für die Preußischen Staaten von 1793

Cramer und Svarez überarbeiteten in der Folgezeit das Corpus Juris Fridericianum von 1781. Am 6. Juli 1793 konnte das neue preußische Prozeßrecht, die Allgemeine Gerichtsordnung für die Preußischen Staaten (AGO) verkündet wer-

16 Circulare an sämmtliche Regierungen und Ober-Landes-Justiz-Collegia zur Erleuterung einiger Vorschriften der Prozeßordnung, S. 48.

den. Die Allgemeine Gerichtsordnung beruhte auf den grundsätzlichen Gedanken des Corpus Juris Fridericianum: Das Gericht hatte die Prozeßleitung inne und die Kontrolle über den Gang des Prozesses. Darüber hinaus wurde aber der Beruf der Assistenzräte durch den des beamteten Justizkommissars ersetzt. Damit wurde den Verbesserungsvorschlägen der Praxis nachgegeben. Faktisch wurde wieder die Vertretung durch Advokaten eingeführt.[17]

In der Allgemeinen Gerichtsordnung für die Preußischen Staaten fand sich ebenfalls eine Rechtsmittelbelehrung. In den §§ 52 - 54 des 13. Titels, der von der Abfassung und Publikation der Erkenntnisse handelte, fanden sich genauere Instruktionen zu der Durchführung einer Rechtsmittelbelehrung durch die Gerichte. Sie war fast wortgetreu übereinstimmend mit dem Circulare von 1783, woran die Überarbeitung des Corpus Juris Fridericianum mit den in dem anschließenden Zeitraum ergangenen Gesetzesänderungen deutlich wird:

"§ 52. In diesem Termin [Anm.: Publikationstermin] wird ihnen das Urtel durch den vorigen Instruenten publiciert; sie werden wegen der ihnen dagegen offen stehenden Rechtsmittel verständigt, und vernommen, ob sie Gebrauch davon zu machen gemeint sind.

§ 53. Nimmt eine Partei Anstand, sich hierüber sogleich zu erklären, und will sie die Sache noch erst näher überlegen, so muß der die Publikation verrichtende Deputirte ihr den nächsten Sessionstag nach dem Ablaufe der zehntägigen Appellationsfrist als denjenigen Termin zu bestimmen und bekannt zu machen, an welchem sie sich an ordentlicher Gerichtsstelle melden, und ihre Erklärung: ob sie appellieren wolle, oder nicht? abgeben müsse; mit dem ausdrücklichen Bedeuten, daß bei unterbliebener Meldung dafür geachtet werden solle, daß sie bei dem Urtel sich beruhige.

§ 54. Über den § 52. u. 53. beschriebenen Vorgang der Publikation muß von dem Deputirten des Gerichts ein ordentliches Protokoll aufgenommen werden. Doch bedarf es dabei keines besondern Protokollführers."[18]

Nach dem Verfahren der Allgemeinen Gerichtsordnung mußte der Richter nach der Abfassung des Urteils noch festsetzen, ob gegen die Entscheidung ein Rechtsmittel zulässig war, da die Parteien dann darüber belehrt werden mußten.[19] Die Allgemeine Gerichtsordnung hatte fast wörtlich die Norm des Circu-

---

17 Dahlmanns in Coing III/2, S. 2648; Rosenberg/Schwab/Gottwald, Zivilprozeßrecht, § 4 , S. 22 f..

18 AGO für die preußischen Staaten (1831) S. 372 ff.
Vgl. zu dieser Rechtsmittelbelehrungspflicht auch die Erläuterungen in: Ergänzungen und Erläuterungen, hrsg. von Gräff/Koch/Rönne/Simon/Wentzel, 1. Abteilung, S. 265 ff..

19 Terlinden, Theorie der gerichtlichen Civil-Praxis, S. 316.

lare übernommen und damit auch die Unterscheidung zwischen bei der Urteilsverkündung anwesenden Parteien und den abwesenden Parteien. Über die erfolgte Rechtsmittelbelehrung war ein Vermerk in das Publikations-Protokoll aufzunehmen. Eine fehlerhafte Belehrung durch das Gericht sollte den Parteien "nicht angerechnet werden". Sie sollten "nicht darunter leiden".[20] Grävell bedauerte aber, daß ein "eingeschlichener Mißbrauch" existiere, nur die eigentliche Urteilsformel den Parteien vorzulesen. Er vertrat die Ansicht, daß die Parteien hierdurch nicht abschließend entscheiden könnten, ob sie den Prozeß fortsetzen wollten. Grävell befürwortete eine Bekanntmachung der vollständigen Entscheidungsgründe, damit der Publikationstermin einen Nutzen bringe.[21]

4. Die Novellen der Allgemeinen Gerichtsordnung und die Verordnung vom 5. Mai 1838

Zu Beginn des 19. Jahrhunderts wurde gerade in Preußen - bedingt durch die rheinischen Gebiete - der Einfluß des französischen Zivilprozesses auf die Zivilprozeßgesetzgebung stärker. Das französische Prozeßrechtssystem gewann bald eine breite Anhängerschaft, da es eine schnellere Beilegung der Rechtsstreite ermöglichte. Daher wurde auch in der 1833 entstandenen Novelle der Allgemeinen Gerichtsordnung für Preußen dieses neue Rechtssystem berücksichtigt, besonders verstärkt jedoch in der 1846 entstandenen Novelle.[22] Während die Novelle vom 1. Juni 1833 als Verordnung über den Mandats-, den summarischen und den Bagatellprozeß erlassen wurde, wurden durch die Novelle vom 21. Juli 1846 diese Neuregelungen auf den gesamten ordentlichen Prozeß ausgedehnt.[23]

Die Novelle vom 1. Juni 1833 normierte für die speziellen, abgekürzten Verfahren des Zivilprozesses eine Pflicht zu einer Rechtsmittelbelehrung. In § 37 der Verordnung hieß es:

"Die Ausfertigungen des Erkenntnisses, welche am Schlusse die Belehrung wegen des einzuwendenden Rechtsmittels enthalten müssen, werden den Partheien selbst, und nicht bloß den Mandataren, binnen acht Tagen nach der Verkündung insinuirt."[24]

---

20 Grävell, Praktischer Kommentar zur AGO 1. Band § 274, S. 697.
21 Grävell, Praktischer Kommentar zur AGO, a. a. O..
22 Dahlmanns in Coing III/2, S. 2649 ff..
23 Dahlmanns in Coing III/2, S. 2650 f..
24 Gesetz-Sammlung für die Königlich Preußischen Staaten, 1833 No. 7, S. 37 ff., 43.

Auch die Instruktion der Gerichte vom 24. Juli 1833 zur Ausführung der Verordnung über den Mandats-, den summarischen und den Bagatellprozeß kannte in seinem § 42 eine Belehrungspflicht:

"Zu §. 37. Die Ausfertigungen der Erkenntnisse, worauf die Belehrung wegen der Rechtsmittel enthalten sein muß, werden den Parteien unmittelbar insinuirt, ..."[25]

1833 wurde eine Belehrungspflicht über ein Rechtsmittel noch als wichtiger Bestandteil der Urteilsverkündung angesehen.

Dies änderte sich jedoch durch die Verordnung vom 5. Mai 1838, die sich mit der "Einführung des gleichmäßigen Verfahrens bei der Insinuation richterlicher Erkenntnisse" befaßte. In dieser Verordnung fand sich eine entscheidende Regelung für die Rechtsmittelbelehrung im Zivilprozeßrecht Preußens. In § 2 dieser Verordnung wurde die Pflicht zur Erteilung einer Rechtsmittelbelehrung ausdrücklich abgeschafft:

"§. 2. Die bei Publikation und Zufertigung von Erkenntnissen, Resolutionen und Bescheiden vorgeschriebene Belehrung der Parteien durch den Richter über die ihnen zuständigen Rechtsmittel wird hierdurch allgemein aufgehoben."[26]

Aufgrund dieser expliziten Abschaffung einer Rechtsmittelbelehrungspflicht war eine solche Pflicht auch in zukünftigen Normierungen nicht mehr enthalten.

5. Der Entwurf einer Zivilprozeßordnung von 1864

Die Abkehr von einer richterlichen Belehrungspflicht über das zuständige Rechtsmittel wurde deutlich in dem Entwurf einer Zivilprozeßordnung von 1864. Der Einfluß des französischen Rechts war hier besonders stark. Das französische sogenannte Mündlichkeitsprinzip, also die grundsätzliche mündliche Durchführung eines Prozesses, wurde Grundlage des neuen Entwurfs, der sich damit von dem ursprünglich schriftlichen Prozeß des gemeinen Rechts weit entfernte, der in der Allgemeinen Gerichtsordnung von 1793 noch weitestgehend galt.[27]

Die Pflicht zu einer Rechtsmittelbelehrung existierte in diesem zivilprozessualen Entwurf nicht.

---

25 Zusammenstellung der neueren organischen Proceß-Gesetze Preußens nach ihrem neben einander laufenden Texte, S. 14.

26 Gesetz-Sammlung für die Königlich Preußischen Staaten, 1838 No. 18, S. 273.

27 Dahlmanns in Coing III/2, S. 2653 ff..

II. Die Rechtsmittelbelehrung im Zivilprozeßrecht des Großherzogtums Baden

1. Kur-Badensche Obergerichtsordnung von 1803

Bis zum Inkrafttreten der Proceßordnung in bürgerlichen Rechtsstreitigkeiten von 1831 galt in Baden für das gerichtliche Verfahren das gemeine Zivilprozeßrecht,[28] das durch verschiedene Verordnungen kodifiziert worden war. So war es auch durch die Kur-Badensche Obergerichtsordnung (Bad. Obergerichtsord.) vom 11. November 1803 normiert. Diese basierte auf der vom 20. November 1752 stammenden "Vorläufigen Verordnung, die Abkürzung des rechtlichen Verfahrens bei Unserem Fürstlichen Hofgerichte betreffend".[29] Da jedoch die ehemalige Markgrafschaft Baden nach Gebietserweiterungen und dem Beitritt zum Rheinbund Großherzogtum wurde und damit verbunden das Privileg einer dritten prozeßrechtlichen Instanz erhalten hatte, wurde eine Änderung des alten Rechts aus 1752 nötig.[30]

Die Kodifizierung der Obergerichtsordnung von 1803 stammte von J. N. Fr. Brauer. Dieser war seit 1774 Regierungsrat in Baden und damit auch maßgeblich für die Gesetzgebung und deren Ausgestaltung verantwortlich.[31] Zwar fußte diese Gerichtsordnung ganz im gemeinen Prozeßrecht. So wurde beispielsweise der schriftliche Prozeß mit der sogenannten Eventualmaxime aus dem gemeinen Recht übernommen. Dennoch waren auch Veränderungen normiert, wie eine Verstärkung der Prozeßleitungsbefugnisse des Richters.[32]

Das badische Zivilprozeßrecht war zu Beginn des 19. Jahrhunderts sehr im Rechtssystem des gemeinen Rechts verwurzelt und war nur eine Modifikation dessen. Dem französischen Recht, das in den Folgejahren von zahlreichen anderen Staaten übernommen oder wenigstens maßgeblich berücksichtigt wurde,[33] maßen die Gesetzgeber in Baden zu diesem Zeitpunkt noch keine größere Bedeutung bei. So lehnte auch Brauer 1808, als der Code Napoléon als Badisches Landrecht übernommen wurde, eine Übernahme des Code de procédure civile für den Bereich der Zivilprozeßgesetzgebung in seinem 1811 vorgelegten Entwurf einer Zivilprozeßordnung ab. Auch 1829, bei den Entwürfen zu einer

---

28 Von Freydorf, Prozeß-Ordnung in bürgerlichen Rechtsstreitigkeiten 1864, S. 3.

29 Von Freydorf, Prozeß-Ordnung in bürgerlichen Rechtsstreitigkeiten 1864, S. 4; Keller, Die Badische Zivilprozeßordnung von 1831, S. 3.

30 Von Freydorf, Prozeß-Ordnung in bürgerlichen Rechtsstreitigkeiten 1864, S. 4 f.; Keller, Die Badische Zivilprozeßordnung von 1831, S. 3; Schubert, Edition Baden, S. VIII.

31 Schubert, Edition Baden, S. VIII.

32 Von Freydorf, Prozeß-Ordnung in bürgerlichen Rechtsstreitigkeiten 1864, S. 5; Schubert, Edition Baden, a.a O..

33 Vgl. beispielsweise das Prinzip der Mündlichkeit und das der Öffentlichkeit.

einheitlichen Zivilprozeßordnung, die dann 1831 in Kraft trat, wurde das französische Rechtssystem - anders als in anderen Partikularstaaten - nur zögernd und widerstrebend beachtet.[34] Insofern ist bei der Betrachtung der einzelnen badischen Vorschriften von einer "typisch badischen" Normierung und zivilprozessualen Lösung von Problemen auszugehen.

Die Kur-Badensche Obergerichtsordnung galt für die Oberhofgerichte und die Hofgerichte, wie aus dem Titel der 1804 in Mannheim bei dem Hofbuchhändler Ferd. Kaufmann erschienenen Ausgabe ersichtlich ist: "Kur-Badensche Obergerichtsordnung wonach an dem Oberhofgerichte und an sämmtlichen Hofgerichten die Prozesse zu führen und zu erledigen sind. "[35] Damit galt die Verfahrensordnung eigentlich nur für die fünf badischen Obergerichte, nämlich für das Oberhofgericht in Bruchsal (ab 1810 in Mannheim) und die vier Hofgerichte, das für den Seekreis in Meersburg, für den Oberrheinkreis in Freiburg, für den Mittelrheinkreis in Rastatt und den Unterrheinkreis in Mannheim.[36] Für das Verfahren in der unteren Instanz gab es zu diesem Zeitpunkt kein eigenes Verfahrensrecht. Begründen läßt sich dies dadurch, daß auch keine eigenen "Untergerichte" existierten, sondern daß es bis zum 1. September 1857 keine Trennung von Verwaltung und Justiz gab und die Richter daher politische Beamte der Verwaltung ("Amtmann") waren.[37] Dennoch galt diese Gerichtsordnung für die Obergerichte in der Folgezeit auch in diesen unteren Instanzen als Leitfaden.[38]

Die Bedeutung der Kur-Badenschen Obergerichtsordnung für das hier behandelte Thema lag in der mit der Entstehung der neuen Instanz verbundenen größeren Komplexität und damit auch Unübersichtlichkeit des Gerichtsverfahrens. So waren als Rechtsmittel jetzt die Appellation und die Oberappellation vorgesehen.[39] Dieses für die Prozeßparteien ungewohnte und nicht leicht zu durchschauende Rechtsmittelsystem bedurfte einer näheren Erläuterung über die Modalitäten der Rechtsmittel, damit das Rechtsmittelverfahren reibungslos und zügig ablaufen konnte.

---

34 Vgl. Schubert, Edition Baden, S. VIII ff..

35 Kur-Badensche Obergerichtsordnung ... , Titel.

36 Von Drais, Geschichte der badischen Gerichtshöfe in neuerer Zeit, S. 42 ff. und 57 ff.; Keller, Die Badische Zivilprozeßordnung von 1831, S. 4 ff..

37 Von Freydorf, Prozeß-Ordnung in bürgerlichen Rechtsstreitigkeiten 1864, S. 6; vgl. Keller, Die Badische Zivilprozeßordnung von 1831, S. 5.

38 Von Freydorf, Prozeß-Ordnung in bürgerlichen Rechtsstreitigkeiten 1864, a.a.O.; Keller, Die Badische Zivilprozeßordnung von 1831, a.a.O.; Schubert, Edition Baden, S. VIII.

39 Schubert, Edition Baden, a.a.O..

So enthielt auch der § 126 Bad. Obergerichtsord. eine Rechtsmittelbelehrung hinsichtlich der Appellation. Der § 126 Bad. Obergerichtsord., der unter der Überschrift "Appellatio ordinaria" (ab § 124 Bad. Obergerichtsord.) stand, lautete folgendermaßen:

"Es muß übrigens

(§ 126)

die bey einem Unterrichter verlierende Parthey von diesem verständigt werden, daß sie an Unser Kur-Fürstl. Hofgericht appelliren könne, daß solches mit Beobachtung der (§. 124. und 129.) gedachten Formalien geschehen, und daß sie zu dessen Besorgung am Hofgerichte einen geordneten Kanzley-Advocaten unverzüglich ernennen und instruiren müsse; weshalb ihr zugleich zum Andenken eine mit der aufgedruckten Taxa zu zahlende gedruckte Belehrung zuzustellen ist."[40]

Der § 126 Bad. Obergerichtsord. sah damit eine Rechtsmittelbelehrung vor, die als eine Belehrung über das zustehende Rechtsmittel, hier die Appellation, und über die dabei zu beachtenden Formalien erfolgte. Auffällig ist aber hier eine ausdrückliche Pflicht zur Belehrung über den Anwaltszwang, also darüber, daß die Partei zur Vertretung vor dem Hofgericht einen "geordneten Kanzley-Advocaten" benennen und mit dem Fall betrauen mußte. Bemerkenswert ist darüber hinaus die Pflicht zur Ausstellung einer schriftlichen Rechtsmittelbelehrung gegen eine Gebühr. Bemerkenswert ist dies vor allem deshalb, weil man bei dem Verfahren vor den unteren Instanzen aufgrund eines fehlenden Anwaltszwangs und den geringeren Streitwerten von einem "einfacheren", schnelleren und stärker mündlich geprägten Verfahren ausgehen konnte. Allerdings sind hierbei zwei Punkte zu bedenken: Zum einen zeigte sich hier die Ausprägung des gemeinen Zivilprozeßrechts, der von einem schriftlichen, heimlichen Verfahren geprägt war, während der französische Prozeß ein mündliches, öffentliches Verfahren vorsah.[41] Als Bestandteil des gemeinen Zivilprozeßsystems war daher auch die Schriftform der Belehrung zu sehen. Auf eine etwaige mündliche Belehrung kam es nicht an. Zum anderen wurde an der Pflicht zu einer *schriftlichen* Rechtsmittelbelehrung auch das Interesse der Gerichte und des Staates an der Information der oftmals unkundigen Parteien im Hinblick auf die verschiedenen Instanzen deutlich. So sprach der § 126 Bad. Obergerichtsord. von "Andenken". Die Gerichte sollten nicht zulassen, daß einer Partei aufgrund ihrer Unkenntnis oder Vergeßlichkeit ein Nachteil in Form des Verlustes einer Rechtsinstanz entstehe. Allerdings war bei § 126 Bad. Obergerichtsord. zu beachten, daß die den Parteien schriftlich erteilte Rechtsmittelbelehrung den Idealfall einer Belehrung

40 Kur-Badensche Obergerichtsordnung, Mannheim 1804, S. 73.

41 Vgl. Keller, Die Badische Zivilprozeßordnung von 1831, S. 2.

darstellte, und daß in der Praxis sie auch mündlich mit einem Aktenvermerk erfolgen konnte.[42]

Hinsichtlich dieser schriftlichen Rechtsmittelbelehrungspflicht wurde im Kur-Badischen Regierungsblatt am 27. März 1804 ein Erlaß vom 19. März 1804 veröffentlicht, in dem genauere Anweisungen und Anmerkungen zur Rechtsmittelbelehrung ergingen und außerdem auch Hinweise, wann welche der schriftlich vorgedruckten Rechtsmittelbelehrungen zu verteilen war.[43] So schrieb dieser Erlaß detailliert die genauen Modalitäten für die Erteilung der Rechtsmittelbelehrung vor. Die Oberämter und Ämter und auch die Obervogte und Ratsvogte erhielten vorgedruckte Belehrungen, die sie bei jedem gerichtlichen Zivilurteil, das einer Rechtkraft fähig war, den Parteien aushändigen sollten. Dazu mußten sie die Vordrucke ausfüllen, mit einer Unterschrift versehen und den Parteien gegen eine Gebühr von zwei Kreutzern aushändigen. Diese Gebühr mußten jedoch nicht diejenigen zahlen, die "zum Armenrecht zugelassen" waren.[44]

Bei den vorgedruckten Rechtsmittelbelehrungen war zwischen zwei Arten von Belehrungen zu unterscheiden: der ordinären Appellationsbelehrung und der Belehrung für die summarische Appellation, je nachdem welche Appellation in dem gegebenen Fall möglich war. Eine Belehrung über die summarische Appellation erfolgte dann, wenn die Hauptstreitsumme des Prozesses mindestens 50 Gulden betrug, höchstens jedoch 100 Gulden. In diesen Fällen war nur ein Verfahren der summarischen Appellation, also ein abgekürztes Rechtsmittelverfahren möglich. Ausnahmen von dieser Anknüpfung an den Streitwert wurden jedoch im Gant- und Paternitätsverfahren, in Arrestsachen, einigen Bausachen, in Streitigkeiten um den Besitz, in Schwängerungs- und Alimentenverfahren und bei Liquidationsklagen aus rechtskräftigen Urteilen gemacht. Auch bei Bitten um sogenannte Provisionalverfügungen oder andere Zwischenpunkte im laufenden Verfahren kam es nicht auf den Streitwert an. Vielmehr konnte er hier auch höher als die 100 Gulden sein. In allen übrigen Fällen, in denen der Streitwert über 100 Gulden lag, war eine ordinäre Appellation möglich, und es mußte dementsprechend auch eine ordinäre Appellationsbelehrung erfolgen.[45] Die erfolgte Rechtsmittelbelehrung mußte im Protokoll des Verfahrens vermerkt werden.

---

42 Vgl. Donsbach, Die Verfassung und das Proceßverfahren ..., S. 30.

43 Kur-Badisches Regierungsblatt, 1804 Nr. 13, S. 65, 67; auffindbar auch in der Mannheimer Ausgabe von 1804 der Kur-Badenschen Obergerichtsordnung als Anhang S. 6.

44 Vgl. Kur-Badisches Regierungsblatt, 1804, Nr. 13, S. 67.

45 Vgl. Kur-Badisches Regierungsblatt, 1804, a.a.O.; auch Donsbach, Die Verfassung und das Proceßverfahren ..., a.a.O..

Außerdem enthielt der Erlaß einen detaillierten Hinweis darauf, daß sechs Wochen bevor die Vordrucke aufgebraucht sein würden, der Hofgerichts-Kanzlei darüber Mitteilung gemacht werden sollte, damit weitere Vordrucke zugesendet werden könnten:

"Sechs Wochen, ehe der jetzt übersandt werdende Vorrath von Impressis zu Ende gehen möchte, ist davon an die Hofgerichts-Kanzley wieder Anzeige zu machen, damit für den weiteren Vorrath in Zeiten die anordnenden Befehle gegeben werden können."[46]

Eine gänzlich unterlassene Rechtsmittelbelehrung eröffnete den Parteien die Möglichkeit, aufgrund ihrer Unwissenheit bezüglich der Formalien der Appellation, eine Wiedereinsetzung in den vorigen Stand gegen die Rechtskraft des Urteils zu verlangen.[47]

2. Proceß-Ordnung in bürgerlichen Rechtsstreitigkeiten für das Großherzogtum Baden von 1831

Die Kur-Badensche Obergerichtsordnung von 1803 war jedoch nicht die einzige Normierung auf dem Gebiet des Zivilprozeßrechts in Baden. So gab es auch noch eine Eidesordnung von 1803, sowie gemeinrechtliche Einzelbestimmungen, etwa in Bezug auf Beweisregelungen.[48] Das untergerichtliche Verfahren war hingegen - wie schon erwähnt - nicht gesetzlich normiert. Diese zahlreichen verschiedenen zivilprozessualen Regelungen, eine fehlende Normierung des untergerichtlichen Prozesses, aber auch die nun als störend empfundene Verknüpfung von Justiz und Verwaltung in der unteren Instanz führten schon bald zu Forderungen nach einer vereinheitlichenden Zivilprozeß-Kodifikation.[49] Diese wurde, nachdem Baden 1818 eine Verfassung erhalten hatte, insbesondere von der zweiten Kammer des Parlaments immer wieder gefordert.

Am 17. Mai 1819 wurde eine Gesetzgebungskommission eingesetzt, die eine Zivilprozeßordnung ausarbeiten sollte.[50] In der nun folgenden Periode entstanden zahlreiche Vorarbeiten und Entwürfe zu einer Zivilprozeßordnung, wie beispielsweise der Entwurf einer Zivilprozeßordnung von Ziegler 1826,[51] und es fanden zudem zahlreiche Diskussionen vor allem über die Art und Weise und

---

46 Kur-Badisches Regierungsblatt, 1804, a.a.O..

47 Donsbach, Die Verfassung und das Proceßverfahren ..., a.a.O..

48 Keller Die Badische Zivilprozeßordnung von 1831, S. 3 f..

49 Vgl. dazu auch Donsbach, Die Verfassung und das Prozeßverfahren ..., Einleitung S. X.

50 Keller, Die Badische Zivilprozeßordnung von 1831, S. 10 f.; Schubert, Edition Baden, S. IX.

51 Ziegler, Entwurf eines Gesetzbuchs des Verfahrens in bürgerlichen Rechtssachen.

den Umfang der Übernahme französischer Prozeßideen statt. So standen sich hier die Positionen etwa von Brauer und Donsbach, die für eine nur maßvolle und eingeschränkte Übernahme französischer Ideen plädierten, den Positionen von Mittermaier und Duttlinger gegenüber, die eine verstärkte Übernahme von französisch geprägtem Recht befürworteten.[52]

1827 wurde die Gesetzgebungskommission neu besetzt, so daß die Arbeiten an dem Gesetzesprojekt - trotz eines zunächst wenig reformfreudigen Verhaltens des Großherzogs Ludwig[53] - ab Ende 1829 besser vorankamen. Mitglieder der neuen Kommission waren der Präsident des Justizministeriums von Zyllenhardt, der Geheime Rat Nebius, der Geheime Referendär Ziegler und der Oberhofgerichtsrat von Weiller. Daneben wurden Prof. Duttlinger und der Geheime Hofrat Mittermaier als außerordentliche Mitglieder hinzugezogen und damit zwei Personen, die eine stärkere Einbeziehung von französischem Recht in das badische Recht befürworteten.[54] Am 21. März 1831 wurde der Entwurf der Kommission für die Zivilprozeßordnung der zweiten Kammer des Landtags vorgelegt und nach einigen Diskussionen am 28. November 1831 verabschiedet. Die erste Kammer schloß sich den Beschlüssen der zweiten Kammer an, und am 31. Dezember 1831 genehmigte auch der Großherzog von Baden die Normierung. Am 1. Mai 1832 trat die neue Badische Zivilprozeßordnung von 1831 in Kraft.[55] Das Gesetz erschien aufgrund von Zeitnöten nicht im Regierungsblatt, sondern nur in einer amtlichen Extraausgabe. Von den Verfassern des Gesetzes wurde auch keine Kommentierung oder nähere Erläuterung veröffentlicht, ebenso keine detaillierten Motive.[56] Insofern ist eine genauere Nachvollziehung der damals erwogenen Überlegungen zu einzelnen Paragraphen kaum möglich. Es existiert jedoch ein aufschlußreicher, aber sehr kurzer Bericht der Gesetzgebungskommission vom 15. November 1830 an den Großherzog von Baden.[57]

Was nun das Problem der Rechtsmittelbelehrung angeht, so enthielt die Proceß-Ordnung in bürgerlichen Rechtsstreitigkeiten für das Großherzogtum Baden (BPO 1831) eine Pflicht zu einer Belehrung über Rechtsmittel, und zwar

---

52 Keller, Die Badische Zivilprozeßordnung von 1831, S. 9 f. und S. 15 f.; Schubert, Edition Baden, S. VIII.

53 Keller, Die Badische Zivilprozeßordnung von 1831, S. 17 ff..

54 Vgl. zu der Kommissionsbesetzung: Keller, Die Badische Zivilprozeßordnung von 1831, S. 20; Schubert, Edition Baden, S. IX.

55 Keller, Die Badische Zivilprozeßordnung von 1831, S. 26; Schubert, Edition Baden, S. XVI.

56 Keller, Die Badische Zivilprozeßordnung von 1831, S. 30 Anm. 63; Schubert, Edition Baden, a.a.O..

57 Bericht der Gesetzgebungs-Kommission, erstattet an Se. Kön. Hoheit den Grossherzog am 15. November 1830; Schubert, Edition Baden, S. XI.

in § 386 BPO 1831 unter der Überschrift "Tit. XIX. Von Urtheilen und der Rechtskraft". Der Text dieser gerichtlichen Pflicht zu einer Rechtsmittelbelehrung lautete wie folgt:

"§ 386. Belehrung über die Rechtsmittel

Zugleich mit Verkündung des Urtheils ist den Parteien oder ihren Vertretern, wenn sie nicht Rechtsgelehrte sind, eine gedruckte Belehrung über das zustehende Rechtsmittel einzuhändigen. Die etwa unterbliebene Befolgung dieser Vorschrift in einem einzelnen Falle ist jedoch kein hinlänglicher Grund zur Wiedereinsetzung in den vorigen Stand gegen das Versäumen der Nothfrist."[58]

Da jedoch keine Motive zu den einzelnen Paragraphen existieren, läßt sich die Rechtsmittelbelehrungspflicht nur über den Gesetzestext und durch Vergleiche mit der Pflicht zur Rechtsmittelbelehrung in der Obergerichtsordnung von 1803 näher erläutern.

Die Rechtsmittelbelehrung in § 386 BPO 1831 sah eine Belehrung bei der Verkündung eines Urteils vor. Sie war damit sehr viel detaillierter und beschrieb den Zeitpunkt der Belehrung genauer als die Obergerichtsordnung von 1803. Die der Rechtsmittelbelehrung zugrundeliegende Entscheidung erscheint daher nach dem Willen des Gesetzgebers lediglich ein Urteil zu sein, nicht jedoch Beschlüsse des Gerichts. Dieser Anwendungsbereich der Rechtsmittelbelehrung wird auch dadurch bestätigt, daß die badische Prozeßordnung sehr wohl zwischen Urteilen und sonstigen Entscheidungen des Gerichts, wie beispielsweise Beschlüssen, unterschied. So regelte der § 390 BPO 1831 eine Appellation gegen prozeßleitende Verfügungen des Gerichts. Diese gerichtlichen Verfügungen wurden jedoch nicht bloß in Form von Urteilen abgefaßt, sondern ergingen auch als Beschlüsse. Durch die ausdrückliche Erwähnung einer Appellationsmöglichkeit gegen prozeßleitende Verfügungen muß man von einer Unterscheidung zwischen den verschiedenen Entscheidungsmöglichkeiten des Gerichts ausgehen. Damit ist der Begriff des "Urtheils" in § 386 BPO 1831 auch tatsächlich nur als Urteil im engen Sinne zu verstehen. Eine Ausdehnung der Pflicht zur Rechtsmittelbelehrung auf jegliche gerichtliche Entscheidung scheint nicht der Praxis entsprochen zu haben, zumal auch die einschlägigen Kommentierungen zur Badischen Proceß-Ordnung keine derartige analoge Anwendung erkennen ließen.[59]

Die Belehrung hatte "zugleich mit Verkündung" zu erfolgen, also unmittelbar und gemeinsam mit dem Urteil. Die Belehrung selbst erfolgte über "das zu-

58 Thilo, Prozeß-Ordnung in bürgerlichen Rechtsstreitigkeiten für das Großherzogthum Baden, S. 250 (§ 386).

59 Thilo, Proceß-Ordnung in bürgerlichen Rechtsstreitigkeiten für das Großherzogthum Baden, zu § 386 BPO 1831.

stehende Rechtsmittel". Da sich die Rechtsmittelbelehrung aus § 386 BPO 1831 aus der allgemeinen Appellationsbelehrung in § 126 Bad. Obergerichtsord. entwickelt hatte,[60] ist davon auszugehen, daß sich der Gesetzgeber hier eine Rechtsmittelbelehrung über die Rechtsmittel im engen Sinn vorgestellt hatte, also vor allem über die Appellation und möglicherweise noch über eine Oberappellation. Es ist jedoch nicht anzunehmen, daß auch eine Rechtsmittelbelehrung für alle übrigen Rechtsbehelfe vorgesehen sein sollte. Dies wird auch aus dem Kontext der gesamten Norm deutlich. Sie sprach davon, daß bei der Verkündung des Urteils die Partei über "das" zustehende Rechtsmittel zu belehren war. Sie ging also davon aus, daß es nur um *ein* Rechtsmittel ging, und zwar um dasjenige, gegen das gerade ergangene Urteil. Für eine vorgesehene Pflicht zu einer allgemeinen Rechtsbehelfsbelehrung ist in § 368 BPO 1831 nichts ersichtlich. So finden sich auch beispielsweise in § 330 BPO 1831, der "die Folgen der Versäumnisse im ersten Verfahren" regelte, keinerlei Hinweise auf eine Pflicht zu einer Rechtsbehelfsbelehrung.

Beachtenswert ist außerdem, daß § 386 BPO 1831 - wie § 126 Bad. Obergerichtsord. - eine gedruckte Rechtsmittelbelehrung vorsah, die den Parteien auszuhändigen war. Es wurde lediglich auf die Schriftlichkeit ("gedruckt") der Rechtsmittelbelehrung abgestellt, nicht jedoch auf den Zusammenhang mit dem Urteil. Als Adressaten einer Rechtsmittelbelehrung wurden in § 386 BPO 1831 die "Parteien" oder "ihre Vertreter" genannt. Die Belehrung erfolgte hier nur gegenüber den eigentlichen Prozeßparteien und nicht auch gegenüber sonstigen Beteiligten, die durch das Verfahren betroffen waren. Gegenüber Rechtsgelehrten war nach § 386 BPO 1831 keine Rechtsmittelbelehrung nötig. Eine erfolgte Rechtsmittelbelehrung mußte gemäß § 386 BPO 1831 im Protokoll beurkundet werden.[61]

§ 386 BPO 1831 stellte eine "Muß-Vorschrift" dar und nicht bloß eine "Soll-Vorschrift". So sprach der Wortlaut der Norm eindeutig von "ist ... einzuhändigen" und nicht bloß vage von einem wünschenswerten Verhalten. Trotzdem war die Pflicht zur Rechtsmittelbelehrung nicht so zwingend, als daß ihr Unterlassen einen Grund zur Wiedereinsetzung in den vorigen Stand beim Versäumen der Notfrist dargestellt hätte, wie § 386 S. 2 BPO 1831 ausdrücklich normierte. Damit begründete § 386 BPO 1831 zwar eine Pflicht zu einer Rechtsmittelbelehrung, setzte jedoch keine Rechtsfolge für das Unterlassen der Belehrung. Sie stellte die Rechtsmittelbelehrung weitestgehend in das Ermessen des Gerichts

60 Seng, Erläuterungen zur Großherzoglichen Badischen neuen Prozeßordnung, § 386; Thilo, Proceß-Ordnung in bürgerlichen Rechtsstreitigkeiten für das Großherzogthum Baden, § 386 Anm. 1 S. 251.

61 Brauer, Das mündliche Verfahren vor dem Unterrichter, S. 96.

und nahm dadurch der streng vorgeschriebenen Belehrungspflicht ihre Bedeutung. Die Norm ähnelte durch die fehlende Sanktion einer "Soll-Vorschrift". Damit stand sie auch im Gegensatz zu der für die Obergerichtsordnung praktizierten Wiedereinsetzung in den vorigen Stand.[62]

Anders hingegen verhielt es sich aber nach der damaligen Kommentar-Literatur bei einer unrichtigen Belehrung bei § 386 BPO 1831. Während die Parteien bei einer unterbliebenen Rechtsmittelbelehrung selbst gefragt waren, und als Folge dessen selbst die Rechtsmittel, die Formen und Fristen aus dem Gesetz lesen mußten, war bei einer unrichtigen Belehrung der gute Glaube der Partei an die Richtigkeit der Belehrung zu schützen. Bei jeder Rechtsmittelbelehrung, die durch einen Richter erfolgte, konnten die Parteien aufgrund dessen Sachkenntnis davon ausgehen, daß diese die eigentliche und richtige Belehrung war. Dies galt auch in den Fällen in denen die Rechtsmittelbelehrung fehlerhaft war.

Die Rechtsmittelbelehrung war als "spezielle Verkündung des Gesetzes anzusehen", und die Parteien durften sich daher nach dieser falschen Belehrung richten. Dies hat das Hofgericht am See auch in einer 1834 in den Annalen der Großherzoglich Badischen Gerichte veröffentlichten Sache entschieden. Hier hatte ein Richter in einem abgekürzten Verfahren die Parteien irrtümlich über die ordentlichen Berufungsfristen belehrt, mit der Folge, daß der Beschwerdeführer die eigentlich gültigen Notfristen versäumt hatte. Das Gericht hatte daraufhin entschieden, daß eine analoge Anwendung des letzten Satzes des § 386 BPO 1831 auf falsche Belehrungen nicht stattfindet. Da die Partei der richterlichen Belehrung vertrauen durfte und ihr selbst keine Säumnis zur Last gelegt werden konnte und da sie die Fristen für das ordentliche Verfahren eingehalten hatte, war eine Wiedereinsetzung in den vorigen Stand grundsätzlich möglich. Dies galt insbesondere, da laut dieser Gerichtsentscheidung die Absicht des Gesetzes darin lag, "den Parteien auf kürzestem Wege die möglichste Gewißheit des Rechts in der fraglichen Beziehung zu geben. " Die Verschiedenheit der Notfristen für die ordentliche und für die summarische Berufung würden die Anwendung des Gesetzes auf den Einzelfall nicht so leicht machen.[63] Eine Nachprüfung der Rechtsmittelbelehrung auf ihren Wahrheitsgehalt war den Parteien nicht zumutbar, ihr guter Glaube an das Wissen des Richters schützenswerter.

---

62 Siehe oben: Teil 1, B II 1; Donsbach, Die Verfassung und das Prozeßverfahren ..., S. 30.

63 Annalen der Großherzoglich Badischen Gerichte, Jahrgang II (1834) S. 247 f.; Brauer, Das mündliche Verfahren vor dem Unterrichter, S. 96; Thilo, Proceß-Ordnung in bürgerlichen Rechtsstreitigkeiten für das Großherzogthum Baden, § 386 Anm. 2.

3. Prozeß-Ordnung in bürgerlichen Rechtsstreitigkeiten für das Großherzogtum Baden von 1851

Nach einigen kleineren Novellierungen des zivilprozeßrechtlichen Verfahrens 1837 und der Entstehung des Gerichtsverfassungsgesetzes 1845, kam es 1851 zu einer nächsten wichtigen Novelle der badischen Zivilprozeßordnung. Die Gesetzesänderung ist im Zusammenhang mit der Revolution von 1848 zu sehen, im Zuge deren politischen Umwälzungen die in den vorhergehenden Jahren beschlossenen Gesetzesänderungen nicht in Kraft treten konnten.[64] Erst im Herbst 1850 begannen wieder Beratungen zur neuen Novelle, die im Januar 1851 endgültig verabschiedet wurde. Trotz einiger Änderungen im Verfahrensablauf auch nach dem Vorbild des französischen rein mündlichen Prozesses - so waren schriftliche Verfahren vor Einzelrichtern nur noch mit Genehmigung des Gerichts zulässig, und die Parteien wurden nach dem neuen Gesetz dazu veranlaßt, die Tatsachen möglichst vollständig vorzutragen[65] - fand in strittigen Fragen vor allem der Organisation und der Gerichtsverfassung der Untergerichte keine Lösung statt. Die wiederholt geforderte strikte Trennung von Justiz und Verwaltung in der unteren Instanz wurde, über die 1848 erfolgte weitgehende personelle Trennung der Ämter hinaus, erst 1857 auch organisatorisch durch die Errichtung von selbständigen Amtsgerichten verwirklicht.[66]

Auch nach der Novellierung der badischen Zivilprozeßordnung von 1851 war eine Pflicht zu einer Rechtsmittelbelehrung vorhanden, und zwar in § 348 BPO 1851. Auch dieser Paragraph stand im Titel XVII unter der Überschrift "Von Urteilen und von der Rechtskraft. ". Er lautete:

"§ 348. Zugleich mit Verkündung des Urtheils ist den Parteien oder ihren Vertretern, wenn sie nicht Rechtsgelehrte sind, eine gedruckte Belehrung über das zustehende Rechtsmittel einzuhändigen. Die etwa unterbliebene Befolgung dieser Vorschrift in einem einzelnen Falle ist jedoch kein hinlänglicher Grund zur Wiedereinsetzung in den vorigen Stand gegen das Versäumen der Nothfrist."[67]

Ein Vergleich mit dem Text des § 386 BPO 1831 zeigt, daß in der Gesetzesfassung von 1851 die Norm der Rechtsmittelbelehrung unverändert beibehalten worden war. Der Gesetzestext war vollkommen gleichlautend.

Es läßt sich auf die Erläuterungen zur badischen Zivilprozeßordnung von 1831 verweisen. Die Reform des badischen Prozeßrecht 1851 hatte sich auf die

64 Schubert, Edition Baden, S. XXV.
65 Auch Brauer, Das mündliche Verfahren vor dem Unterrichter, S. III ff..
66 Schubert, Edition Baden, S. XXVI.
67 Proceß-Ordnung in bürgerlichen Rechtsstreitigkeiten für das Ghzt. Baden 1851, S. 66.

Beseitigung unnötiger und zeitraubender Formalismen konzentriert,[68] worunter der Gesetzgeber jedoch nicht die Pflicht zur Rechtsmittelbelehrung faßte und daher diese unberührt ließ.

4. Prozeß-Ordnung in bürgerlichen Rechtsstreitigkeiten für das Großherzogtum Baden von 1864

Schon in der 69. Sitzung der zweiten Kammer der Ständeversammlung am 9. Februar 1863 legte jedoch der badische Staatsminister Stabel einen erneuten Gesetzentwurf zur Änderung der Zivilprozeßordnung vor. Der Zeitpunkt dafür ist um so bemerkenswerter, als zur gleichen Zeit die Beratungen in Hannover über die Einführung einer einheitlichen Zivilprozeßordnung für den Deutschen Bund stattfanden, die die Partikularregelungen ersetzen sollte. Baden war an diesen Beratungen mit beteiligt. Allerdings führte das Justizministerium zu diesem auf den ersten Blick sinnlos erscheinenden Gesetzesunterfangen der Novellierung der badischen Prozeß-Ordnung aus, daß es hier vor allem um die Weiterführung der Reform des Gerichtswesens ginge, die schon zuvor begonnen worden war. Außerdem wurden Bedenken über eine schnelle und sichere Einführung der neuen in Hannover beratenen Zivilprozeßordnung geäußert.[69] Daher wurden 1863 intensivere Bemühungen um die Änderung der badischen Zivilprozeßordnung deutlich, die aber nach dem Willen des Gesetzgebers auch schon durch die in Hannover beschlossenen Normierungen geprägt sein sollte und die damit den Übergang von den landesrechtlichen Regelungen auf das dann gemeinsame Recht des Deutschen Bundes erleichtern sollte.[70]

Die Beratungen zu dem neuen zivilprozeßrechtlichen Gesetz in Baden dauerten nur kurze Zeit. Bereits am 15. Mai 1863 nahm die zweite Kammer der Ständeversammlung Badens das neue Gesetz einstimmig an und auch die erste Kammer beriet am 20. Juni 1863 die Zustimmung zu dem Gesetz, mit nur einigen wenigen geringfügigen Änderungen. Am 18. Mai 1864 wurde das neue Gesetz dann endgültig vom Großherzog von Baden erlassen. [71]

Hinsichtlich der Pflicht zur Rechtsmittelbelehrung fand sich auch in diesem Gesetz nichts Neues. Sowohl im Entwurf von 1863, als auch im dann endgültig in Kraft getretenen Gesetz von 1864, war die Rechtsmittelbelehrung in identischer Form wie 1851 und 1831 enthalten. Im Entwurf von 1863 wurde sie unter

68 Von Freydorf, Prozeß-Ordnung in bürgerlichen Rechtsstreitigkeiten 1864, S. 96.
69 Stempf, Prozeßordnung Einleitung, S. 1.
70 Von Freydorf, Prozeß-Ordnung in bürgerlichen Rechtsstreitigkeiten 1864, S. 143; Stempf, Prozeßordnung, a.a.O..
71 Stempf, Prozeßordnung, S. 5 ff..

§ 382 BPO-Entwurf 1863 normiert, während im Gesetz von 1864 der § 369 BPO 1864 die Pflicht zur Rechtsmittelbelehrung enthielt.[72]

Inhaltlich und redaktionell fand keine Änderung der Norm gegenüber 1831 statt.

III. Die Rechtsmittelbelehrung im Zivilprozeßrecht des Königreichs Württemberg

Die Normierungen des badischen Zivilprozeßrechts entfalteten jedoch nicht nur in Baden selbst Wirkung, sondern strahlten in andere Prozeßnormierungen aus, so auch nach Württemberg. Gerade die badische Prozeßordnung von 1831 diente für die Entwürfe Bolleys und von Harpprechts als Vorbild und beeinflußte deren Entwürfe für die württembergische Prozeßgesetzgebung stark.[73]

Es ist davon auszugehen, daß das badische Recht, dessen Kodifikation von 1831 zwar als "Modellkodifikation"[74] bezeichnet wurde, 1831 nicht zum ersten Mal Einfluß auf die württembergische Gesetzgebung ausübte. Aufgrund der stark von liberalistischen Ideen geprägten Haltung der badischen Gesetzgebung[75] ist anzunehmen, daß Baden auch schon zu einem früheren Zeitpunkt die Gesetzgebung im Nachbarland beeinflußt hat. So sind badische Ideen sicher auch in dem IV. Edikt über die Rechtspflege in den unteren Instanzen von 1818 zu finden.

1. IV. Edikt über die Rechtspflege in den unteren Instanzen vom 31. Dezember 1818

Als eine der ersten neuen Zivilprozeßrechtsregelungen in Württemberg im 19. Jahrhundert entstand das IV. Edikt über die Rechtspflege in den unteren Instanzen vom 31. Dezember 1818. Die Bedeutung dieses Edikts für die Zivilprozeßgeschichte liegt darin, daß es zum einen eine teilweise Rezeption von Verfahrensgrundsätzen der preußischen Allgemeinen Gerichtsordnung dar-

---

72 Proceß-Ordnung in bürgerlichen Rechtsstreitigkeiten für das Ghzt. Baden 1864, S. 78; auch von Freydorf, Prozeß-Ordnung in bürgerlichen Rechtsstreitigkeiten 1864, S. 169; Schubert, Edition Baden, Nachdruck der Prozeßordnung S. 410.

73 Bolley, Entwürfe und Anträge zu einer umfassenden Civil-Gerichts- und Prozeßordnung, Vorrede, S. VII; von Harpprecht, Entwurf einer bürgerlichen Prozeßordnung für das Königreich Württemberg, Vorwort, S. 3; Schubert, Edition Württemberg, S. VII .

74 Schubert, Edition Baden, S. VII.

75 Keller, Die Badische Zivilprozeßordnung von 1831, S. 2 ff..

stellte,[76] zum anderen aber auf regionalen Eigenheiten und Rechtstraditionen basierte und diese nie gänzlich aufgab. Dies gilt auch in der Weiterentwicklung des württembergischen Rechts, das in den folgenden Jahren und in den folgenden Entwürfen zu einer Zivilprozeßordnung immer seine rechtliche Eigenständigkeit zu bewahren suchte.[77] Daß trotzdem eine starke Rezeption badischen Rechts gerade in den Entwürfen der 1840er Jahre stattfand, läßt darauf schließen, daß die Rechtstraditionen in beiden Nachbarstaaten sich stark ähnelten und daher nicht als "fremd" aufgefaßt wurden, sondern als Ausdruck der eigenen gemeinsamen Rechtstradition übernommen wurden.

Das IV. Edikt von 1818 entstand noch ohne Beratung durch die Ständeversammlung.[78] Es sah als ordentliche Zivilgerichte der ersten Instanz die Oberamtsgerichte vor und als Berufungsinstanz die Kreisgerichte. Daneben war bei geringfügigen Sachen der Gemeinderat als Zivilgericht tätig. Dies waren die sogenannten Ortsgerichte.[79] Mit dem § 13 III der Verordnung von 1819 wurde dann die Möglichkeit einer weiteren Appellation an das Obertribunal eröffnet.[80]

In diesem zumindest zweiinstanzlichen Rechtssystem waren Pflichten zu einer Rechtsmittelbelehrung vorgesehen. So schrieb § 11 IV. Edikt 1818 unter dem Titel "Belehrung der Parteien" vor:

"Bei jeder Entscheidung des Gemeinderaths über Untergangsstreitigkeiten müssen die Parteien darüber belehrt werden, daß diejenige, welche sich an das Oberamtsgericht wenden will, auf die eben bemerkte Weise sich zu erklären habe; und es gehört zur wesentlichen Form, daß diese Belehrung[81] zu Protokoll bemerkt werde.

In demselben ist auch die Anzeige von der Appellation mit genauer Angabe des Tages zu bemerken."[82]

Diese Rechtsmittelbelehrung aus § 11 IV. Edikt 1818 galt nach der Gesetzessystematik für die Gemeinderäte oder sonstige Ortsobrigkeiten, die als Richter in Streitigkeiten geringeren Streitwerts, Untergangssachen und ab 1819 auch in Compromißsachen tätig wurden. Unter Untergangssachen verstand man hierbei gemäß § 5 IV. Edikt 1818 "Streitigkeiten über privatrechtliche Verhältnisse

76 Schubert, Edition Württemberg, S. VII, IX.
77 Schubert, Edition Württemberg, S. VII.
78 Schubert, Edition Württemberg, S. VIII.
79 Berner, Das Organisations-Edikt, S. 292.
80 Schubert, Edition Württemberg, S. IX.
81 Anm.: Aufgrund eines Redaktionsversehens lautete es in der amtlichen Ausgabe "Erklärung". Dies wurde durch einen Justizministeriumserlaß vom 29. 4. 1846 verbessert. vgl. Berner, Das Organisations-Edikt, § 11, S. 9.
82 Berner, Das Organisations-Edikt, § 11, S. 9.

durch das Nebeneinanderliegen von Gebäuden oder Feldgütern, oder deren wechselseitige Beziehung in Hinsicht auf die Benutzung".[83]

Inhaltlich bezieht sich § 11 IV. Edikt 1818 auf den vorhergehenden § 10 IV. Edikt 1818, der unter der Überschrift "Förmlichkeit der Appellation" detailliert die einzuhaltenden Formen und Fristen für eine Appellation erläuterte.

Die Rechtsmittelbelehrung aus § 11 IV. Edikt 1818 hatte gegenüber beiden Parteien zu erfolgen und sollte die Förmlichkeiten für eine Appellation, das gegen eine Entscheidung vom Gemeinderat wichtigste mögliche Rechtsmittel, zum Inhalt haben. Es sollte über das Rechtsmittel selbst, aber auch über die dazugehörigen Fristen belehrt werden.[84] Auch die verschiedenen Arten der Einlegung des Rechtsmittels waren bei der Belehrung zu berücksichtigen. So konnte das Rechtsmittel sowohl mündlich, als auch schriftlich eingelegt werden, und zwar vor dem versammelten Gemeinderat, dem ersten Orts-Vorsteher oder dem Ratsschreiber. Ob die Parteien auch über das Rechtsmittel des Recurses, das gegen Urteile des Gemeinderates in geringfügigen Sachen stattfinden konnte, belehrt werden mußten, war im IV. Edikt nicht ausdrücklich geregelt. Nach der Ansicht von Schütz war jedoch ein Unterlassen einer derartigen Rechtsmittelbelehrung ein Grund für eine Wiedereinsetzung in den vorigen Stand bei versäumter Notfrist.[85]

Interessant ist auch die Pflicht zur Protokollierung der Rechtsmittelbelehrung. Hier zeigt sich, daß der württembergische Zivilprozeß in den Vorstellungen des schriftlichen gemeinen Zivilprozeßrechts verankert war, bei dem die Prozeßakten eine wichtige Rolle im Verfahren spielten.

Aber neben § 11 IV. Edikt 1818 fand sich auch in § 148 IV. Edikt 1818 eine Rechtsmittelbelehrung. Dieser Paragraph stand unter der Überschrift "Eröffnung des Erkenntnisses" und galt aufgrund seiner Stellung im Gesetz für die Rechtspflege in bürgerlichen Streitigkeiten vor den Oberamtsgerichten. Er lautete:

"Das Erkenntnis wird mit den Entscheidungsgründen den Parteien von dem Oberamtsrichter oder dem Aktuar vor dem Gerichte eröffnet.

Solches wird ihnen, wenn es ihnen nicht verständlich genug seyn sollte, noch mündlich erklärt, und sie werden dabei über das gesetzliche ordentliche Rechtsmittel (§. 151) und dessen Nothfristen, so wie über das Erforderniß rechtsgelehrter Beistände in der zweiten Instanz, deutlich und umständlich belehrt.

83 Berner, Das Organisations-Edikt, § 5, S. 6.
84 Vgl. auch Schütz , Der würtembergische Civil-Proceß, S. 286 ff..
85 Schütz, Der würtembergische Civil-Proceß, S. 287.

Diese Belehrung gehört zur wesentlichen Form des Verfahrens und muß daher, sowie das Erkenntniß selbst und dessen Entscheidungsgründe, in das Protokoll aufgenommen werden."[86]

Dieser Paragraph sah eine Rechtsmittelbelehrung über ordentliche Rechtsmittel im Sinne des § 151 IV. Edikt 1818 vor, also über die Appellation an die nächsthöhere Instanz. Über die in § 151 IV. Edikt 1818 aufgeführten außerordentlichen Rechtsmittel, die Nichtigkeitsklage und die Wiedereinsetzung in den vorigen Stand wegen neu aufgefundener Beweismittel, wurde nicht belehrt.[87] Außerdem mußten die Parteien über die für das Rechtsmittel nötigen Fristen belehrt werden. Diese betrug gemäß § 155 IV. Edikt 1818 für die Appellation 15 Tage ab dem Aussprechen oder der "Insinuierung" des Erkenntnisses, [88] also der Aushändigung.

Außerdem bestand die Pflicht, darüber zu belehren, daß vor den Obergerichten Anwaltszwang gegeben war. Eine ähnliche Belehrungspflicht über den Anwaltszwang bei höheren Instanzen fand sich auch in der Kur-Badenschen Obergerichtsordnung von 1803. Diese Übereinstimmung in den Belehrungspflichten unterstreicht wiederum die enge Verknüpfung zwischen den beiden Nachbarstaaten Baden und Württemberg, wobei auch hier wieder aufgrund der zeitlichen Abfolge von einem Vorbild seitens Badens ausgegangen werden muß.

Die Rechtsmittelbelehrung des § 148 IV. Edikt 1818 erfolgte unabhängig von einer schon vorhandenen anwaltlichen Vertretung. Zudem wurden die Parteien mit dem Problemen der Einlegung einer Appellation nicht von vornherein an die Anwälte verwiesen, sondern sie konnten sich zunächst selbst ein Bild über die Möglichkeiten machen, bevor sie dem Anwaltszwang in der zweiten Instanz genügten und einen Anwalt mit ihren Angelegenheiten betrauten.

Auch in § 148 IV. Edikt 1818 fand sich wieder die Pflicht zu einer Protokollierung der Rechtsmittelbelehrung, da sie ein wesentlicher Bestandteil des Verfahrens war. Nach einem Präjudiz des Civilsenats des Gerichtshofs in Ellwangen vom 18. / 20. Juni 1836 wurde eine Appellationsbelehrung dann nicht als wesentlich für ein Verfahren angesehen, wenn die Parteien unmittelbar nach Eröffnung des Erkenntnisses den Verzicht auf die Berufung erklärt hatten.[89]

§ 148 IV. Edikt 1818 wurde ergänzt durch § 149 IV. Edikt 1818: Auch wenn eine Partei dem Termin zur Eröffnung des Erkenntnisses fernblieb, erhielt sie eine Rechtsmittelbelehrung, und zwar eine schriftliche Belehrung. Diese wurde ihr auf eigene Kosten mit dem schriftlichen Urteil zugestellt.[90]

86 Berner, Das Organisations-Edikt, § 148, S. 74.
87 Berner, Das Organisations-Edikt, § 151, S. 76.
88 Berner, Das Organisations-Edikt, § 155, S. 80.
89 Berner, Das Organisations-Edikt, § 148, S. 74.
90 Berner, Das Organisations-Edikt, § 149.

Am 13. Oktober 1820 erging ein Erlaß des Königlichen Obertribunals an alle Civilsenate der Königlichen Gerichtshöfe, der die Belehrung über die Rechtsmittel genauer regelte.[91] Diese Regelungen betrafen verschiedene Einzelpunkte: So wurde beispielsweise klargestellt, daß die Notfrist zur Einlegung einer Appellation bei rechtsunkundigen und nicht vertretenen Parteien erst mit der Rechtsmittelbelehrung zu laufen beginne. Außerdem wurde gesagt, daß mangels genauerer Formvorschriften der Anscheinsbeweis einer protokollierten Rechtsmittelbelehrung dafür spräche, daß diese ordnungsgemäß erfolgt sei. Dies sollte jedoch nur bei mündlicher Urteilsverkündung gelten und war für den Beweis des Gegenteils zugänglich.[92] Auch war dem Erlaß ein Formular für eine Rechtsmittelbelehrung beigefügt. Dieses sollte von den Gerichten entweder als Vorbild für eine eigene Belehrung genommen werden oder als gedruckte Belehrung den Parteien ausgehändigt werden. Aber selbst bei einer Belehrung durch ein schriftliches Formular, durfte eine mündliche Rechtsmittelbelehrung nicht ausgelassen werden; ansonsten würden die Fristen zur Einlegung der Appellation nicht zu laufen beginnen. Bei einer eigenständigen Belehrung sollte in das Protokoll der genaue Inhalt der Rechtsmittelbelehrung, also das Rechtsmittel, die Fristen und Formen, aufgenommen werden, wie sie das Formular des Königlichen Obertribunals vorschlug.[93] Das Formular enthielt folgenden Vorschlag für eine Rechtsmittelbelehrung:

"Formular einer Belehrung über die Förmlichkeiten der Appellation von Erkenntnissen der Oberamtsgerichte an die Kreisgerichtshöfe.

I. Wer von dem Erkenntnisse eines Oberamtsgerichts an den K. Kreisgerichtshof appelliren will, muß

1) vom Tage der ihm geschehenen Eröffnung des Erkenntnisses an, innerhalb fünfzehn Tage dem Oberamtsgerichte eine Anzeige davon machen;

2) von dem gleichen Zeitpunkte an innerhalb neunzig Tage dem Kreisgerichtshofe durch einen, bei demselben angestellten Prokuratur die Beschwerdeschrift einreichen. Die Beschwerdeschrift kann entweder von der Partei selbst, oder deren Prokurator, oder aber von einem andern rechtsgelehrten Advokaten verfaßt werden.

II. Wenn die eine oder die andere dieser beiden Nothfristen versäumt wird, so wird die appellatio von dem Kreisgerichtshofe gar nicht angenommen.

III. Ein offenbarer Mißbrauch dieses Rechtsmittels der Appellation wird als muthwillige Streitsucht bestraft werden."

---

91 Berner, Das Organisations-Edikt, Beilagen Nr. 43, S. 412 f..

92 Erlaß, Punkte 1-3 in: Berner, Das Organisations-Edikt, Beilagen Nr. 43, S. 412 f..

93 Erlaß, Punkte Nr. 4 - 5 in: Berner, Das Organisations-Edikt, Beilagen Nr. 43, S. 412 f..

Zu Punkt 1) der Belehrung merkte Brauer an, daß nach einem Erlaß des Königlichen Obertribunals vom 7. Juli 1832 vor das Wort "Anzeige" die Worte "schriftlich oder mündlich" einzufügen seien. Bei Punkt 2) der Belehrung waren nach dem Wort "versäumt" nach einer Verfügung des Justizministeriums vom 30. Januar 1844 die Worte "oder die Beschwerdeschrift nicht durch einen Prokurator des Gerichtshofs eingereicht wird" einzufügen.[94]

Darüber hinaus fand sich in § 172 IV. Edikt 1818, der von der Eröffnung des Prioritätserkenntnisses in Gantverfahren, also einem Konkursverfahren, handelte, eine Verweisung auf die Eröffnungsmodalitäten des § 148 IV. Edikt 1818. Damit existierte inzident auch eine Verweisung auf die Pflicht zur Rechtsmittelbelehrung, die ja ein wesentlicher Bestandteil des Eröffnungsverfahrens war.[95] Bestätigt wurde dieser Verweis noch durch einen Erlaß des Civilsenats des Königlichen Obertribunals an die Unterinstanz, die Königlichen Gerichtshöfe vom 17. März 1828, der von der Form der Eröffnung der Urteile und Verweisungen in Gantsachen bei den Untergerichten handelte. Darin hieß es:

" ... die Oberamtsgerichte zu legitimieren, daß sie den Gläubigern mit der Vorladung zu der Eröffnung von Prioritätserkenntnissen und Gantverweisungen sogleich Verweiszettel nebst einer schriftlichen Appellationsbelehrung unter der Erklärung zugehen lassen: ..."[96]

Somit hatte nach ganz herrschender damaliger Meinung auch bei solchen Eröffnungen von Erkenntnissen eine Belehrung über die Appellation und ihre Förmlichkeiten zu erfolgen.

2. Provisorische Verordnung vom 22. September 1819 und die Novelle vom 15. September 1822

Schon kurz nach Inkrafttreten des IV. Edikts von 1818 erschien am 22. September 1819 die "Provisorische Verordnung den Rechtsgang in Zivilsachen bei den höheren Gerichten betreffend" (VO 1819), und am 15. September 1822 folgte dann die "Novelle, die Abänderung verschiedener gesetzlicher Bestimmungen in der Rechtsverwaltung betreffend" (Novelle 1822).[97]

Während die Verordnung von 1819, genau wie das IV. Edikt 1818, nicht von den Ständen beraten worden war, entstand die Novelle 1822 aufgrund der Wün-

94 Zitat und Anmerkungen aus: Berner, Das Organisations-Edikt, Beilagen Nr. 43, S. 412 f..

95 Berner, Das Organisations-Edikt, § 172, S. 92.

96 Berner, Das Organisations-Edikt, Beilagen Nr. 56, S. 427.

97 Schubert, Edition Württemberg, S. VIII.

sche der Stände.[98] Die VO 1819 regelte, wie schon der Titel sagt, das Verfahren vor den Obergerichten. So normierte beispielsweise der § 13 II VO 1819 die Möglichkeit einer Appellation an das Obertribunal, so daß ein dreistufiger Gerichtsaufbau (Oberamtsgerichte, Kreisgerichte, Obertribunal) gesetzlich normiert wurde.[99] Die Novelle 1822 regelte hingegen spezielle verfahrensrechtliche Einzelfragen, wie die Aufhebung der gesonderten Vernehmung der einen oder anderen Partei. Nach der Novelle 1822 hatte die Verhandlung immer in Anwesenheit beider Parteien zu erfolgen (§ 15 I Novelle 1822).[100]

§ 12 III VO 1819, der von der Eröffnung der Erkenntnisse vor den höheren Gerichten handelte, beinhaltete auch die Pflicht zu einer Rechtsmittelbelehrung:

"III. Jedes Erkenntnis ist den von den Parteien bevollmächtigten Prokuratoren, und wenn die eine Partei aus Ungehorsam, oder, weil die Klage oder Appellation vor aller Verhandlung mit dem Beklagten oder Appellanten verworfen wird, noch keinen Gerichtsprokurator bevollmächtigt hatte, der Partei selbst durch die geeignete Stelle zu insinuieren.

In letzterem Falle allein, wenn nämlich der Partei unmittelbar das Urtheil bekannt gemacht wird, gehört eine Belehrung über die Zuläßigkeit der Berufung und deren Nothfristen zur Form. ..."[101]

Auch hier sah die Verordnung von 1819 eine Rechtsmittelbelehrung über das zulässige Rechtsmittel, in diesem Fall die Berufung und deren einzuhaltende Fristen vor. Durch einen Erlaß des Justizministers vom 15. Dezember 1820 wurde nochmals klargestellt, daß bei rechtsgelehrten Parteien eine Rechtsmittelbelehrung nicht erforderlich sei.[102]

Zudem ist im Hinblick auf die Rechtsmittelbelehrung hier an dieser Stelle noch ein Beschluß des Civilsenats des Obertribunals vom 25. Januar 1843 zu erwähnen. Hierin ging es um zusätzliche Belehrungspflichten bei sogenannten desertorischen Erkenntnissen, also um Urteile, die aufgrund eines fehlenden Parteivortrags ergingen.

Der Beschluß besagte folgendes:

"Bei desertorischen Erkenntnissen ist dieser Belehrung beizufügen: daß es bei dem Rechtsmittel der Berufung allein darauf ankomme, ob die gesetzlichen Voraussetzungen zu Aussprechung eines desertorischen Erkenntnisses vorhanden gewesen seyen, und daß nur in dieser Richtung die Partei mit einer Be-

98 Schubert, Edition Württemberg, S. IX.
99 Schubert, Edition Württemberg, S. VIII f..
100 Schubert, Edition Württemberg, S. IX.
101 Berner, Das Organisations-Edikt, § 12 ProvVO, S. 127.
102 Berner, Das Organisations-Edikt, § 12 ProvVO, S. 127 Anm. 3.

schwerde gegen dasselbe gehört werden könne, daß aber, wenn sie um Wiedereinsetzung in den vorigen Stand gegen den Ablauf der 90tägigen Nothfrist zu bitten beabsichtige, ein solches Gesuch bei demjenigen Richter, welcher das desertorische Erkenntnis fällte, anzubringen, und damit eine Ausführung der Beschwerden gegen das Erkenntniß voriger Instanz zu verbinden sey."[103]

Auch durch die Novelle vom 15. September 1822 war die Pflicht zur Rechtsmittelbelehrung wieder betroffen. Hier fanden sich im § 9 Novelle 1822 Regelungen zu "Compromißsachen", worunter Angelegenheiten zu verstehen waren, die ähnlich wie ein Vergleich nach heutigem Recht endeten. Hinsichtlich der Compromißsachen wurde in § 9 e Novelle 1822 bestimmt, daß die §§ 10 - 12 des IV. Edikts von 1818 auch in diesen Verfahren anzuwenden waren. Damit bestand auch in Compromißsachen vor den Gerichten der Ortsobrigkeiten die Pflicht zu einer Rechtsmittelbelehrung,[104] die sich aus § 11 IV. Edikt 1818 ableitete. Zum einen ist die Rechtsmittelbelehrungspflicht in Compromißverfahren, wie gezeigt, anhand des Verweises auf die §§ 10 - 12 IV. Edikt 1818 in dem § 9 e Novelle 1822 zu konstruieren, auf der anderen Seite ist in § 9 e Novelle 1822 außerdem auch noch ausdrücklich von "die Belehrung der Parteien" die Rede. So ließ sich auch aus diesem Gesetzeswortlaut die Pflicht zu einer Rechtsmittelbelehrung in Compromißsachen ableiten.

3. Die Entwürfe Bolleys (1844) und von Harpprechts (1848) für eine Zivilprozeßordnung

Neben diesem Schwerpunkt in der Zivilprozeßgesetzgebung des Königreichs Württemberg in der Zeit von 1818 bis 1822 gab es noch einen weiteren Zeitraum, in dem sich die Gesetzgebung verstärkt mit der Kodifizierung des Zivilprozeßrechts auseinandersetzte. Dieser Zeitraum begann in den dreißiger Jahren des 19. Jahrhunderts, und die Bemühungen intensivierten sich in den vierziger Jahren des Jahrhunderts.

Der Grund dafür lag vermutlich in dem allgemeinen Interesse der deutschen Partikularstaaten an einer Zivilprozeßkodifizierung und auch an der 1831 im Nachbarland Baden einführten Prozeß-Ordnung in bürgerlichen Rechtsstreitigkeiten. Diese galt als eine "Modellkodifikation",[105] also besonders fortschrittlich. Daher ist anzunehmen, daß sie den Anstoß für eine eigene Kodifizierung im Nachbarland Württemberg gab. Belegen läßt sich dies durch die Tatsache, daß in

---

103 Berner, Das Organisations-Edikt, a.a.O..

104 Berner, Das Organisations-Edikt, Novelle 1822, S. 148; vgl. auch Schütz, Der würtembergische Civil-Proceß, S. 286 ff..

105 Schubert, Edition Baden, S. VII.

der Sitzung der zweiten Kammer vom 29. Juli 1833 von Karl Hufnagel eine Zivilprozeßordnungs-Novelle vorgeschlagen wurde, um das Mündlichkeitsprinzip für die Zivilsenate der Kreisgerichte einzuführen. Dies sollte erklärterweise nach dem Vorbild der badischen Prozeßordnung erfolgen.[106]

Schon im Jahre 1836 hatte das Justizministerium Heinrich Ernst Ferdinand Bolley den Auftrag zur Ausarbeitung einer neuen Zivilprozeßordnung gegeben. Dieser hatte die Entwürfe 1840/42 beendet, und so konnten sie 1844 unter dem Titel "Entwürfe und Anträge zu einer umfassenden Civil-Gerichts- und Prozeßordnung für das Königreich Württemberg" in zwei Bänden veröffentlicht werden.[107] Dabei stellte der Entwurf nun eine private Ausarbeitung des inzwischen in Ungnade gefallenen Bolley dar. Bolley orientierte sich stark an den Prozeßordnungen von 1818 bis 1822, zumal er damals an der Gesetzgebungsentwicklung beteiligt gewesen war. Neben diesem Kritikpunkt, daß der Entwurf die neueren Entwicklungen zu wenig berücksichtigte, war er zudem mit 2140 Bestimmungen zu ausführlich und lehrbuchartig.[108] Dies war allerdings auch Bolley selbst bekannt, so daß er in seiner Vorrede zu dem Werk es lediglich als eine Grundlage für die Beratung und Abfassung einer Zivilprozeßordnung gewertet wissen wollte und nicht etwa als direkten Entwurf für ein Gesetz.[109]

Auch dieser Entwurf enthielt eine Pflicht zur Rechtsmittelbelehrung. So findet sich bereits im 1. Band im Allgemeinen Teil unter dem Titel "XV. Von der Berathung und Abstimmung, von der Form der Erkenntnisse, von den Erkenntnisgründen und der Eröffnung der Erkenntnisse" der § 729 Entwurf-Bolley, der die Eröffnung der Urteile genauer regelte. Unter Punkt 10 dieses Paragraphen findet sich der erste Hinweis auf eine Pflicht zur Rechtsmittelbelehrung, denn dort heißt es:

" ... 10) Wieferne mit der Eröffnung der Erkenntnisse Belehrungen über die Aktionsförmlichkeiten verbunden werden müssen, wird im zweiten Theile bestimmt werden."[110]

Eine solche Pflicht findet sich dann auch im 2. Band, und zwar im 2. Abschnitt, der von dem ordentlichen Verfahren in der ersten Instanz handelte. § 1313 Entwurf-Bolley, der die Beratung, Abstimmung und Form der Urteile vor den Bezirksgerichten behandelte, bestimmte unter Verweis auf die §§ 727 - 729:

---

106 Schubert, Edition Württemberg, S. X.

107 Bolley, Entwürfe und Ansichten zu einer umfassenden Civil-Gerichts- und Prozeßordnung, Titelblatt; vgl. auch Schubert, Edition Württemberg, S. XI f..

108 Schubert, Edition Württemberg, S. XII.

109 Bolley, Entwürfe und Ansichten zu einer umfassenden Civil-Gerichts- und Prozeßordnung, Vorrede, S. III.

110 Bolley, Entwürfe und Ansichten zu einer umfassenden Civil-Gerichts- und Prozeßordnung, Bd. 1, § 729 Nr. 10, S. 465.

"... Nur ist hier noch zu bemerken, daß

1) die Erkenntnisse der Oberamtsgerichte vor dem versammelten Gericht den Parteien, mit den Entscheidungsgründen eröffnet, daß solche
2) wenn sie den Parteien nicht verständlich genug seyn sollten, noch mündlich erklärt, und daß die Letztern
3) über das Rechtsmittel der Appellation, beziehungsweise der Revision und deren Nothfristen deutlich und umständlich belehrt werden sollen."[111]

Genauere Regelungen zur Pflicht zur Rechtsmittelbelehrung finden sich auch in dem unmittelbar darauffolgenden § 1314 Entwurf-Bolley:

"Diese Belehrung gehört, sofern die Parteien nicht selbst Rechtsgelehrte, oder durch Rechtsgelehrte vertreten oder unterstützt sind, zur wesentlichen Form des Verfahrens, und muß daher ebenso, wie das Erkenntnis selbst und dessen Entscheidungsgründe, in das Protocoll aufgenommen werden; und zwar ist es nothwendig, daß entweder im Protocolle die gesetzlichen Bestimmungen hinsichtlich der Nothfristen mit den Folgen ihrer Versäumnisse genau bemerkt werden, oder daß den Parteien Formularien einer solchen Belehrung gegen Bescheinigung eingehändigt werden.

In diesem Falle bedarf es zwar keiner ausführlichen Wiederholung der förmlichen Belehrung im Protocolle; jedoch ist mit der Übergabe eines Formulars an die anwesenden *Parteien oder ihre Bevollmächtigten eine umständliche* mündliche *Erklärung zu verbinden, und, daß dieß geschehen, im Protocoll im Allgemeinen zu bemerken."*[112]

Damit sah Bolley in seinem Entwurf eine Pflicht zu einer Belehrung über das zustehende Rechtsmittel (Appellation oder Revision) vor, einschließlich der dazugehörigen zu beachtenden Fristen. Auch § 1314 Entwurf-Bolley brachte für die Pflicht zur Rechtsmittelbelehrung nichts Neues. Nach dem Entwurf war die Belehrung ebenfalls - wie schon nach dem IV. Edikt 1818 - im Sitzungsprotokoll aufzunehmen. Bemerkenswert ist jedoch, daß Bolley den Erlaß des Königlichen Obertribunals vom 13. Oktober 1820 inhaltlich eingearbeitet hatte, so hinsichtlich der Pflicht zur mündlichen Belehrung trotz Übergabe eines schriftlichen Formulares.

Der Entwurf Bolleys blieb nicht der einzige voll ausgearbeitete Entwurf für eine neue Zivilprozeßordnung. Bereits 1848 kam der nächste wichtige Entwurf für eine Prozeßordnung heraus, und zwar von Heinrich von Harpprecht. Dieser hatte im April 1847 den Auftrag zur Ausarbeitung eines neuen Gesetzentwurfs

---

111 Bolley, Entwürfe und Ansichten zu einer umfassenden Civil-Gerichts-und Prozeßordnung, Bd. 2, § 1313, S. 16.

112 Bolley, Entwürfe und Ansichten zu einer umfassenden Civil-Gerichts- und Prozeßordnung, Bd. 2, § 1314, S. 17.

erhalten und diesen bereits im Dezember 1847 beendet, da das Vorwort des Justizministers Prieser zum Gesetzentwurf vom 24. Dezember 1847 datierte.[113] Auch von Harpprecht legte seinem Entwurf das gelungene badische Prozeßrecht von 1831 zugrunde,[114] berücksichtigte aber gerade hinsichtlich der Gliederung und auch sonst bei der Kodifizierung stark das hergebrachte württembergische Recht. Dabei nahm von Harpprecht die württembergischen Gesetze von 1818 bis 1822 zwar ebenfalls als Vorbild, verwendete aber - anders als Bolley - nur die Gedanken und nicht die fertigen Bestimmungen. Es überwiegt jedoch der Eindruck der Übernahme von badischem Recht, zumal von Harpprecht badische Regelungen wortgetreu oder mit sehr ähnlichen Formulierungen übernahm.[115]

Dies war auch in Art. 567 Entwurf-Harpprecht zu bemerken, der von der Rechtsmittelbelehrung bei Urteilsverkündung handelte:

"Art. 567. Zugleich mit Verkündung oder Zustellung des Urtheils ist den Parteien oder ihren Vertretern, wenn sie nicht Rechtsgelehrte sind, eine gedruckte Belehrung über das etwa zustehende Rechtsmittel der Berufung und dessen Nothfristen zu behändigen.

Diese Behändigung gehört zur wesentlichen Form der Verkündung."[116]

Die Pflicht zur Rechtsmittelbelehrung lautete fast identisch wie ihr badisches Vorbild in der badischen Prozeßordnung von 1831. Von Harpprecht beschrieb lediglich das Rechtsmittel ausdrücklich als "Berufung" und erwähnte die "Nothfristen". Zudem wies er noch auf die essentielle Wichtigkeit der "Behändigung" für die Urteilsverkündung hin. Diese Idee fußte vor allem im vorangegangenen württembergischen Recht, ebenso wie die ausdrückliche Protokollierungspflicht, die sich in Art. 568 Entwurf-Harpprecht niederschlug:

"Die mündliche Verkündung des Urtheils, sowie die schriftliche Behändigung und die Behändigung der Belehrung ist zu den Acten zu beurkunden."[117]

Demgegenüber äußerte sich von Harpprecht in seinem Entwurf nicht über die Folgen der Versäumung der Rechtsmittelbelehrung, wie dies im badischen Original der Fall war.

Obwohl von Harpprechts Entwurf noch vor der Revolution von 1848 erschien und fortschrittlicher, moderner war als der Entwurf Bolleys, wurde er

113 Von Harpprecht, Entwurf einer bürgerlichen Prozeßordnung für das Königreich Württemberg, Vorwort, S. IV.

114 Von Harpprecht, Entwurf einer bürgerlichen Prozeßordnung für das Königreich Württemberg, Vorwort, S. III.

115 Schubert, Edition Württemberg, S. XIII f..

116 Von Harpprecht, Entwurf einer bürgerlichen Prozeßordnung für das Königreich Württemberg, Art. 567, S. 130.

117 Von Harpprecht, Entwurf einer bürgerlichen Prozeßordnung für das Königreich Württemberg, Art. 568, S. 130.

nach den politischen Entwicklungen von 1848 nicht weiter verfolgt, da die geforderten Prinzipien der Öffentlichkeit und Mündlichkeit des Verfahrens noch nicht ausreichend berücksichtigt worden waren.[118]

4. Württembergische Civilprozeßordnung von 1868

In den Jahren nach der Revolution von 1848 wurde die Idee einer neuen, umfassenden Zivilprozeßordnung durch zahlreiche Entwürfe und Vorarbeiten näher konkretisiert.

Einen besonderen Aufschwung erhielt die Kodifizierung des Zivilprozeßrechts in Württemberg durch die Entstehung der Handelsgerichtsordnung von 1865 und des Gesetzes über die Gerichtsverfassung von 1868. Nachdem die Arbeiten an der Zivilprozeßordnung 1866 wieder aufgenommen worden waren, konnte das neue Gesetz im Januar und Februar 1868 die Zustimmung der beiden Kammern, der der Abgeordneten und der der Standesherren, erlangen. Am 3. April 1868 wurde die neue Zivilprozeßordnung für Württemberg verkündet.[119]

Hinsichtlich der Pflicht zu einer Rechtsmittelbelehrung ist die württembergische Civilprozeßordnung von 1868 enttäuschend. Keine der vorher durchgehend vorhandenen Ideen wurde weitergeführt. Eine Pflicht zur Rechtsmittelbelehrung existierte nicht mehr. Eine Begründung für diesen Umstand läßt sich in den Motiven zur Entstehung der Zivilprozeßordnung für Württemberg aber nicht finden.[120]

IV. Die Rechtsmittelbelehrung im Zivilprozeßrecht des Königreichs Hannover

1. Die Anfänge und die Proceß-Ordnung von 1828

Die Pflicht zu einer Rechtsmittelbelehrung fand sich zunächst in Einzelvorschriften und speziellen Instruktionen, so beispielsweise in der Bremischen Untergerichtsordnung von 1753 (BrUGO) in T. 9 § 7, die durch "Instruktionen für Meppen und Embsbühren" vom 4. Februar 1815 ergänzt wurden. Sowohl das Herzogtum Bremen als auch Meppen und Embsbühren gehörten damals zum Königreich Hannover, wie Oesterley in der geographischen Übersicht zu seinem "Handbuch des bürgerlichen und peinlichen Processes für das Königreich Han-

118 Schubert, Edition Württemberg, S. XIV.
119 Schubert, Edition Württemberg, S. XXIII ff..
120 Motive in: Schubert, Edition Württemberg, Band 2, S. 1 ff..

nover" darlegt.[121] Nach § 7 BrUGO mußte den Parteien bei der Urteilseröffnung gesagt werden, daß sie binnen zehn Tagen eine Appellation einlegen könnten. Dieses war im Protokoll der Verhandlung zu vermerken. Diese Vorschrift galt für das ordentliche Verfahren vor den Mittel- und Untergerichten.[122]

Eine frühe gesamt-hannoversche Pflicht zu einer Rechtsmittelbelehrung durch die Gerichte fand sich in der "Proceß-Ordnung und Sporteln-Taxe für die Untergerichte im Königreich Hannover". Diese Prozeßordnung wurde von Georg IV., dem König von Hannover, am 5. Oktober 1827 nach Beratung in der Ständeversammlung erlassen.[123] Sie galt ab dem 1. Januar 1828 für alle Untergerichte im Königreich Hannover, wobei jedoch die Untergerichte im Fürstentum Ostfriesland und der Niederen Grafschaft Lingen von dieser neuen Normierung nicht betroffen waren. Die Proceß-Ordnung und Sporteln-Taxe ersetzte alle bis dahin geltenden Normierungen der provinziellen und örtlichen Gesetzgebung. Der Grund für die Schaffung eines neuen Gesetzes war zum einen in Mängeln und Nachteilen aufgrund spezieller Vorschriften zu sehen, zum anderen aber auch in einer Rechtsvereinheitlichung des Verfahrens vor den Untergerichten und einer Prozeßbeschleunigung in Hannover.[124]

In dieser Prozeßordnung von 1828 (PO 1828) befand sich unter der Überschrift "Eröffnung des Urtheils" in § 63 PO 1828 folgende Normierung:

"Das Urtheil wird bei mündlich verhandelten Sachen in dem Schluß-Termine oder in einem anderen, nicht über 14 Tage hinauszusetzenden, und den Parteien sofort bekannt zu machenden Termine eröffnet, zu welchem es einer besonderen Vorladung nicht bedarf. Bleibt eine Partei oder bleiben beide in diesem Termine aus, so wird ihnen auf ihre Kosten eine Abschrift des Urtheils zugefertigt. Erscheinen sie, so wird ihnen das Urtheil vorgelesen, der dispositive Theil desselben verständigt und das Rechtsmittel nebst der Nothfrist angezeigt, welches sie gegen das Urtheil zur Hand nehmen können. Über diese Handlung ist eine kurze Registratur unter das Concept des Urtheils zu setzen.

War der Prozeß schriftlich verhandelt, so wird das Urtheil entweder in dem die letzte Schrift oder das etwaige Protocoll mittheilenden, binnen spätestens vier Wochen nach deren Einreichung oder Aufnahme abzugebenden Decrete erlassen, oder dazu ein besonderer nicht über vier Wochen hinauszusetzender Termin bestimmt, und sodann in vorstehender Maaße verfahren."[125]

---

121 Oesterley, Handbuch des bürgerlichen und peinlichen Processes für das Königreich Hannover, 1. Teil, S. 2 ff..

122 Oesterley, Handbuch des bürgerlichen und peinlichen Processes für das Königreich Hannover, 2. Teil, S. 167.

123 Proceß-Ordnung und Sporteln-Taxe, "Patent".

124 Vgl. dazu Proceß-Ordnung und Sporteln-Taxe, "Patent".

125 Proceß-Ordnung und Sporteln-Taxe, § 63, S. 34.

Diese Norm stand im zweiten Teil des Gesetzes, der von dem ordentlichen Verfahren vor den Untergerichten handelte. Der § 63 PO 1828 bestimmte somit, daß die Parteien bei ihrem Erscheinen vor dem Untergericht zur Urteilsverkündung zugleich über das ihnen zustehende Rechtsmittel und die Frist zu dessen Einlegung zu informieren waren. Das galt sowohl in den Fällen, in denen ein Urteil in einer mündlich verhandelten Sache erging (Satz 3), als auch über den Verweis "sodann in vorstehender Maaße verfahren" (Satz 5) auch für die Urteilsverkündung in einem schriftlich verhandelten Prozeß. Eine Bedingung war lediglich, daß die Parteien bei der Verkündung des Urteil anwesend waren.

Dem Wortlaut nach galt der § 63 PO 1828 nur bei der Eröffnung von Urteilen. Andere gerichtliche Entscheidungen waren davon nicht betroffen.

2. Hannoversche Proceß-Ordnung von 1850

Der nächste Entwurf einer Prozeßkodifikation in Hannover entstand im Jahr 1847. Er trat allerdings nicht in Kraft, da er den freiheitlich-liberalen Ideen der Revolution von 1848 nicht genügend Rechnung trug.[126]

Das hannoversche Parlament reagierte schnell auf die Forderungen von 1848, die etwa die Mündlichkeit und Öffentlichkeit in allen Gerichtsverfahren verlangten.[127] Es wurden Überlegungen für eine neue Allgemeine bürgerliche Prozeßordnung für das Königreich Hannover angestellt, die auch den Forderungen der Revolution von 1848 genügen sollten. Diese Prozeßordnung wurde vom hannoverschen und später auch preußischen Justizminister Adolf Leonhardt (1815 - 1880) entwickelt. Bereits am 14. Januar 1850 wurde der Entwurf im Parlament eingebracht, am 8. November 1850 wurde die neue Prozeßordnung verkündet.[128] Ihre Bedeutung lag vor allem in der gelungenen Synthese des französischen Prozeßrechts mit dem gemeinen deutschen Verfahrensrecht. So ging es vor allem um die Mündlichkeit des Verfahrens und die Verhandlungsmaxime. Dabei wurde das im französischen Code de procédure civile vorherrschende Prinzip des mündlichen Verfahrens ohne schriftliches Vorverfahren mit dem

126 Rosenberg/Schwab/Gottwald, Zivilprozeßrecht, § 4 V, S. 23; Wieacker, Privatrechtsgeschichte der Neuzeit, S. 466.

127 Dahlmanns, Der Strukturwandel des deutschen Zivilprozeßrechts im 19. Jahrhundert, S. 34 f.; auch Sellert in Handwörterbuch zur Deutschen Rechtsgeschichte, "Zivilprozeß", S. 1745 f..

128 Dahlmanns, Der Strukturwandel des deutschen Zivilprozeßrechts im 19. Jahrhundert, a.a.O..

Prinzip des schriftlichen Verfahrens mit einer mündlichen Schlußverhandlung vereinbart.[129]

Die neue Prozeßordnung von 1850 wurde als so modern und fortschrittlich eingestuft, daß sie Vorbild für viele Normierungen wurde, etwa für die oldenburgische (1857) und die württembergische (1868) Prozeßordnung. Trotz dieser modernen Ansichten der hannoverschen Prozeßordnung von 1850, die sie als so fortschrittlich erscheinen ließen, war sie in der Übernahme des als modern geltenden französischen Rechts keinesfalls am weitreichendsten. Die bayerische Zivilprozeßordnung vom 29. April 1869 etwa folgte noch stärker dem französischen Verfahrensrecht.[130]

In dieser Allgemeinen bürgerlichen Prozeßordnung für das Königreich Hannover von 1850 (PO 1850) gab es unter dem Titel "Zweiter Titel. Verfahren vor den Amtsgerichten" in § 389 PO 1850 eine Pflicht zu einer Rechtsmittelbelehrung:

"Nach dem Schlusse der mündlichen Verhandlung hat der Richter der Regel nach sofort das Urtheil zu eröffnen, auch daneben die Parteien von dem etwa zuständigen Rechtsmittel der Berufung, der Berufungsfrist und den mit der Verabsäumung derselben verbundenen Nachtheilen in Kenntnis zu setzen. ..."[131]

Auch § 389 S. 1 PO 1850 führte damit die Tradition in Hannover fort und sah im Zeitpunkt der Verkündung des Urteils eine Verpflichtung des Amtsrichters zu einer Rechtsmittelbelehrung vor. Dabei bestimmte er ausdrücklich, daß nur über die Berufung und die Berufungsfrist zu belehren sei, nicht jedoch über andere Rechtsmittel. Dies ist bei näherer Betrachtung folgerichtig: Die Rechtsmittelbelehrung in § 389 S. 1 PO 1850 knüpfte an den Schluß der mündlichen Verhandlung an, also an einen Zeitpunkt, zu dem von dem Gericht ein Urteil erlassen wurde. Es konnte daher auch nur über Rechtsmittel gegen Urteile belehrt werden. Nun ließe sich zwar daran denken, daß neben der Belehrung über die Berufung eigentlich auch eine Belehrung über das Rechtsmittel der Revision

---

129 Oppermann, Allgemeine bürgerliche Proceßordnung für das Königreich Hannover, S. 13 ff.; auch zu einzelnen Problemen der Umsetzung von franz. Recht: Kräwel, Bedenken über das Französische Wesen der für Preussen, Baiern und von der Commission in Hannover ausgearbeiteten Entwürfen einer bürgerlichen Prozeßordnung.

130 Leonhardt, Das Civilprozeßverfahren im Königreich Hannover, S. 1; Leonhardt, Zur Reform des Civilprocesses in Deutschland, 2. Beitrag, S. 3 f.; Rosenberg/Schwab/Gottwald, Zivilprozeßrecht, § 4 V, S. 23 f.; Sellert in Handwörterbuch zur Deutschen Rechtsgeschichte, "Zivilprozeß", S. 1746; Wieacker, Privatrechtsgeschichte der Neuzeit, S. 466.

131 Oppermann, Allgemeine bürgerliche Proceßordnung für das Königreich Hannover, S. 170.

hätte erfolgen müssen. Dabei ist aber zu beachten, daß die hannoversche Prozeßordnung von 1850 eine Rechtsmittelbelehrung ausschließlich in den Verfahren vor den Amtsgerichten vorsah, nicht jedoch vor den Obergerichten. Als Rechtsmittel gegen ein Urteil eines Amtsgerichts war jedoch nur das Rechtsmittel der Berufung möglich. Insofern ist eine Beschränkung der Pflicht zur Rechtsmittelbelehrung auf eine Pflicht zur Belehrung über die Berufung und ihre Fristmodalitäten nur konsequent.

Der Wortlaut des § 389 S. 1 PO 1850 knüpfte anders als der des § 63 PO 1828 die Pflicht zur Rechtsmittelbelehrung nicht ausdrücklich an die Anwesenheit der Parteien bei der Urteilsverkündung. Allerdings läßt sich eine derartige Einschränkung implizit aus der Gesetzesnorm schließen. § 389 S. 1 PO 1850 ging von einer Urteilsverkündung unmittelbar im Anschluß an die mündliche Verhandlung aus. Es ist anzunehmen, daß zu diesem Zeitpunkt die Parteien anwesend waren. Dies läßt sich aus der Intention des Verfahrens vor den Amtsgerichten schließen. Nach den Überlegungen des Gesetzgebers sollte dieses Verfahren von einer Vereinfachung und Beschleunigung des Prozesses geprägt sein, zumal auch nur geringe Streitgegenstände Ursache des Prozesses waren, da die Prozeßordnung nur im amtsgerichtlichen Bereich galt. Man ging von einer weitgehenden Mündlichkeit des Verfahrens aus. Die Prozeßparteien sollten vor Gericht auftreten, mündlich ihr Begehren vortragen und dann mündlich ein Urteil erhalten.[132] So wurde ein schriftliches Vorverfahren zur Vorbereitung der mündlichen Verhandlung als unzulässig angesehen (§ 388 S. 1 PO 1850). Vor diesem Hintergrund erscheint die Anwesenheit der Prozeßparteien bei der Urteilsverkündung der Normalfall gewesen zu sein, so daß der § 389 S. 1 PO 1850 auch in diesem Punkt der Proceß-Ordnung und Sporteln-Taxe für Hannover von 1828 entspricht.

Gemäß § 389 S. 2 PO 1850 war eine spätere Verkündung des Urteils durch das Gericht nur dann zulässig, wenn die Beurteilung der Sache mit besonderen Schwierigkeiten verbunden gewesen war. Allerdings durfte selbst in solchen Fällen der Termin nicht später als eine Woche nach der letzten mündlichen Verhandlung stattfinden.

Mit der Prozeßordnung von 1850 endeten die eigenständigen Partikularregelungen für das Königreich Hannover auf dem Gebiete des Zivilprozeßrechts. Die Prozeßordnung wurde als so gelungen empfunden, daß sie nicht nur in Hannover bis zur Einführung der Zivilprozeßordnung von 1877 fortgalt, sondern auch noch auf die Entwicklung dieser Zivilprozeßordnung für das gesamte Deutsche Reich entscheidend einwirkte.

---

132 Vgl. Oppermann, Allgemeine bürgerliche Prozeßordnung für das Königreich Hannover, S. 169 zu § 385, S. 167 bei § 375.

V. Die Vereinheitlichung des Zivilprozeßrechts in Deutschland

1. Der Bundesstaaten-Entwurf von 1866

Eine wichtige Kodifizierung auf dem Weg zu der noch heute geltenden Zivilprozeßordnung von 1877 war der Entwurf einer Allgemeinen Civilproceß-Ordnung für die deutschen Bundesstaaten.

Dieser Entwurf wurde in den Jahren zwischen 1862 und 1866 in Hannover beraten und beschlossen und trägt daher auch den Namen "Hannoverscher Entwurf", obwohl er kein Bestandteil der hannoverschen Partikulargesetzgebung war. Der Entwurf bildete einen wichtigen Schritt zur Rechtsvereinheitlichung in Deutschland. Er sollte ursprünglich für die Staaten des Deutschen Bundes gelten und wurde noch 1866, kurz vor der Auflösung des Deutschen Bundes, fertiggestellt.[133] Der Entwurf trat dann allerdings wegen der Auflösung des Deutschen Bundes nicht mehr in Kraft. Er bildete aber in seiner Überarbeitung zunächst die Grundlage für spätere Entwürfe einer einheitlichen Zivilprozeßordnung.

Die Commission zur Beratung der allgemeinen Civilproceß-Ordnung für die deutschen Bundesstaaten trat erstmalig am 15. September 1862 in Hannover zusammen, nachdem am 17. Juli 1862 auf der Bundesversammlung des Deutschen Bundes die Gründung einer Kommission für die Ausarbeitung einer Zivilprozeßordnung beschlossen worden war.[134] Der Grund für eine Beratung in Hannover lag in der seit über zehn Jahren erfolgreich bestehenden Prozeßordnung von 1850 für Hannover, die nicht nur in Hannover, sondern augenscheinlich im ganzen Gebiet des Deutschen Bundes angesehen war.[135] Man wollte am Entstehungsort dieser vorbildlichen Prozeßordnung tagen und eine neue Prozeßordnung entwickeln. An den Beratungen nahmen Vertreter aller im Deutschen Bund zusammengeschlossenen Staaten teil, wobei allerdings Preußen und einige kleinere Staaten, die mit Preußen interne Regelungen zur Rechtsvereinheitlichung getroffen hatten, unter Hinweis auf die fehlende Bundeskompetenz den Verhandlungen fernblieben.[136] Die verschiedensten Rechtssysteme, die un-

---

133 Handwörterbuch zur Deutschen Rechtsgeschichte, "Zivilprozeß", S. 1746.

134 Protokolle der Commission (Deutscher Bund), Bd. 1, S. 1; auch Dahlmanns, Der Strukturwandel des deutschen Zivilprozesses im 19. Jahrhundert, S. 50 ff..

135 Leonhardt, Das Civilproceßverfahren des Königreichs Hannover, S. 1 ff.; Leonhardt, Zur Reform des Civilprocesse in Deutschland, 1. Beitrag, S. 3.

136 Dahlmanns, Der Strukturwandel des deutschen Zivilprozesses im 19. Jahrhundert, S. 50; auch Dahlmanns in Coing III/2, S. 2673
Die Mitglieder der Gesetzgebungskommission waren: 1.der Sectionschef im Justiz-Ministerium Dr. Rizy (Österreich), 2. der Oberstaatsanwalt am Königlichen Appellationsgerichte der Oberpfalz und von Regensburg Bomhard (Bayern), 3. der

terschiedlichsten materiellen Rechte und Justizorganisationen waren an der neuen Normierung beteiligt und sollten in diese einfließen. So legten auch zahlreiche Teilnehmerstaaten gleich zu Beginn der Verhandlungen ihre Vorschläge und Entwürfe zu Zivilprozeßordnungen vor.[137] Dennoch basierte der Bundesstaaten-Entwurf ganz überwiegend auf dem Aufbau und den Prinzipien der Hannoverschen Prozeßordnung von 1850, die als Grundlage für den neuen Entwurf fungierte.[138]

Hinsichtlich einer Pflicht zur Rechtsmittelbelehrung durch die Gerichte enthielt auch dieser Entwurf eine Norm. So schrieb § 459 Bundesstaaten-Entwurf (BE) unter der Überschrift "Zweiter Titel. Ordentliches Verfahren vor Einzelrichtern." (ab § 447 BE)

folgendes vor:

"Nach Verkündigung des Urtheils sind die anwesenden Parteien, soweit denselben das Rechtsmittel der Berufung zusteht, sowohl hierauf, als auch auf die Berufungsfrist und die mit der Versäumung derselben verbundenen Nachtheile aufmerksam zu machen."[139]

Somit gab es trotz der Beteiligung der unterschiedlichsten Staaten mit ihren jeweiligen Rechtssystemen eine Kontinuität in der Pflicht zu einer Rechtsmittelbelehrung, entsprechend der partikularrechtlichen Regelung in Hannover. Gefördert wurde diese Entwicklung dadurch, daß auch andere Teilnehmerstaaten, wie etwa Baden und Württemberg, in ihren Zivilprozeßrechten eine Pflicht zur Rechtsmittelbelehrung kannten.

Genau wie die hannoversche Prozeßordnung von 1850 schrieb der Entwurf für den Deutschen Bund eine Rechtsmittelbelehrung bei der Verkündung des Urteils vor. Ebenso wurde eine Rechtsmittelbelehrungspflicht nur bei anwesenden Prozeßparteien für nötig erachtet, was dieses Mal, wie schon 1828 in der hannoverschen Prozeß-Ordnung und Sporteln-Taxe, ausdrücklich normiert war.

Appellationsgerichtsrath Tauchnitz (Königreich Sachsen), 4. der Ober-Justizrath im Königlichen Justiz.-Ministerium Dr. Leonhardt (Hannover), 5. der Obertribunalsrath Freiherr von Sternenfels (Württemberg), 6. der Hofgerichtsrath von Stösser (Baden), 7. der General-Staatsprocurator Dr. Seitz (Großherzogtum Hessen), 8. der Geheime Ministerialrath von Scheve (Mecklenburg-Schwerin), 9. der Hofgerichts-Direktor Winter (Nassau), 10. der Appellationsgerichtsrath Dr. Restle (freie Stadt Frankfurt) (zit. aus: Protokolle der Commission (Deutscher Bund), Bd. 1, S. 1 f.).

137 Protokolle der Commission, Bd. 1, S. 2; auch Dahlmanns, Der Strukturwandel des deutschen Zivilprozesses im 19. Jahrhundert, a.a.O..

138 Leonhardt, Betrachtungen über die hannoversche Justizverwaltung, S. 26; Leonhardt, Zur Reform des Civilprocesses in Deutschland, 1. Beitrag, S. 3.

139 Winter, Erläuterungen zu dem Entwurfe einer allgemeinen Civilproceßordnung für die deutschen Bundesstaaten, S. 190.

Die Belehrung umfaßte das Rechtsmittel der Berufung, die Berufungsfrist und die Nachteile deren Versäumung. Auch hier ist der Bundesstaaten-Entwurf identisch mit der Prozeßordnung von 1850 für das Königreich Hannover. Als letzten Punkt der Gemeinsamkeiten zwischen den beiden genannten Prozeßordnungen ist noch die gerichtliche Instanz zu nennen, bei der die Belehrung zu erfolgen hatte. Während die Prozeßordnung von 1850 eine Pflicht zu einer Rechtsmittelbelehrung bei "Verfahren vor den Amtsgerichten" vorsah, beschrieb der Bundesstaaten-Entwurf das Verfahren als "ordentliches Verfahren vor Einzelrichtern". Jedoch ist diese Abweichung als lediglich sprachlicher Art zu verstehen, denn das Verfahren vor den Amtsgerichten war in zivilprozessualen Verfahren gerade geprägt durch die einzelrichterlichen Entscheidungen. Diese Instanz sollte auf Beschleunigung und Verfahrenserleichterung achten. Daher waren Entscheidungen von Richterkollegien, bei denen immer gleich mehrere Personen anwesend und sich einig sein mußten, was sehr viel zeitraubender war, nicht erwünscht. Insofern ist zwischen den beiden redaktionellen Unterscheidungen zwischen "Amtsgerichten" und "Einzelrichtern" kein Unterschied zu machen.

Insgesamt läßt sich aufgrund dieser durchgehenden Normierung einer Rechtsmittelbelehrung auch in dem vom hannoverschen Recht beeinflußten Bundesstaaten-Entwurf die Bedeutung der Hannoverschen Prozeßordnung von 1850 für die damalige Zeit ablesen. Obwohl einige beteiligte Staaten die Pflicht zu einer Rechtsmittelbelehrung nicht oder nicht mehr kannten,[140] wurde diese Pflicht aus dem hannoverschen Vorbild übernommen, da sie augenscheinlich in der Gesamtkonzeption der Normierung für sinnvoll und brauchbar angesehen wurde.

Belegen läßt sich diese Vermutung durch die Protokolle der Kommission. So hatte diese auf ihrer 179. Sitzung am 15. Februar 1864 die Pflicht zur Rechtsmittelbelehrung, die nach der ersten Lesung zunächst noch inhaltlich unverändert in § 451 BE zu finden war,[141] "ohne Debatte einstimmig angenommen".[142] Die Übernahme der Pflicht zu einer Rechtsmittelbelehrung stand also zu keinem Zeitpunkt in Zweifel. Auch in den weiteren Beratungen bis zur zweiten Lesung, in denen die eigentliche Paragraphenbezeichnung durch Umstrukturierungen des Gesetzes noch öfter wechselte, blieb unter der Überschrift "Ordentliches Verfahren vor den Einzelrichtern" immer eine Rechtsmittelbelehrungspflicht erhalten. Die unterschiedlichen Paragraphenbezeichnungen ergaben sich nicht etwa aus

140 Vgl. z.B. Sachsen und Bayern.
141 Peterssen/Struckmann, Entwurf einer allgemeinen deutschen Civilproceßordnung, S. 119.
142 Protokoll der Commission (Deutscher Bund), S. 3084.

der schwankenden Stellung der Pflicht zur Rechtsmittelbelehrung in den Vorstellungen der Gesetzgeber, sondern aus der Einführung und Herausnahme anderer Normen aus dem Entwurf.

2. Entwurf einer Civilprozeßordnung für die Staaten des Norddeutschen Bundes von 1870

In der Entwicklung der Zivilprozeßgesetzgebung folgte nun in der zeitlichen Abfolge der Entwurf einer Civilprozeßordnung für die Staaten des Norddeutschen Bundes, der 1870 fertiggestellt wurde.

Dieser Entwurf wurde nötig, da sich der Deutsche Bund 1866 aufgelöst hatte und dadurch der Entwurf einer Civilprozeßordnung für die deutschen Bundesstaaten hinfällig geworden war. Der neue Entwurf für den Norddeutschen Bund basierte aber auf dem Bundesstaaten-Entwurf für den Deutschen Bund von 1866 und führte seine Ideen und Prozeßmaximen weiter. Dennoch ist die weitere Entwicklung der Geschichte des Zivilprozesses immer stärker durch den Einfluß Preußens und durch dessen Entwürfe zu einer Prozeßordnung von 1864 geprägt. So standen die Verhandlungen über den Entwurf einer Zivilprozeßordnung für den Norddeutschen Bund auch unter dem Vorsitz von Preußen, das insgesamt mit vier Kommissionsmitgliedern bei den Beratungen vertreten war. Ein personell so ausgeglichenes Verhältnis wie bei den Beratungen zur Zivilprozeßordnung für den Deutschen Bund, an denen Preußen sich nicht beteiligt hatte, existierte hier nicht.[143]

Zunächst sollte Grundlage für die Beratung der Kommission zur Ausarbeitung des Entwurfs einer "Prozeß-Ordnung in bürgerlichen Rechtsstreitigkeiten für die Staaten des Norddeutschen Bundes", wie das Gesetzesunterfangen offiziell hieß, der preußische Entwurf einer Civilprozeß-Ordnung von 1864 sein.[144]

---

143 Die Kommissionsmitglieder waren: 1. der Staats- und Justizminister Dr. Leonhardt (Preußen), 2. der Ober-Tribunals-Vice-Präsident Wirklicher Geheimer Ober-Justizrath Grimm (Preußen), 3. der Geheime Ober-Tribunalsrath Dr. Löwenberg (Preußen), 4. der Geheime Ober-Justizrath und vortragender Rath im Justizministerium Dr. Pape (Preußen), 5. der Ober-Appellationsgerichts-Rath Dr. Tauchnitz (Königreich Sachsen), 6. der General-Staats-Prokurator und Geheime Rath Dr. Seitz (Großherzogtum Hessen), 7.der Ministerial-Rath von Amsberg (Mecklenburg), 8. der Ober-Appellationsgerichts-Rath Prof. Dr. Endemann (Großherzogtum Sachsen), 9. der Obergerichts-Präsident Dr. Trieps (Braunschweig-Lüneburg), 10. der Ober-Appellationsgerichts-Rath Dr. Drechsler (Hamburg)
(zit. aus: Protokolle der Kommission (Norddeutscher Bund), S. 1 f.)
vgl. demgegenüber: Fußnote 136.

144 Vgl. Protokolle der Kommission (Norddeutscher Bund), S. 1 f..

Zwar sollte diese Vorgabe des Preußischen Entwurfs als Beratungsgrundlage laut der Begrüßungsrede des Kanzlers des Norddeutschen Bundes, der zugleich Königlich Preußischer Präsident des Staatsministeriums und Minister in auswärtigen Angelegenheiten war und später Reichskanzler wurde, Graf von Bismarck-Schönhausen, zur Eröffnung der Beratungen der Kommisson nicht als Präjudiz wirken: Man wolle lediglich die Reihenfolge des Entwurfs nützen, da dieser "die relativ vollständigste Durcharbeitung der prozeßrechtlichen Materie enthalte".[145] Es wird aber gerade durch diese letzte Begründung ein Streben Preußens nach Vormachtstellung deutlich. Wie gerade aufgezeigt, war der preußische Entwurf einer Zivilprozeßordnung von 1864 keinesfalls der einzige umfassende und schon gar nicht der erste Entwurf in dieser Richtung. Vor allem im Bereich der hannoverschen Gesetzgebung war die Prozeßordnung von 1850 so modern und praxisnah entwickelt worden, daß sie in vielen Ländern als Vorbild genommen worden war. Dies galt selbst für den ersten umfassend vereinheitlichenden Entwurf einer Zivilprozeßordnung, nämlich den für den Deutschen Bund von 1866. Insofern läßt sich aus dem Versuch von Bismarcks, den preußischen Entwurf als Grundlage der Kommissionsberatungen zu bestimmen, nur der Schluß ziehen, daß es Preußen um seinen Einfluß auf die neue Prozeßgesetzgebung ankam und zugleich auf eine Zurückdrängung aller von anderen Ländern ausgehenden Vorschläge.

Dennoch hat die Kommission, die durch Beschluß des Bundesrates des Norddeutschen Bundes am 2. Oktober und am 10. Dezember 1867 berufen worden war,[146] auf Antrag eines namentlich nicht weiter genannten Abgeordneten gleich in ihrer zweiten Sitzung am 6. und 7. Januar 1868 beschlossen, statt des preußischen Entwurfs als Grundlage den in Hannover ausgearbeiteten Entwurf einer allgemeinen Civilprozeßordnung für die Staaten des ehemaligen Deutschen Bundes (Bundesstaaten-Entwurf) zu nutzen.[147] Die Folge war eine teilweise Ablehnung der preußischen Vorstellungen von einer gemeinsamen Zivilprozeßordnung. So basierte der jetzige Entwurf weiterhin auf dem auch im Bundesstaaten-Entwurf vertretenen zweigeteilten Verfahren und einem zentralen Beweisurteil. Diese aus dem gemeinen Zivilprozeßrecht kommenden Vorstellungen waren in dem preußischen Verfahren schon nicht mehr verwirklicht.[148]

---

145 Protokolle der Kommission (Norddeutscher Bund), S. 2.
146 Protokolle der Kommission (Norddeutscher Bund), S. 1.
147 Protokolle der Kommission (Norddeutscher Bund), S. 9.
148 Dahlmanns in Coing III/2, S. 2675 f..

Der preußische Entwurf blieb aber dennoch einer die Kodifikation beeinflussende Grundlage. So sind beispielsweise in den Protokollen zu den Paragraphen des Bundesstaaten-Entwurfs immer diejenigen des preußischen Entwurfs hinzugefügt.

Auch inhaltlich machte sich der Einfluß Preußens in vielen Einzelpunkten bemerkbar, beispielsweise im Hinblick auf die hier interessierende Pflicht zu einer Rechtsmittelbelehrung. Während das hannoversche Rechtssystem, wie aufgezeigt, diese Belehrungspflicht kannte, war eine solche dem preußischen Civilverfahren von 1864 fremd.[149] Hinzu kommt, daß der Einzelrichterprozeß, in dem die Rechtsmittelbelehrung im Bundesstaaten-Entwurf normiert war, nach preußischen Vorstellungen keiner ausführlichen anderweitigen Regelungen bedurfte.

So ist es im Ergebnis nicht verwunderlich, daß eine Übernahme der Rechtsmittelbelehrung aus § 459 BE für den Deutschen Bund während der Beratungen der Kommision zur Zivilprozeßordnung des Nordeutschen Bundes im Zusammenhang mit der völligen Umgestaltung des Einzelrichterprozesses abgelehnt wurde.[150] Dies geschah zwar ohne weitere Begründung und augenscheinlich auch ohne nähere Diskussion, aber dennoch ist hier der starke Einfluß Preußens auf die Gesetzgebung zu spüren. Das von starken französischen Einflüssen geprägte preußische Verständnis vom Einzelrichterprozeß, der nicht anders als der Prozeß vor den Landgerichten zu behandeln sei, hatte sich durchgesetzt. Für eine gesonderte Belehrungspflicht vor den Amtsgerichten war kein Platz mehr. Einzelregelungen speziell für den Amtsgerichtsprozeß sollte es nicht mehr geben, und vor den Landgerichten war schon nach dem Bundesstaaten-Entwurf keine Rechtsmittelbelehrung für nötig erachtet worden.

Hinzu kommt, daß an den Beratungen zur Prozeßordnung für den Norddeutschen Bund nur norddeutsche Staaten beteiligt gewesen waren. So fehlten die Länder Baden, Württemberg oder Hannover, die die Existenz der Pflicht zur Rechtsmittelbelehrung ebenfalls kannten und sich für ihre Einführung stärker hätten einsetzen können. Diese Länder waren keine Mitgliedstaaten des Norddeutschen Bundes. Erstaunlich ist zwar in dieser Hinsicht, daß der preußische Staats- und Justizminister Leonhardt, der dieses Amt erst seit 1867 ausübte[151] und vorher selbst als Hannoveraner an den hannoverschen Entwürfen von 1850,

---

149 Entwurf einer Proceß-Ordnung in bürgerlichen Rechtsstreitigkeiten für den preußischen Staat, 1864.

150 Protokolle der Kommission (Norddeutscher Bund), S. 1062.

151 Dahlmanns in Coing III/2, S. 2676.

die eine Rechtsmittelbelehrung beinhalteten, maßgeblich beteiligt war, sich nicht stärker für eine Rechtsmittelbelehrungspflicht eingesetzt hatte. Aber möglicherweise empfand er nun das preußische Rechtssystem als geeigneter und moderner und verzichtete daher auf die Anregung zur Einführung einer Belehrungspflicht. So kommt es, daß der 1870 fertiggestellte Entwurf für den Norddeutschen Bund keine Pflicht zur Rechtsmittelbelehrung enthielt.

Diese Entwicklung wurde jedoch keineswegs bedauert. So begrüßte beispielsweise Osterloh in seinem Gutachten über den Entwurf die fehlende Rechtsmittelbelehrung, da der Richter dadurch freier sei und eine schnellere Erledigung der streitigen Angelegenheiten möglich sei: " ... und wenn man dem Richter in § 643. nicht, wie in §§. 454 und 459 des hannöverschen Entwurfs geschehen, die mit einer sehr bedenklichen Verantwortlichkeit verbundene Verpflichtung auferlege, die Parteien über die ihnen zustehenden Rechte und obliegenden Verpflichtungen, sowie über die bei der Versäumung daran drohenden Nachtheile jedesmal zu belehren."[152]

3. Der Justizministerial-Entwurf von 1871 und die Zivilprozeßordnung von 1877

Der Entwurf einer Zivilprozeßordnung für die Staaten des Norddeutschen Bundes wurde unmittelbar nach seinem Erscheinen im preußischen Justizministerium unter dem Vorsitz von Leonhardt umgearbeitet.[153] Der neu entstandene Justizministerial-Entwurf von 1871 entfernte sich noch weiter von der Hannoverschen Proceß-Ordnung von 1850, da er noch konsequenter das Prinzip der Mündlichkeit auf allen Ebenen einführte.[154]

Die Folge dieser Entwicklung war, daß sich auch in dem 1871 von Leonhardt entwickelten Justizministerial-Entwurf einer Zivilprozeßordnung und in der 1877 als eines der Reichsjustizgesetze verabschiedeten Zivilprozeßordnung für das Deutsche Reich, unserer heutigen Zivilprozeßordnung, keine Pflicht zu einer Rechtsmittelbelehrung mehr findet.[155]

---

152 Osterloh, Gutachten über den Entwurf einer Proceßordnung in bürgerlichen Rechtsstreitigkeiten für den Norddeutschen Bund, § 23, S. 134 f..

153 Sellert in Handwörterbuch zur Deutschen Privatrechtsgeschichte, "Zivilprozeß", S. 1747.

154 Dahlmanns in Coing III/2, S. 2676.

155 Seuffert, Civilprozeßordnung für das Deutsche Reich, 1877.

Bei der Betrachtung der Pflichten zu einer Rechtsmittelbelehrung durch die Gerichte in den zivilprozessualen Partikularrechten im 19. Jahrhundert fällt zunächst das Augenmerk auf die Tatsache, daß vor allem in den Prozeßordnungen der ersten Hälfte des 19. Jahrhunderts eine Pflicht zur Rechtsmittelbelehrung existierte, während diese Pflicht in den Gesetzen der zweiten Hälfte des Jahrhunderts immer seltener wurde und schließlich in der Zivilprozeßordnung von 1877 - und damit auch nach heutigem Recht - gar nicht mehr existierte.

In der ersten Hälfte des 19. Jahrhunderts fand sich die Pflicht zu einer Rechtsmittelbelehrung in zahlreichen Gerichtsordnungen, und zwar unabhängig von der Instanz. Sowohl im erstinstanzlichen Verfahren mit geringem Streitwert, also bei Verfahren vor Untergerichten, als auch bei Prozessen vor den Obergerichten existierten diese gerichtlichen Belehrungspflichten. So regelten beispielsweise die Kur-Badensche Obergerichtsordnung von 1803 und auch die Provisorische Verordnung von 1819 in Württemberg eine Pflicht zur Rechtsmittelbelehrung ausdrücklich für die höheren Gerichte, während etwa die badische Prozeßordnung von 1831 und das IV. Edikt von 1818 in Württemberg eine Belehrungspflicht sowohl in den unteren als auch in den oberen Instanzen vorsahen. Daneben waren Belehrungspflichten über Rechtsmittel auch ausdücklich nur für Verfahren vor den Untergerichten oder vor Einzelrichtern vorgeschrieben, so in dem Entwurf einer Zivilprozeßordnung von Bolley 1844 für Württemberg, dem württembergischen Entwurf von von Harpprecht 1848 und der hannoverschen Regelung von 1828.

In den Kodifizierungen der zweiten Hälfte des 19. Jahrhunderts fand sich die Pflicht zu einer Rechtsmittelbelehrung durch das Gericht beispielsweise in der hannoverschen Prozeßordnung von 1850 und in den badischen Prozeßordnungen von 1851 und 1864, einschließlich des Entwurfs von 1863. In der württembergischen Zivilprozeßgesetzgebung tauchte die Rechtsmittelbelehrung nicht mehr auf. Die Prozeßordnung von 1868 sah keine Belehrungspflicht mehr vor. Das gleiche galt für die preußische Prozeßordnung von 1864 und den Entwurf einer Zivilprozeßordnung für den Norddeutschen Bund von 1870. Demgegenüber beinhaltete der wenige Jahre vorher entstandene Entwurf einer Zivilprozeßordnung für den Deutschen Bund (1862 - 1866) noch eine Rechtsmittelbelehrungspflicht.

Insgesamt läßt sich sagen, daß in der zweiten Jahrhunderthälfte bedeutend weniger Prozeßordnungen eine Rechtsmittelbelehrung vorsahen. In der Entwicklung der Pflicht zur Rechtsmittelbelehrung ist damit eine deutliche Zweiteilung ab der Jahrhundertmitte zu verzeichnen.

Nun könnte man zwar meinen, daß die Normierungen nach 1850, die noch eine Rechtsmittelbelehrung enthielten, dieser Zweiteilung der Prozeßrechtsnormierungen widersprächen. Jedoch ist dabei zu bedenken, daß beispielsweise die hannoversche Prozeßordnung zwar erst 1850 in Kraft getreten war, daß aber der Hauptteil der Beratungen und Vorarbeiten lange Zeit vor 1850 begonnen hatten. Vergleichbares gilt für die badischen Prozeßordnungen von 1851 und 1864, zumal diese lediglich kleinere Modifizierungen der als gut und nützlich empfundenen badischen Prozeßordnung von 1831 darstellten. Im Hinblick auf die Rechtsmittelbelehrungspflichten traten hier keine Änderungen ein. Sie wurden sogar wörtlich übernommen. Die Kodifizierungen des Zivilprozeßrecht nach 1850, die eine Rechtsmittelbelehrungspflicht enthalten, stehen damit nicht grundsätzlich der Annahme einer Zweiteilung der Prozeßkodifikationen des 19. Jahrhunderts entgegen. Zu bedenken ist hier auch, daß sich in einzelnen Partikularstaaten die prozeßrechtliche Entwicklung - bedingt durch eine Rezeption von Prozeßnormierungen der Nachbarstaaten - verzögert entfaltet hatte oder daß andere Staaten gänzlich eigenständige Prozeßsysteme auch ohne Rechtsmittelbelehrungspflichten entwickelt hatten, wie Sachsen.

Problematisch und komplex erscheint jedoch die Begründung dieser Feststellung.

1. Problem der Prozeßbeschleunigung

Zunächst lassen sich Gründe für eine derartige Entwicklung im statistischen Ansteigen von Zivilprozessen im Laufe des 19. Jahrhunderts und der damit notwendigen Beschleunigung von Verfahren suchen.

Im Laufe des 19. Jahrhunderts war statistisch gesehen ein enormes Ansteigen der anhängigen Prozesse bei den Gerichten zu verzeichnen. Während im Jahr 1815 beispielsweise in Preußen etwa 165.000 Zivilprozesse zu verhandeln waren, stieg die Zahl in den Folgejahren kontinuierlich so rasch an, daß 1913 etwa 2, 7 Millionen Prozesse registriert wurden.[156] Zwar waren bei dieser Entwicklung einige Schwankungen der Statistik-Kurve im Laufe der Zeit zu verzeichnen, aber dennoch zeigt sich deutlich der Trend hin zu einem "Massenbetrieb" im Zivilprozeß. Durch diesen starken quantitativen Anstieg der Zivilprozesse im 19. Jahrhundert waren die Gesetzgeber bestrebt, schnellere und flexiblere Lösungen für die Prozeßflut zu finden. Es ist zu vermuten, daß die Pflicht zur Rechtsmittelbelehrung als zu zeitaufwendig empfunden wurde und daher als nicht mehr erwünscht aus den Kodifizierungen herausgenommen wurde.

156 Wollschläger, ZNR 1981, S. 16.

Gegen eine derartige Argumentation spricht aber, daß die von den Gerichten oftmals praktizierte Rechtsmittelbelehrung die Übergabe einer schriftlichen Belehrung vorsah. Zwar war daneben immer noch eine mündliche Belehrung obligatorisch, aber wenn man diese mündliche Belehrung als möglicherweise zu zeitraubend aus der Gerichtspraxis und den Gesetzen herausgenommen hätte, hätte die grundsätzliche Rechtsmittelbelehrungspflicht als Rechtsinstitut weiter bestehen bleiben können. Eine lediglich schriftliche Belehrung durch ein Formblatt verschenkt keine Prozeßzeit. Wenn die Gesetzgeber die Rechtsmittelbelehrung als eine Ursache für eine Überlastung der Gerichte aufgrund eines mangelnden Abbaus der Aktenbestände der Gerichte gesehen hätten, hätte ihnen eine einfachere Möglichkeit der Problemlösung zur Verfügung gestanden, ohne daß die Belehrungspflicht ganz hätte aufgehoben werden müssen.

Mithin läßt sich mit der Begründung "Verfahrensbeschleunigung" nicht ausreichend das Fehlen der Rechtsmittelbelehrungspflicht in den zivilprozessualen Kodifizierungen in der zweiten Jahrhunderthälfte erklären.

Da jedoch der auffällige Bruch in der Zivilprozeßrechtsgeschichte im Hinblick auf die Rechtsmittelbelehrung gerade in der Zeit um 1850 gesehen ist, läßt dies den Schluß naheliegend erscheinen, daß die Entwicklung ab der Jahrhundertmitte durch die Revolution von 1848 und deren politische und gesellschaftliche Veränderungen und Ideale geprägt sein könnte.

2. Entwicklung der Prozeßmaximen

Daher stellt sich zunächst die Frage, wie das Erscheinungsbild des Zivilprozeßrechts zu Beginn des 19. Jahrhunderts aussah, als es noch die Pflicht zur Rechtsmittelbelehrung in vielen Gesetzen gab.

Das Prozeßrecht ist in der ersten Hälfte des 19. Jahrhunderts noch geprägt vom gemeinrechtlichen Zivilprozeßverfahren und dessen Umsetzung in Einzelnormierung der Partikularstaaten. Das über Jahrhunderte entwickelte gemeine Zivilprozeßrecht war zu komplex und schwerfällig geworden, als daß es den Anforderungen der steigenden Prozeßzahlen hätte gerecht werden können.[157] Reformen waren dringend nötig geworden, und diese wurden auch in den einzelnen Territorien, insbesondere am Ende des 18. und Beginn des 19. Jahrhunderts ausgeführt.[158] Das Ergebnis war eine Rechtszersplitterung auf dem Gebiet des heu-

157 Renaud, Lehrbuch des gemeinen deutschen Civilprozeßrechts, S. 6 f.; Rosenberg/Schwab/Gottwald, Zivilprozeßrecht, § 4 IV, S. 22.

158 Vgl. allgemein zu den Gesetzgebungsbestrebungen in dieser Zeit: Savigny, Vom Berufe unserer Zeit, S. 45 ff..

tigen Deutschlands. Diese läßt sich für die erste Hälfte des 19. Jahrhunderts in drei große Rechtsgebiete fassen: zum einen gab es Länder, in denen, zumindest subsidiär, der gemeine Prozeß weitergalt, so etwa in Süddeutschland, Sachsen, den sächsischen Fürstentümern, beiden Ländern von Mecklenburg, Schleswig-Holstein, Braunschweig, Oldenburg, Hannover, Nassau, Kurhessen, das rechtsrheinische Hessen-Darmstadt und den freien Städten. Dagegen galt in den preußischen Gebieten ein eigenes Rechtssystem, der preußische Zivilprozeß. Als drittes großes Rechtssystem ist der französische Prozeß zu nennen, der in Rhein-Preußen, Rhein-Hessen, Rhein-Bayern, seit 1809 in Westfalen und seit 1811 für das ehemalige Großherzogtum Berg galt.[159]

Ab der Jahrhundertmitte nahm die Zersplitterung der Zivilprozeßrechtssysteme zunächst noch zu, als einige Staaten, wie Hannover 1850, Baden 1864 und Württemberg 1868 neue Prozeßordnungen für ihr Gebiet entwickelten, die sich nicht mehr eindeutig in eine der drei Großgruppen einordnen ließen, da sie Bestandteile mehrerer Systeme beinhalteten.[160] Aufgrund der vielen Partikulargesetze entstand eine derartige Unübersichtlichkeit, daß in der zweiten Jahrhunderthälfte die Forderungen nach einem einheitlichen Zivilprozeßsystem lauter wurden. Die immer stärker verknüpften Handelsbeziehungen machten ein neues, übersichtlicheres und vor allem einheitliches System nötig.[161] So begann man 1862 mit den Beratungen für eine Zivilprozeßordnung für den Deutschen Bund, denen 1867 die Beratungen für den Norddeutschen Bund folgten. Jedoch trat auch dieser Entwurf nicht in Kraft, sondern wurde von dem preußischen Justizminister Leonhardt 1871 in einen Justizministerial-Entwurf für das Deutsche Reich umgearbeitet, der nach einigen Neufassungen 1877 in die Zivilprozeßordnung mündete.[162]

Diese territorialen Einzelgesetzgebungen prägten das Bild insbesondere in der ersten Hälfte des 19. Jahrhunderts. Da sich zu dieser Zeit in vielen Zivilprozeßgesetzen der Partikularstaaten Rechtsmittelbelehrungen befanden, ist anzunehmen, daß diese einen gemeinsamen Ursprung haben. Gesucht werden kann diese Wurzel ihres Entstehens nur in den gemeinsamen Grundlagen aller Partikularrechte, da nur so trotz einer unterschiedlichen und eigenständigen Entwicklung in den einzelnen Partikularstaaten zu Beginn des 19. Jahrhunderts die Gemeinsamkeit der Rechtsmittelbelehrungspflicht hatte bestehen können.

---

159 Rosenberg/Schwab/Gottwald, Zivilprozeßrecht, § 4, S. 23.
160 Rosenberg/Schwab/Gottwald, Zivilprozeßrecht, § 4, S. 23.
161 Dahlmanns in Coing III/2, S. 2672, auch S. 2616.
162 Rosenberg/Schwab/Gottwald, Zivilprozeßrecht, § 5, S. 24 f..

Diese Grundlage aller zivilprozessualen Normierungen zu Beginn des 19. Jahrhunderts ist der gemeine Zivilprozeß, der zwar zunehmend in Kritik geriet, aber trotzdem das Verfahrensrecht noch entscheidend prägte. Fraglich ist daher, worin seine wichtigsten prozessualen Grundlagen liegen und ob sich durch diese Prozeßmaximen die Existenz der Pflicht zur Rechtsmittelbelehrung erklären läßt.

a. Gemeines Zivilprozeßrecht

Das gemeinrechtliche Zivilprozeßverfahren war geprägt durch ein nicht öffentliches, schriftliches Verfahren, das in zwei Abschnitte geteilt war: das Behauptungs- und das Beweisverfahren. Die zwei Verfahrensteile waren durch das sogenannte Beweisinterlokut getrennt, das die zu beweisenden Umstände nannte und die Beweislast regelte. Gegen dieses Beweisinterlokut konnte auch mittels einer Berufung vorgegangen werden. Die Teilung des Verfahrens hatte zur Folge, daß während des eigentlichen Beweisverfahrens neue Behauptungen nicht mehr vorgebracht werden durften. Die Beweiswürdigung im gemeinrechtlichen Zivilprozeß war an feste Beweisregeln gebunden und war nicht frei in die Würdigung des Gerichts gestellt. Darüber hinaus zeichnete sich das Verfahren durch die sogenannte Verhandlungsmaxime und die sogenannte Eventualmaxime aus.[163]

Die eben dargestellten Prozeßgrundsätze stellen lediglich die gemeinsamen Aspekte des gemeinen Zivilprozeßrechts dar, die durch Gerichtsgebrauch und Juristenrecht entstanden waren.[164] Dieses Rechtssystem konnte aber in den einzelnen Territorien variieren, da es mit individuellen, landestypischen, überlieferten Verfahrensabläufen angereichert und modifiziert wurde. So existierte auch die Pflicht zur Rechtsmittelbelehrung nicht in allen Partikularstaaten und wenn sie vorgesehen war, war ihre konkrete Gestaltung in den einzelnen Staaten unterschiedlich. Außerdem ist zu berücksichtigen, daß dieses gemeinrechtliche Verfahren - wie es hier dargestellt ist - schon sehr früh auf Kritik stieß, da es sehr zeitaufwendig und umständlich war. Daher waren einige Staaten schon frühzeitig bestrebt, sich von einigen Punkten dieses Verfahrens zu lösen und es zu verbessern.

Eine Vorreiterrolle nahm hierbei Preußen ein, das bereits 1781 das Corpus iuris Fridericianum verfaßte und damit das gemeine Verfahrensrecht modifizierte. Das Corpus iuris Fridericianum wurde dann in die Allgemeine Gerichts-

---

163 Vgl. zu allem: Rosenberg/Schwab/Gottwald, Zivilprozeßrecht, § 4, S. 22; Schubert, Das Streben nach Prozeßbeschleunigung ZSavR (Germ.), 85. Band, S. 125 ff., 168.

164 Rosenberg/Schwab/Gottwald, Zivilprozeßrecht, § 4, S. 22.

ordnung für die Preußischen Staaten vom 6. Juli 1793 umgearbeitet.[165] Die Allgemeine Gerichtsordnung schaffte beispielsweise die kritisierte Eventualmaxime in ihrer starren Form ab und ersetzte sie zunächst durch ein freieres Verfahren. Die Richter sollten in unmittelbarem persönlichen Kontakt zu den Prozeßparteien den Sachverhalt aufklären. Auch die freien Advokaten wurden abgeschafft und statt ihrer wurden verbeamtete "Justizkommissare" ernannt, die die Parteien als Vertreter wählen konnten.[166] Aber schon durch die Novellen vom 1. Juni 1833 und 21. Juli 1846 wurden die Verhandlungs- und die Eventualmaxime wieder eingeführt. Allgemein läßt sich jedoch sagen, daß die Allgemeine Gerichtsordnung in Preußen, trotz aller Kritik am gemeinrechtlichen Verfahren, dennoch auf den grundsätzlichen Gedanken des Systems des gemeinen Rechts basierte. Sie geht wie die anderen partikularrechtlichen Einzelnormierungen, von einem stark durch das Gericht und die Richter geleiteten Verfahren aus, bei dem der Staat die Sorge für den Verlauf der Verhandlungen trägt.[167]

Es läßt sich feststellen, daß sich die gemeinrechtlich geprägten Territorial-Prozeßordnungen - zumindest in ihren Weiterentwicklungen am Ende des 18. und zu Beginn des 19. Jahrhunderts - durch eine Fürsorge des Gerichts für die Parteien auszeichneten. Daß diese Gedanken aus dem gemeinrechtlichen System selbst stammen, ist nur die konsequente Schlußfolgerung, da zu diesem Zeitpunkt in Mitteleuropa keine anderweitigen Prozeßordnungen mit besonders starkem Einfluß existierten, die als Vorbild hätten genommen werden können.

So war auch schon in dem württembergischen gemeinrechtlichen Zivilprozeß, der durch die württembergischen Hofgerichtsordnungen (letzte Fassung 1654) und durch die Landesrechte (letzte Fassung 1610) geregelt war, die Möglichkeit einer richterlichen Parteibefragung unter Eid vorgesehen.[168] Dies eröffnete dem Gericht die Möglichkeit, die Partei vor Rechtsverlusten durch fehlende Beweisbarkeiten oder durch mangelhaften Prozeßvortrag zu schützen. Aber auch die eben schon erwähnte preußische Allgemeine Gerichtsordnung und das Corpus iuris Fridericianum von 1781 - schon Weiterentwicklungen des gemeinen Rechts - enthielten derartige Schutzpflichten, was zugleich noch einmal deutlich macht, daß die Allgemeinen Gerichtsordnung in gemeinrechtlichen Prozeßvorstellungen verhaftet war. Diese Normen gelten "bis heute als die herausragende Beispiele des aufgeklärten fürsorglichen Absolutismus auf dem Gebiet des Zi-

---

165 Rosenberg/Schwab/Gottwald, Zivilprozeßrecht, § 4, S. 22.

166 Rosenberg/Schwab/Gottwald, Zivilprozeßrecht, § 4, S. 23; auch Schubert, Das Streben nach Prozeßbeschleunigung, ZSavR (Germ.), 85. Band, S. 125 f.; Sellert in Handbuch zur Deutschen Rechtsgeschichte "Zivilprozeß", S. 1745.

167 Vgl. auch Puchta, das Prozeßleitungsamt des deutschen Civilrichers, S. 68 ff..

168 Schubert, Edition Württemberg, S. VIII.

vilverfahrens."[169] Auch nach diesen Verfahren bestand für das Gericht die Möglichkeit, den Prozeßbetrieb durch sein Fragerecht und seine Fragepflichten zu beeinflussen. Die allgemeine Verantwortung für den Fortgang eines Prozesses lag auch nach dem System der Allgemeinen Gerichtsordnung in Preußen weiter beim Gericht, wenngleich nach der Allgemeinen Gerichtsordnung verschiedene Gerichtspersonen den Fortgang des Prozesses in den einzelnen Stadien zu überwachen hatten.[170]

Da auch die Pflicht zur Rechtsmittelbelehrung eine vom Gericht ausgehende Schutzmaßnahme für die Parteien vor möglicherweise wegen ihrer Unkenntnis drohenden Rechtsverlusten ist, erscheint eine Einordnung in diesen Zusammenhang des gemein-rechtlichen Zivilprozesses angebracht. Dabei waren es vor allem die Kodifizierungen, die das gemeine Recht bereits modifizierten, die Belehrungspflichten enthielten. Das gemeine Prozeßrecht hingegen kannte solche Pflichten nicht, wie an den fehlenden Rechtsmittelbelehrungspflichten in Bayern und Sachsen im 18. Jahrhundert deutlich wird.[171] Ein Grund für das Fehlen der Belehrungspflicht ist sicherlich auch darin zu sehen, daß das Rechtsmittelsystem noch nicht so stark ausgeprägt war. Vor allem die Gedanken des "aufgeklärten Absolutismus" brachten die Sorge des Staates für die Bevölkerung und deren Rechtsschutzmöglichkeiten und damit verbunden die Pflicht zu einer Rechtsmittelbelehrung.

Der Fürsorgegedanke des stark vom Gericht geleiteten Verfahrens begünstigte daher auch die Existenz von Pflichten zur Rechtsmittelbelehrung in den Zivilprozeßnormen am Ende des 18. und zu Beginn des 19. Jahrhunderts. Selbst das preußische Recht, das später so entscheidend die weitere Zivilprozeßvereinheitlichung in Deutschland vorgetrieben und beeinflußt hat, kannte zu diesem Zeitpunkt noch schützende Rechtsmittelbelehrungen. Um so mehr fragt es sich, worin die Gründe für die Aufgabe dieses Schutzgedankens liegen. Sie können nur in der weiteren Entwicklung und der zunehmenden Kritik am gemeinrechtlichen Prozeßsystem zu suchen sein. Hier müssen Einflüsse aus anderen, vermeintlich moderneren Prozeßordnungen die Ursache sein, die in die neu entstandenen Partikularrechte nach und nach übernommen wurden. Nur so läßt sich ein etappenweises Herausfallen der Rechtsmittelbelehrungspflicht aus dem geschlossenen gemeinrechtlichen Zivilprozeßsystem durch die einzelnen Partikular-Prozeßordnungen erklären. Fraglich ist daher, welches Prozeßrecht hier ei-

169 Dahlmanns in Coing III/2, S. 2648; auch Wieacker, Privatrechtsgeschichte der Neuzeit, S. 329.

170 Vgl. Dahlmanns in Coing III/2, a.a.O..

171 Vgl. Codex Iuris Bavarici Judicarii von 1753; Neue Appellationgerichtsordnung von 1734 für Sachsen.

nen Einfluß ausübte. Fraglich ist außerdem, ob der Einfluß dieses Prozeßrechts gerade durch die Revolution von 1848 vorangetrieben worden ist, da sich nur so der auffällige Rückgang der Rechtsmittelbelehrungspflichten nach 1850 erklären könnte.

b. Der französische Einfluß

Mit Beginn des 19. Jahrhunderts wurde die Kritik am gemeinrechtlichen Prozeßsystem immer lauter.[172] Hinzu kam, daß seit 1806 auch ein gänzlich anderes Prozeßverfahren normiert war, das bedingt durch die politischen Umstände stärker ins Blickfeld der Gesetzgeber in den deutschen Territorien rücke, nämlich das französiche Verfahren des Code de procédure civile von 1806.[173] Dieser baute auf der Ordonnance civile du mois d'avril 1667 von Ludwig XIV. auf[174] und enthielt ein gänzlich anderes Verfahrenssystem als das nach dem gemeinen Recht herrschende. Dieses Verfahren wurde nach den französischen Eroberungen der Kleinstaaten westlich des Rheins dort eingeführt und ersetzte dort ohne Übergang das gemeine Prozeßrecht.[175] Als diese Gebiete nach 1815 an Preußen, Bayern und Hessen fielen, widersetzten sich die Juristen in diesen ehemals französisch regierten Territorien einer Wiedereinführung des anderen, stark auf gemeinrechtlichen Grundlagen basierenden Partikularrechts, das in den Staaten Preußen, Bayern und Hessen herrschte.[176] Daher mußten sich vor allem diese drei Staaten um einer Integration ihrer neuen Gebiete willen mit dem französischen Zivilprozeßrechtssystem auseinandersetzen.

Begünstigt wurde diese Auseinandersetzung durch die Tatsache, daß im gemeinen Prozeßrecht insbesondere das nicht-öffentliche, schriftliche Verfahren nach dem Grundsatz "quod non est in actis, non est in mundo"[177] in die Kritik geriet und gerade in dieser Hinsicht das französische Verfahren ein anderes Verfahren bot.

---

172 Feuerbach, Betrachtungen über die Öffentlichkeit und Mündlichkeit der Gerechtigkeitspflege, Bd. 1, Einleitung, S. 1.

173 Rosenberg/Schwab/Gottwald, Zivilprozeßrecht, § 4, S. 23; Sellert in Handbuch zur Deutschen Rechtsgeschichte "Zivilprozeß", S. 1745.

174 Arens, Mündlichkeitsprinzip und Prozeßbeschleunigung im Zivilprozeß, S. 12; Nörr, ZZP 1974, 281.

175 Arens, Mündlichkeitsprinzip und Prozeßbeschleunigung im Zivilprozeß, a.a.O..

176 Dahlmanns, Der Strukurwandel des deutschen Zivilprozesses im 19. Jahrhundert, S. 28 ff..

177 Arens, Mündlichkeitsprinzip und Prozeßbeschleunigung im Zivilprozeß, S. 11; Rosenberg/Schwab/ Gottwald, Zivilprozeßrecht, § 4, S. 22; kritisch zur Kritik: Gensler, Anleitung zur gerichtlichen Praxis in bürgerlichen Rechtsstreitigkeiten, Vorrede, S. V ff..

Das französische Zivilprozeßverfahren war geprägt von dem Grundsatz der Mündlichkeit und dem der Öffentlichkeit des Verfahrens. Bei diesem Verfahren teilten die Parteien oder ihre Vertreter dem Richter den gesamten Streit mündlich mit und dieser entschied dann lediglich aufgrund dieser gehörten Mitteilungen. Eine Pflicht zur Vorbereitung des Termins durch vorher eingereichte Schriftsätze bestand nicht.[178] Überhaupt waren jede Art von Schriftsätzen an das Gericht und die Anlage von Prozeßakten eines Gerichts auf ein Minimum reduziert. Ein schriftliches Verfahren war nur in bestimmten Einzelfällen vorgesehen.[179] Dieses französische Prozeßsystem, das so anders war als das bekannte und aufgrund seiner Unzulänglichkeiten stark kritisierte gemeinrechtliche Verfahren, fand im Laufe der ersten Hälfte des 19. Jahrhunderts immer mehr Verfechter auch in Deutschland, insbesondere - wie schon erwähnt - in den Rheinprovinzen.

Da dem schriftlichen System des gemeinen Rechts ein Großteil der Schuld am Versagen, der Unflexibilität und der Verfahrensverschleppung des gemeinrechtlichen Zivilprozesses gegeben wurde,[180] wurde insbesondere das Prinzip der "Mündlichkeit" zum Leitmotiv für die Verfahrensreformen in Deutschland.[181]

Da jedoch die "Mündlichkeit" eines Verfahrens ein weiter, unbestimmter Rechtsbegriff ist und auch teilweise die "Öffentlichkeit" eines Verfahrens darunter verstanden wurde, während andere von der "Unmittelbarkeit des Verfahrens" sprachen,[182] verselbständigte sich der Begriff "Mündlichkeitsprinzip" in der Zivilprozeßrechtsgeschichte des 19. Jahrhunderts in Deutschland zu einem bloßen Schlagwort.[183] Unter dieses Motto wurden alle als positiv angesehenen Prozeßmodifikationen gefaßt, ohne daß das eigentliche "Mündlichkeitsprinzip" nach französischem Vorbild gemeint war.

Die Ursache für diese Entwicklung ist in der komplexen Verknüpfung der zivilprozeß-rechtlichen Reformbestrebungen mit den politischen Entwicklungen und Strömungen in Deutschland zu sehen. Gerade das zur Mitte des 19. Jahrhunderts, zur Revolution von 1848 hin, erstarkende liberale Gedankengut verstand die Öffentlichkeit und damit auch den umfassenden, undefinierten Begriff der "Mündlichkeit" als vornehmlich erstrebenswertes Ziel für die Prozeß-

178 Koch, Zum Einfluß des Code de procédure civile, S. 161.

179 Arens, Mündlichkeitsprinzip und Prozeßbeschleunigung im Zivilprozeß, S. 12.

180 Arens, Mündlichkeitsprinzip und Prozeßbeschleunigung im Zivilprozeß, S. 12.

181 Nörr, ZZP 1974, 278.

182 Feuerbach, Betrachtungen über die Öffentlichkeit und Mündlichkeit der Gerechtigkeitspflege; Nörr, ZZP 1974, 278.

183 Vgl. dazu Kip, Das sogenannte Mündlichkeitsprinzip, S. 29 ff..

rechte.[184] Dieses Prinzip wurde als "freiheitliches Ideal" verstanden,[185] das es zu übernehmen galt. Dem als konservativ und in seinen Grundzügen als überholt geltenden gemeinen Zivilprozeß wurde der französische Prozeß und hier insbesondere das Mündlichkeitsprinzip als liberale, moderne, ideale Prozeßauffassung gegenübergestellt.[186]

Die Bedeutung des politischen Einflusses auf die Reform durch das Schlagwort der "Mündlichkeit" wird auch in den Forderungen der Revolution von 1848 deutlich. Dieses Prinzip wurde stichwortartig als Verfassungsprinzip so stark eingefordert, daß es in Art. X § 178 der Reichsverfassung 1849 als Mündlichkeitsprinzip für alle Verfahrensarten erschien[187] und in der Zukunft bei allen Prozeßgesetzgebungen Berücksichtigung finden mußte.

Für das vorliegende Thema der Rechtsmittelbelehrung im Zivilprozeßrecht war diese Mündlichkeitsdiskussion in der Mitte des 19. Jahrhunderts insofern von Bedeutung, als mit dem Mündlichkeitsprinzip auch die Idee von der Herrschaft der Parteien über Ladungen, Termine und Fristen, also über den ganzen Verfahrensablauf einherging.[188] Während nach dem gemeinrechtlichen Zivilprozeßverfahren - und auch nach den Prozeßrechten des sogenannten aufgeklärten Absolutismus, wie der Allgemeinen Gerichtsordnung für die Preußischen Staaten von 1793 - das Gericht überwachend und prozeßleitend tätig wurde,[189] fiel nach diesen neuen Vorstellungen des reinen Parteibetriebs dieser Schutz für die Parteien weg.

Die Pflicht des Gerichts zu einer Rechtsmittelbelehrung fußte auf diesem gemein-rechtlichen Schutzgedanken[190] und zwar in der Ausgestaltung, die das gemeine Recht durch die Gedanken des aufgeklärten Absolutismus erfahren hatte. Die Belehrungspflicht wurde daher mit zunehmender Umsetzung eines reinen Mündlichkeitsverfahrens mit nahezu ausschließlicher Parteienherrschaft, aufgegeben. Sie wurde aus ideologischen Gesichtspunkten heraus nicht mehr benötigt.

---

184 Kip, Das sogenannte Mündlichkeitsprinzip, S. 33 ff.; Koch, Zum Einfluß des Code de procédure civil, S. 160; Nörr, ZZP 1974, 281.

185 Schwartz, Vierhundert Jahre deutscher Civilproceß-Gesetzgebung, S. 734.

186 Dahlmanns in Coing III/2, S. 2617.

187 Binding, Die Verfassung des deutschen Reiches, S. 37; Bomsdorf, Prozeßmaximen und Rechtswirklichkeit, S. 230; Koch, der Einfluß des Code de procédure civile, S. 171; Nörr, ZZP 1974, S. 281.

188 Bolgiano, Handbuch des Reichs-Civil-Prozeßrechts, S. 86.

189 Vgl. etwa Puchta, Das Prozeßleitungsamt des deutschen Civilrichters, S. 67; Zum Bach, Vollständige Gegeneinanderstellung der Hauptmomente der preußischen und französischen bürgerlichen Proceßordnung, S. 307.

190 Siehe oben: Teil 1, B VI 2 a.

Das Mündlichkeitsprinzip des französischen Prozeßrechts begründete aber nicht nur eine Verantwortung der Parteien für den Verfahrensablauf, sondern es bedeutete zugleich - spiegelbildlich hierzu - eine schwache Stellung des Richters. Das Gericht sollte ausschließlich das Urteil fällen. Es war eine "reine Spruchbehörde",[191] die auf den Ablauf des Prozesses und die Ermittlung von Tatsachen keinen Einfluß hatte.[192] Es paßte daher nicht in das Bild einer für das Prozeßverfahren eigenständig verantwortlichen Partei, wenn sie zugleich vom Gericht belehrt werden mußte.

Da die Rechtsmittelbelehrungspflicht so eng mit dem Grundsatz der Parteienherrschaft aus dem französischen Mündlichkeitsprinzip verbunden war, lassen sich aus dem Grad der Übernahme des französischen Rechts durch eine partikularrechtliche Prozeßkodifikation Rückschlüsse auf die Existenz der Rechtsmittelbelehrungspflichten in diesen Prozeßrechten ziehen: Je mehr die Gesetzgeber in den Partikularstaaten das französische Rechtssystem kritisierten und je weniger sie daher übernahmen, desto eher fand sich eine Rechtsmittelbelehrungspflicht in diesen Gesetzen. Kritisiert wurde am Prozeßrecht Frankreichs vor allem gerade die schwache Stellung des Richters, also die Grundlage des ausschließlichen Parteibetriebs. Es wurde gesagt, durch diese schwache Stellung könne der Richter nicht für eine wirksame Streiterledigung sorgen, da er der Gefahr einer Ausuferung des Prozesses und einer Prozeßverschleppung durch die Parteien nicht entgegenwirken könne.[193] Der unterschiedliche Grad an Kritik und Übernahme des französischen Rechts, ist der Grund für eine unterschiedliche Existenz von Rechtsmittelbelehrungsvorschriften in den Zivilprozeßordnungen des 19. Jahrhunderts.

So stellte zwar die von Leonhardt entwickelte und 1850 in Kraft getretene Prozeßordnung von Hannover auf das Mündlichkeitsprinzip ab und ließ die Entscheidung des Gerichts vor allem auf dem mündlichen Vortrag der Parteien beruhen.[194] Sie ging jedoch nicht so weit, jegliche Protokollierung und das Anlegen von Gerichtsakten aufzuheben. Auch das gemeinrechtliche Beweisinterlokut, das eine Verfahrensteilung durch eine Entscheidung des Gerichts war, ließ sie bestehen,[195] so daß weiterhin zwei getrennte Verfahrensabschnitte bestanden, die die Parteien banden. Diese Prozeßordnung enthielt aufgrund ihrer

---

191 Bomsdorf, Prozeßmaximen und Rechtswirklichkeit, S. 230.

192 Bomsdorf, Prozeßmaximen und Rechtswirklichkeit, a.a.O..

193 Koch, Der Einfluß des Code de procédure civile, S. 163.

194 Dahlmanns in Coing III/2, S. 2618, 2622; Leonhardt, Das Civilproceßverfahren des Königreichs Hannover, S. 45 ff.; Leonhardt, Zur Reform des Civilprocesses in Deutschland, 1. Beitrag, S. 56 ff, 2. Beitrag, S. 9 ff..

195 Dahlmanns in Coing III/2, a.a.O..

nur gemäßigten Übernahme des Mündlichkeitsprinzips in § 389 S. 1 PO 1850 noch die Pflicht zu einer Rechtsmittelbelehrung durch das Gericht.

Die rechtspolitische Entwicklung verlief jedoch von dieser maßvollen Einführung des Mündlichkeitsprinzips und der Parteiherrschaft, hin zu einer Forderung nach der "vollen Mündlichkeit".[196]

Während der ohne preußische Beteiligung entstandene Entwurf einer Zivilprozeßordnung für die deutschen Bundesstaaten von 1866, der noch die Pflicht zur Rechtsmittelbelehrung vorsah, noch auf gemeinrechtlichen Prinzipien wie der Verfahrensteilung und damit einer Unterbrechung der Parteiherrschaft basierte,[197] sahen die darauf folgenden, unter preußischem Einfluß entstandenen Entwürfe und Arbeiten zur Zivilprozeßordnung von 1877 immer stärker eine Übernahme von französischen Prozeßmaximen vor.[198] So lag in dem Justizministerial-Entwurf von 1871 der Prozeßbetrieb fast nur bei den Parteien selbst. Sie hatten die Kontrolle über den Fortgang des Verfahrens, und das Gericht konnte noch nicht einmal das persönliche Erscheinen der Parteien anordnen.[199] Das französische Prozeßverständnis war nahezu vollständig übernommen worden. Hier stand der unabhängige Parteibetrieb im Vordergrund der Kodifizierung. Der Justizministerial-Entwurf kannte dementsprechend keine Rechtsmittelbelehrung.

Da der Justizministerial-Entwurf von 1871 mit nur wenigen Änderungen in der Zivilprozeßordnung von 1877 aufging[200] und da dieser Entwurf keine Rechtsmittelbelehrungspflicht normierte, wurde auch für die heutige Zivilprozeßordnung von 1877 keine vorgesehen. Auch in der Zivilprozeßordnung von 1877 war das französische Verständnis des Verhältnisses zwischen Richter und Prozeßpartei und die damit verbundene Parteiherrschaft übernommen worden.[201] Zwar kannte die Zivilprozeßordnung von 1877 auch einige richterliche Aufklärungs- und Ermittlungspflichten,[202] aber dennoch lag der Schwerpunkt der Prozeßführung bei den Parteien. Zwar konnte der Richter jetzt schon das persönliche Erscheinen vor Gericht anordnen (§ 132 ZPO 1877), aber denoch beschränkte sich die Einwirkungsmöglichkeit des Gerichts, wenn überhaupt, vor allem auf die mündliche Verhandlung selbst. Die Maxime der Parteiherrschaft

196 Dahlmanns in Coing III/2, S. 2623.
197 Vgl. dazu auch Leonhardt, Zur Reform des Civilprocesses in Deutschland, 1. Beitrag, S. 7.
198 Vgl. Dahlmanns in Coing III/2, S. 2655.
199 Dahlmanns in Coing III/2, S. 2677.
200 Dahlmanns in Coing III/2, a.a.O..
201 Bomsdorf, Prozeßmaximen und Rechtswirklichkeit, S. 242 ff; Wach, Reichs-Civilprozeßordnung, S. 52 ff., 55.
202 Bomsdorf, Prozeßmaximen und Rechtswirklichkeit, S. 245 ff., 256.

verhinderte ein früheres und umfangreicheres Handeln des Gerichts zur Sachverhaltsermittlung.

Die erklärte Absicht des Gesetzgebers war es, möglichst wenig von Staatsseite auf das Verfahren einzuwirken. Dahingehend äußerte sich auch der Abgeordnete Klöppel bei der ersten Beratung im Plenum in der 19. Sitzung am 27. November 1874: "Wie wir, meine Herren, im ganzen Staatsleben bemüht sind, die freie Selbstthätigkeit des Bürgers an allen Stellen hervorzurufen, so können wir auch nur ein Prozeßverfahren gebrauchen, welches den Bürger in seinen eigenen Angelegenheiten möglichst auf die eigenen Füße stellt und ihm möglichst wenig durch Staatsfürsorge Heil und Segen zu bereiten sucht."[203]

Die Idee von der Eigenverantwortlichkeit der Parteien wurde zu Lasten des sozialen Aspekts einer Prozeßordnung, auf den auch Puchta in seinen Werken im 19. Jahrhundert hinwies, bevorzugt.[204] So machte Puchta darauf aufmerksam: Große Teile der Bevölkerung könnten zwar eigentlich frei über ihr Vermögen disponieren und daher es auch frei in einem Prozeß verteidigen. Diese Menschen seien aber oftmals rechtlich und geschäftlich unerfahren und bedürften so eines Schutzes.[205] Dies sei insbesondere bei den untergerichtlichen Prozessen der Fall, da dort auch kein Zwang zu einer Vertretung durch einen Rechtsanwalt herrsche. Der Richter müsse in den Prozessen mit rechtlich unkundigen Parteien stärker prozeßleitend für beide Parteien tätig werden und könne diese auch nicht an einen Anwalt verweisen.[206] So meinte Puchta: "So lange daher nicht gesetzlich geboten ist, daß bei keinem Gericht irgend jemand ohne Rechtsanwalt handeln dürfe, kann und darf dem Bauer [Anm.: Puchtas Prototyp eines rechtsunkundigen Menschen] aus dem nicht befolgten Rath eines vielleicht bequemen Richters: sich des Beistandes eines Advokaten zu bedienen, kein Nachtheil erwachsen."[207]

Diese sozialen Aspekte, die für eine Beibehaltung der Rechtsmittelbelehrungspflicht gesprochen hätten, wurden jedoch bei der Schaffung der Zivilprozeßordnung von 1877 durch die Einführung eines weitgehend strikten Mündlichkeitsprinzips im Sinne weitreichender Parteiautonomie nicht berücksichtigt.

---

203 Hahn, Materialien zur ZPO, 2. Band, 1. Abt., S. 517.

204 Vgl. Bomsdorf, Prozeßmaximen und Rechtswirklichkeit, S. 243 f. und Anm. 9 und 10.

205 Puchta, Über die Grenzen des Richteramtes in bürgerlichen Rechtssachen, S. 62; auch Puchta, Das Prozeßleitungsamt des deutschen Civilrichters, S. 81.

206 Puchta, Über die Grenzen des Richteramtes in bürgerlichen Rechtssachen, S. 63 ff..

207 Puchta, Über die Grenzen des Richteramtes in bürgerlichen Rechtssachen, S. 65.

3. Stellung der Anwaltschaft

Die Äußerung Puchtas führt einen weiteren Aspekt an, der bei der Entwicklung des Parteiherrschaftsprinzips und damit auch bei dem Verlust der Rechtsmittelbelehrungspflicht im Laufe des 19. Jahrhunderts, eine wichtige Rolle spielte, nämlich das Erstarken der Anwaltschaft im 19. Jahrhundert.

Während zu Beginn des 19. Jahrhunderts der Anwaltsstand nicht gerade geachtet war, da ihm eine Mitschuld an den Prozeßverschleppungen des gemeinen Rechts gegeben wurde, änderte sich das Ansehen im Verlauf des Jahrhunderts. Zum einen emanzipierten sich die Anwälte aufgrund ihrer Teilnahme am politischen Leben. Zum anderen begünstigte der aufkommende mündliche Prozeß vor Gericht nach französischem Vorbild ohnehin den rechts- und redekundigen Anwaltstand. Insofern war ein Bestreben der Anwaltschaft hin zu einer Mündlichkeit des Zivilprozesses nur zu verständlich. Diese aufstrebende Entwicklung des Anwaltsstandes führte schließlich auch zur Einführung des Anwaltszwanges vor den höheren Gerichten, so in der Zivilprozeßordnung von 1877 oder auch schon in der hannoverschen Prozeßordnung von 1850.[208]

4. Weitere Entwicklung der Prozeßmaximen in der Zivilprozeßordnung

Zusammenfassend läßt sich sagen, daß sich der Verlust der Pflicht zur Rechtsmittelbelehrung mit den komplexen Änderungen der politischen und sozialen Vorstellungen, insbesondere der radikalen Änderungen des Systemverständnisses im Prozeßrecht im Laufe des 19. Jahrhunderts, erklären läßt.

Aber auch wenn die Zivilprozeßordnung mit ihrem Inkrafttreten 1877 endlich die ersehnte Rechtsvereinheitlichung brachte, so verstummte dennoch die Kritik am Verfahren des Zivilprozesses nicht vollständig. Bereits 1898 wurden Änderungen zur Angleichung der Zivilprozeßordnung an das Bürgerliche Gesetzbuch erwogen, und auch sonst trat die Reformbedürftigkeit der Zivilprozeßordnung in manchen Punkten in die Diskussion.[209] Weitere Änderungen traten mit der Novelle von 1. Juni 1909 in Kraft.[210] Angesichts dieser schnellen Änderungen des Zivilprozeßverfahrens und der Tatsache, daß wir heute in der Zivilprozeßordnung eine eher gemäßigte Parteiherrschaft mit umfangreicheren prozeßleitenden Befugnissen seitens des Gerichts haben, stellt sich die Frage, ob sich nicht die Rechtswirklichkeit und mit ihr eventuell auch die Prozeßmaximen

208 Arens, Mündlichkeitsprinzip und Prozeßbeschleunigung im Zivilprozeß, S. 19; Dahlmanns in Coing III/2, S. 2617; Nörr S. 278; Schwartz, Vierhundert Jahre deutscher Civilprozeß-Gesetzgebung, S. 612 ff..

209 Bomsdorf, Prozeßmaximen und Rechtswirklichkeit, S. 257 ff..

210 Bomsdorf, Prozeßmaximen und Rechtswirklichkeit, S. 263 ff..

wieder von diesem sehr starren französischen Mündlichkeitsprinzip mit seiner weitreichenden Parteiautonomie abgewendet hat. Wenn dies der Fall wäre, stünde einer Wiedereinführung einer Rechtsmittelbelehrungspflicht aus prozeßsystematischen Gründen nichts im Wege.

Die Ursache für die steigende Unzufriedenheit der Juristen und auch der Bevölkerung mit der Zivilprozeßordnung zu Beginn des 20. Jahrhunderts muß in dem sich verändernden Verständnis eines Zivilprozesses zu suchen sein.

Während die Verfasser der Zivilprozeßordnung noch von einem Rechtsstreit vor Gericht als Ausnahme einer Streitbeilegung ausgingen, entwickelte sich nun der Zivilprozeß immer mehr zu einem "Massenverfahren", wie auch an den steigenden Zahlen der anhängigen Verfahren ersichtlich ist.[211] So wurde bei der Entstehung der Zivilprozeßordnung davon ausgegangen, daß die Parteien vor Gericht ihren Streit auf faire Weise und unter Wahrung von Chancengleichheit beilegen wollten[212] und dazu nur des Urteils durch das Gericht bedurften. Daher waren für die Parteien keine weiteren Weisungen oder Hinweise durch das Gericht nötig. Die strenge Parteiautonomie, die den Richter nur als "Spruchinstrument" verstand, verbot eine stärkere Stellung des Richters.

In der Prozeßwirklichkeit der Zivilprozeßordnung entwickelte sich jedoch ein Massenverfahren, in dem die Parteien nicht mehr von selbst auf ihre gegenseitige Chancengleichheit achteten, sondern im Gegensatz dazu sogar eigenes "unfaires" Verhalten (etwa durch Verschweigen von Tatsachen) bewußt ausnutzen. Die schwache Stellung des Richters bei der Aufklärung und Tatsachenfindung, insbesondere vor Beginn der mündlichen Verhandlung erschwerte unter diesen Umständen den Prozeßverlauf erheblich.[213] Von einer Art gemeinschaftlicher umfassender Vorbereitung des Prozesses durch die Parteien und anschließendem Vortrag des streitigen Sachverhalts vor Gericht zum Zweck der Urteilsfindung konnte nicht mehr die Rede sein. Zu sehr standen jetzt Einzelinteressen für die Parteien im Vordergrund, bedingt durch die schwache Stellung des Gerichts.[214] Hinzu kam, daß insbesondere das Verfahren vor den Amtsgerichten, das die Hauptlast der Prozesse zu tragen hatte, nur unzureichend geregelt war.[215] So fanden beispielsweise 1905 vor den Landgerichten 313.787 erstinstanzliche Prozesse statt, während vor den Amtsgerichten 2.117.612 Prozesse

---

211 Wollschläger, ZNR 1981, S. 16 ff..

212 Bomsdorf, Prozeßmaximen und Rechtswirklichkeit, S. 258.

213 Bomsdorf, Prozeßmaximen und Rechtswirklichkeit, S. 258 f..

214 Vgl. von Lang, Die wesentlichen Mängel der Deutschen Reichs-Civil-Prozeßordnung, S. 2 ff..

215 Bomsdorf, Prozeßmaximen und Rechtswirklichkeit, a.a.O.; von Lang, Die wesentlichen Mängel der Deutschen Reichs-Civil-Prozeß-Ordnung, S. 4.

geführt wurden.[216] Trotzdem waren vor den Amtsgerichten nur geringe Änderungen gegenüber dem Verfahren vor den Landgerichten vorgesehen, die aber in der Praxis für ein ordentliches und zügiges Verfahren nicht ausreichten. Zu schwach waren die Einwirkungsmöglichkeiten des Richters auf den Prozeß. Dies konnte in einem Verfahren, in dem etwa kein Anwaltszwang herrschte, also die Parteien selbst dem Richter gegenübertraten und dabei aber weitgehend rechtlich unwissend waren, nur Probleme bereiten.

Es wurde auch außer Acht gelassen, daß in den Untergerichtsordnungen der Partikularstaaten zu Beginn des 19. Jahrhunderts gerade dieses Verfahren ausführlich und umfassend geregelt war,[217] um die Parteien zu schützen. Dieser soziale Aspekt fehlte vollkommen und dies wurde auch zunehmend kritisiert. So rügte Gründler den Amtsgerichtsprozeß nach der Zivilprozeßordnung von 1877 deutlich:

"Zu diesem selbständigen Prozeßbetriebe ist nun aber das die kleinen Prozesse führende Publikum meist unfähig. In welchem Grade der gemeine Mann der richterlichen Nachhülfe bedürftig ist, darüber kann in Preußen jeder Bagatell-Commissarius genaue Auskunft geben. Die Durchführung des Selbständigkeits-Princips auch für den Amtsgerichts-Prozeß ist geeignet, die Interessen des unbemittelten Mannes, dessen ganzes Vermögen häufig in einem derartigen Prozesse auf dem Spiele steht, schwer zu schädigen. Ein Prozeßverfahren, welches nicht vorzugsweise geeignet ist, auch den niederen Ständen zu ihrem Rechte zu verhelfen, kann nicht das beste sein.

Nur für die Klugen und Geschäftserfahrenen geeignet sein darf unter allen Gesetzen am wenigsten eine Civilprozeßordnung."[218]

Eine Reform des Prozeßrechts durch eine Modifikation des Gedankens der absoluten Parteiautonomie hin zu mehr prozeßleitenden Befugnissen des Gerichts war dringend nötig geworden.

Geschehen sind einige Änderungen in der Stellung des Gerichts insbesondere durch die Novellen vom 1. Juni 1909 und dem 13. Februar 1924. Aber auch die Novelle vom 27. Oktober 1933 schränkte den Mündlichkeitsgrundsatz weiter ein.[219] So konnte jetzt nach der Novelle von 1909 das Gericht den Parteien die Beibringung bestimmten Beweismaterials aufgeben, die von den Parteien benannten Zeugen und auch Sachverständige zur mündlichen Verhandlung laden,

216 Materialien zur Novelle 1909, S. 3.

217 Vgl. auch Bomsdorf, Prozeßmaximen und Rechtswirklichkeit, S. 259.

218 Gründler, Ist der Amtsgerichts-Civilprozeß in seiner jetzigen Gestalt lebensfähig?, S. 6 f.; ähnliche Kritik auch: von Lang, Die wesentlichen Mängel der Deutschen Reichs-Civil-Prozeß-Ordnung, S. 2 ff..

219 Arens, Mündlichkeitsprinzip und Prozeßbeschleunigung im Zivilprozeß, S. 20.

amtliche Auskünfte von öffentlichen Behörden oder Beamten einziehen und Behörden um Mitteilung von Urkunden, auf die sich die Parteien bezogen hatten, ersuchen.[220] Dies alles stärkte vor allem die Einwirkungsmöglichkeiten des Gerichts vor Beginn der mündlichen Verhandlung.[221] Auch mit der Novelle vom 13. Februar 1924 löste man sich stärker von der individualistischen parteiautonomen Interpretation des Zivilprozesses. Man war folgender Ansicht: Die Materie eines Zivilprozesses betreffe weiterhin die Privatrechte von Parteien, die den Parteien zur freien Verfügung stünden, der Staat trage aber zugleich auch die Verantwortung für den schnellen und zuverlässigen Erfolg des von ihm zur Verfügung gestellten Zivilprozesses als Rechtsschutzeinrichtung. Den Einzelinteressen von Parteien könne nur im Rahmen dieses staatlich garantierten Rechtsschutzes ein Spielraum gelassen werden, nicht jedoch schrankenlos auf der Basis ihrer eigenen Vorstellung.[222]

So sehr diese Novellen auch die Parteiherrschaft der Zivilprozeßordnung an die tatsächlichen Gegebenheiten und Notwendigkeiten anpaßten, die mit diesen sozialen Aspekten zusammenhängende Wiedereinführung einer Rechtsmittelbelehrungspflicht blieb aus. Diese Pflicht, die auch einen Schutz der Parteien bei der vom Staat den Prozeßparteien angebotenen Rechtsschutzmöglichkeit "Zivilprozeß" darstellt, wurde nicht weiter beachtet, obwohl sie aus den selben Gedanken wie die erfolgten Reformen entsprang. Es liegt die Vermutung nahe, daß eine derartige Pflicht zu einer Rechtsmittelbelehrung - zumal sie im Jahre 1909 für die Novelle in keiner vergleichbaren Vorbildkodifikation wie im 19. Jahrhundert existierte - schlicht vergessen wurde. Die Motive und Erwägungen zur Entstehung der Zivilprozeßordnung konnten im Hinblick auf eine Rechtsmittelbelehrungspflicht nicht weiter helfen und die Partikularrechte zu Beginn des 19. Jahrhunderts waren zu alt und entsprangen vermeintlich einem anderen Prozeßgedanken. Sie wurden nicht genutzt. Nach der Abkehr von dem starren Prinzip der absoluten Parteiherrschaft gibt es nun keinen systematischen Grund mehr für ein Unterlassen einer Belehrungspflicht.

Insofern erscheint es angebracht dieses Unterlassen in den Novellen zur Zivilprozeßordnung nachzubessern und die aufgrund des sozialen Schutzes der Prozeßparteien nötige Pflicht zur Rechtsmittelbelehrung in die Zivilprozeßordnung aufzunehmen.

---

220 Bomsdorf, Prozeßmaximen und Rechtswirklichkeit, S. 264 ff..

221 Vgl. auch Bomsdorf, Prozßmaximen und Rechtswirklichkeit, S. 258.

222 Bomsdorf, Prozeßmaximen und Rechtswirklichkeit, S. 267 ff.
Da zu den Novellen von 1924 und 1933 nur äußerst wenig Sekundärliteratur existiert: vgl. Entwurf einer Zivilprozeßordnung, veröffentlicht von Reichsjustizministerium 1931, S. 253 ff., der von ähnlichen Gedanken ausgeht..

C. Exkurs: Die Rechtsmittelbelehrung im Zivilprozeßrecht der DDR

Im Zivilprozeßrecht der DDR entwickelte sich eine Pflicht zu einer Rechtsmittelbelehrung.

Zunächst war eine derartige Pflicht des Gerichts nicht in der allgemeinen Zivilprozeßordnung der DDR enthalten, sondern nur in Familiensachen vorgesehen. § 21 der Familienverfahrensordnung (FVerfO) der DDR vom 17. Februar 1966 schrieb vor, daß ein Urteil in Ehesachen mit einer Rechtsmittelbelehrung zu versehen sei.[223] Für andere familienrechtliche Streitigkeiten galt jedoch die Rechtsmittelbelehrungspflicht nicht. In § 25 FVerfO-DDR fand sich kein Verweis auf den § 21 FVerfO-DDR.[224]

Mit der Neufassung des Zivilprozeßrechts durch das "Gesetz über das gerichtliche Verfahren in Zivil-, Familien- und Arbeitsrechtssachen - Zivilprozeßordnung - " vom 19. Juni 1975 wurde die gerichtliche Pflicht zu einer Rechtsmittelbelehrung auch in andere zivilprozessuale Verfahren übernommen. So sah § 78 ZPO-DDR, der den Inhalt und die Bestandteile eines Urteils in Zivilsachen auflistete und erläuterte, in § 78 I Nr. 5 ZPO-DDR eine Pflicht zu einer Rechtsmittelbelehrung vor.[225] Ein ordnungsgemäßes Urteil mußte eine Rechtsmittelbelehrung enthalten. Zu dem gleichen Schluß kam man auch bei der Betrachtung des § 81 III ZPO-DDR. Danach war den Parteien bei der Verkündung des Urteils der wesentliche Inhalt der Begründung und das zulässige Rechtsmittel mündlich mitzuteilen.[226] Gemäß § 84 ZPO-DDR galten diese Bestimmungen über die Urteile für Beschlüsse entsprechend.[227]

Inhaltlich waren die Parteien durch die Rechtsmittelbelehrung durch das Gericht darüber zu belehren, daß sie beim übergeordneten Gericht Berufung gegen das Urteil einlegen könnten, also daß sie sich an das Bezirksgericht oder das Oberste Gericht, wenn das Bezirksgericht in der ersten Instanz entschieden hatte (§ 147 ZPO-DDR), wenden könnten. Außerdem wurden die Parteien auf die Berufungsfrist von zwei Wochen hingewiesen. Diese Frist begann mit der Zustellung des Urteils zu laufen, und innerhalb dieser Frist mußte die Berufung

---

223 ZPO und andere prozeßrechtliche Bestimmungen, Textausgabe, 8. Auflage, 1970, S. 259, § 21.

224 ZPO und andere prozeßrechtliche Bestimmungen, Textausgabe, 8. Auflage, 1970, S. 261, § 25.

225 ZPO und andere verfahrensrechtliche Bestimmungen, Textausgabe, 4. Auflage, 1987, S. 28, § 78.

226 ZPO und andere verfahrensrechtliche Bestimmungen, Textausgabe, 4. Auflage, 1987, S. 29, § 81.

227 ZPO und andere verfahrensrechtliche Bestimmungen, Textausgabe, 4. Auflage, 1987, S. 29, § 84.

schriftlich bei dem Gericht, das das erste unliebsame Urteil erlassen hatte, eingereicht worden sein. Auch über die Möglichkeit, das Berufungsverlangen von der Rechtsantragsstelle aufnehmen zu lassen, wurden die Parteien informiert.[228]

Die Probleme entstanden jedoch auch nach dem Recht der DDR, wenn die obligatorische Rechtsmittelbelehrung nicht, falsch oder unzureichend erteilt worden war. § 78 oder § 81 III ZPO-DDR trafen hierzu keine Regelungen. So blieb es den Gerichten überlassen, die Rechtnormen auszulegen. Eine richterliche Rechtsfortbildung durfte nach dem Recht der DDR nicht stattfinden. Die Gerichte sollten die Normen anwenden und durften sie höchstens auslegen.[229] So hatte das Bezirksgericht Gera in zwei Beschlüssen, vom 9. August 1976 und vom 8. März 1978, entschieden, daß eine Partei, die die Berufungsfrist aufgrund der fehlenden Rechtsmittelbelehrung bei einem Beschluß versäumt hatte, eine Befreiung von den Folgen der Fristversäumung beantragen könne. Der Partei könne die fehlende Rechtsmittelbelehrung nicht angelastet werden. Insofern solle ihr kein Schaden entstehen und sie solle kein Rechtsmittel verlieren.[230] Hinsichtlich einer fehlerhaften Rechtsmittelbelehrung läßt sich keine gerichtliche Entscheidung finden. Es ist jedoch anzunehmen, daß eine stark fehlerhafte Rechtsmittelbelehrung wie eine fehlende Rechtsmittelbelehrung behandelt worden wäre.

Der Grund für die Rechtsmittelbelehrung in der Zivilprozeßordnung der DDR ist nicht feststellbar. Die Kommentierungen zu der Zivilprozeßordnung geben in dieser Hinsicht keine Hinweise. Damit gibt die Rechtsmittelbelehrungspflicht nach der Zivilprozeßordnung der DDR für die Überlegungen, eine Rechtsmittelbelehrungspflicht in der Zivilprozeßordnung einzuführen, keine Anregungen.

D. Europäische Aspekte

Im Zuge der zunehmenden Globalisierung kommt man bei der Betrachung einzelner Rechtsfragen ohne wenigstens einen kurzen Blick über die Staatsgrenzen hinaus nicht aus. Es stellt sich daher nun die Frage, ob Rechtsmittel- oder Rechtsbehelfsbelehrungspflichten in zivilprozessualen Verfahrensordnungen anderer europäischer Staaten existieren.

---

228 Kellner, Zivilprozeßrecht, Lehrbuch, 1980, S. 345, Nr. 12.5.6..

229 Grundlagen der Rechtspflege, Lehrbuch, 1986, S. 46; auch Lohmann, Gerichtsverfassung und Rechtsschutz in der DDR, S. 74.

230 BG Gera, NJ 1/1978 S. 39; BG Gera, NJ 6/1978 S. 279; Zivilprozeßrecht der DDR, Kommentar zur Zivilprozeßordnung, 1987, § 78 Anm. 1.5..

Dabei ist festzustellen, daß die Notwendigkeit von Rechtsmittelbelehrungen in den einzelnen Zivilprozeßrechten sehr unterschiedlich bewertet wird. So gibt es Staaten, die keinerlei Rechtsmittel- oder Rechtsbehelfsbelehrungen im Zivilverfahren kennen, während andere derartige Pflichten ausdrücklich in ihren Verfahrensordnungen normieren. Darüber hinaus gibt es Länder oder Teile von Ländern, die gerichtliche Rechtsmittelbelehrungen aufgrund von praktischer Übung ohne gesetzliche Normierung durchführen.

I. Staaten, die keine Rechtsmittelbelehrungspflicht kennen

Viele europäische Rechtsordnungen kennen in ihren Zivilprozeßverfahren keine Pflicht zu einer Rechtsmittel- oder Rechtsbehelfsbelehrung durch die Gerichte oder andere Stellen.

Keine Pflicht zu einer Rechtsmittelbelehrung findet sich etwa in den zivilprozessualen Verfahrensordnungen in Belgien, Frankreich, Großbritannien, Italien, Luxemburg, den Niederlanden und Spanien.[231]

Auch wenn damit auf den ersten Blick sehr verschiedene Staaten keine Rechtsmittelbelehrungspflicht kennen, so ist doch zu bedenken, daß insbesondere die Länder Frankreich, Belgien und Luxemburg einen homogenen, vom französischen Recht schon aufgrund der vielfach gemeinsamen Sprache stark beeinflußten Rechtsraum bilden. Das französische Zivilprozeßrecht kennt jedoch seit langer Zeit keine Rechtsmittelbelehrungspflichten.[232] Über den starken französischen Einfluß auf die Prozeßgesetzgebung der anderen europäischen Staaten im 19. Jahrhundert[233] gelangte daher auch das Fehlen der Rechtsmittelbelehrung im Zivilverfahren in die Prozeßordnungen der Nachbarstaaten von Frankreich und in die übrigen Benelux-Länder. Insofern ist das Fehlen einer Pflicht zur Rechtsmittelbelehrung auch in diesem Rechtsraum nicht besonders verwunderlich.

Darüber hinaus läßt sich noch erwähnen, daß auch im Zivilprozeßsystem der Vereinigten Staaten von Amerika eine Rechtsmittelbelehrung - sicherlich aufgrund der Beziehung zum Rechtssystem von Großbritannien - unbekannt ist.[234]

---

231 Vgl. Nesselrodt, DRiZ 1982, 58 f..
232 Siehe oben: Teil 1, B VI 2 b.
233 Siehe oben: Teil 1, B VI 2 b.
234 Nesselrodt, DRiZ 1982 a.a.O..

II. Staaten, in deren Zivilverfahren eine Rechtsmittelbelehrungspflicht existiert

Daneben gibt es aber auch Staaten, in deren Verfahrensrechten eine Belehrungspflicht über Rechtsmittel oder Rechtsbehelfe durch das Gericht entweder gesetzlich normiert ist oder sonst allgemein praktiziert wird.

1. Österreich

Derartiges gilt für die österreichische Zivilprozeßordnung.[235] Gemäß § 432 II ZPO-Öst. hat der Richter beim Bezirksgericht - dies ist etwa vergleichbar mit dem Amtsgericht in Deutschland - die rechtsunkundigen und nicht durch einen Rechtsanwalt vertretenen Parteien bei der mündlichen Urteilsverkündung insbesondere auf die Frist zur Einlegung des Rechtsmittels und den Vertretungszwang vor dem höheren Gericht hinzuweisen. Gemäß § 447 ZPO-Öst. ist auch in den schriftlichen Ausfertigungen der bezirksgerichtlichen Urteile auf den Anwaltszwang vor dem höheren Gericht ausdrücklich hinzuweisen.[236] Neben diesem explizit im Gesetz genannten Inhalt der Rechtsmittelbelehrung, der Belehrung über das Rechtsmittel, die Frist und den Anwaltszwang, muß der Richter die Partei auch noch darauf hinweisen, daß die Parteien die Möglichkeit haben, Verfahrenshilfe zu beantragen und die Beigabe eines Rechtsanwalts zur Verfahrenshilfe zu begehren.[237]

Ein Fehler in der Belehrung und das daraus folgende Versäumen der Rechtsmittelfrist können durch eine Wiedereinsetzung in den vorigen Stand ausgeglichen werden.[238]

Außerdem findet sich noch eine qualifizierte Belehrungsvorschrift über Rechtsmittel in § 414 II ZPO-Öst.. Bei mündlich in Gegenwart beider Parteien verkündeten Urteilen muß das Gericht den nicht durch einen Rechtsanwalt vertretenen Parteien schriftliche Belehrungen mit dem genannten Inhalt aushändigen. Der Grund hierfür ist darin zu sehen, daß mit der mündlichen Verkündung die einwöchige Frist zur Anmeldung der Berufung zu laufen beginnt.[239] Falls die Aushändigung unterlassen wurde oder der Inhalt des Schriftstücks fehlerhaft

---

235 Vgl. zum österreichischen Rechtsmittelsystem: Bajons-Grimm in: Rechtsmittel im Zivilprozeß, S. 215 ff..

236 Buchegger/Deixler-Hübner/Holzhammer, Praktisches Zivilprozeßrecht I, S. 351; auch Fasching, Lehrbuch des österreichischen Zivilprozeßrechts, Rdnr. 1487, 1612, 1477; vgl. auch Nesselrodt, DRiZ 1982 a.a.O.; Stohanzel, Zivilprozeßgesetze, § 432, § 447.

237 Fasching, Lehrbuch des österreichischen Zivilprozeßrechts, Rdnr. 1612.

238 Fasching, Lehrbuch des österreichischen Zivilprozeßrechts, a. a. O..

239 Fasching, Lehrbuch des österreichischen Zivilprozeßrechts, Rdnr. 1477.

war, besteht auch hier die Möglichkeit der Wiedereinsetzung in den vorigen Stand bei Versäumen der Frist.[240]

Der Grund für die Existenz einer Rechtsmittelbelehrungspflicht im österreichischen Recht ist sicherlich in der geschichtlichen Entwicklung des Zivilprozeßrecht in Österreich zu sehen. 1866 war Österreich an dem in Hannover ausgearbeiteten Bundesstaaten-Entwurf beteiligt,[241] der die Pflicht zu einer Rechtsmittelbelehrung durch das Gericht vorsah.[242] Auch in der Folgezeit diente der Bundesstaaten-Entwurf in Österreich weiterhin als Leitfaden in der Zivilprozeßgesetzgebung.[243] So sah auch der 1876 entstandene "Entwurf einer Civil-Prozeß-Ordnung für die im Reichsrathe vertretenen Königreiche und Länder" in § 470 II Entwurf 1876 bei den Regelungen über das Verfahren vor den Bezirksgerichten eine Pflicht zur Rechtsmittelbelehrung vor.[244] Diese Pflicht hat sich dann bis heute im östereichischen Prozeßrecht gehalten. Zwar hat sich auch das Zivilprozeßrecht in Österreich gerade in den Vorarbeiten zur österreichischen Civilprozeßordnung von 1895 durch verschiedene Einflüsse gewandelt, aber dennoch hat sich der österreichische Gesetzgeber nicht so stark von den französischen Einflüssen leiten lassen. Während das deutsche Zivilprozeßrecht aus dem Mündlichkeitsprinzip ein sich verselbständigendes Dogma machte, hat sich das Zivilprozeßrecht in Österreich bewußt und ausdrücklich von einer solchen Beeinflussung abgewandt. Die 1895 entstandene Civilprozeßordnung sollte sich mehr nach den Gesichtspunkten der Zweckmäßigkeit und Praktikabilität richten, als der Umsetzung eines grundsätzlichen Rechtsprinzips bei den Überlegungen den Vorrang zu geben. Dabei sollten auch hergebrachte Ideen durchaus berücksichtigt werden.[245] Daher konnte die Pflicht zur Rechtsmittelbelehrung in der österreichischen Zivilprozeßordnung erhalten bleiben.

2. Schweiz

In der Schweiz ist die gerichtliche Pflicht zu einer Rechtsmittelbelehrung unter den Kantonen unterschiedlich geregelt. Grundlage dafür ist eine fehlende Bundes-Zivilprozeßordnung für die gesamte Schweiz. Jeder einzelne Kanton hat seine eigene Zivilprozeßordnung.[246]

---

240 Fasching, Lehrbuch des österreichischen Zivilprozeßrechts, a. a. O..
241 Dahlmanns in Coing, Österreich, S. 2725 f..
242 Siehe oben: Teil 1, B V 1.
243 Dahlmanns in Coing, Österreich, a.a.O..
244 Entwurf einer Civil-Prozeß-Ordnung, Nr. 535 der Beilagen zu den stenogr. Protokollen des Abgeordnetenhauses, VIII. Session, S. 137.
245 Dahlmanns in Coing, Österreich, S. 2734 ff..
246 Vgl. zur Entwicklung: Dahlmanns in Coing, Schweiz, S. 2755.

Während die Kantone der französisch-, italienisch- und rätoromanisch-sprachigen Schweiz eine Pflicht zu einer Rechtsmittelbelehrung in ihren Zivilprozeßordnungen nicht kennen, existiert bei einigen Kantonen der deutschsprachigen Schweiz diese Pflicht aufgrund gesetzlicher Normierungen oder aufgrund der einheitlichen gerichtlichen Praxis in diesem Kanton.

Der Grund für diese unterschiedliche Entwicklung zeigt sich auch hier deutlich an den unterschiedlichen Einflüssen auf die einzelnen Prozeßgesetze. Die Kantone, die schon aufgrund der Sprache französisch oder romanisch, insbesondere italienisch beeinflußt waren, übernahmen Ideen aus diesen betreffenden Ländern. Dies galt auch für die fehlende Rechtsmittelbelehrungspflicht, denn sowohl Frankreich, als auch Italien und andere romanische Staaten kennen und kannten keine Rechtsmittelbelehrungspflicht. Anders sah die Situation in der deutsch-sprachigen Schweiz aus. Im deutsch-sprachigen Rechtsraum existierten Rechtsmittelbelehrungen, beispielsweise im badischen Prozeßrecht im 19. Jahrhundert oder auch bis heute im österreichischen Zivilprozeßrecht.[247] Der Gedanke einer Belehrungspflicht war daher nicht völlig fremd und fernliegend. In den Zivilprozeßordnungen dieser Kantone sind deshalb folgerichtig Rechtsmittelbelehrungspflichten durch das Gericht vorgesehen.

Pflichten zu einer Rechtmittelbelehrung finden sich in den Gesetzen folgender Kantone: Zürich (§ 188 i.V.m. § 157 Nr. 12 GVG ZH), Schwyz (§ 132 GO SZ), Obwalden (§ 194 III ZPO OW), Nidwalden (§ 79 ZPO NW), Glarus (§ 248 Ziff. 10 ZPO GL), Schaffhausen (§ 260 Ziff. 5 ZPO SH), Appenzell-Ausserrhoden (§ 203 Ziff. 8 ZPO AR), Appenzell-Innerrhoden (§ 120 ZPO AI), St. Gallen (§ 76 GG SG i. V. m. Art. 86 lit. h ZPO SG), Aargau (§ 279 ZPO AG) und Thurgau (§ 108 I Z. 7 ZPO TG).[248]

Darüber hinaus findet sich auch in § 212 ZPO BL, also der Zivilprozeßordnung für Basel-Landschaft, eine Pflicht zur Rechtsmittelbelehrung.[249] Außerdem gilt die Rechtsmittelbelehrungspflicht hinsichtlich der Appellation in Basel-Stadt zwar nicht aufgrund einer gesetzlichen Vorschrift, aber dennoch gemäß der Praxis bei den Gerichten.[250] Gleiches gilt wohl auch in den Kantonen Bern und Solothurn.[251] Allerdings ist hierbei zu beachten, daß sich in dienen Kantonen eine

---

247 Auch Dahlmanns in Coing, Schweiz, S. 2756 ff..

248 Nesselrodt, DRiZ 1982, 58 Fuß. 36; vgl. Vogel, Grundriss des Zivilprozessrechts, Rdnr. 63;
hinsichtlich Zürich auch: Huber, Praxishandbuch, S. 620 und S. 625;
hinsichtlich St. Gallen auch: Leuenberger/Uffer-Tobler, Kommentar, Art. 86 lit. h ZPO , S. 231, 234.

249 Vgl. Staehelin/Sutter, Zivilprozessrecht, § 20 Rdnr. 10, S. 244.

250 Staehelin/Sutter, Zivilprozessrecht, a. a. O..

251 Nesselrodt, DRiZ 1982, 58 Fuß. 37.

Rechtsmittelbelehrungspflicht nur aus der Praxis ergibt. Eine Pflicht zu einer Belehrung folgt in Kantonen, die keine gesetzliche Regelung getroffen haben, auch nicht aus § 4 der Schweizerischen Bundesverfassung vom 29. Mai 1874 (BV).[252]

Die Rechtsmittelbelehrung erfolgt über das zuständige Rechtsmittel, wobei allerdings nach dem Recht von St. Gallen nicht auf die Möglichkeiten einer Revision, Rechtsverweigerungsbeschwerde, Erläuterung oder Berichtigung und der staatsrechtlichen Beschwerde hingewiesen werden muß. Hingegen muß aber auf die Möglichkeit der Wiederherstellung bei Frist- oder Terminsversäumung aufmerksam gemacht werden.[253] Ansonsten muß die Rechtsmittelbelehrung die vollständige Adresse der Rechtsmittelinstanz, die wesentlichen Formvorschriften und die Höhe der Einschreibgebühr beinhalten (Art. 62 Gerichtsordnung SG).[254]

Eine fehlerhafte Rechtsmittelbelehrung, also eine Rechtsmittelbelehrung, die ein falsches Rechtsmittel oder eine falsche Rechtsmittelfrist nennt, darf nach der Rechtsprechung des schweizerischen Bundesgerichts keinen Nachteil für die betroffene Partei nach sich ziehen:[255] Diese dürfe sich auf die Belehrung verlassen können, auch wenn sie fehlerhaft sei. Dieser Schutz des guten Glaubens würde auch zusätzlich durch die Betrachtung der Normen des § 107 III des Bundesgesetzes über die Organisation der Bundesrechtspflege vom 16. Dezember 1943 (OG) und § 38 VwVG deutlich werden. Diese Vorschriften seien Bundesgesetze und seien daher mangels entsprechender Normen auch im kantonalen Recht anwendbar.[256] Lediglich wenn die Partei die Unrichtigkeit tatsächlich gekannt hatte oder hinsichtlich der fehlenden Kenntnis ihr oder ihrem Anwalt grobe Nachlässigkeit anzulasten ist, darf das Problem der falschen Rechtsmittelbelehrung auch zu Lasten der Partei gelöst werden.[257] Ein in Wirklichkeit nicht gegebenes Rechtsmittel wird aber durch die fehlerhafte Rechtsmittelbelehrung auch nach schweizerischem Recht nicht geschaffen.[258]

---

252 BGE 98 Ib 337.

253 Für St. Gallen: Leuenberger/Uffer-Tobler, Kommentar, Art. 86 lit. h, S. 234.

254 Für St. Gallen: Leuenberger/Uffer-Tobler, Kommentar, a. a. O..

255 BGE 115 I a Nr. 4 S. 19; BGE 117 I a S. 422.

256 Staehelin/Sutter, Zivilprozessrecht, § 20 Rdnr. 11, S. 244; Vogel, Grundriss des Zivilprozessrechts, Rdnr. 64.

257 BGE 106 Ia S. 16 ; auch BGE 115 Ia 19 E. a; BGE 117 Ia S. 422; Staehelin/Sutter, Zivilprozessrecht, a. a. O.; Vogel, Grundriss des Zivilprozessrechts, a. a. O..

258 BGE 92 I 77 f.; BGE 100 I b 119 f.; BGE 108 III 25 f.; Staehelin/Sutter, Zivilprozessrecht, a. a. O.; Vogel, Grundriss des Zivilprozessrechts, a. a. O..

Auch nach schwedischem Zivilprozeßrecht, das im Prozeßgesetz (rättegangsbalk (RB)) geregelt ist,[259] ist eine Belehrungspflicht seitens des Gerichts vorgesehen. Nach Kapitel 17 § 7 Satz 3 RB sind endgültige Beschlüsse und Urteile, gegen die ein Rechtsmittel oder ein Einspruch zulässig ist, mit einer Rechtsbehelfsbelehrung zu versehen.[260] Als Ursache für diese Belehrungspflicht nach schwedischem Recht könnte der fehlende Anwaltszwang vor den schwedischen Gerichten zu sehen sein. Eine Partei ist in Schweden vor allen Gerichten, sogar vor dem Obersten Gerichtshof, selbst postulationsfähig (Kap. 11 § 1 RB).[261] Damit einher geht aber auch, daß eine Partei, die sie keinen Anwalt beauftragen will oder kann, auf ihr eigenes Wissen, auch bei komplizierten Rechtsmaterien, angewiesen ist. Insofern hat der Gesetzgeber aus dem Gesichtspunkt eines sozialen Schutzes eine Rechtsmittelbelehrungspflicht durch die Gerichte in besonders wichtigen, weil mit besonders weitreichenden Folgen verbundenen Fällen vorgesehen.

E. Gegenwärtige Diskussion

Die Diskussion über eine Einführung einer Rechtsmittelbelehrungspflicht im Zivilprozeß in Deutschland ist nicht neu, sondern sie erschien immer dann, wenn eine Reform des Zivilprozeßrechts anstand oder erörtert wurde.

So gab es beispielsweise in der Zeit um 1960 Bestrebungen zu einer Reform der Zivilgerichtsbarkeit. Im Zuge dieser Überlegungen setzte sich auch eine Kommission des Bundesjustizministeriums, die zur Vorbereitung dieser Änderung eingesetzt worden war, in ihrem 1961 veröffentlichten Bericht mit der Einführung einer Rechtsmittelbelehrungspflicht im Zivilprozeß auseinander. Sie lehnte eine Rechtsmittelbelehrung für Urteile im ordentlichen Verfahren ab, befürwortete aber die Einführung für das Verfahren der freiwilligen Gerichtsbarkeit.[262] Von der darauf folgenden Diskussion in der Literatur ist besonders

---

259 Ring/Olsen-Ring, Einführung in das skandinavische Recht, Rdnr. 896; vgl. zum schwedischen Rechtsmittelsystem: Cosmo in: Rechtsmittel im Zivilprozeß, S. 225 ff..

260 Vgl. auch Gärde/Engströmer/Strandberg/Söderlund, Nya Rättegangsbalken, Kap. 17 § 7, S. 185 ff; Nesselrodt, DRiZ 1982, 58.

261 Vgl. Ring/Olsen-Ring, Einführung in das skandinavische Recht, Rdnr. 906.

262 Bericht der Kommission zur Vorbereitung einer Reform der Zivilgerichtsbarkeit, S. 258, 384 f..

Müller hervorzuheben, der die verschiedenen Aspekte einer Rechtsmittelbelehrung in seinem 1962 erschienenen Aufsatz umfassend beleuchtete.[263]

Die nächste Etappe für die Diskussion um die Rechtsmittelbelehrungspflicht im Zivilprozeß waren die Reformbestrebungen im Zuge der Vereinfachungsnovelle Ende der siebziger und Anfang der achziger Jahre. Auch hier befaßte sich die vom Bundesjustizministerium eingesetzte Kommission mit der Rechtsmittelbelehrungspflicht. In ihrem 1977 veröffentlichten Bericht lehnte sie die Einführung einer Rechtsmittelbelehrungspflicht ab, da diese nicht gerechtfertigt sei und der Aufwand ihrer Einführung in keinem positiven Verhältnis zum Nutzen stehe.[264] Von der Literatur wurde in der Folgezeit eine Rechtsmittelbelehrungspflicht für den Zivilprozeß stärker befürwortet,[265] und auch ein 1988 von der SPD-Fraktion und einzelnen Abgeordneten der SPD im Bundestag vorgebrachter Gesetzentwurf zur Änderung der Zivilprozeßordnung enthielt eine Pflicht zur Rechtsmittelbelehrung.[266] Dieser Entwurf wurde jedoch nicht umgesetzt.

Der nächste Impuls zur Regelung der Belehrungspflicht im Zivilprozeß kam durch den 61. Deutschen Juristentag 1991. Gottwald befürwortete in seinem Gutachten die Einführung einer Rechtsmittelbelehrungspflicht für den Zivilprozeß, die auch von den anderen Teilnehmern überwiegend begrüßt wurde.[267] Trotzdem erfolgte keine Umsetzung dieses Ergebnisses.

Entgegen dieser Tendenz in der Literatur erließ das Bundesverfassungsgericht am 20. Juni 1995 einen Beschluß, in dem es eine verfassungsrechtliche Pflicht zur Aufnahme einer Belehrung in das Zivilprozeßrecht "jedenfalls derzeit noch" ablehnte.[268] Diese Entscheidung wurde in der Literatur stark kritisiert.[269]

Auch im Zuge der derzeitigen Reformbestrebungen im Zivilprozeß kam die Frage nach der Einführung einer Rechtsmittelbelehrungspflicht wieder auf. Auf der 13. Justizministerkonferenz der neuen Bundesländer und Berlins und auf der 67. Justizministerkonferenz aller Bundesländer 1996 sprachen sich die Teilnehmer für die Einführung einer Rechtsmittelbelehrungspflicht im Zivilprozeß aus.[270]

---

263 Müller, NJW 1962, 1889 ff; vgl. auch Noack, DÖV 1961, 216 ff..

264 Bericht der Kommission für das Zivilprozeßrecht, S. 105.

265 Vgl. Bischof, ZRP 1978, 104 ff.; Kniffka, DRiZ 1980, 105 f.; Kniffka, ZRP 1981, 166 ff.; zur Megede, ZRP 1975, 28 f.; Menne, RuP 1981, 184 ff.; Nesselrodt, DRiZ 1982, 55 ff..

266 BT Drs. 11/1704.

267 Gutachten von Gottwald zum 61. Dt. Juristentag A 31; vgl. auch 61. Deutscher Juristentag, Der Tagungsverlauf, NJW 1996, 2987 f..

268 BVerfGE 93, 99.

269 Demharter, FGPrax 1995, 217 ff.; Geisler, StAZ 1996, 79 f.; Kühling, abweichendes Votum zu BVerfGE 93, 99, BVerfGE 93, 99, 117.

270 Vgl. unveröffentlichtes Arbeitspapier des Bundesjustizministeriums.

Bis heute hat diese Diskussion noch nicht zu einer Einführung einer Rechtsmittelbelehrungspflicht in den Zivilprozeß geführt.

F. Zwischenergebnis

Es hat sich gezeigt, daß die Zivilprozeßordnung nur in geringen Ansätzen Belehrungspflichten des Gerichts für die Prozeßparteien enthält. Hierbei handelt es sich jedoch um eine aus der geschichtlichen Entwicklung der Zivilprozeßordnung herrührende Erscheinung. Es ist der verstärkte Einfluß des französischen Zivilprozeßrechts auf die Kodifikation der Zivilprozeßordnung von 1877, der mit seiner besonderen Betonung der Parteimaxime Belehrungspflichten des Gerichts über Rechtsmittel entbehrlich macht. Hierin ist der Grund zu sehen, daß die ursprünglich aus dem gemeinen Recht stammende Rechtmittelbelehrungspflichten nicht in die heutige Zivilprozeßordnung übernommen worden sind.

Diese Zweiteilung der prozessualen Systeme im Hinblick auf eine Rechtsmittelbelehrung läßt sich auch in Europa erkennen, da zivilprozessuale Rechtsmittelbelehrungspflichten in allen romanisch orientierten Ländern fehlen.

Es hat sich weiter gezeigt, daß sich die Zivilprozeßordnung zwischenzeitlich aufgrund der Rechtswirklichkeit vom dem ursprünglichen Verfahren, daß 1877 zugrundegelegt wurde, entfernt hat. Das System der absoluten Parteiherrschaft wurde durch weitergehende richterliche Befugnisse, den Rechtsstreit zu lenken und Einfluß auf einen fairen Ablauf zu nehmen, erweitert. Der mit der absoluten Parteiherrschaft verbundene Verzicht auf eine Rechtsmittelbelehrungspflicht ist deshalb in Frage zu stellen. Dem entspricht eine nun schon über viele Jahre immer wieder aufgenommene Diskussion über die Einführung einer Rechtsmittelbelehrungspflicht im Zivilprozeß.

Teil 2: Die Pflicht zur Rechtsbehelfsbelehrung in anderen Verfahrensordnungen

Auch wenn derzeit in der Zivilprozeßordnung keine Pflicht zur Rechtsmittelbelehrung existiert, so finden sich doch in anderen Prozeßordnungen Rechtsmittelbelehrungspflichten. § 9 V ArbGG, § 35 a StPO, § 58 VwGO, § 55 FGO und § 66 SGG normieren jeweils eine Pflicht zu einer Belehrung über Rechtsmittel oder Rechtsbehelfe. Aber auch in den Verfahren der freiwilligen Gerichtsbarkeit existieren einzelne, wenn auch nicht umfassende Belehrungspflichten, beispielsweise in § 69 I Nr. 6 FGG für Betreuungssachen, § 70 f I Nr. 4 FGG für Unterbringungssachen, § 21 II S. 2 Landwirtschaftsverfahrensgesetz (LwVG) oder auch § 20 Grundstückverkehrsgesetz (GrundstVG). § 9 LwVG verweist ausdrücklich auf die Vorschriften des Gesetzes über die Angelegenheiten der freiwilligen Gerichtsbarkeit (FGG), die subsidiär anzuwenden sind. Auch im Grundstückverkehrsgesetz wird auf die Normen dieses Gesetzes verwiesen. Zum einen wird in § 22 I GrundstVG auf das Landwirtschaftsverfahrensgesetz verwiesen, zum anderen wird in § 22 II GrundstVG direkt auf eine analoge Anwendung der sofortigen Beschwerde nach § 22 II FGG verwiesen. Beide Normen zählen daher in den Bereich der Verfahren der freiwilligen Gerichtsbarkeit.

Im Folgenden ist nun die Frage zu klären, wie diese Rechtsmittelbelehrungs-Vorschriften der übrigen Verfahrensordnungen ausgestaltet sind und ob ihrer Entstehung ein gemeinsamer Gedanke zugrundeliegt. Eine Auseinandersetzung mit den anderen Verfahrensarten ist deshalb wichtig, weil diese Normen für eine mögliche Rechtsmittelbelehrungspflicht im Zivilprozeß aus zweierlei Gründen von Relevanz sind: Zum einen könnte die konkrete Ausgestaltung der anderen Verfahrensarten für eine Normierung einer zivilprozessualen Rechtsmittelbelehrungspflicht als Vorbild dienen. Zum anderen läßt sich aus der geschichtlichen Entstehung der Normen unter Umständen ein gemeinsamer Grundgedanke herleiten, der eine Pflicht zu einer Rechtsmittelbelehrung auch im Zivilprozeß begründen könnte.

Diese beiden Aspekte, die im weiteren Verlauf der Arbeit behandelt werden sollen, setzen zunächst jedoch die Kenntnis der Rechtsmittelbelehrungspflichten in den anderen Verfahrensarten voraus. Dabei soll der arbeitsgerichtliche Prozeß besonders ausführlich behandelt werden, da er die engsten Übereinstimmungen mit dem Zivilprozeß aufweist. Insofern könnte die Rechtsmittelbelehrung des

Arbeitsgerichtsverfahrens am geeignetsten als Vorbildnorm für eine zivilprozessuale Rechtsmittelbelehrung genommen werden.

A. Die Rechtsmittelbelehrungspflicht im Arbeitsgerichtsgesetz

Eine der für die mögliche Einführung von Rechtsmittelbelehrungen im Zivilprozeß interessantesten Normen ist § 9 V ArbGG:

"Alle mit einem befristeten Rechtsmittel anfechtbaren Entscheidungen enthalten die Belehrung über das Rechtsmittel. Soweit ein Rechtsmittel nicht gegeben ist, ist eine entsprechende Belehrung zu erteilen. Die Frist für ein Rechtsmittel beginnt nur, wenn die Partei oder der Beteiligte über das Rechtsmittel und das Gericht, bei dem das Rechtsmittel einzulegen ist, die Anschrift des Gerichts und die einzuhaltende Frist und Form schriftlich belehrt worden ist. Ist die Belehrung unterblieben oder unrichtig erteilt, so ist die Einlegung des Rechtsmittels nur innerhalb eines Jahres seit Zustellung der Entscheidung zulässig, außer wenn die Einlegung vor Ablauf der Jahresfrist infolge höherer Gewalt unmöglich war oder eine Belehrung dahin erfolgt ist, daß ein Rechtsmittel nicht gegeben sei; § 234 Abs. 1, 2 und § 236 Abs. 2 der Zivilprozeßordnung gelten für den Fall höherer Gewalt entsprechend."

Hier existiert bereits eine Regelung für eine Rechtsmittelbelehrung in einem zivilrechtlichen Verfahrensrecht, und das Arbeitsgerichtsgesetz verweist sogar in § 46 II ArbGG auf die Regelungen der Zivilprozeßordnung als subsidiäre Auffang-Normen in Streitigkeiten im Urteilsverfahren des ersten Rechtswegs. Das Arbeitsgerichtsgesetz übernimmt durch den Verweis auf die Zivilprozeßordnung deren Normierungen und ändert sie für die Bedürfnisse des Arbeitsrechts. Daher wurden hier durch die Rechtsprechung und die Literatur viele strittige Fragen im Zusammenhang mit einer Rechtsmittelbelehrungspflicht erörtert, die auch für die Einführung einer Rechtsmittelbelehrungspflicht für den allgemeinen Zivilprozeß herangezogen werden könnten. Man könnte aufgrund der vergleichbaren Materie an eine modifizierte Übernahme der Regelungen des § 9 V ArbGG in die Zivilprozeßordnung denken. Eine ausführliche Beschäftigung mit dieser Norm erscheint angebracht.

I. Geschichtliche Entwicklung

Die Rechtsmittelbelehrung in § 9 V ArbGG kam 1979 mit der Novellierung des Arbeitsgerichtsgesetzes an ihren derzeitigen Standort im Gesetz. Allerdings bestand mit dieser Regelung nicht zum ersten Mal eine Pflicht zu einer Rechtsmittelbelehrung im Arbeitsgerichtsgesetz. Bereits in den Vorläufer-Normierungen gab es Regelungen zu einer Belehrung über Rechtsmittel.

1. Vorläufer-Normierungen

a. Gewerbe- und Kaufmannsgerichte

Schon in den Gesetzen über die Gewerbe- und Kaufmannsgerichte Ende des 19. Jahrhunderts, die Vorläufer-Normierungen des heutigen Arbeitsgerichtsgesetzes waren, fanden sich Rechtsmittelbelehrungspflichten.

§ 38 II des Gewerbegerichtsgesetzes vom 29. Juli 1890 (GewGG) sah eine Belehrung der Parteien über Form und Frist der Einlegung des Einspruchs im Versäumnisverfahren vor:

"In dem Versäumnisurteil ist der Partei zu eröffnen, in welcher Form und Frist ihr der Einspruch zusteht. ..."[271]

§ 38 II GewGG wurde auf Antrag der VI. Kommission zur Beratung des Gesetzentwurfs in das Gesetz aufgenommen,[272] wobei die Kommission als Begründung für diesen Antrag auf Bestimmungen des preußischen Verwaltungsstreitverfahrens und das Reichsgesetz über die Alters- und Invalidenversicherung verwies: Diese würden entsprechende Normen enthalten. So sei insbesondere im Hinblick auf die Verkürzung der Einspruchsfrist im Säumnisverfahren des Gewerbegerichtsgesetzes auf drei Tage eine Belehrung notwendig sei.[273]

In § 49 I GewGG, der grundsätzlich den Inhalt eines Urteils regelte, fand sich hingegen keine Rechtsmittelbelehrungspflicht. Die amtliche Begründung und Mugdan verweisen jedoch ausdrücklich darauf, daß § 49 GewGG im Wesentlichen der Vorschrift über den Inhalt des Urteils in der Zivilprozeßordnung von 1877 entspräche.[274] Diese Norm enthielt jedoch keine Rechtsmittelbelehrungspflicht. Daher muß man daraus schließen, daß deshalb auch in § 49 GewGG keine solche Pflicht existierte.

Daneben bestand über § 49 GewGG hinaus die Möglichkeit, daß durch Ortsstatute andere obligatorische Bestandteile eines Urteils bestimmt werden konnten.[275] Diese voneinander divergierenden Ortsstatuten waren möglich, da die Errichtung von Gewerbegerichten grundsätzlich im Ermessen der Gemeinde

---

271 RGBl 1890, S. 141 ff., 150.

272 RT Drs. 1890, 8. Leg. Per., 1. Session Nr. 5; auch RT Drs. 1890, 8. Leg. Per., 1. Session Nr. 102, S. 19; RT Stenografische Berichte, 1890, 8. Leg. Per., 1. Session, 23. Sitzung, S. 480.

273 Bericht vom 9. Juni 1890: RT Drs. 1890, 8. Leg. Per., 1. Session Nr. 51, S. 24 f..

274 RT Drs. 1890, 8. Leg. Per., 1. Session, Nr. 5, S. 32; Mugdan, GewGG, § 49 Anm. 1.

275 Mugdan, GewGG, § 49 Anm. 3.

stand und nicht eine Angelegenheit des Bundes war.[276] Das Ortstatut für die Stadt Berlin vom 2. November 1892 sah in seinem § 57 OrtStBln, der inhaltlich dem § 49 GewGG entsprach, einen weitergehenden Zusatz vor: An den Wortlaut des § 49 GewGG wurde angefügt:

"Das Urtheil muß die Belehrung enthalten, daß bei Werthgegenständen über 100 Mark die Berufung an das Landgericht I Berlin zulässig sei, sowie die Belehrung über die einzuhaltenden Fristen und Förmlichkeiten. Diese Belehrung ist bei der Publikation des Urtheils außerdem mündlich zu verkünden."[277]

Das am 6. Juli 1904 in Kraft getretene Kaufmannsgerichtsgesetz[278] enthielt eine Verweisungsnorm auf die Gewerbegerichtsordnung. Aufgrund der in § 16 KaufmannsGG vorgeschriebenen Anwendung der §§ 29 - 61 GewGG für das Verfahren vor den Kaufmannsgerichten, wurde in diesen Verfahren ebenfalls § 38 GewGG mit seiner Belehrungspflicht bei Versäumnisurteilen verwendet. Eine weitergehende Belehrung galt nicht.

b. Sozialversicherungsrecht

Eine weitere Grundlage hatte die Rechtsmittelbelehrungsvorschrift im Arbeitsgerichtsgesetz in den Sozialversicherungsgesetzen des ausgehenden 19. Jahrhunderts, also in der Reichsversicherungsordnung und ihren Vorgänger-Kodifikationen. Als Begründung für die Heranziehung dieser Normen wurde angeführt, daß es sich bei diesen Verfahren ebenfalls um Verfahren ohne Anwaltszwang handelte und sich die Rechtsmittelbelehrung dort bereits bewährt habe.[279]

Als Vorläufer-Normen für die Rechtsmittelbelehrungspflicht der Reichsversicherungsordnung sind etwa § 62 IV des Unfallversicherungsgesetzes (UnfallversG) vom 6. Juli 1884, § 77 II des Invaliditäts- und Altersversicherungsgesetzes (Invaliditäts- und AltersversG) vom 22. Juni 1889 und § 76 IV des Gewerbe-Unfallversicherungsgesetzes (Gewerbe-UnfallverG) vom 30. Juni 1900 zu nennen, die Regelungen enthielten, die vorschrieben, daß der jeweilige ablehnende Versicherungsbescheid einen Hinweis auf das Rechtsmittel der Berufung, insbesondere deren Frist und das zuständige Schiedsgericht beinhalten mußte:

---

276 Vgl. auch Graf, Das ArbGG von 1926, S. 43.
277 Mugdan, GewGG, Anhang, S. 187.
278 RGBl 1904. 266.
279 Regierungsentwurf (1925) § 9 III Anm. S. 108; Flatow/Joachim, Das Arbeitsgerichtsgesetz, § 9 Anm. 12; Gerig, Das Arbeitsgerichtsgesetz vom 23. Dez. 1926, § 9 Anm. 2; auch Lieb/Gift, Arbeitsgerichtsgesetz in der vom 1. Mai 1934 geltenden Fassung, § 9 Anm. 10; Siefart, Arbeitsgerichtsgesetz vom 23. Dez. 1926, § 9 Anm. 3.

§ 62 IV UnfallverG: *"Der Bescheid muß die Bezeichnung der für die Berufung zuständigen Stelle beziehungsweise des Vorsitzenden des Schiedsgerichts, sowie die Belehrung über die einzuhaltenden Fristen enthalten."*[280]

§ 77 II Invaliditäts- und AltersversG: *"Der Bescheid muß die Bezeichnung der Berufungsfrist und des für die Berufung zuständigen Schiedsgerichts, sowie Namen und Wohnort des Vorsitzenden des letzteren enthalten. Die Berufung ist bei Vermeidung des Ausschlusses binnen vier Wochen nach der Zustellung des Bescheides bei dem Vorsitzenden des Schiedsgerichts einzulegen."*[281]

§ 76 IV Gewerbe-UnfallversG: *"Der Bescheid muß die Bezeichnung des für die Berufung zuständigen Schiedsgerichts sowie die Belehrung über die einzuhaltende Frist enthalten."*[282]

Die Motive zu § 77 II Invaliditäts- und AltersversG und zu § 76 IV Gewerbe-UnfallversG lassen keine Begründungen für die Einführung einer Rechtsmittelbelehrungspflicht finden. Es folgte lediglich ein Verweis auf § 62 UnfallversG.[283]

Für die Normierung des § 62 UnfallversG gab ein in den Gesetzgebungsprotokollen namentlich nicht benanntes Mitglied der Kommission zur Vorberatung des Gesetzentwurfs den Anstoß. Er wies darauf hin, daß ein Bedürfnis bestünde, "die zur Berufung Berechtigten darüber zu belehren, auf welchem Wege und unter welchen Bedingungen die weitere Verfolgung ihrer Ansprüche geschehen könne".[284] Eine Begründung hat das Kommissionsmitglied für dieses "Bedürfnis" nicht genannt.

Die Reichsversicherungsordnung (RVO) vom 19. Juli 1911 enthielt ebenfalls in ihrem sechsten Buch über das Verfahren in Sozialversicherungsangelegenheiten mit den §§ 1590, 1692 RVO Vorschriften, die eine Rechtsmittelbelehrung zum Inhalt hatten:

§ 1590 RVO: *"Der Bescheid muß den Vermerk enthalten, daß er rechtskräftig wird, wenn der Berechtigte nicht rechtzeitig Einspruch erhebt; in dem Bescheid ist die Einspruchsfrist anzugeben und auf die Berechtigungen nach den §§ 1592, 1595, 1596 hinzuweisen."*

§ 1692 RVO: *"Steht es fest, daß das Urteil mit der Revision oder dem Rekurse nicht angegriffen werden kann (§§ 1695, 1696, 1700), so vermerkt der Vorsitzende der Spruchkammer unter Hinweis auf die gesetzlichen Vorschriften am Schlusse des Urteils, daß hiergegen kein Rechtsmittel mehr zulässig ist.*

280 RGBl 1884, 69 ff., 94 f..
281 RGBl 1889, 97 ff., 121.
282 RGBl 1990, 573 ff., 614.
283 RT Drs. 1888/89 Nr. 10, S. 114 (zu § 65).
284 RT Drs. 1884, 5. Leg. Per., 4. Session, Nr. 115, Bericht S. 44 zu § 62.

Wird eine Vorentscheidung erlassen (§ 1679 in Verbindung mit § 1657), so geht der Vermerk dahin, daß nur ein Antrag auf mündliche Verhandlung vor der Spruchkammer zulässig ist; die Frist hierfür ist zu bezeichnen."[285]

Der § 1590 RVO bezieht sich auf das Verfahren der Feststellung von Entschädigungsansprüchen durch die Versicherungsträger, während § 1692 RVO das Verfahren in der Berufungsinstanz vor den Spruchkammern zum Inhalt hat.

Eine § 1692 RVO entsprechende Rechtsmittelbelehrungspflicht war schon in den Entwürfen zur Reichsversicherungsordnung enthalten, so in § 1649 RVO-Entwurf.[286] Er sollte das überlastete Reichtsversicherungsamt entlasten, indem die Zahl der unzulässigen Revisionen eingeschränkt werden sollte.[287]

§ 1590 basierte auf § 1568 III RVO-Entwurf.[288] Dieser wurde aufgrund eines Schutzaspekts eingeführt: Die Versicherten würden aufgrund der Rechtsmittelbelehrung keinem Irrtum über das zulässige Rechtsmittel unterliegen. Zwar seien die Formen der Rechtsmittelmöglichkeiten im vorgeschlagenen Verfahren aufgrund der Verschiedenartigkeit des Instanzenzuges bei vorläufiger Rente und Dauerrente kompliziert. Durch die obligatorische Rechtsmittelbelehrung würde einem wenig geschäftsgewandten Versicherten aber geholfen werden, das zulässige Rechtsmittel zu erkennen und einzulegen.[289]

Zusammenfassend läßt sich sagen, daß die Vorläufer-Kodifizierungen des Arbeitsgerichtsgesetzes auf zwei Gedanken beruhen: zum einen auf einer Verfahrenserleichterung für die Behörden, da durch die Rechtsmittelbelehrung unzulässige Rechtsmittel vermieden werden konnten, und zum anderen auf der Hilfestellung für unkundige Versicherungsnehmer in einem unübersichtlichen Verfahren.

---

285 RGBl 1911, S. 509 ff., 802, 819.

286 "Steht es fest, daß das Urteil mit der Revision nicht angegriffen werden kann (§§ 1652, 1655), so vermerkt der Vorsitzende der Spruchkammer unter Hinweis auf die gesetzlichen Vorschriften am Schluß des Urteils, daß es endgültig ist."; RT Drs.1909/10, 12. Leg. Per., 2. Session, Nr. 340, S. 271 des Entwurfs.

287 Vgl. Bericht der 16. Kommission, RT Drs. 1909/11, 12. Leg. Per., 2. Session, Nr. 946, S. 2, 5 ff. zum 6. Teil; RT Drs. 1909/10, 12. Leg. Per., 2. Session, Nr. 340, S. 476, 503 der Begründung.

288 Dieser lautete in seinem Absatz III:
"Der Bescheid muß den Vermerk enthalten, daß er endgültig wird, wenn der Berechtigte nicht rechtzeitig Einspruch erhebt; in dem Bescheid ist die Einspruchsfrist anzugeben und auf die Berchtigung nach den §§ 1572, 1572 a hinzuweisen.";
Bericht der 16. Kommission, RT Drs. 1909/11, 12. Leg. Per., 2. Session, Nr. 946, S. 86 ff., 108 f. zum 6. Teil.

289 Bericht der 16. Kommission, RT Drs. 1909/11, 12. Leg. Per., 2. Session, Nr. 946, S. 99 f. zum 6. Teil.

2. Das Arbeitsgerichtsgesetz von 1926

Die Arbeiten zum Arbeitsgerichtsgesetz vom 23. Dezember 1926 (ArbGG 1926) waren die ersten, die nach den Gewerbe- und Kaufmannsgerichten eine eigenständige und umfassende Arbeitsgerichtsbarkeit als Teil der ordentlichen Gerichtsbarkeit einführten.[290]

In § 9 V ArbGG fand sich eine Pflicht zu einer Rechtsmittelbelehrung:

"Auf den zur Zustellung an die Parteien bestimmten Ausfertigungen der Urteile und der das Beschlußverfahren beendenden Beschlüsse soll vermerkt werden, ob gegen die Entscheidung ein Rechtsmittel zulässig ist und bei welcher Behörde, in welcher Form und binnen welcher Frist es einzulegen ist."[291]

Nachdem das Arbeitsgerichtsgesetz keine Vertretungspflicht der Parteien durch einen Rechtsanwalt vor den Arbeitsgerichten für den ersten Rechtszugs vorsah,[292] sollte den juristisch nicht gebildeten Prozeßparteien durch die Rechtsmittelbelehrung geholfen werden: Ihnen sollte die Möglichkeit gegeben werden, selbst - ohne anwaltliche Vertretung - zu ihrem Recht zu kommen, indem sie entscheiden konnten, ob gegen das Urteil des Gerichts ein Rechtsmittel gegeben war.[293] Die Rechtsmittelbelehrungspflicht galt nach dem Wortlaut des Gesetzes und in der Praxis allerdings für alle Instanzen und damit auch bei anwaltlicher Vertretung.[294] Die Rechtsmittelbelehrung des Gerichts mußte jedoch - im Gegensatz zum heutigen Recht - nicht Bestandteil der Entscheidung sein, sondern es genügte, wenn die Rechtsmittelbelehrung von der Geschäftsstelle des Gerichts auf die Urteilsausfertigung für die Parteien gesetzt wurde.[295] Vom

---

290 Vgl. auch zur Entwicklung: Graf, Das ArbGG 1926, 1993 S. 139 ff.

291 RGBl 1926, S. 507 ff., 508;
Im Regierungsentwurf stand die Rechtsmittelbelehrung noch in Absatz II des § 9 ArbGG. Durch weitere allgemeine Verfahrensregeln, die zuvor eingefügt wurden, wurde sie zu Absatz IV..

292 Vgl. Fassbinder, Das Arbeitsgerichtsgesetz in systematischer Darstellung, S. 63 m.w.N. zum Streit um die Vertretung im arbeitsgerichtlichen Prozeß.

293 Regierungsentwurf eines ArbGG (1925) § 9 III Anm. S. 108;
Aufhäuser/Nörpel, Arbeitsgerichtsgesetz, § 9; Baumbach, Arbeitsgerichtsgesetz vom 23. Dez. 1926,
§ 9 Anm. 11; Boesche/Dittmar, Kommentar zum Arbeitsgerichtsgesetz, § 9 Anm. 11; Dersch/ Volkmar, Arbeitsgerichtsgesetz, § 9 Anm. 10; Flatow/Joachim, Das Arbeitsgerichtsgesetz, § 9 Anm. 12; Gerig, Das Arbeitsgerichtsgesetz vom 23. Dez. 1926, § 9 Anm. 2; Goldschmidt, Arbeitsgerichtsgesetz, § 9 Anm. 9; Siefart, Arbeitsgerichtsgesetz vom 23. Dez. 1926, § 9 Anm. 3.

294 Baumbach, Arbeitsgerichtsgesetz vom 23. Dez. 1926, § 9 Anm. 11; Schmincke/Sell, Kommentar zum Arbeitsgerichtsgesetz, § 9 Anm. 10.

295 Baumbach, Arbeitsgerichtsgesetz vom 23. Dez. 1926, § 9 Anm. 11.

preußischen Justizministerium wurden dazu Vordrucke für die im Urteilsverfahren üblichen Belehrungen herausgeben.[296]

Das wichtigste Merkmal des § 9 V ArbGG 1926 war jedoch sein Charakter lediglich als Soll-Vorschrift. Die Rechtmittelbelehrung war zwar eine Amtspflicht des Gerichts, deren Nichtbeachtung auch zu einer Rüge oder einer sonstigen Konsequenz im Dienstaufsichtswege führen konnte, aber keine prozessualen Folgen für das laufende Verfahren hatte.[297] Aus Gründen der Rechtssicherheit blieb die Zustellung des Urteils wirksam.

3. Das Arbeitsgerichtsgesetz von 1953

Nachdem die Novellierung des Arbeitsgerichtsgesetzes von 1934 die Rechtsmittelbelehrungspflicht in § 9 V ArbGG unberührt gelassen hatte, entstand durch das neue Arbeitsgerichtsgesetz vom 1. Oktober 1953[298] eine Neuregelung der Rechtsmittelbelehrungspflichten in § 9 IV, V ArbGG:

"(4) Auf den zur Zustellung an die Parteien bestimmten Ausfertigungen der Urteile und der das Verfahren beendenden Beschlüsse im Beschlußverfahren ist zu vermerken, ob gegen die Entscheidung ein Rechtsmittel zulässig und bei welchem Gericht, in welcher Form und binnen welcher Frist es einzulegen ist.

(5) Die Frist für ein Rechtsmittel beginnt nur zu laufen, wenn die Partei nach Absatz 4 belehrt worden ist. Nach Ablauf eines Jahres, von dem Tage der Zustellung der Entscheidung an gerechnet, kann das Rechtsmittel nicht mehr eingelegt werden."[299]

Der Grund für die Änderungen des Wortlautes liegt darin, daß neben den alten arbeitsgerichtlichen Regelungen auch die in § 21 BVerwGG vom 23. September 1952 geregelte Rechtsmittelbelehrung als Vorbild herangezogen wurde.[300]

---

296 Preuß. Ministerialblatt 1927 S. 213 (Zit. nach Backhaus Anhang 7); Regensburger, Der Vorsitzende im arbeitsgerichtlichen Verfahren, S. 42.

297 Aufhäuser/Nörpel, Arbeitsgerichtsgesetz, § 9; Baumbach, Arbeitsgerichtsgesetz vom 23. Dez. 1926,
§ 9 Anm. 11; Boesche/Dittmar, Kommentar zum Arbeitsgerichtsgesetz, § 9 Anm. 11; Dersch/ Volkmar, Arbeitsgerichtsgesetz, § 9 Anm. 10; Flatow/Joachim, Das Arbeitsgerichtsgesetz, § 9 Anm. 12; Prütting in Germelmann/Matthes/Prütting, ArbGG, § 9 Rdnr. 18.

298 BGBl 1953 I S. 1267 ff.; vgl. zur Entstehung: Germelmann/Matthes/Prütting, ArbGG, Geschichte Rdnr. 20.

299 BGBl 1953 I S. 1267, 1269.

300 BVerwGG verkündet in BGBl 1952 I S. 625; Dersch-Volkmar, ArbGG, 6. Auflage, § 9 Rdnr. 14.

Die wesentliche Neuerung des § 9 ArbGG 1953 stellte dessen Absatz 5 dar. In ihm wurden erstmals die Folgen einer unrichtigen oder unterbliebenen Belehrung umfassend geregelt. § 9 IV ArbGG 1953 war nicht mehr eine sanktionslose Soll-Vorschrift wie § 9 IV ArbGG 1926, sondern entwickelte sich aufgrund der normierten Rechtsfolge zu einer Muß-Vorschrift.[301]

4. Das Arbeitsgerichtsgesetz von 1979

Die heutige Vorschift des § 9 V ArbGG wurde durch die Novelle vom 23. Mai 1979 eingeführt.[302] Die Ursache für die umfassende Neuregelung des Arbeitsgerichtsgesetzes war die Vereinfachungsnovelle für die Zivilprozeßordnung 1976. Durch diese Änderungen der Zivilprozeßordnung war der Gesetzgeber gezwungen auch das Arbeitsgerichtsgesetz zu reformieren, da dieses auf die Vorschriften der Zivilprozeßordnung verweist.[303]

Nach dem neuen - heue noch geltenden Recht - muß die Rechtsmittelbelehrung Bestandteil der Entscheidung sein und darf nicht etwa durch die Übergabe eines Merkblattes - wie dies nach § 9 IV S. 1 ArbGG 1953 noch möglich war - erfolgen.[304] Außerdem regelt der Wortlaut des § 9 V S. 1 ArbGG nun eindeutig, daß alle gerichtlichen "Entscheidungen" eine Belehrung enthalten müssen. Er ist damit weiter gefaßt als § 9 IV ArbGG 1953, der lediglich von "Urteilen" und "das Verfahren beendenden Beschlüssen im Beschlußverfahren" sprach, wobei allerdings die Praxis diese Norm auch schon für verfahrensbeendende Beschlüsse außerhalb des Beschlußverfahrens angewendet hatte. [305] Eine weitere wichtige Änderung liegt darin, daß in § 9 V S. 4 ArbGG - aufgrund einer Anpassung der Norm an § 58 II VwGO, § 55 II FGO und § 66 II SGG - in Ausnahmefällen die Einlegung eines Rechtsmittels auch noch nach Ablauf der Jahresfrist für möglich erachtet wird.[306]

---

301 BT Drs 1/3516 S. 3 und Anlage 2 dazu; BT Drs 1/4372; Dersch-Volkmar, ArbGG, a.a.O..

302 BGBl I S. 545; vgl. Prütting in Germelmann/Matthes/Prütting, ArbGG, Geschichte Rdnr. 22 Anm. 2 vgl. zur Entstehungsgeschichte: BT Drs 8/2535 S. 8.

303 Vgl. zur Beschleunigungsnovelle des ArbGG auch: Philippsen/Schmidt/Schäfer/Busch, NJW 1979, 1330.

304 Wlotzke/Schwedes/Lorenz, Das neue Arbeitsgerichtsgesetz 1979, § 9 Rdnr. 11.

305 Grunsky, ArbGG, § 9 Rdnr. 22; Wlotzke/Schwedes/Lorenz, Das neue Arbeitsgerichtsgesetz 1979, § 9 Rdnr. 7.

306 Vgl. BT Drs 8/ 2535 S. 8; Wlotzke/Schwedes/Lorenz, Das neue Arbeitsgerichtsgesetz 1979, § 9 Rdnr. 17.

II. Gegenwärtige Rechtslage

1. Belehrungsobjekt

§ 9 V ArbGG sieht eine Rechtsmittelbelehrung vor, wobei die Abgrenzung, ob eine Rechtsmittelbelehrung notwendig ist, anhand der gegen die gerichtliche Entscheidung zustehenden Rechtsmittel oder Rechtsbehelfe erfolgt. So soll nach § 9 V ArbGG eine Belehrung über befristete Rechtsmittel erfolgen (§ 9 V 1 ArbGG), aber auch eine Belehrung darüber, daß keine befristeten Rechtsmittel möglich sind (§ 9 V 2 ArbGG).[307]

Nach dem Wortlaut des § 9 V ArbGG muß im arbeitsgerichtlichen Verfahren vom Gericht nur über "Rechtsmittel" belehrt werden, nicht jedoch auch über "Rechtsbehelfe". An der Richtigkeit dieser engen Auslegung könnte man aber zweifeln, wenn man den Zweck der Rechtsmittelbelehrung im Arbeitsgerichtsgesetz betrachtet. Die unterlegene Partei soll vor der Gefahr geschützt werden, aus Unkenntnis über die Formen und Fristen, einen befristeten Rechtsbehelf zu verlieren.[308] Wieser ist daher der Ansicht, das Charakteristikum des Devolutiveffekts, also die funktionale Zuständigkeit des instanziell höheren Gerichts, welcher vor allem ein Rechtsmittel im engen Sinn von einem Rechtsbehelf unterscheidet, rechtfertige keine Ungleichbehandlung. Die Gefahr des Rechtsbehelfsverlustes sei bei Rechtsmitteln nicht größer als bei Rechtsbehelfen allgemein. Insofern solle die Belehrungspflicht aus § 9 V ArbGG weit ausgelegt werden und auch für befristete Rechtsbehelfe gelten.[309] Gegen diese Argumentation ist aber einzuwenden, daß der Grund für diese enge Auslegung des Begriffs "Rechtsmittel" als "Rechtsmittel im technischen Sinn" in der Gesetzessystematik zu sehen ist. Der Gesetzgeber hat bei nötigen Belehrungen über Rechtsbehelfe dies im Gesetz bei den betreffenden Norm ausdrücklich geregelt (etwa § 59 S. 3 ArbGG). Diese Tatsache läßt den Rückschluß zu, daß mit der Belehrung in § 9 V ArbGG lediglich die eigentlichen Rechtsmittel im Wortsinn gemeint sind.[310]

Die Vorgehensweise gegen eine gerichtliche Entscheidung über die vom Arbeitsgericht zu belehren ist, muß somit den charakteristischen Kriterien für Rechtsmittel entsprechen. Sie muß sowohl einen Suspensiveffekt haben, also die

307 Von der Behrens, Das Urteilsverfahren in: Die Arbeitsgerichtsbarkeit, S. 339; Prütting in Germelmann/ Matthes/ Prütting, ArbGG, § 9 Rdnr. 19.

308 Wieser, Arbeitsgerichtsverfahren, Rdnr. 196.

309 Wieser, Arbeitsgerichtsverfahren, a. a. O..

310 BAG AP § 72 a ArbGG 1979 Nr. 5; LAG Nürnberg LAGE § 59 ArbGG Nr. 1; auch Grunsky, ArbGG, § 9 Rdnr. 24 a; Prütting in Germelmann/ Matthes/Prütting, ArbGG, § 9 Rdnr. 21.

Rechtskraft der Entscheidung hemmen, als auch einen Devolutiveffekt besitzen, so daß die höhere Instanz über die Sache zu entscheiden hat.[311]

Nach § 9 V ArbGG muß daher über folgende befristete Rechtsmittel mit Suspensiv- und Devolutiveffekt belehrt werden:
- über die Berufung (§§ 64 ff. ArbGG)
- über die Revision (§§ 72 ff. ArbGG)
- über die Revisionsbeschwerde (§ 77 ArbGG i.V.m. § 519 b II ZPO)
- über die sofortige Beschwerde (§ 78 ArbGG i.V.m. § 577 ZPO)
- über die Beschwerde nach § 87 ArbGG
- über die Rechtsbeschwerde (§§ 92 ff. ArbGG)[312]

Außerdem erfolgt nach herrschender Meinung noch eine Belehrung über die Sprungrevision nach § 76 ArbGG und die Sprungrechtsbeschwerde nach § 96 a ArbGG. Beides sind Rechtsmittel im engen Sinn, so daß eine Belehrung nach § 9 V ArbGG nötig ist.[313]

Über Rechtsbehelfe wird hingegen nach § 9 V ArbGG nicht belehrt, wie etwa über den Einspruch gegen ein Versäumnisurteil (§ 59 S. 1 ArbGG). Die in diesen Fällen vom Gesetzgeber trotzdem auch als sinnvoll angesehene Belehrung ergibt sich vielmehr aus § 59 S. 3 ArbGG und nicht direkt aus § 9 V ArbGG.[314] Gemäß § 59 S. 3 ArbGG ist die in Säumnis geratene Partei mit der Zustellung des Versäumnisurteils schriftlich auf die Möglichkeit des Einspruchs dagegen hinzuweisen. Ob in diesen Fällen von einer analogen Anwendung des § 9 V ArbGG hinsichtlich des Inhalts, der Form und auch der Rechtsfolgen der Belehrung auszugehen ist, ist umstritten.[315] Die befürwortende Meinung führt dazu an, daß § 59 S. 3 ArbGG keine Sanktionen für eine unterbliebene oder falsche Belehrung aufweise, und daß deshalb nur über eine Analogie ein genügender Schutz der Parteien gewährleistet sei. Dieser Schutz sei aber mit § 59 S. 3 ArbGG bezweckt, so daß eine Analogie nötig sei. Dagegen ließe sich jedoch argumentieren, daß der Gesetzgeber im Wortlaut des § 59 S. 3 ArbGG ganz bewußt auf einen Verweis auf § 9 V ArbGG verzichtet hat, obwohl ihm dieser möglich gewesen wäre. Somit wollte er gerade nicht eine Analogie zu § 9 V ArbGG.

---

311 Prütting in Germelmann/Matthes/Prütting, ArbGG, § 9 Rdnr. 22.

312 Vgl. auch Prütting in Germelmann/Matthes/Prütting, ArbGG, § 9 Rdnr. 27.

313 Prütting in Germelmann/Matthes/Prütting, ArbGG, § 9 Rdnr. 28; Wlotzke/Schwedes/Lorenz, Das neue Arbeitsgerichtsgesetz 1979, § 9 Rdnr. 9; a. A. Bader in GK-ArbGG, ArbGG, § 9 Anm. 6c.

314 Prütting in Germelmann/Matthes/Prütting, ArbGG, § 9 Rdnr. 24.

315 Bejahend: Prütting in Germelmann/Matthes/Prütting, ArbGG, § 9 Rdnr. 24; verneinend: LAG Nürnberg LAGE § 59 ArbGG Nr. 1.

Umstritten ist außerdem die Belehrungspflicht über die sogenannte Nichtzulassungsbeschwerde, also die Beschwerde darüber, daß die Revision als Rechtsmittel nicht zugelassen worden ist (§ 72 a ArbGG) oder die Rechtsbeschwerde nicht zugelassen wird (§ 92 a ArbGG). Einige Ansichten in Rechtssprechung und Literatur verneinen bei der Nichtzulassungsbeschwerde den Devolutiveffekt, da keine sachliche und inhaltliche Nachprüfung stattfinde, und belehren dementsprechend nicht über diesen Rechtsbehelf.[316] Andere Meinungen gehen dagegen von einer Belehrungspflicht aus, da die Nichtzulassungsbeschwerde einen Devolutiveffekt habe.[317]

Problematisch könnte darüber hinaus eine Belehrung über die Anschlußberufung und die Anschlußrevision ein, da deren Rechtsmittelcharakter umstritten ist.[318] Allerdings ist eine Rechtsmittelbelehrung nach allen Ansichten nicht erforderlich: Lehnt man den Rechtsmittelcharakter dieser Rechtsinstitute ab, so scheitert eine Belehrungspflicht hieran. Aber auch bei Bejahung des Rechtsmittelcharakters ist keine Belehrung nötig. Wenn es sich um ein selbständiges Anschlußrechtsmittel handelt, findet eine Belehrung ohnehin schon nach den allgemeinen Grundsätzen statt. Liegt dagegen die Möglichkeit eines unselbständigen Anschlußrechtsbehelfs vor, so kann zum Zeitpunkt des Urteilserlasses über dieses noch gar nicht belehrt werden, da die Einlegung des "Haupt"-Rechtsmittels noch gar nicht sicher ist.[319]

2. Zugrundeliegende gerichtliche Entscheidung

Die Rechtsmittelbelehrung nach § 9 V ArbGG gilt für das Urteilsverfahren, aber auch für das Beschlußverfahren.[320] Dabei erfolgt sie über die Verweisungsvorschrift des § 46 a ArbGG sowohl bei Endurteilen nach § 300 ZPO, als auch bei

---

316 BAG AP § 72 a ArbGG 1979 Nr. 5; Gift/Baur, Das Urteilsverfahren, I Rdnr 41; Prütting in Germelmann/Matthes/Prütting, ArbGG, § 9 Rdnr. 25; auch Stahlhacke in Stahlhacke/Bader, ArbGG,
§ 9 Rdnr. 7; Schaub, Formularsammlung, § 108 III 5 a und § 103 III 3 b.

317 Bader in GK-ArbGG, § 9 Anm. 6 b; Frohner, BB 1980, 1164; Grunsky, ArbGG, § 72 a Rdnr. 2; Leipold, Anm. zu BAG AP § 72 a ArbGG 1979 Nr. 5; Rohlfing/Rewolle/Bader, ArbGG, § 9 Rdnr. 6 d; Wieser, Arbeitsgerichtsverfahren, Rdnr. 378.

318 für einen Charakter als Rechtsmittel: BAG AP § 9 ArbGG 1979 Nr. 16; BAG NJW 1976, 2143; BGHZ 24, 279 (285); Fenn, Die Anschlußbeschwerde im Zivilprozeß, S. 76; Prütting in Germelmann/Matthes/Prütting, ArbGG, § 9 Rdnr. 29;
gegen einen Charakter als Rechtsmittel: Rosenberg/Schwab/Gottwald, Zivilprozeßrecht, § 138 I 3, S. 831.

319 Vgl. Prütting in Germelmann/Matthes/Prütting, ArbGG, a.a.O..

320 Dütz, RdA 1980, 83; Prütting in Germelmann/Matthes/Prütting, ArbGG, § 9 Rdnr. 17.

Teilurteilen nach § 301 ZPO. Auch bei Urteilen, die Endurteilen gleichgestellt sind, existiert eine Belehrungspflicht, also bei Vorbehaltsurteilen gemäß 302 III ZPO, bei Zwischenurteilen über den Grund nach § 304 II ZPO und bei Zwischenurteilen nach § 280 II ZPO.[321]

Ob auch bei Zwischenurteilen nach § 303 ZPO und bei Zwischenurteilen über den Grund gemäß § 61 III ZPO auch eine Belehrung erfolgen muß, ist strittig. Während die eine Ansicht[322] eine Belehrung in diesen Fällen ablehnt, da diese Urteile auch nicht selbständig anfechtbar seien, geht die andere Ansicht[323] von einer Belehrungspflicht aus. In diesen Fällen soll ebenfalls eine Belehrung erfolgen, und zwar darüber, daß gegen diese Entscheidung kein Rechtsmittel gegeben sei, sondern daß sie nur zusammen mit dem Endurteil angegriffen werden könne.

Die Rechtsmittelbelehrung aus § 9 V ArbGG ist nicht bloß auf ein Urteil oder einen sonstigen instanzbeendenden Beschluß beschränkt, sondern gilt für alle Entscheidungen des Gerichts, also auch im Zwangsvollstreckungsverfahren.[324]

3. Adressat der Rechtsmittelbelehrung

Die Adressaten der Rechtsmittelbelehrung sind vor allem die Parteien des Rechtsstreits, und zwar die unterliegende Partei, da nur sie ein Interesse daran hat, ein neues Verfahren in der Rechtsmittelinstanz anzusteben. Gemäß § 9 V ArbGG ist aber auch der "Beteiligte" zu belehren. Hierunter sind diejenigen Personen zu verstehen, die zwar nicht "Partei" im Rechtsstreit sind, die aber die Entscheidung trotzdem anfechten können, da sie von ihr betroffen sind.[325] Dies sind beispielsweise Zeugen oder Sachverständige in den Fällen der §§ 387 III, 390 ZPO.[326] Eine Belehrungspflicht entfällt jedoch gegenüber denjenigen Parteien oder Beteiligten, denen ohnehin kein Rechtsmittel zusteht, etwa aufgrund fehlender Beschwer oder auch wegen vorheriger Erklärung eines Rechtsmittelverzichts.[327]

---

321 Prütting in Germelmann/Matthes/Prütting, ArbGG, § 9 Rdnr. 33, auch Stahlhacke in Stahlhacke/ Bader, ArbGG, § 9 Rdnr. 6.

322 Grunsky, ArbGG, § 9 Rdnr. 21.

323 Prütting in Germelmann/Matthes/Prütting, ArbGG, § 9 Rdnr. 34.

324 Dersch-Volkmar, ArbGG, 6. Auflage, § 9 Rdnr. 14; Dietz in Dietz/Nikisch, ArbGG (1954), § 9 Rdnr. 36; Dütz, RdA 1980, 83; Grunsky, ArbGG, § 9 Rdnr. 20; Stahlhacke in Stahlhacke/Bader, ArbGG, § 9 Rdnr. 4.

325 Grunsky, ArbGG, § 9 Rdnr. 23; Rohlfing/Rewolle/Bader, ArbGG, § 9 Bem. 6 g.

326 Dietz in Dietz/Nikisch, ArbGG (1954), § 9 Rdnr. 36; Grunsky, ArbGG, a.a.O..

327 Grunsky, ArbGG, a.a.O..

Die Rechtsmittelbelehrung muß nach § 9 V ArbGG konkret und auf den Einzelfall bezogen erfolgen,[328] also darüber, ob im konkreten Einzelfall die vom Gericht getroffene Entscheidung mit einem Rechtsmittel angefochten werden kann. Wenn dies der Fall ist, hat eine Belehrung darüber zu erfolgen, welches Rechtsmittel möglich ist,[329] welches das dafür zuständige Gericht ist und in welcher konkreten Form und Frist das Rechtsmittel einzulegen ist.[330]

Zweck der Rechtsmittelbelehrung ist es, die rechtssuchende, rechtlich unkundige Partei in die Lage zu versetzen, selbst zu erkennen, ob ein und welches Rechtsmittel gegen die Entscheidung möglich ist. Diese Kenntnis der Parteien läßt sich nur durch eine konkrete Belehrung erreichen und gerade nicht durch eine abstrakt erteilte Rechtsmittelbelehrung.[331] Stahlhacke vertritt hierbei allerdings die Ansicht, daß eine abstrakte Belehrung ausreiche, da eine konkrete Belehrung nicht möglich sei, weil das Gericht nicht wisse, welche Anträge die Rechtsmittelkläger stellen werden und sich deshalb nur pauschal nach der Beschwer richten könne.[332] Diese Ansicht verkennt jedoch, daß es auf den größtmöglichen Schutz für die Prozeßpartei ankommt und dieser nur durch eine umfassende Information gewährleistet werden kann. Eine konkrete Belehrung erfüllt diese Voraussetzungen besser als eine abstrakte Belehrung.

Von der Rechtsprechung und der Literatur unterschiedlich behandelt wird die Frage, ob auf einen Begründungszwang oder auf Begründungsfristen für ein Rechtsmittel hinzuweisen ist. Während das Bundesarbeitsgericht aufgrund der fehlenden Erwähnung einer Begründungspflicht im Wortlaut des § 9 V ArbGG davon ausgeht, daß sich die Belehrung nur auf die Form, die Frist und das zuständige Gericht beziehe,[333] ist die Literatur zum Teil der Ansicht, daß auch über einen Begründungszwang und die dazugehörige Frist belehrt werden müsse: § 9

328 Hauck, ArbGG, § 9 Rdnr. 17; Prütting in Germelmann/ Matthes/Prütting, ArbGG, § 9 Rdnr. 37; Schaub in Erfurter Kommentar, ArbGG, § 9 Rdnr. 35.

329 LAG Berlin EzA § 64 ArbGG 1979 Nr. 1; LAG Berlin EzA § 64 ArbGG 1979 Nr. 5; Grunsky, ArbGG, § 9 Rdnr. 27; Schaub, Formularsammlung, § 103 III 3 c.

330 BAG AP § 9 ArbGG 1979 Nr. 16; auch Grunsky, ArbGG, § 9 Rdnr. 25; Schaub in Erfurter Kommentar, ArbGG, § 9 Rdnr. 35.

331 BAG AP § 9 ArbGG 1979 Nr. 2; BAG AP § 9 ArbGG 1979 Nr. 16; vgl auch BAG AP § 518 ZPO Nr. 24; auch: Ascheid, Urteils- und Beschlußverfahren im Arbeitsrecht, Rdnr. 1065; Prütting in Germelmann/Matthes/Prütting, ArbGG, § 9 Rdnr. 38; a.A. vgl. auch Stahlhacke in Stahlhacke/Bader, ArbGG, § 9 Rdnr. 12.

332 Stahlhacke, Anmerkung zu LAG Berlin vom 7. 1. 1980, EzA § 64 Nr. 1; Stahlhacke in Stahlhacke/ Bader, ArbGG, § 9 Rdnr. 12.

333 BAG AP § 9 ArbGG 1953 Nr. 1;BAG AP § 9 ArbGG 1953 Nr. 12; BAG AP § 519 ZPO Nr. 6; auch Grunsky, ArbGG, § 9 Rdnr. 26; Stahlhacke in Stahlhacke/Bader, ArbGG, § 9 Rdnr. 8.

V ArbGG spreche nur neutral von "Belehrung über das Rechtsmittel", und auch dieser Punkt gehöre zu einer umfassenden Belehrung. [334] Dennoch wird auch in der Literatur gesehen, daß eine fehlende Belehrung über das Begründungerfordernis die Partei nicht in ihren Rechten beschränkt, ein Rechtsmittel überhaupt *einzulegen.*[335]

Desweiteren muß nach dem Wortlaut des § 9 V ArbGG über die Form der Rechtsmitteleinlegung, also über das Schriftformerfordernis bei der Einlegung des Rechtsmittels belehrt werden und auch über den Vertretungszwang gemäß § 11 II ArbGG vor dem Landgericht oder dem Bundesarbeitsgericht.[336] Hier muß in Hinblick auf § 11 II ArbGG ganz konkret darüber belehrt werden, welche Personen zur Einlegung eines Rechtsmittels befugt sind. Nach Grunsky[337] muß aber die Partei darauf hingewiesen werden, daß eine Vertreteung durch einen Verbandsvertreter nur möglich ist, wenn die Partei Mitglied in diesem Verband ist. In diesen Fällen besteht für die Partei ein Unterschied in ihrem Handel aufgrund des Hinweises. Selbst wenn sie es wollte, könnte sich die Partei nicht von einem Verbandsvertreter vertreten lassen, wenn sie nicht Mitglied in diesem Verband ist. Um das Risiko eines möglichen Zeitverlustes durch eine Konsultation einer unzuständigen Stelle für die Partei möglichst gering zu halten, muß über das Mitgliedschaftserfordernis bei der Vertretung durch einen Verband hingewiesen werden.

Außerdem muß die Rechtsmittelbelehrung auch die vollständige Postanschrift des Rechtsmittelgerichts enthalten.[338]

5. Form der Rechtsmittelbelehrung

Die Rechtsmittelbelehrung im arbeitsgerichtlichen Verfahren muß ein Bestandteil der Gerichtsentscheidung sein, die Rechtsmittelbelehrung muß von der Unterschrift des Richters abgeschlossen werden.[339] Eine andere Ansicht vertritt hier

334 Dütz, RdA 1980, 84.

335 Grunsky, ArbGG, § 9 Rdnr.25; auch Hauck, ArbGG, § 9 Rdnr. 17; auch Heither/Schönherr, ArbGG,
§ 9 Nr. 8; Prütting in Germelmann/Matthes/Prütting, ArbGG, § 9 Rdnr. 43.

336 BAG AP § 9 ArbGG 1979 Nr. 2; Grunsky, ArbGG, § 9 Rdnr. 25.

337 Grunsky, Anmerkung zu BAG, vom 29. 4. 1983, AP § 9 ArbGG 1979 Nr. 2; auch Stahlhacke in Stahlhacke/Bader, ArbGG, § 9 Rdnr. 9.

338 BAG AP § 9 ArbGG 1979 Nr. 1; Hauck, ArbGG, § 9 Rdnr. 17.

339 Auch: BAG AP § 9 ArbGG 1979 Nr. 10; LAG Frankfurt a. M. NZA 1993, 816; Hauck, ArbGG, § 9 Rdnr. 16; Prütting in Germelmann/Matthes/Prütting, ArbGG, § 9 Rdnr. 36; Schaub in Erfurter Kommentar, ArbGG, § 9 Rdnr. 34; Stahlhacke in Stahlhacke/Bader, ArbGG, § 9 Rdnr. 5; Wlotzke/Schwedes/ Lorenz, Das neue Arbeitsgerichtsgesetz 1979, § 9 Rdnr. 11.

Wieser. Er stellt dabei auf den Informationszweck der Rechtsmittelbelehrung ab. Dieser Zweck, die unwissende Partei über ihre Vorgehensmöglichkeiten zu informieren, würde auch dann erfüllt werden, wenn die Rechtsmittelbelehrung nicht vom Richter unterschrieben würde. Ein Unterschriftserfordernis sei daher "sinnlose Förmelei".[340] Gegen diese Ansicht ist einzuwenden, daß das Erfordernis der Unterschrift die Rechtsmittelbelehrung in ihrer Wirkung unterstützt und sichert. Durch die Unterschrift wird dokumentiert, daß der Aussteller, hier also der Richter, die Verantwortung für den darüber stehenden Text übernimmt.[341] Darüber hinaus schließt eine Unterschrift einen Text räumlich und zeitlich ab.[342] Daher beginnt erst mit der Unterschrift unter der Rechtsmittelbelehrung die Rechtsmittelfrist zu laufen.[343] Damit ist aber auch ein bloßer Hinweis auf eine auf der Rückseite oder der nachfolgenden Seite stehende Rechtsmittelbelehrung nicht ausreichend für das Formerfordernis des § 9 V ArbGG.[344]

Die Belehrung muß vom zuständigen Gericht in vollständig ausformulierter Form erteilt werden. Eine stichwortartige Ausführung genügt nicht.[345]

6. Rechtsfolgen einer fehlenden oder fehlerhaften Rechtsmittelbelehrung

Eine Rechtsmittelbelehrung erfüllt ihren Informationszweck für die unkundigen Parteien jedoch nur, wenn sie mit richtigem Inhalt erfolgt ist. Ist die Belehrung hingegen unterblieben oder unrichtig, so muß man in beiden Fällen davon ausgehen, daß die Prozeßparteien grundsätzlich nicht in der Lage sind, ein Rechtsmittel ordnungsgemäß einzulegen. In beiden Fällen sind daher weitergehende Schutzmechanismen nötig, um den unwissenden Parteien zu helfen.

Gemäß § 9 V 3 ArbGG beginnt die Frist zur Rechtsmitteleinlegung nur dann zu laufen, wenn die Partei ordnungsgemäß über das Rechtsmittel und das Rechtsmittelgericht belehrt worden ist.[346] Wenn jedoch die Rechtsmittelbelehrung unterblieben oder fehlerhaft ist, so kann das Rechtsmittel nicht etwa unbefristet eingelegt werden. In diesen Fällen greift § 9 V 4 ArbGG ein. Die Einlegung des Rechtsmittels ist grundsätzlich innerhalb eines Jahres seit der Zustellung der gerichtlichen Entscheidung zulässig.

340 Wieser, Arbeitsgerichtsverfahren, Rdnr. 195.
341 BAG EzA § 9 ArbGG 1979 Nr. 7; BGH NJW 1991, 487.
342 BAG EzA § 9 ArbGG 1979 Nr. 7.
343 BAG AP § 9 ArbGG 1979 Nr. 1; BAG NZA 1984, 98.
344 BAG AP § 9 ArbGG 1979 Nr. 10;
a.A. im Ergebnis: Heither/Schönherr, ArbGG, § 9 Anm. 2, die jedoch zu einem Urteil von 1954 erfolgte und nicht nach der Gesetzesänderung von 1979.
345 LAG Hamm EzA § 9 ArbGG 1979 Nr. 3; Grunsky, ArbGG, § 9 Rdnr. 27.
346 Von der Behrens in: Die Arbeitsgerichtsbarkeit, S. 339; Grunsky, ArbGG, § 9 Rdnr. 28; auch Prütting in Germelmann/Matthes/Prütting, ArbGG, § 9 Rdnr. 46; Schaub in Erfurter Kommentar, ArbGG, § 9 Rdnr. 36.

Davon gibt es jedoch zwei Ausnahmen: Zum einen kann ein Rechtsmittel auch dann noch nach der Jahresfrist eingelegt werden, wenn dies vor Fristablauf aufgrund höherer Gewalt unmöglich war (§ 234 I, II und § 236 II ZPO analog). Dann muß das Rechtsmittel zwei Wochen nach Behebung des Hindernisses eingelegt werden. Umstritten ist, ob dafür ein Antrag auf Wiedereinsetzung in den vorigen Stand nötig ist. Eine Ansicht vertritt, daß ein Antrag auf Wiedereinsetzung in den vorigen Stand wegen des Wortlauts des § 9 V ArbGG nicht nötig sei, da ein Rechtsmittel danach prinzipiell zulässig sei.[347] Diese Ansicht kann jedoch den Verweis auf die Paragraphen der Zivilprozeßordnung nicht hinreichend erklären, insbesondere, da in § 234 I ZPO von einem Antrag die Rede ist und ebenso auch in § 236 ZPO. Insofern erscheint es aufgrund des Verweises in § 9 V S. 4 ArbGG und des Wortlauts der §§ 234, 236 ZPO angebracht, auch im arbeitsrechtlichen Verfahren einen Wiedereinsetzungsantrag zu fordern.[348]

Falls eine Partei eine verspätete Rechtsmitteleinlegung aufgrund des Merkmals "höhere Gewalt" geltend machen möchte, so muß sie die dafür sprechenden Tatsachen darlegen und gemäß § 236 II 1 ZPO glaubhaft machen.[349]

Die Jahresfrist gilt zum anderen nicht, wenn eine falsche Belehrung dahingehend erteilt worden ist, daß die Entscheidung nicht anfechtbar sei, obwohl tatsächlich ein Rechtsmittel gegeben ist. Hier stellt sich das Problem, daß das Rechtsmittel unbefristet einlegbar ist, da die Rechtsmittelfrist aufgrund der fehlerhaften Belehrung nicht zu laufen beginnt. Eine Wiedereinsetzung in den vorigen Stand ist hier nicht nötig, da eine Einlegung des Rechtsmittels noch möglich ist. Allerdings kann in extremen Fällen eine Einschränkung der Rechtsmittelmöglichkeit über das Rechtsinstitut der Verwirkung gegeben sein.[350]

Wenn eine Rechtsmittelbelehrung unterblieben ist, die Entscheidung selbst von Anfang an aber unanfechtbar ist, hat die fehlende Belehrung keine Auswirkungen.[351]

Unproblematisch sind nach herrschender Meinung auch die Folgen einer fehlerhaften Rechtsmittelbelehrung dahingehend, daß ein - in Wahrheit nicht gegebenes - Rechtsmittel zulässig sei. Dieser Fehler führt nicht zu einer Anfecht-

347 Dütz, RdA 1980, 85; Prütting in Germelmann/Matthes/Prütting, ArbGG, § 9 Rdnr 52.

348 Grunsky, ArbGG, § 9 Rdnr. 33; auch Stahlhacke in Stahlhacke/Bader, ArbGG, § 9 Rdnr. 15.

349 Prütting in Germelmann/Matthes/Prütting, ArbGG, § 9 Rdnr. 53.

350 Grunsky, ArbGG, § 9 Rdnr. 34; Dütz, RdA 1980, 85.

351 Prütting in Germelmann/Matthes/Prütting, ArbGG, § 9 Rdnr. 54.

barkeit der gerichtlichen Entscheidung,[352] da eine falsche Rechtsmittelbelehrung auch nicht zu einer Ersetzung der in §§ 64 II, 72 ArbGG notwendigen Zulassung führt. In der falschen Belehrung selbst kann nicht die Zulassung des Rechtsmittels gesehen werden.[353]

Problematisch sind die Fälle, in denen die Zustellung der gesamten Entscheidung unterblieben ist. Da die Jahresfrist nach § 9 V 4 ArbGG an die Zustellung der Entscheidung geknüpft ist, so kann sie in diesen Fällen nicht zu laufen beginnen. Hier greifen jedoch die §§ 516, 552 ZPO ein, wonach bei gänzlich unterbliebener Zustellung die Rechtsmittelfrist fünf Monate ab Verkündung der Entscheidung zu laufen beginnt.

Die Rechtsprechung und Literatur wenden beide Fristen-Normen (§ 9 V ArbGG, §§ 516, 552 ZPO) kumulativ an, so daß durch die Addition eine Rechtsmittelfrist von maximal 17 Monaten vorliegt.[354] Begründen läßt sich diese kumulative Anwendung mit dem Wortlaut des § 9 V 4 ArbGG. Danach ist für die Anwendung des § 9 V ArbGG die Zustellung einer Entscheidung erforderlich. Diese ist aber gerade in den hier behandelten Fällen nicht geschehen, so daß auf die Zustellungsfiktion "fünf Monate nach Verkündung der Entscheidung" aus den §§ 516, 552 ZPO zurückgegriffen werden muß.[355]

Ein anderes Problem stellen falsche Entscheidungen dar, bei denen eine ihrer Art nach falsche Entscheidung getroffen wurde und eine andere Art von Entscheidung richtig gewesen wäre. Dies ist dann der Fall, wenn das Gericht in Beschlußform anstelle des Urteils entscheidet oder umgekehrt. In diesen Fällen gilt das Prinzip der Meistbegünstigung: die Partei kann wählen, ob sie das zulässige Rechtsmittel gegen die ergangene falsche Entscheidung einlegt oder das ordnungsgemäße Rechtsmittel gegen die Entscheidung, die eigentlich hätte ergehen müssen.[356] Bei den Fristen für die Einlegung des Rechtsmittels muß dann diffe-

---

352 BAG AP § 566 ZPO Nr. 3 mit zustimmender Anm. Walchshöfer; BAG NZA 1987, 358; LAG Berlin EzA § 64 ArbGG 1979 Nr. 5; LAG Hamm NZA 1989, 154; auch Wlotzke/Schwedes/Lorenz, Das neue Arbeitsgerichtsgesetz 1979, § 9 Rdnr. 16.

353 BAG AP § 9 ArbGG 1953 Nr. 3; BAG AP § 64 ArbGG 1979 Nr. 4; auch BAG NZA 1988, 553.

354 BAG EzA § 9 ArbGG 1979 Nr. 12; BAG AP § 9 ArbGG 1953 Nr. 14 mit Anm. von Zeuner; BAG AP § 9 ArbGG 1979 Nr. 3; BAG NJW 1995, 2508; BAG NJW 1997, 343; LAG München BB 1987, 412; von der Behrens in: Die Arbeitsgerichtsbarkeit S. 339; Grunsky, ArbGG, § 9 Rdnr. 32; Hauck, ArbGG, § 9 Rdnr. 23; Kappes, NZA 1991, 664; Kort, SAE 1998, 72 f.; Stahlhacke in Stahlhacke/Bader, ArbGG, § 9 Rdnr. 14.

355 BAG NJW 1995, 2508 f..

356 Dersch-Volkmar, ArbGG, 6. Auflage, § 9 Rdnr. 14; Hauck, ArbGG, § 9 Rdnr. 22; Prütting in Germelmann/Matthes/Prütting, ArbGG, § 9 Rdnr. 59; auch Rosenberg/Schwab/Gottwald, Zivilprozeßrecht, § 135 II 3, S. 807.

renziert werden. Bei einer richtigen Rechtsmittelbelehrung für die inkorrekte Entscheidung wird für diese Rechtsmittel die Frist des § 9 V 3 ArbGG in Gang gesetzt, nicht aber die Jahresfrist. Da über das gegen die richtige Entscheidung gegebene Rechtsmittel nicht belehrt wurde, gilt hier die Jahresfrist des § 9 V 4 ArbGG.

In den Fällen, in denen durch die unterbliebene oder fehlerhafte Rechtsmittelbelehrung Kosten für die Einlegung eines erfolglosen Rechtsmittels entstanden sind, so dürfen diese nicht erhoben werden. Es ist dann eine unrichtige Sachbehandlung im Sinne des § 8 GKG gegeben.[357]

7. Heilung von Belehrungsfehlern

§ 9 V ArbGG trifft keine Normierungen zu einer Berichtigung oder Nachholung von Rechtsmittelbelehrungen. Allerdings erscheint die Gewährung einer Berichtigungsmöglichkeit im Hinblick auf einen effektiven Rechtsschutz und aus Gründen der Verfahrensbeschleunigung als geboten. Es kann der obsiegenden Partei nicht zugemutet werden, eine Wartezeit und damit eine Schwebezeit der Entscheidung von einem Jahr abzuwarten, nur weil ein Fehler bei der Rechtsmittelbelehrung nicht behoben werden darf, obwohl er erkannt ist.[358]

Die Heilung erfolgt dabei nach § 319 ZPO, da die Belehrung Bestandteil des Urteils ist.[359] Der Berichtigungsbeschluß des Gerichts muß zugestellt werden, so daß dann bei richtiger Belehrung die Rechtsmittelfrist zu laufen beginnt.

Gegen den Berichtigungsbeschluß ist die Beschwerde nach § 78 I ArbGG in Verbindung mit den §§ 567 ff. ZPO möglich.[360]

B. Die Rechtsmittelbelehrungspflicht in der Strafprozeßordnung

Auch in § 35 a StPO findet sich eine Rechtsmittelbelehrungspflicht:

"Bei der Bekanntmachung einer Entscheidung, die durch ein befristetes Rechtsmittel angefochten werden kann, ist der Betroffene über die Möglichkeiten der Anfechtung und die dafür vorgeschriebenen Fristen und Formen zu beleh-

---

357 BAG vom 15. 12. 1986, DB 1987, 1204; Hauck, ArbGG, § 9 Rdnr. 21; Prütting in Germelmann/ Matthes/Prütting, ArbGG, § 9 Rdnr. 57.

358 Im Ergebnis auch Grunsky, ArbGG, § 9 Rdnr. 30; Prütting in Germelmann/ Matthes/Prütting, ArbGG, § 9 Rdnr. 62.

359 Grunsky, ArbGG, § 9 Rdnr. 30; Hauck, ArbGG, § 9 Rdnr. 20; Stahlhacke in Stahlhacke/Bader, ArbGG, § 9 Rdnr. 16.

360 Prütting in Germelmann/Matthes/Prütting, ArbGG, § 9 Rdnr. 64 f..

ren. Ist gegen ein Urteil Berufung zulässig, so ist der Angeklagte auch über die Rechtsfolgen des § 40 Abs. 3 und der §§ 329, 330 zu belehren."[361]

I. Geschichtliche Entwicklung

1. Die Strafprozeßordnung von 1926

Bereits in der Strafprozeßordnung von 1926 existierte eine Vorschrift zu einer Rechtsmittelbelehrung, nämlich in § 268 IV StPO 1926:

"Ist der Angeklagte bei der Verkündung anwesend und ist gegen das Urteil ein Rechtsmittel zulässig, so soll er über die Einlegung des Rechtsmittels belehrt werden."[362]

Der § 268 IV StPO 1926 wurde durch ein Gesetz vom 27. Dezember 1926 in die Strafprozeßordnung der alten Fassung eingefügt, also in demselben Jahr, in dem auch das Arbeitsgerichtsgesetz mit § 9 IV ArbGG 1926 eine Rechtsmittelbelehrungspflicht normierte.[363] § 268 StPO war - wie § 9 IV ArbGG 1926 - in Form einer Soll-Vorschrift normiert. Ein Unterlassen der Rechtsmittelbelehrung hatte auch hier keine weiterreichenden Folgen.[364]

2. Die Strafprozeßordnung von 1953

Mit dem 3. Strafrechtänderungsgesetz vom 4. August 1953 wurde der § 35 a StPO neu eingefügt und § 268 IV StPO 1926 aufgehoben, da nun die Rechtsmittelbelehrung umfassend auf der Grundlage des § 35 a StPO erfolgen sollte.[365]

---

361 Daneben findet sich in § 115 IV StPO eine Spezialvorschrift hinsichtlich einer Belehrung eines Beschuldigten anläßlich einer Vorführung vor den zuständigen Richter: "Wird die Haft aufrechterhalten, so ist der Beschuldigte über das Recht der Beschwerde und die anderen Rechtsbehelfe (§ 117 Abs. 1, 2, § 118 Abs. 1, 2) zu belehren."
§ 171 S. 2 StPO enthält eine Spezialbelehrung der Staatsanwaltschaft, in den Fällen, in denen sie einen Antrag auf Erhebung einer öffentlichen Klage ablehnt: "In dem Bescheid ist der Antragsteller, der zugleich der Verletzte ist, über die Möglichkeit der Anfechtung und die defür vorgesehenen Frist (§ 172 Abs. 1) zu belehren."
Beide Normen betreffen jedoch nicht eine allgemeine, für alle Entscheidungen des Gerichts nötige Rechtsmittelbelehrung, sondern nur Spezialfälle oder nur eine Belehrung der Staatsanwaltschaft..

362 RGBl I S. 529, 531.

363 Dallinger, StPO und GVG, § 268 Rdnr. 3.

364 Vgl. auch KMR (3. Aufl.), § 35 a Anm. 1; Lange, NJW 1953, 1165; Schwarz, StPO (18. Aufl.), § 35 a Anm 1a.

365 BGBl I, S. 735; KMR (3. Aufl.), a.a.O.; Schmidt, Lehrkommentar, StPO, § 35 a Rdnr. 1; auch Schrader, NStZ 1987, 448; Schulz, Strafprozeßordnung, § 35 a.

Der Grund für diese neue Normierung war in rechtsstaatlichen Gesichtspunkten zu sehen. Durch die jetzt obligatorische Belehrungspflicht[366] sollte die rechtlich unkundige Partei vor Nachteilen geschützt werden. Da dem Beteiligten oftmals die genau vorgeschriebenen Formen und Fristen für die Einlegung eines Rechtsmittels unbekannt waren, kam es immer wieder zu einer Fristversäumung, die dann erhebliche negative Folgen für den Betroffenen - gerade in einem so sensiblen Bereich wie dem Strafprozeß - haben konnte.[367] Dem Betroffenen sollte durch die Neuregelung der Amtspflicht zur Rechtsmittelbelehrung als Muß-Vorschrift ein möglichst effektiver und umfassender Rechtsschutz gewährt werden.[368]

Ein Unterschied zur vorhergehenden Rechtsmittelbelehrung im Strafprozeßverfahren ist jetzt die Ausdehnung der Belehrungspflicht auf alle Entscheidungen, die mit einem befristeten Rechtsmittel angefochten werden können. Zuvor bestand nur die Rechtsmittelbelehrungspflicht bei Urteilen, wenn der Angeklagte anwesend war.[369] Nun war die Erteilung einer Rechtsmittelbelehrung nicht mehr an die Anwesenheit des Angeklagten bei Urteilsverkündung geknüpft, sondern hing allein von der Art der möglichen Rechtsmittel ab.[370]

3. Die Strafprozeßordnung von 1987

Am 27. Januar 1987 trat mit dem 3. Strafverfahrensänderungsgesetz (3. StVÄG)[371] eine weitere Neuerung in § 35 a StPO in Kraft.

Das 3. StVÄG 1987 war nötig geworden, um die Justiz zu entlasten.[372]

---

366 Costa, MDR 1953, 579; Dallinger, JZ 1953, 437 III 1; Friese, NJW 1954, 663.

367 BT Drs. 1/3713 S. 46; auch Costa, MDR 1953, 579; vgl. Friese, NJW 1954, 660; Hülle, JZ 1953, 629; auch Nüse, JZ 1953, 8; Schrader, NStZ 1987, 448; Warda, MDR 1957, 717.

368 BT Drs. 1/3713 S. 46; auch Maul in KK-StPO, § 35 a Rdnr. 15; vgl. hinsichtlich der Intention bei der VwGO: BVerfG MDR 1976, 603 f.

369 Vgl. Kohlhaas/Schmidt, StPO mit GVG, § 35 a; auch Schwarz, StPO (18. Aufl.), § 35 a Anm. 1.

370 Auch Dallinger, JZ 1953, 437.

371 BGBl I S. 475.

372 Beschluß der 57. Justizminister-Konferenz (17. 9. 1986) zu TOP 11 in DRiZ 1986, 459; auch DRiZ 1982, 468; DRiZ 1983, 446; Rieß/Hilger, NStZ 1987, 145; Wendisch in Löwe-Rosenberg, StPO (25. Aufl.), Einl. Abschnitt E Rdnr. 120 mit Hinweis auf Löwe-Rosenberg, StPO (24. Aufl.), Einl. Kap. 5 Rdnr. 129; Zur Entstehungsgeschichte: BT Drs. 10/1313; BT Drs. 10/6592; Beschluß der 52. Landesjustizminister-Konferenz zu TOP 4 in DRiZ 1981, 422; StV 1982, 325; Rieß/Hilger, NStZ 1987, 146; vgl. etwa auch Vorschläge zu gesetzlichen Maßnahmen zur Entlastung der Gerichte und Staatsanwaltschaften in der Strafgerichtsbarkeit, Teilabdruck StV 1982, 325; StV 1982, 392; StV 1982, 601; StV 1983, 45; StV1983, 136; StV 1983, 214; StV 1983, 260; auch DRiZ 1984, 65, 325.

Durch Art. 1 Nr. 3 StVÄG wurde der zweite Satz über die Pflicht zur Rechtsmittelbelehrung bei einer Berufungsmöglichkeit eingefügt, der eine Belehrung des Angeklagten auch über die Rechtsfolgen des § 40 III StPO und der §§ 329, 330 StPO vorsieht. Dadurch sollte die Möglichkeit einer öffentlichen Zustellung der Ladung zum Berufungsverfahren erleichtert werden.[373] Der Angeklagte muß über die Möglichkeit einer öffentlichen Zustellung gemäß § 40 III StPO belehrt werden. Wenn der Angeklagte dem Gericht seine neue Anschrift nicht mitteilt und so den Prozeßfortgang im Berufungsverfahren verhindert, kann eine öffentliche Ladung ergehen mit der Folge, daß es zu einer Verwerfung seiner Berufung nach § 329 I StPO kommen kann, falls er dann nicht zur Hauptverhandlung erscheint.[374]

II. Gegenwärtige Rechtslage

1. Belehrungsobjekt

Gemäß § 35 a S. 1 StPO ist der Betroffene einer Entscheidung über die "Möglichkeiten der Anfechtung" dieser Entscheidung und über die konkrete Ausformung dieser Anfechtungsmöglichkeit zu belehren. Dies gilt jedoch nur, soweit die Entscheidung mit einem "befristeten Rechtsmittel" angefochten werden kann.

Die Einstufung eines weiteren Vorgehens als Rechtsmittel wird - wie beim Arbeitsgerichtsgesetz - anhand des Devolutiv- und Suspensiveffekts festgestellt. Daher fallen unter den Begriff des "Rechtsmittels" die Berufung nach §§ 312 ff. StPO, die Revision nach §§ 333 ff. StPO und die sofortige Beschwerde (§ 311 StPO).[375] Alle Vorgehensweisen hemmen die Rechtskraft der strittigen Entscheidung und befassen ein höheres Gericht mit der Materie. Von einigen Ansichten wird auch die sofortige Beschwerde im Kostenfestsetzungsverfahren nach § 464 b S. 3 StPO in Verbindung mit § 104 III S. 5 ZPO als befristetes Rechtsmittel im Sinne des § 35 a StPO gezählt, da sie die Kriterien für "Rechtsmittel" erfülle.[376]

---

373 BT Drs 10/1313 S.12; Bericht der Abgeordneten Bachmeier und Eylmann, BT Drs 10/6592 S. 20.

374 Auch BT Drs 10/1313 S. 18 f.; vgl. Kleinknecht/Meyer-Goßner, StPO, § 35 a Rdnr. 16.

375 Vgl. auch Kirchner in AK-StPO, § 35 a Rdnr. 2; Kleinknecht/Meyer-Goßner, StPO, § 35 a Rdnr. 2; Lemke in HK-StPO, § 35 a Rdnr. 2; Pfeiffer, StPO, § 35 a Rdnr 1; Wendisch in Löwe-Rosenberg, StPO, § 35a Rdnr. 13

376 Kleinknecht/Meyer-Goßner, StPO, a.a.O.; Pfeiffer, StPO, a.a.O..

Kein Rechtsmittel ist der Antrag auf Wiedereinsetzung in den vorigen Stand (§ 44 StPO),[377] ebenso der Antrag auf Entscheidung des Rechtsmittelgerichts bei Verwerfung einer verspäteten Berufung (§ 319 II S. 1 StPO) oder Revision (§ 346 II S. 1 StPO), und der Einspruch gegen einen Strafbefehl (§ 410 I S. 1 StPO). Es fehlen entweder der Suspensiv- oder der Devolutiveffekt.

Allerdings wird in vielen dieser letztgenannten Fälle eine entsprechende Anwendung des § 35 a StPO und damit eine Belehrung auch in diesen Fällen im Gesetz vorgeschrieben (§ 235 S. 2, § 319 II 3, § 409 I 1 Nr. 7 StPO).[378] Unterstützt wird die analoge Anwendung durch die Richtlinie für das Straf- und Bußgeldverfahren Nr. 142 (RiStBV Nr. 142). Diese Richtlinien gelten seit dem 1. 1. 1977 und sind im Bund und den Ländern durch Verfügungen eingeführt.[379] In RiStBV Nr. 142 III S. 2 wird eine entsprechende Anwendung des § 35 a StPO in den Fällen der Wiedereinsetzung gegen Abwesenheitsurteile im Sinne der §§ 235 S. 2, 329 III, 412 StPO vorgeschrieben.

2. Zugrundeliegende gerichtliche Entscheidung

§ 35 a StPO sieht eine Rechtsmittelbelehrungspflicht nur bei solchen Entscheidungen vor, die mit einem befristeten Rechtsmittel anfechtbar sind.

Eine den Kriterien des § 35 a StPO entsprechende Entscheidung ist sicherlich das erstinstanzliche Urteil des Strafrichters oder der Schöffengerichte (§ 312 StPO), aber auch die erstinstanzlichen Urteile der Strafkammern, der Schwurgerichte (§ 333 StPO) und der Oberlandesgerichte (§ 120 I, II GVG) und die Berufungsurteile der Strafkammern (§ 74 II GVG, § 33 StPO).[380]

Problematisch erscheint jedoch eine Belehrungspflicht über Rechtsmittel bei freisprechenden Urteilen. Diese sind mit der sofortigen Beschwerde anfechtbar, wenn dem Angeklagten die ihm entstandenen Kosten und Auslagen auferlegt worden sind und nicht der Staatskasse (§ 467 I StPO, § 464 III StPO). Dies gilt jedoch nur bei der Rüge einer falschen Anwendung des § 467 II, III StPO. Aller-

---

377 OLG Bremen GA 1957, 87; auch: OLG Hamm VRS 63 (1982), 362 f.; Kleinknecht/Meyer-Goßner, StPO, a.a.O.; Nöldeke, NStZ 1991, 71; Schrader, NStZ 1987, 447; Wendisch in Löwe-Rosenberg, StPO, § 35 a Rdnr. 6.

378 Kleinknecht/Meyer-Goßner, StPO, § 35 a Rdnr. 2 f.; Lemke in HK-StPO, § 35 a Rdnr. 2; Maul in KK-StPO, § 35 a Rdnr. 4; Nöldeke, NStZ 1991, 70 f.; auch Paulus in KMR-StPO, § 35 a Rdnr. 6; auch Pfeiffer, StPO, § 35 a Rdnr. 1; auch Schrader, NStZ 1987, 447; Wendisch in Löwe-Rosenberg, StPO, a.a.O.;
a. A. hinsichtlich des Fehlens einer Belehrung über die Wiedereinsetzungsmöglichkeit: Heyland, JR 1977, 404 mit bloßem Veweis auf die Berliner Praxis.

379 Vgl. hinsichtlich der konkreten Verfügungen: Kleinknecht/Meyer-Goßner, StPO, Ordnungsnummer A 15.

380 Wendisch in Löwe-Rosenberg, StPO, § 35 a Rdnr. 3.

dings erscheint in diesen Fällen eine Rechtsmittelbelehrung auch nicht geboten. Der Betroffene hat ein für ihn im Ergebnis günstiges Urteil erhalten. Durch die ihm fehlerhaft auferlegten Kosten wird der Betroffene zwar in seinen Rechten beeinträchtigt, dies ist aber nicht so schwerwiegend wie ein verurteilender Urteilsspruch. Eine Belehrung ist daher entbehrlich. [381]

Außerdem ist eine Rechtsmittelbelehrung durch das Gericht bei Beschlüssen erforderlich, die mit einem befristeten Rechtsmittel anfechtbar sind, also in den Fällen, in denen das Gesetz ausdrücklich eine sofortige Beschwerde im Sinne des § 311 StPO gegen den Beschluß oder die Verfügung des Richters vorschreibt.[382]

3. Adressat der Rechtsmittelbelehrung

Gemäß § 35 a StPO ist der "Betroffene" über die Möglichkeiten einer Anfechtung der Entscheidung zu belehren. Unter den Begriff des "Betroffenen" fällt zum einen der in § 35 a S. 2 StPO explizit erwähnte Angeklagte, aber auch sonst jeder Verfahrensbeteiligte, den die Auswirkungen der Entscheidung des Gerichts treffen können. Als Betroffener muß die Person rechtlich in der Lage sein, gegen die Entscheidung ein befristetes Rechtsmittel einzulegen.[383] Somit kann auch der Nebenkläger durch das ergangene Urteil betroffen im Sinne des § 35 a StPO sein (vergleiche: §§ 400, 401 StPO).

Eine Rechtsmittelbelehrung muß für den Betroffenen immer erfolgen, auch dann, wenn er anwaltlich vertreten oder verteidigt ist und auch, wenn er selbst rechtskundig ist.[384] Allerdings kann die Rechtskenntnis der Partei einer Wiedereinsetzung in den vorigen Stand nach §§ 44, 65 StPO unter Umständen entge-

---

381 Maul in KK-StPO, § 35 a Rdnr. 3; Pfeiffer, StPO, § 35 a Rdnr. 1.

382 Wendisch in Löwe-Rosenberg, StPO, § 35 a Rdnr. 5;
Dies geschieht in folgenden Fällen: § 28 II 1, § 46 III, § 81 IV 1, § 111 g II 2, § 124 II 2, § 138 d VI,
§ 206 a II, § 206 b 2, § 210 II, § 225 a III 3 i. V. m. § 210 II, § 231 a III 3, § 270 III 2 i. V. m. § 210 II, § 322 II, § 372 1, § 379 a III 2, § 383 II 3, § 408 II 2 i. V. m. § 210 II, § 411 I 1, § 431 V 2, § 441 II,
§ 453 II 3, § 454 II 1, § 462 III, § 463 II i. V. m. § 453 II 3, § 463 III i. V. m. § 454 II 1, § 464 III 1 StPO, § 181 I GVG.

383 BayObLG NJW 1967, 122; Costa, MDR 1953, 579; Kirchner in AK-StPO, § 35 Rdnr. 2; auch Kleinknecht/Meyer-Goßner, StPO, § 35 a Rdnr. 4; Lemke in HK-StPO, § 35 a Rdnr. 3; Maul in KK-StPO, § 35 Rdnr. 3; auch Schmidt, Lehrkommentar, StPO, § 35 a Rdnr. 4.

384 Kirchner in AK-StPO, § 35 a Rdnr. 4; Kleinknecht/ Meyer-Goßner, StPO, a.a.O.; Lemke in HK-StPO, a.a.O.; Maul in KK-StPO, § 35 a Rdnr. 6; auch Schmidt, Lehrkommentar, StPO, § 35 a Rdnr. 3; Wendisch in Löwe-Rosenberg, StPO, § 35 a Rdnr. 7.

genstehen,[385] da es auf ein Nicht-Verschulden bei der Fristversäumung ankommt. Ein fehlendes Verschulden an der Fristversäumung kann für eine rechtskundige Partei aufgrund ihres Wissens oft schwer nachweisbar sein.

4. Inhalt der Rechtsmittelbelehrung

Die Belehrung über das Rechtsmittel muß klar, unmißverständlich und vollständig sein. Sie muß alle möglichen Rechtsmittel benennen und den Betroffenen über das jeweils zuständige Gericht informieren.[386]

Außerdem muß das Gericht die Frist für die Einlegung des Rechtsmittels dem Betroffenen darlegen. Die bloße Nennung einer Zeitspanne reicht nicht aus, sondern der Tag des Beginns oder des Endes der Frist muß dem Betroffenen mitgeteilt werden, damit dieser sich die konkrete Frist selbst ausrechnen kann. Zudem muß noch deutlich gemacht werden, daß binnen dieser Frist die Rechtsmittelerklärung bei Gericht eingegangen sein muß. Dies ist auch in Nr. 142 RiStBV so vorgesehen. Die konkrete Berechnung der Frist im Einzelfall ist dem Betroffenen selbst zu überlassen.[387] Weihrauch weist hierzu darauf hin, daß das Gebot des rechtlichen Gehörs aus Art. 103 I GG gebiete, die Belehrung für den Betroffenen verständlich zu machen. Der bloße Hinweis "binnen einer Woche nach Zustellung" könne dem Betroffenen nur schwerlich helfen, da er die juristischen Fachbegriffe nicht deuten könne.[388]

Weiter muß das Gericht über die Form der Einlegung des Rechtsmittels belehren. Dabei ist auf die Schriftform hinzuweisen und die vollständige Anschrift des Gerichts zu nennen. Auch daß das Rechtsmittel zu Protokoll der Geschäftsstelle erhoben werden kann, ist zu erwähnen.[389]

---

385 Wendisch in Löwe-Rosenberg, StPO, a.a.O.; auch Wendisch, Anm. zu OLG Düsseldorf in NStZ 1986, 234.

386 BGHSt 24, 15, 25; BayObLG VRS 50 (1976), 430; OLG Hamburg GA 1962, 218; BVerfG StV 1994, 113; Kleinknecht/Meyer-Goßner, StPO, § 35a Rdnr. 7; Maul in KK-StPO, § 35 a Rdnr. 9; Wendisch in Löwe-Rosenberg, StPO, § 35 a Rdnr. 13; a.A.: KG JR 1977, 81.

387 BGHSt 8, 106; BVerwG NJW 1970, 4840; BVerfGE 31, 388, 390; OLG Hamburg GA 1963, 348; Kirchner in AK-StPO, § 35 a Rdnr. 7; Kleinknecht/Meyer-Goßner, StPO, § 35 a Rdnr. 11; Maul in KK-StPO, a.a.O; Paulus in KMR-StPO, § 35 a Rdnr. 10; Wendisch in Löwe-Rosenberg, StPO, § 35 a Rdnr. 14.

388 Vgl. Hübner, Allgemeine Verfahrensgrundsätze, Fürsorgepflicht oder fair trial?, S. 130; Weihrauch, Anm. zu BVerfG vom 27. 7. 1971, NJW 1972, 243.

389 OLG Hamm NJW 1956, 1571, 1572; LG Münster VRS 71, 368; Maul in KK-StPO, a.a.O.; Wendisch in Löwe-Rosenberg, StPO, § 35 a Rdnr. 14, 18;
a.A. hinsichtlich der Nennung der Gerichtsanschrift: Kleinknecht/Meyer-Goßner, StPO, § 35 a Rdnr. 10; Warda, MDR 1957, 720 .

Im Falle des § 35 a S. 2 StPO muß der Angeklagte darüber hinaus über die Möglichkeiten und Probleme bei einer öffentlichen Zustellung belehrt werden.[390]

5. Form der Rechtsmittelbelehrung

Die Rechtsmittelbelehrung nach § 35 a StPO muß durch das Gericht erfolgen und nicht etwa durch die Staatsanwaltschaft.[391] Zuständig ist dabei das Gericht, das die Entscheidung erläßt.

Über die Art und Weise der Erteilung der Rechtsmittelbelehrung sind in § 35 a StPO keine Bestimmungen getroffen worden. Vielmehr ist § 35 a StPO durch die Verfahrensregelungen in der RiStBV Nr. 142 ergänzt worden.

Ist der Betroffenen bei der Bekanntgabe der Entscheidung anwesend, so erfolgt die Rechtsmittelbelehrung ihm gegenüber mündlich. Eine bloße schriftliche Belehrung genügt nicht.[392] Durch die Mündlichkeit besteht für den Betroffenen bei intellektuellen Verständnisproblemen schneller die Möglichkeit nachzufragen. Allerdings kann der vorsitzende Richter bei einer mündlichen Belehrung zu weiteren Einzelheiten auf ein Merkblatt verweisen, das dem Betroffenen ausgehändigt wird. Wird für das Gericht ersichtlich, daß der Betroffene die Belehrung nicht oder falsch verstanden hat, so muß es aufgrund einer ihm obliegenden allgemeinen Fürsorgepflicht die mündliche Belehrung durch einen schriftlichen Text wiederholen.[393]

Wenn der Betroffene ganz ohne rechtskundige Unterstützung ist, erscheint eine Ergänzung der mündlichen Belehrung durch ein Merkblatt stets angebracht, insbesondere, wenn es sich um schwierig zu durchschauende Rechtsmittel, wie etwa die Revision handelt.[394] Der Betroffene kann in diesen Fällen die nicht

---

390 Siehe oben: Teil 2, B I 3;
BT Drs. 10/1313, S. 18, r. Spalte, 2. Abs.; Kleinknecht/Meyer-Goßner, StPO, § 35 a Rdnr. 16, § 40 Rdnr. 5; Schäfer in Löwe-Rosenberg, StPO (24. Aufl.), Einl. Kap. 5 141; Wendisch in Löwe-Rosenberg, StPO, § 35 a Rdnr. 1, 15 f..

391 OLG Hamm NJW 1954, 812; Schmidt, Lehrkommentar, StPO, § 35 a Rdnr. 9; Wendisch in Löwe-Rosenberg, StPO, § 35 a Rdnr. 21.

392 Kleinknecht/Meyer-Goßner, StPO, § 35 a Rdnr. 7; Maul in KK-StPO, § 35 a Rdnr. 10; a.A. OLG Stuttgart MDR 1990, 74.

393 KG VRS 82, 194; OLG Koblenz VRS 53, 40; zum Problem auch OLG Neustadt GA 1956, 92; Hübner, Allgemeine Verfahrensgrundsätze, Fürsorgepflicht oder fair trial?, S. 139 f.; Hülle, JZ 1953, 629, 630; Maul in KK-StPO, § 35 a Rdnr. 11; Paulus in KMR-StPO, § 35 a Rdnr. 12; Wendisch in Löwe-Rosenberg, StPO, § 35 a Rdnr. 25.

394 KG VRS 82 (1992), 193, 194; auch OLG Hamm VRS 59 (1980), 347; OLG Köln OLGSt § 35 a StPO Nr. 1; OLG Stuttgart MDR 1990, 74; auch Maul in KK- StPO, a.a.O.; J. Meyer, ZStW 93 (1981), 505, 527; Warda, MDR 1957, 720; Wendisch in Löwe-Rosenberg, StPO, § 35 a Rdnr. 23.

leicht zu erfassende Materie in Ruhe nochmals durchgehen und sich notfalls Rat holen.

Wenn der Betroffene jedoch bei der Verkündung des Urteils nicht anwesend ist, so wird ihm die Entscheidung durch Zustellung bekanntgemacht. In diesen Fällen erfolgt die Rechtsmittelbelehrung schriftlich. Dabei kann sie sowohl in den Text der Entscheidung einbezogen werden, als auch als Merkblatt beigefügt werden.[395]

Da die Rechtsmittelbelehrung vor allem der Information des Betroffenen über seine Rechtsmittelmöglichkeiten dient, ist ein Verzicht auf eine Rechtsmittelbelehrung möglich. Dieser kann auch durch den Verteidiger erklärt werden, sofern dies von dessen Vollmacht umfaßt ist.[396]

6. Rechtsfolgen einer fehlenden oder fehlerhaften Rechtsmittelbelehrung

§ 35 a StPO regelt nicht die Folgen einer fehlenden oder fehlerhaften Rechtsmittelbelehrung durch das Gericht, was bereits kurz nach seiner Einführung auf Kritik stieß,[397] während andere allein die Normierung einer Rechtsmittelbelehrungspflicht schon als Fortschritt ansahen.[398]

Es gibt grundsätzlich zwei Möglichkeiten der Behandlung einer fehlenden Rechtsmittelbelehrung: Zum einen könnte der Beginn der Rechtsmittelfrist gehemmt werden[399], wie dies auch in den Parallelvorschriften des Arbeitsgerichtsgesetzes und der Verwaltungsgerichtsordnung der Fall ist. Allerdings handelt es sich bei dem Strafverfahren um ein Rechtsgebiet, in dem es auf eine Rechtssicherheit besonders ankommt. Eine Fristhemmung durch eine fehlende Rechtsmittelbelehrung würde der Natur einer strafrechtlichen Gerichtsentscheidung entgegenstehen: Eine strafrechtliche Maßnahme, die auf unbestimmte Zeit in einen Schwebezustand versetzt würde, widerspräche der Autorität des Staates, die insbesondere durch ein Strafurteil deutlich wird.[400]

---

395 Wendisch in Löwe-Rosenberg, StPO, § 35 a Rdnr. 24.

396 OLG Hamm NJW 1956, 1330; OLG Zweibrücken MDR 1978, 861; Maul in KK-StPO, § 35 a Rdnr. 13; Wendisch in Löwe-Rosenberg, StPO, § 35 a Rdnr. 20.

397 Friese, NJW 1954, 660, 663.

398 Röhl, NJW 1954, 1314.

399 OLG Neustadt GA 1955, 185, 187.

400 Vgl. hierzu Röhl, NJW 1954, 1315; z.T. kritisch zur Begründung: Warda, MDR 1957, 719, der davon ausgeht, daß auch bei den anderen Normen wie § 21 III BVerwGG, § 9 V ArbGG oder § 21 II 3 LwVG auch eine Fristhemmung beinhalten würden und zum Strafverfahren kein so gravierender Unterschied sei. Er ist der Ansicht, daß in allen Verfahren ein Schwebezustand nicht wünschenswert sei..

Daher hat nach überwiegender Meinung eine fehlenden Rechtsmittelbelehrung keine Auswirkung auf den Fristablauf und die Wirksamkeit der Entscheidung.[401] Sie hat aber Auswirkungen auf eine mögliche Wiedereinsetzung in den vorigen Stand nach § 44 S. 2 StPO. Sie begründet die unwiderlegbare Vermutung einer unverschuldeten Versäumung der Rechtsmittelfrist. Dadurch kann der Betroffene eine Wiedereinsetzung in den vorigen Stand beantragen.[402]

Allerdings kann der Betroffene sich nicht auf die Möglichkeit einer Wiedereinsetzung in den vorigen Stand berufen, wenn er trotz fehlender Rechtsmittelbelehrung die Rechtsmittelfrist gekannt hatte. Dann liegt seine Säumnis nicht an seiner Unkenntnis, die durch die fehlende Rechtsmittelbelehrung verursacht worden ist, sondern hat andere Gründe.

Genauso wie die unterlassene Belehrung wird die unvollständige Belehrung gehandhabt, wenn die Unvollständigkeit einen Punkt betrifft, der für die ordnungsgemäße Einlegung des Rechtsmittels wesentlich ist, etwa wenn die Form oder die Frist zur Rechtsmitteleinlegung nicht angegeben wurde.[403]

Problematisch sind die Fälle, bei denen dem Betroffenen eine ordnungsgemäße, richtige Rechtsmittelbelehrung mündlich erteilt wurde, ihm jedoch dann ein Merkblatt überreicht wurde, auf dem eine falsche Rechtsmittelbelehrung steht. In diesen Fällen kann man vermuten, daß der Betroffene davon ausgeht, daß er die an sich richtige mündliche Rechtsmittelbelehrung falsch verstanden habe und er mit der schriftlichen Rechtsmittelbelehrung die "richtige" Belehrung erhalten habe. Wenn sich der fehlerhafte Unterschied zwischen den Rechtsmittelbelehrungen hier auf einen wesentlichen Punkt bezieht, so ist die ganze

---

401 BGH GA 1980, 469; BGH NStZ 1984, 181; BayObLG St 1957, 157; auch BayObLG 1967, 68; OLG Bremen MDR 1977, 597 f.; OLG Düsseldorf VRS 78 (1990), 458, 460; dazu auch OLG Frankfurt NJW 1953, 1725; zum Ergebnis auch OLG Hamm NJW 1963, 1791; OLG Saarbrücken NJW 1964, 1633; Dallinger, MDR 1973, 557; Kirchner in AK-StPO, § 35 a Rdnr. 16; Kleinknecht/Meyer-Goßner, StPO, § 35 a Rdnr. 13; Maul in KK-StPO, § 35 a Rdnr. 15; Wendisch in Löwe-Rosenberg, StPO, § 35 a Rdnr. 28; auch Wendisch, Anmerkung zu OLG Düsseldorf in NStZ 1986, 234.

402 OLG Bremen MDR 1977, 597; LG Aachen AnwBl 1980, 34; Paulus in KMR-StPO, § 35 a Rdnr. 19; Wendisch in Löwe-Rosenberg, StPO, § 35 a Rdnr. 29

403 BayObLG St 1976, 19 f.; auch OLG Bremen MDR 1979, 517; OLG Hamburg GA 1962, 218; OLG Hamburg GA 1963, 348; OLG Neustadt GA 1956, 92, 94; LG Münster VRS 71, 368; Kirchner in AK-StPO, § 35 a Rdnr. 17; Kleinknecht/Meyer-Goßner, StPO, § 35 a Rdnr. 14; Maul in KK-StPO, § 35 a Rdnr. 16; auch Paulus in KMR-StPO, § 35 a Rdnr 17; Schmidt, Lehrkommentar, StPO, § 35 a Rdnr. 12, 14; Wendisch in Löwe-Rosenberg, StPO, § 35 a Rdnr. 30.

Rechtsmittelbelehrung als falsch anzusehen. Es liegt somit keine Belehrung vor, und es ist daher ein Fall der unterbliebenen Rechtsmittelbelehrung gegeben.[404]

Bei einer falschen Belehrung in unwesentlichen Punkten muß der Betroffene glaubhaft machen, daß gerade dieser Fehler zu einer unverschuldeten Versäumung der Frist seinerseits geführt hat.[405]

7. Heilung von Belehrungsfehlern

Umstritten ist, ob eine Heilung von Belehrungsfehlern bei § 35 a StPO möglich ist: Eine Ansicht geht von der Selbstverständlichkeit einer Heilung einer fehlerhaften oder fehlenden Rechtsmittelbelehrung durch Nachholung oder Vervollständigung aus.[406] Die Gegenansicht vertritt die Meinung, daß die Folgen der Fristversäumung nicht durch eine nochmalige Bekanntgabe der Entscheidung mit nachgeholter Rechtsmittelbelehrung beseitigt werden könnten. Ihrer Auffassung nach widerspräche dies dem § 44 S. 2 StPO, der in diesem Fall nur eine Wiedereinsetzung in den vorigen Stand vorsehe.[407]

C. Die Rechtsbehelfsbelehrungspflicht in den öffentlich-rechtlichen Verfahrensvorschriften

Auch in den öffentlich-rechtlichen Verfahrensvorschriften finden sich Pflichten zu einer Belehrung über Rechtsmittel und auch Rechtsbehelfe:

§ 58 VwGO

"(1) Die Frist für ein Rechtsmittel oder einen Rechtsbehelf beginnt nur zu laufen, wenn der Beteiligte über den Rechtsbehelf, die Verwaltungsbehörde oder das Gericht, bei denen der Rechtsbehelf anzubringen ist, den Sitz und die einzuhaltende Frist schriftlich belehrt worden ist.

(2) Ist die Belehrung unterblieben oder unrichtig erteilt, so ist die Einlegung des Rechtsbehelfs nur innerhalb eines Jahres seit Zustellung, Eröffnung oder Verkündung zulässig, außer wenn die Einlegung vor Ablauf der Jahresfrist infolge höherer Gewalt unmöglich war oder eine schriftliche Belehrung dahin er-

---

404 Vgl. auch BVerwG NJW 1979, 1670; OLG Hamm Rpfleger 1961, 80; OLG Saarbrücken NJW 1965, 1031; Kleinknecht/Meyer-Goßner, StPO, § 35 a Rdnr. 15; Wendisch in Löwe-Rosenberg, StPO, § 35 a Rdnr. 32.

405 Lemke in HK-StPO, § 35 a Rdnr. 11; Wendisch in Löwe-Rosenberg, StPO, § 35 a Rdnr. 33.

406 OLG Neustadt, GA 1955, 185, 187; Paulus in KMR, StPO, § 35 a Rdnr. 19.

407 OLG Saarbrücken, NJW 1964, 1633 f.; Wendisch in Löwe-Rosenberg, StPO, § 35 a Rdnr. 28.

folgt ist, daß ein Rechtsbehelf nicht gegeben sei. § 60 Abs. 2 gilt für den Fall höherer Gewalt entsprechend."

§ 66 SGG

"(1) Die Frist für ein Rechtsmittel oder einen anderen Rechtsbehelf beginnt nur zu laufen, wenn der Beteiligte über den Rechtsbehelf, die Verwaltungsstelle oder das Gericht, bei denen der Rechtsbehelf anzubringen ist, den Sitz und die einzuhaltende Frist schriftlich belehrt worden ist.

(2) Ist die Belehrung unterblieben oder unrichtig erteilt, so ist die Einlegung des Rechtsbehelfs nur innerhalb eines Jahres seit Zustellung, Eröffnung oder Verkündung zulässig, außer wenn die Einlegung vor Ablauf der Jahresfrist infolge höherer Gewalt unmöglich war oder eine schriftliche Belehrung dahin erfolgt ist, daß ein Rechtsbehelf nicht gegeben sei. § 67 Abs. 2 gilt für den Fall höherer Gewalt entsprechend."

§ 55 FGO

"(1) Ist im Falle der Anfechtungsklage der Verwaltungsakt schriftlich ergangen, so beginnt die Frist für die Erhebung der Klage nur, wenn der Berechtigte über die Klage und das Gericht oder die Behörde, bei denen sie anzubringen ist, deren Sitz und die einzuhaltende Frist schriftlich belehrt worden ist. Dies gilt für die Einlegung eines Rechtsmittels gegen eine gerichtliche Entscheidung sinngemäß.

(2) Ist die Belehrung unterblieben oder unrichtig erteilt, so ist die Einlegung des Rechtsbehelfs nur innerhalb eines Jahres seit Bekanntgabe im Sinne des § 54 Abs 1 zulässig, es sei denn, daß die Einlegung vor Ablauf der Jahresfrist infolge höherer Gewalt unmöglich war oder eine schriftliche Belehrung dahin erfolgt ist, daß ein Rechtsmittel nicht gegeben sei. § 56 Abs. 2 gilt für den Fall höherer Gewalt sinngemäß."

Die Besonderheit der Rechtsbehelfsbelehrungspflicht in diesen öffentlich-rechtlichen Vorschriften liegt darin, daß nicht nur das Gericht die Parteien über mögliche Rechtsmittel belehren muß, sondern auch die Verwaltungsbehörde. Diese muß die Betroffenen durch die Rechtsbehelfsbelehrung darüber zu informieren, ob ihnen ein Rechtsweg zu den Gerichten offen steht (vergleiche: Wortlaut des § 55 I FGO).

Da es sich bei diesen Normen um Bundesgesetze handelt, gelten sie im Verwaltungsverfahren direkt nur für Verwaltungsakte des Bundes, nicht jedoch für Verwaltungsakte der Länder. Die Verwaltungskodifizierung ist Aufgabe der Länder. Anders hingegen verhält es sich für die gerichtlichen Rechtsbehelfsbelehrungspflichten. Hier gelten diese Vorschriften auch auf Landesebene, da der

Bundesgesetzgeber insoweit von seiner konkurrierenden Gesetzgebungskompetenz des Art. 74 I Nr. 1 GG Gebrauch gemacht hat.

I. Geschichtliche Entwicklung

1. Vorläufer-Normierungen der heutigen Vorschriften

Die heutigen öffentlich-rechtlichen Verfahrensvorschriften basieren auf der Grundlage der nach 1945 entstandenen verwaltungsgerichtlichen Vorschriften. So stützen sie sich vor allem auf die in der amerikanischen Zone entstandenen weitgehend vereinheitlichten Verwaltungsgerichtsgesetze (süddeutsche Verwaltungsgerichtsgesetze) und auf die für die britische Zone geschaffenen Regelungen durch die Militärregierungsverordnungen Nr. 141 vom 1. April 1948 und Nr. 165 vom 15. September 1948.[408]

Regelungen zu Rechtsmittelbelehrungspflichten fanden sich in den jeweiligen § 32 der süddeutschen Verwaltungsgerichtsgesetze, die mit dem Wortlaut des heutigen § 58 I VwGO nahezu identisch sind,[409] dem § 35 der Militärregierungsverordnung Nr. 165 und außerdem in § 32 des Verwaltungsgerichtsgesetzes des neugebildeten Landes Rheinland-Pfalz vom 14. April 1950:

§ 32 Verwaltungsgerichtsgesetz Rh.-Pf. / § 35 Militärregierungsverordnung Nr. 165:

"Die Frist für ein Rechtsmittel oder einen sonstigen Rechtsbehelf beginnt nur dann zu laufen, wenn der Beteiligte über den Rechtsbehelf, die zuständige Behörde mit Angabe ihres Sitzes und die einzuhaltende Frist belehrt worden ist."

Einen Abschluß fand die Phase der Neuorganisation der Verwaltung und der Verwaltungsgerichtsbarkeit nach dem Zweiten Weltkrieg in dem Gesetz über das Bundesverwaltungsgericht vom 23. September 1952 (BVerwGG).[410] § 21 des Bundesverwaltungsgerichtsgesetzes enthielten ebenfalls Regelungen zur Rechtsbehelfsbelehrung:

"(1) Erläßt eine Bundesbehörde einen anfechtbaren Verwaltungsakt, so ist eine Erklärung anzufügen, durch die der Beteiligte über den Rechtsbehelf, der gegen den Verwaltungsakt gegeben ist, über die Stelle bei der der Rechtsbehelf einzulegen ist, und über die Frist belehrt wird.

---

408 Schmidt-Aßmann in Schoch/Schmidt-Aßmann/Pietzner, VwGO, Einleitung Rdnr. 82 ff..

409 Czybulka in Sodan/Ziekow, VwGO, § 58 Rdnr. 1; Meissner in Schoch/Schmidt-Aßmann/Pietzner, VwGO, § 58 Rdnr. 1.

410 BGBl 1952, I S. 625.

(2) Die Frist für einen Rechtsbehelf im Verfahren vor den Bundesbehörden und im Verfahren vor dem Bundesverwaltungsgericht beginnt nur zu laufen, wenn die Partei nach Absatz 1 über die Frist belehrt worden ist.

(3) Nach Ablauf eines Jahres ist die Einlegung des Rechtsbehelfs ausgeschlossen, auch wenn keine Belehrung nach Absatz 1 erfolgt ist, es sei denn, daß die Einlegung des Rechtsbehelfs vor Ablauf der Jahresfrist infolge höherer Gewalt unmöglich war. Die Vorschrift des § 22 Abs. 2 ist entsprechend anzuwenden.[411]

Diese Normen über eine Rechtsbehelfsbelehrung begründeten - wie die heutigen Regelungen - keine Pflicht zur Rechtsbehelfsbelehrung, sondern regelten die Folgen der Rechtsbehelfsbelehrung für den Lauf der Fristen.[412]

2. Verwaltungsgerichtsordnung

Die Rechtsmittelbelehrungspflicht des § 21 III BVerwGG von 1952 war allerdings lediglich auf die Verwaltungsakte des Bundes beschränkt. Für Verwaltungsakte, die von Behörden der Länder erlassen worden waren, galt er nicht.[413]

Zum selben Ergebnis kam auch das Gesetzgebungsverfahren zur am 1. April 1960 in Kraft getretenen[414] Verwaltungsgerichtsordnung, da der Bundesgesetzgeber keine Gesetzgebungsbefugnis auf Landesebene habe. [415] Für das gerichtliche Verfahren gilt diese Norm unmittelbar, da insoweit dem Bund die konkurrierende Gesetzgebungsbefugnis gemäß Art. 74 I Nr. 1 GG zustand.

Dennoch gab der Rechtsausschuß des Bundestages eine Empfehlung, daß durch Landesgesetze ebenfalls eine Rechtsbehelfsbelehrungspflicht für Landesverwaltungsakte normiert werden sollte.[416] Diesem Wunsch sind bisher aber nur die Länder Schleswig-Holstein und Berlin mit einer Normierung in ihren Landes-Verwaltungsverfahrensgesetzen (§ 108 IV LVwG SH; § 3 VwVfG Bln) nachgekommen.

---

411 BGBl 1952, I S. 625, 627.

412 Czybulka in Sodan/Ziekow, VwGO, a.a.O.; Meissner in Schoch/Schmidt-Aßmann/Pietzner, VwGO, a.a.O.; vgl. auch Ule, Gesetz über das BVerwG, § 21 Anm. 1.

413 Friese, DÖV 1954, 660; Meissner in Schoch/Schmidt-Aßmann/Pietzner, VwGO, a.a.O.; Schunck/de Clerck, Gesetz über das Bundesverwaltungsgericht, § 21 Anm. 1 a.

414 BGBl 1960 I, S. 17; Schmidt-Aßmann in Schoch/Schmidt-Aßmann/Pietzner, VwGO, Einleitung Rdnr. 89 ff..

415 Stellungnahme des Bundesrates zum Regierungsentwurf einer VwGO, BT Drs. 3/55 S. 71 (Nr. 40); BT Drs. 3/55 S. 36 zu § 61; Bericht des Rechtsausschusses des Dt. Bundestages, BT Drs. 3/1094 S. 7 (§ 61); Czybulka in Sodan/Ziekow, VwGO, § 58 Rdnr. 2.

416 Bericht des Rechtsausschusses des Dt. Bundestages, BT Drs. 3/1094 S. 7 (§ 61).

Um 1966 gab es Bestebungen etwa von Ule, ein Verwaltungsgerichtsgesetz zu schaffen, welches das Verwaltungsgerichtsverfahren vereinheitlichen sollte und daher die Verwaltungsgerichtsordnung, die Finanzgerichtsordnung und das Sozialgerichtsgesetz in sich aufnehmen sollte, wie es auch schon 1956 im Bundestag beraten worden war.[417] Dieser nie umgesetzte Entwurf eines Verwaltungsgerichtsgesetzes sah in seinem § 75 ebenfalls eine Rechtsbehelfsbelehrung vor:

"§ 75

(1) Die Frist für ein Rechtsmittel oder einen anderen Rechtsbehelf beginnt nur, wenn der Beteiligte über den Rechtsbehelf und die Behörde oder das Gericht, bei denen der Rechtsbehelf anzubringen ist, deren Sitz und die einzuhaltende Frist schriftlich belehrt worden ist.

Im finanzgerichtlichen Verfahren gilt das nicht für Verwaltungsakte, für die eine schriftliche Erteilung nicht vorgeschrieben ist.

(2) Ist die Belehrung unterblieben oder unrichtig erteilt, so ist die Einlegung des Rechtbehelfs nur innerhalb eines Jahres seit Bekanntgabe im Sinne des § 74 Abs. 1 zulässig, es sei denn, daß die Einlegung vor Ablauf der Jahresfrist infolge höherer Gewalt unmöglich war oder eine schriftliche Belehrung dahin erfolgt ist, daß ein Rechtsbehelf nicht gegeben sei. § 76 Abs. 2 gilt für den Fall höherer Gewalt."[418]

3. Sozialgerichtsgesetz

Der § 66 SGG war seit der Verkündung des Sozialgerichtsgesetzes[419] im Gesetz vorgesehen. Er orientierte sich - wie § 58 VwGO ebenfalls - bei seiner Entstehung an den existierenden verwaltungsgerichtlichen Vorschriften. Es ist daher nicht erstaunlich, daß § 66 SGG vom Wortlaut her fast exakt dem § 58 VwGO entspricht.[420]

Auch die Regelungen der Reichsversicherungsordnung (RVO), die schon bei der Entstehung des Arbeitsgerichtsgesetzes als Vorbild-Normierungen herangezogen worden waren, wurden bei der Entwicklung des Sozialgerichtsgesetzes ebenfalls berücksichtigt.[421]

---

417 Vgl. Entwurf eines VerwGG, S. 81; auch Stenografische Berichte II S. 9633; BT Drs. II/2795 und 2435.

418 Vgl. Entwurf eines VerwGG, S. 30.

419 BGBl. 1953, I Nr. 59 S. 1239; vgl. zur Entstehung: auch Danckwerts in Hennig/Danckwerts/König, SGG, Einführung S. 1 f.; Hommel in Peters/Sautter/Wolff, SGG, Einleitung E; Miesbach/Ankenbrank, SGG (2. Aufl.), S. 1.

420 Vgl. auch Hommel in Peters/Sautter/Wolff, SGG, § 66 Anm. 1.

421 Vgl. auch Hommel in Peters/Sautter/Wolff, SGG, a.a.O..

4. Finanzgerichtsordnung

§ 55 FGO hatte neben der Verwaltungsgerichtsordnung eine andere Vorläufer-Vorschrift, die Reichsabgabenordnung (RAO) von 1919.

In § 231 S. 3 RAO von 1919 war eine Fristhemmung aufgrund einer fehlerhaften Rechtsbehelfsbelehrung geregelt:

"Fehlt in einem Bescheid eine gesetzlich vorgeschriebene Rechtsmittelbelehrung oder ist sie unrichtig erteilt, so wird die Rechtsmittelfrist nicht in Lauf gesetzt."[422]

Auch der Regierungsentwurf zur Finanzgerichtsordnung von 1965 sah zunächst eine Rechtsbehelfsbelehrungspflicht nur in den vom Gesetz ausdrücklich vorgeschriebenen Fällen vor.[423] Erst während der folgenden Beratungen und unter dem Einfluß des § 59 VwGO[424] wurde der damalige § 54 FGO-Entwurf auf alle schriftlichen Verwaltungsakte erweitert.

II. Gegenwärtige Rechtslage

1. Belehrungsobjekt

§ 58 I VwGO sieht vor, daß die Frist für die Einlegung eines Rechtsmittels oder anderen Rechtsbehelfs nur zu laufen beginnt, wenn der Beteiligte über den "Rechtsbehelf" belehrt worden ist. Die Rechtsbehelfsbelehrung nach § 58 I VwGO umfaßt daher schon dem Wortlaut nach nicht nur Rechtsmittel im engen Sinn, sondern grundsätzlich alle Rechtsbehelfe, also jedes prozessuale Mittel, daß zur Verwirklichung des Rechts möglich ist.[425]

Eine Belehrung hat daher etwa auch über die Klage selbst (§ 81 VwGO), den Widerspruch (§ 70 VwGO), den Antrag auf mündliche Verhandlung nach Gerichtsbescheiden (§ 84 VwGO), die Nichtzulassungsbeschwerde nach § 133 VwGO und den Antrag auf Zulassung der Beschwerde nach § 146 IV VwGO zu erfolgen.[426] Über die sogenannten außerordentlichen Rechtsbehelfe muß vom Gericht nach § 58 VwGO nicht belehrt werden, da sie die Geltendmachung des

422 RGBl 1919, 1993 ff., 2049.

423 BT Drs. IV/1446, S. 48.

424 Vgl. Cordes, Untersuchungen über Grundlagen und Entstehung der Reichsabgabenordnung vom 23. Dezember 1919.

425 Meissner in Schoch/Schmidt-Aßmann/Pietzner, VwGO, § 58 Rdnr. 15; Redeker in Redeker/von Oertzen, VwGO, § 58 Rdnr. 3; Schmidt in Eyermann, VwGO, § 58 Rdnr. 2

426 Auch Meissner in Schoch/Schmidt-Aßmann/Pietzner, VwGO, § 58 Rdnr. 14; Schmidt in Eyermann, VwGO, § 58 Rdnr. 3.

Rechtsbehelfs von weiteren, künftigen, ungewissen Ereignissen abhängig machen.[427] Sind mehrere Rechtsbehelfe möglich, ist über alle zu belehren.[428]

§ 66 SGG und § 55 FGO sehen ebenfalls Belehrungspflichten nur über Rechtsbehelfe vor.[429]

Der Begriff "Anfechtungsklage" in § 55 I S. 1 FGO ist entsprechend auch für Verpflichtungsklagen anwendbar, die sich gegen die Ablehnung des Erlasses eines Verwaltungsaktes richten.[430]

2. Zugrundeliegende gerichtliche Entscheidung

Anders als beispielsweise § 35 a StPO, der davon spricht, daß bei der Bekanntmachung einer Entscheidung der Betroffene über ein Rechtsmittel zu belehren ist, oder auch § 9 V ArbGG, der ebenfalls von einer Belehrung bei einer Entscheidung spricht, enthalten § 58 VwGO und § 66 SGG keine Hinweise darauf, wie und in welchen Fällen eine Rechtsmittelbelehrung zu erfolgen hat. Sie regeln vielmehr die Auswirkungen einer Belehrung auf den Fristenlauf und die Folgen einer fehlenden Belehrung. Aus § 58 VwGO und § 66 SGG ergibt sich nicht unmittelbar eine grundsätzliche Verpflichtung zu einer Rechtsbehelfsbelehrung.[431] Diese Normen setzten eine solche Pflicht voraus. Die eigentliche Pflicht zu einer Rechtsbehelfsbelehrung ist speziell geregelt.[432]

---

427 Zu den außerordentlichen Rechtsbehelfen zählen: die Nichtigkeits- und Restitutionsklage nach § 153 VwGO, der Antrag auf Wiedereinsetzung in den vorigen Stand nach § 60 I VwGO, die Anträge auf vorläufigen Rechtsschutz nach §§ 80 V, 80 a, 123 VwGO, die Anträge auf Urteilsberichtigung (§ 119 I VwGO) und Urteilsergänzung (§ 120 I VwGO);
ansonsten: Auch BVerwGE 26, 54, 56; von Albedyll in Bader/Funke-Kaiser/Kuntze/von Albedyll, VwGO, § 58 Rdnr. 6; Czybulka in Sodan/Ziekow, VwGO, § 58 Rdnr. 23; Kopp/Schenke, VwGO, § 58 Rdnr. 5; Meissner in Schoch/Schmidt-Aßmann/Pietzner, VwGO, § 58 Rdnr.17; Schmidt in Eyermann, VwGO, § 58 Rdnr. 3.

428 Redeker in Redeker/von Oertzen, VwGO, § 58 Rdnr. 2.

429 Hommel in Peters/Sautter/Wolff, SGG, § 66 Anm. 3a; Meyer-Ladewig, SGG, § 66 Rdnr. 3; Spindler in Hübschmann/Hepp/Spitaler, AO-FGO, § 55 FGO Rdnr. 5 ff.; Tipke in Tipke/Kruse, AO-FGO, § 55 FGO Rdnr. 11.

430 Koch in Gräber, FGO, § 55 Rdnr. 4; Meissner in Schoch/Schmidt-Aßmann/Pietzner, VwGO, § 58 Rdnr. 3; Tipke in Tipke/Kruse, AO-FGO, § 55 FGO Tz. 5

431 Vgl. auch Meissner in Schoch/Schmidt-Aßmann/Pietzner, VwGO, § 58 Rdnr. 3, 19; Für SGG: vgl. auch Hommel in Peters/Sautter/Wolff, SGG, § 66 Anm. 1; vgl. auch Mellwitz, SGG, § 66 Rdnr. 5; Meyer-Ladewig, SGG, § 66 Rdnr. 1

432 **Für § 58 VwGO:** §§ 59, 73 III S. 1, 84 I Nr. 3, 117 II Nr. 6 VwGO; § 36 SGB X; § 24 BDO; § 211 BauGB; § 11 WDO; § 36 III S. 1 und S. 2 AsylVfG; § 74 II AsylVfG
vgl auch: Vgl. von Albedyll in Bader/Funke-Kaiser/Kuntze/von Albedyll, VwGO, § 58 Rdnr. 2; Meissner in Schoch/Schmidt-Aßmann/Pietzner, VwGO, § 58 Rdnr. 20; Redeker in Redeker/von Oertzen, VwGO, § 58 Rdnr. 1; auch Stelkens, NuR 1982, 11;

Während sich § 58 VwGO und § 66 SGG pauschal auf alle möglichen Entscheidungen einer Behörde oder eines Gerichts beziehen, betrifft § 55 I S. 1 FGO zunächst nur die Möglichkeit einer Anfechtungsklage gegen einen Verwaltungsakt. § 55 I S. 2 FGO erweitert diese Normierung auch auf Rechtsmittel gegen gerichtliche Entscheidungen, so daß sich daher über diese Verweisungsnorm der gleiche Anwendungsbereich wie bei den anderen Normen für eine Rechtsbehelfsbelehrungspflicht ergibt.[433]

3. Adressat der Rechtsbehelfsbelehrung

Die Rechtsbehelfsbelehrung hat in allen drei Verfahrensarten nicht nur gegenüber dem Adressaten der Entscheidung zu erfolgen, sondern auch für alle diejenigen Beteiligten am Verfahren, die berechtigt sind, in irgendeiner Weise gegen die Entscheidung vorzugehen.[434]

4. Inhalt der Rechtsbehelfsbelehrung

§ 58 VwGO und § 66 SGG begründen zwar keine Pflicht zu einer Rechtsbehelfsbelehrung, sie setzen aber eine ordnungsgemäße Belehrung voraus.

Die Rechtsbehelfsbelehrung, die den Fristenlauf in Gang setzen kann, muß vollständig und richtig sein. Sie muß angeben, welcher Rechtsbehelf zulässig ist, bei welchem Gericht er einzulegen ist und innerhalb welcher Frist er bei diesem eingegangen sein muß.[435] Dabei ist es - wie in § 9 V ArbGG und § 35 a StPO - Sache des Betroffenen den konkreten Lauf der Rechtsbehelfsfrist zu berechen. Ein Hinweis auf die Dauer der Frist und den Beginn der Frist genügt.[436] Auch in den öffentlich-rechtlichen Rechtsbehelfsbelehrung ist die Adresse der Behörde

---

Für § 66 SGG: § 36 SGB X für Verwaltungsakte; § 85 III S. 2 SGG für Widerspruchsbescheide; § 136 I Nr. 7 SGG für Urteile und für Beschlüsse nach mündlicher Verhandlung; außerdem: §§ 84 II S. 3, 87, 105 II, 151, 160 a I und II, 161 I S. 2 und III, 164 I, 173, 197 II SGG auch Danckwerts in Hennig/Danckwerts/König, SGG, § 66 Anm. 1; auch Wendt in Rohwer-Kahlmann, SGG, § 66 Rdnr. 2.

433 Vgl. Koch in Gräber, FGO, § 55 Rdnr. 4 ff.; auch Meissner in Schoch/Schmidt-Aßmann/Pietzner, VwGO, § 58 Rdnr. 3.

434 Vgl von Albedyll in Bader/Funke-Kaiser/Kuntze/von Albedyll, VwGO, § 58 Rdnr. 1; Hommel in Peters/Sautter/Wolff, SGG, § 66 Anm. 3 a.

435 Meissner in Schoch/Schmidt-Aßmann/Pietzner, VwGO, § 58 Rdnr. 22; Stelkens, NuR 1982, 12 f..

436 BVerwG NJW 1976, 865; auch BVerfGE 31, 388, 390; BFH 131, 443; Meissner in Schoch/Schmidt-Aßmann/Pietzner, VwGO, § 58 Rdnr. 28; auch Meyer-Ladewig, SGG, § 66 Rdnr. 8 ff.; Pietzner/ Ronellenfitsch, Assessorexamen § 48 Rdnr. 12; Stelkens, NuR 1982, 13; a.A. Kopp/Schenke, VwGO, § 58 Anm. 11(noch geringeres Informationserfordernis).

oder des Gerichts anzugeben.[437] Wenn in dem betreffenden Fall mehrere Rechtsbehelfe möglich sind, so ist von der belehrenden Stelle auf alle Möglichkeiten hinzuweisen.[438]

Ob eine Belehrung über die Formerfordernisse erfolgen muß, die bei der Einlegung des Rechtsbehelfs zu beachten sind, ist umstritten. Das Bundesverwaltungsgericht lehnte dies für eine Belehrung nach § 58 VwGO ab. [439]

Der Inhalt der Rechtsbehelfsbelehrung nach § 55 FGO muß ebenfalls die genannten Angaben enthalten. [440]

5. Form der Rechtsbehelfsbelehrung

§ 58 I VwGO, § 66 SGG und § 55 FGO sehen die Notwendigkeit einer schriftlichen Belehrung vor. Diese strikte Schriftformregelung hat zur Folge, daß auch bei einem mündlich erlassenen Verwaltungsakt oder einer gerichtlichen Entscheidung, eine Rechtsbehelfsbelehrung schriftlich erfolgen muß.[441]

Für mündliche Verwaltungsakte im Steuerrecht ist diese Konsequenz aufgrund des abweichenden Wortlauts des § 55 FGO allerdings umstritten und wird vom Bundesfinanzhof abgelehnt. [442]

Außerdem muß die Rechtsbehelfsbelehrung durch die Unterschrift des Ausstellers abgeschlossen sein. Bei einer Verbindung der Rechtsbehelfsbelehrung mit der Entscheidung genügt die Unterschrift unter der Entscheidung. Diese Unterschrift trägt dann die Rechtsbehelfsbelehrung mit.[443]

---

437 Vgl. Meissner in Schoch/Schmidt-Aßmann/Pietzner, VwGO, § 58 Rdnr. 27.

438 Meissner in Schoch/Schmidt-Aßmann/Pietzner, VwGO, § 58 Rdnr. 24.

439 BVerwGE 1, 192 f.; BVerwGE 50, 248, 250 ff.; auch BVerwGE 57, 188, 190; BVerwG NJW 1991, 508; OVG Münster NVwZ 1982, 564; Meissner in Schoch/Schmidt-Aßmann/Pietzner, VwGO, § 58 Rdnr. 32; Pietzner/Ronellenfitsch, Assesorexamen, § 48 Rdnr. 13; Schmidt in Eyermann, VwGO, § 58 Rdnr. 10;
a. A.: Kopp/Schenke, VwGO, § 58 Rdnr. 10; Meyer-Ladewig, SGG, § 66 Rdnr. 10; Redeker in Redeker/von Oertzen, VwGO, § 58 Rdnr. 9 (Belehrung über zwingende Formvorschriften nötig).

440 Vgl. Koch in Gräber, FGO, § 55 Rdnr. 9 ff..

441 Vgl. Meissner in Schoch/Schmidt-Aßmann/Pietzner, VwGO, § 58 Rdnr. 35.

442 BFHE 126, 375; auch BFH Urteil vom 12. 2. 1980 VII R 80/79 BStBl 1980 II S. 495; FG Hamburg EFG 1974, 268; a. A.: FG Düsseldorf EFG 1980, 98 (§ 55 FGO sei zu weit geraten und müsse mittels der Vorschrift des § 58 VwGO reduziert werden.).

443 Meissner in Schoch/Schmidt-Aßmann/Pietzner, VwGO, § 58 Rdnr. 36, 38; hinsichtlich des Bestandteils des Urteils auch: Kopp/Schenke, VwGO, § 58 Rdnr. 7; Redeker in Redeker/von Oertzen, VwGO, § 58 Rdnr. 13.

Ist die Rechtsbehelfbelehrung hingegen nicht mit der Entscheidung verbunden, sondern ein selbständiges Dokument, so muß sie auch eigenständig unterschrieben sein.[444]

6. Rechtsfolge einer fehlenden oder fehlerhaften Rechtsbehelfsbelehrung

Nach § 58 VwGO und § 66 SGG beginnt bei einer fehlerhaften oder fehlenden Rechtsbehelfsbelehung eine Jahresfrist zur Einlegung des Rechtsbehelfs zu laufen. Unrichtig ist eine Rechtsbehelfsbelehrung dann, wenn sie unvollständig ist, ihr wichtige Angaben fehlen, die die genannten Paragraphen voraussetzen, oder wenn sie zusätzliche, nicht obligatorische Hinweise enthält, die ihrerseits falsch sind.[445] Auch eine Belehrung über einen in Wahrheit nicht gegebenen Rechtsbehelf oder eine Rechsbehelfsbelehrung mit überflüssigen und zugleich irreführenden Zusätzen hemmt die reguläre Rechtsbehelfsfrist.[446] Bei den Betroffenen könnte durch eine derartige Rechtsbehelfsbelehrung einen Irrtum hervorgerufen werden, der sie von der rechtzeitigen Einlegung des Rechtsbehelfs abhält.[447]

Die Jahresfrist des § 58 II VwGO und § 66 II SGG stellt keine übergeordnete Rechtsbehelfsfrist dar, sondern ist eine Ausschlußfrist, die eine Rechtsunsicherheit verhindern soll. Die Bestandskraft eines Verwaltungsaktes oder die Rechtskraft einer gerichtlichen Entscheidung sollen nicht unbegrenzt in einem Schwebezustand bleiben. Auf der anderen Seite basieren diese Regelung der Jahresfrist auch auf dem Gedanken des Art. 19 IV GG.[448] Aus Rechtsschutzerwägungen soll der Beteiligte nicht von einem Rechtsbehelf ausgeschlossen werden, nur weil er keine Kenntnis von der Bindung an eine Frist hatte.

Die schuldhafte Verletzung einer vorgeschriebenen Pflicht zur Rechtsbehelfsbelehrung ist als solche rechtswidrig. Sie kann daher als Amtspflichtverletzung gemäß § 839 BGB in Verbindung mit Art. 34 GG angesehen werden.[449]

---

444 Vgl. Meissner in Schoch/Schmidt-Aßmann/Pietzner, VwGO, a.a.O..

445 BVerwGE 57, 188, 190 f.; Meissner in Schoch /Schmidt-Aßmann/Pietzner, VwGO, § 58 Rdnr. 45.

446 Meissner in Schoch/Schmidt-Aßmann/Pietzner, VwGO, § 58 Rdnr. 46, 47.

447 BVerwGE 28, 178; BVerwGE 37, 85 f.; BVerwGE 57, 188, 190; BVerwG DÖV 1981, 635; auch VGH Kassel NVwZ-RR 1990, 671 ; OVG Münster DÖV 1979, 104; OLG Schleswig NVwZ 1992, 385; Meissner in Schoch/Schmidt-Aßmann/Pietzner, VwGO, § 58 Rdnr. 43; Schmidt in Eyermann, VwGO, § 58 Rdnr. 12.

448 Meissner in Schoch/Schmidt-Aßmann/Pietzner, VwGO, § 58 Rdnr. 41; Schmidt-Aßmann in Schoch/Schmidt-Aßmann/Pietzner, VwGO, Einleitung Rdnr. 208.

449 BGH NJW 1984, 168, 169; Friese, NJW 1954, 660, 664.

Auch § 55 FGO sieht eine derartige Jahresfrist vor. Auch durch § 55 II FGO soll verhindert werden, daß eine Prozeßpartei aufgrund ihrer Unkenntnis von verfahrens-rechtlichen Regelungen ein ihr zustehendes Rechtsmittel verliert.[450]

7. Heilung von Belehrungsfehlern

Eine fehlende Rechtsbehelfsbelehrung kann jederzeit - solange noch keine formelle Rechtskraft eingetreten ist - nachgeholt werden. Ebenso kann eine fehlerhafte Rechtsbehelfsbelehrung jederzeit berichtigt werden. [451]

In diesen Fällen treten im Verwaltungsverfahren die Wirkungen des § 58 I VwGO ab der neuen Bekanntmachung der Rechtsbehelfsbelehrung für die Zukunft ein.[452]

D. Die Rechtsmittelbelehrungspflicht in den Verfahren der Freiwilligen Gerichtsbarkeit

Auch in den verschiedenen Verfahren der freiwilligen Gerichtsbarkeit existieren Rechtsmittelbelehrungspflichten:

§ 21 II LwVG: *"In der Hauptsache erlassene Beschlüsse sind zuzustellen. Bei der Zustellung sind die Beteiligten über das zulässige Rechtsmittel sowie über dessen Form und Frist zu belehren. Die Rechtsmittelfreist beginnt nicht vor der Belehrung, jedoch spätestens fünf Monate nach der Zustellung."*

§ 20 GrundstVG: *"Entscheidungen, gegen die ein Antrag auf gerichtliche Entscheidung zulässig ist, sind zu begründen und zuzustellen. Bei der Zustellung sind die Beteiligten über die Zulässigkeit des Antrags auf gerichtliche Entscheidung, über die Stelle, bei der er zu stellen ist, sowie über Form und Frist des Antrags zu belehren. Die Antragsfrist beginnt nicht vor der Belehrung, spätestens aber fünf Monate nach der Zustellung der Entscheidung der Genehmigungsbehörde."*

---

450 Koch in Gräber, FGO, § 55 Rdnr. 1.

451 Hommel in Peters/Sautter/Wolff, SGG, § 66 Anm. 3 g, 5; Redeker in Redeker/von Oertzen, VwGO, § 58 Rdnr. 16; Schmidt in Eyermann, VwGO, § 58 Rdnr. 16; Spindler in Hübschmann/Hepp/Spitaler, AO-FGO, § 55 FGO Rdnr. 17, 40; auch Tipke in Tipke/Kruse, AO-FGO, § 55 FGO Rdnr. 10.

452 Auch BVerwGE 77, 181, 184 f.; Meissner in Schoch/Schmidt-Aßmann/Pietzner, VwGO, § 58 Rdnr. 39; Schmidt in Eyermann, VwGO, § 58 Rdnr. 16; Stelkens, NuR 1982, 14.

§ 69 I Nr. 6 FGG: *"Die Entscheidung, durch die ein Betreuer bestellt oder ein Einwilligungsvorbehalt angeordnet wird, muß enthalten ... 6. eine Rechtsmittelbelehrung."*

§ 70 f Nr. 4 FGG: *"Die Entscheidung, durch die eine Unterbringungsmaßnahme getroffen wird, muß enthalten ... 4. eine Rechtsmittelbelehrung."*

I. Geschichtliche Entwicklung

Die Rechtsmittelbelehrungsvorschriften in den Verfahren der freiwilligen Gerichtsbarkeit sind zu sehr unterschiedlichen Zeitpunkten in die einzelnen Verfahrensnormierungen aufgenommen worden: Während die älteste Regelung einer Rechtsmittelbelehrungspflicht, der § 21 LwVG, bereits am 21. Juli 1953 eingeführt wurde,[453] folgte erst am 28. Juli 1962 die Norm des § 20 GrundstVG[454] und am 12. September 1990 die Regelungen in Betreuungsverfahren (§ 69 I Nr. 6 FGG, § 70 f I Nr. 4 FGG) durch das Gesetz zur Reform des Rechts der Vormundschaft und Pflegschaft für Volljährige (Betreuungsgesetz). [455]

1. § 21 Absatz 2 Satz 2 LwVG

Durch § 21 LwVG sollten die Beteiligten über die Frist nach § 22 FGG in Verbindung mit § 25 LwVG und die Form nach § 21 FGG in Verbindung mit § 29 I LwVG hingewiesen werden, um sie vor den Folgen ihrer juristischen Unwissenheit zu schützen. Ein möglicher Grund für das fehlende Wissen der betroffenen Personen wurde im Fehlen eines obligatorischen Rechtsberaters für die Beteiligten gesehen. [456] Da im Verfahren nach dem Landwirtschaftsverfahrensgesetz kein Anwaltszwang herrscht, können die Prozeßparteien als Naturalparteien vor Gericht auftreten. Umstritten war die Rechtsmittelbelehrungspflicht bei anwaltlich vertretenen Parteien, sie ist heute auch in diesen Fällen anerkannt.[457]

---

453 BGBl. I 667.

454 BGBl. I S. 1091;
vgl. Pikalo in Pikalo/Bendel, GrundstVG, Einführung C S. 12 ff.; zur Geschichte auch: von Spreckelsen in Vorwerk/von Spreckelsen, GrundstVG, Einleitung.

455 BGBl. I 2002.

456 BT Drs. 1/3819 S. 19.

457 Vgl. Pritsch, LwVG, § 21 Anm. III b .

2. § 20 GrundstVG

Die Rechtsmittelbelehrungspflicht in diesem Verfahren wurde ebenfalls wegen der Unkenntnis der Parteien und einem fehlenden Anwaltszwang eingeführt.[458]

Außerdem diente auch die bereits normierte Rechtsmittelbelehrung aus dem § 21 LwVG als Vorbild für den § 20 GrundstVG.[459]

3. § 69 Absatz 1 Nr. 6 FGG / § 70 f Absatz 1 Nr. 4 FGG

Den Grund für die Einführung von Rechtsmittelbelehrungspflichten im Gesetz über die freiwillige Gerichtsbarkeit sah der Gesetzentwurf der Bundesregierung in "rechtsstaatlichen Gründen".[460]

Der Bundesrat hat in seiner Stellungnahme zu dem Regierungsentwurf die Entwicklung des § 69 I Nr. 6 und des § 70 f I Nr. 4 FGG kritisch gesehen. Er war der Meinung, daß es zunächst besser wäre, auf die Einführung einer Rechtsmittelbelehrung in Betreuungs- und Unterbringungssachen zu verzichten: Man solle bis zu einer Entscheidung über eine allgemeine Pflicht zur Rechtsmittelbelehrung im gesamten Verfahren der freiwilligen Gerichtsbarkeit keine Einzelregelungen treffen. Diese würden sonst den künftigen Regelungsspielraum unnötig einengen. Auch ansonsten schlug der Bundesrat vor, daß die mit dem Gesetz angestebte Teilregelung einer Rechtsmittelbelehrung, wenn sie schon nicht gänzlich unterlassen wird, so doch sich nur auf die Fälle einer sofortigen Beschwerde beschränkt. Diese Einschränkung würde den Gesetzgebungsspielraum für eine einheitliche Regelung nicht einengen und sei auch den Gerichten als zusätzliche Arbeitsbelastung zuzumuten.[461]

Die Bundesregierung versprach in ihrer Gegenäußerung zur Stellungnahme des Bundesrates, die von diesem vorgeschlagenen Überlegungen zur Einführung einer Rechtsmittelbelehrung im weiteren Gesetzgebungsverfahren zu prüfen.[462]

Trotzdem wurde die Pflicht zu einer Rechtsmittelbelehrung, wie von der Bundesregierung vorgeschlagen, mit dem neuen Betreuungsgesetz eingeführt.

---

458 Vgl. auch BT Drs. 2/3206 S. 35; auch BT Drs. 3/119 S. 27.
459 Von Spreckelsen in Vorwerk/von Spreckelsen, GrundstVG, § 20 Anm. 1.
460 BT Drs. 11/4528 S. 175; vgl. auch BT Drs. 11/4528 S. 184.
461 BT Drs. 11/4528 Anlage 2, S. 216.
462 BT Drs. 11/4528 Anlage 3, S. 232.

II. Gegenwärtige Rechtslage

1. § 21 Absatz 2 Satz 2 LwVG

Der Beteiligte ist über die Form und die Frist eines möglichen Rechtsmittels zu belehren,[463] und zwar auch dann, wenn er anwaltlich vertreten ist. [464] Die Rechtsmittelbelehrung, die schriftlich bei der Zustellung des Beschlusses zu erteilen ist, kann Bestandteil dieses Beschlusses sein oder auch durch ein dem Beschluß hinzugefügtes Merkblatt erfolgen. Das Erteilen der Rechtsmittelbelehrung muß aus Beweisgründen urkundlich nachweisbar sein, und ein bloßer Fertigungsvermerk der Geschäftsstelle reicht hierzu nicht aus.[465]

Hinsichtlich des konkreten Inhalts und Aufbaus der Belehrung gibt es auf Landesebene Mustervorschriften zur Erleichterung der Arbeit des Gerichts.[466]

In den Fällen, in denen keine Rechtsmittelbelehrung erteilt worden ist, beginnt die Frist zur Einlegung des Rechtsmittels nicht zu laufen. Allerdings gilt diese Verzögerung der Rechtsmittelfrist nur für maximal fünf Monate ab Zustellung des Beschlusses. Eine unterlassene Rechtsmittelbelehrung kann nachgeholt werden, die Frist zur Einlegung des Rechtsmittels beginnt dann ab dem Zeitpunkt dieser neuen Rechtsmittelbelehrung zu laufen.[467]

2. § 20 GrundstVG

Die Rechtsmittelbelehrung hat nach § 20 GrundstVG konkret für den Einzelfall zu erfolgen. Lediglich ein Gesetzeszitat reicht nicht.[468]

Die Rechtsmittelbelehrung erfolgt bei Zustellung. Sie kann mit der Entscheidung selbst ergehen oder in einem gesonderten Schriftstück.[469]

Eine unvollständige oder fehlende Rechtsmittelbelehrung kann nachgeholt werden, was sich aus einem Rückschluß aus § 20 S. 3 GrundstVG ergibt. Auch nach § 20 GrundstVG gibt es die Möglichkeit, die Antragsfrist hinauszuschieben, allerdings hier - wie im Landwirtschaftsverfahrensgesetz - aus Gründen der

---

463 Barnstedt/Steffen, LwVG, § 21 Rdnr. 65 ff.; Pritsch, LwVG, § 21 Anm. III c (S. 266) und Anm. III f (S. 267).

464 Vgl. Pritsch, LwVG, § 21 Anm. D III b (S. 266).

465 Barnstedt/Steffen, LwVG, § 21 Rdnr. 61.

466 Allgemeine Verfügung des niedersächsischen Justizministeriums vom 6. 10. 1953, NdsRpfl 1953, 176; Lange/Wulff, LwVG, § 21 Anm. VI 2; Pritsch, LwVG, § 21 Anm. III d, e und f (S. 266 f.).

467 OLG Nürnberg DNotZ 1956, 266; Barnstedt/Steffen, LwVG, § 21 Rdnr. 62; Lange/Wulff, LwVG, § 21 Anm. VI 2; vgl. Pritsch, LwVG, § 21 Anm. III g 2 (S. 268).

468 Vgl. Treutlein/Crusius, GrundstVG, § 20 Anm. 3.

469 Vgl. Pikalo in Pikalo/Bendel, GrundstVG, § 20 Anm. F 2.

Rechtssicherheit nur bis zu fünf Monaten. Ab diesem Zeitpunkt wäre an eine Verwirkung des Rechts zu denken.[470]

Mit der nachgeholten Belehrung muß nicht nochmals die schon zugestellte Entscheidung zugestellt wird. Jedoch muß eindeutig erkennbar sein, auf welche Entscheidung sich die Rechtsmittelbelehrung bezieht.[471]

3. § 69 Absatz 1 Nr. 6 FGG / § 70 f Absatz 1 Nr. 4 FGG

Nach beiden Paragraphen besteht aus Praktikabilitätsgründen und zur Arbeitserleichterung der Gerichte die Möglichkeit, die Rechtsmittelbelehrung auf einem Merkblatt zu erteilen.[472] Sie muß allerdings so verfaßt sein, daß ein juristischer Laie sie verstehen kann, um die Möglichkeit zu haben, seine Rechte geltend zu machen.[473]

Das Fehlen einer erforderlichen Rechtsmittelbelehrung hat keinen Einfluß auf die Wirksamkeit der Entscheidung.[474]

Bei einer vollkommen fehlenden Rechtsmittelbelehrung nach § 69 I Nr. 6 FGG wird die Frist zur Einlegung des Rechtsmittels nicht in Gang gesetzt (§ 16 FGG).[475] In den Fällen, in denen die Rechtsmittelbelehrung unvollständig oder fehlerhaft ist, läuft zwar die Rechtsmittelfrist, dem Betroffenen wird jedoch Wiedereinsetzung in den vorigen Stand (§ 22 FGG) gewährt, wenn er die Frist aus diesem Grund versäumt.[476]

---

470 Pikalo in Pikalo/Bendel, GrundstVG, § 20 Anm. D I c.

471 Zur Problematik einer nachgeholten Rechtsmittelbelehrung: OLG Nürnberg BayJMBl 56, 39; Lange, GrundstVG (2. Aufl.), § 20 Anm. 11 (S. 307); Pikalo in Pikalo/Bendel, GrundstVG, § 20 Anm. F 2; von Spreckelsen in Vorwerk/von Spreckelsen, GrundstVG, § 20 Rdnr. 10.

472 Zimmermann in Damrau/Zimmermann, Betreuungsgesetz, § 69 Rdnr. 24 f..

473 Bienwald, Betreuungsrecht, § 69 FGG Rdnr. 7; Kayser in Keidel/Kuntze/Winkler, Freiwillige Gerichtsbarkeit, § 70 f Rdnr. 7.

474 Bassenge in Bassenge /Herbst, FGG, Einleitung FGG Rdnr. 106; vgl. Kayser in Keidel/Kuntze/Winkler, Freiwillige Gerichtsbarkeit, § 69 Rdnr. 9, § 70 f Rdnr. 7; Zimmermann in Damrau/ Zimmermann, Betreuungsgesetz, § 70 f Rdnr. 10.

475 Kayser in Keidel/Kuntze/Winkler, Freiwillige Gerichtsbarkeit, § 69 Rdnr. 9; Reinicke in Holzhauer/ Reinicke, Betreuungsrecht, § 69 Rdnr. 12; Zimmermann in Damrau/Zimmermann, Betreuungsgesetz, § 69 Rdnr. 27.

476 Unklar: BayObLG FamRZ 1994, 323; Kayser in Keidel/Kuntze/Winkler, Freiwillige Gerichtsbarkeit, a.a.O.; Reinicke in Holzhauer/Reinicke, Betreuungsrecht, § 69 Rdnr. 13; Zimmermann in Damrau/Zimmermann, Betreuungsgesetz, § 69 Rdnr. 28.

E. Zwischenergebnis

In anderen Verfahrensordnungen - außer dem Zivilprozeß - existieren Rechtsmittel- oder Rechtsbehelfsbelehrungspflichten, und zwar bereits seit längerer Zeit. So finden sich Belehrungsvorschriften in § 9 V ArbGG, § 35 a StPO, § 58 VwGO, § 55 FGO, § 66 SGG und in einigen Normen der Verfahren der freiwilligen Gerichtsbarkeit.

In allen diesen Normen werden die Beteiligten eines Verfahrens, die von einer Entscheidung betroffen sind, über Rechtsmittel und Rechtsbehelfe und die zu deren Einlegung notwendigen Formerfordernisse und Fristen belehrt.

Da nach den öffentlich-rechtlichen Vorschriften die Belehrungspflicht nicht nur die Gerichte trifft, sondern auch die Verwaltungsbehörden, wird in diesen Verfahren über Rechtsbehelfe belehrt, also umfassender als in § 9 V ArbGG und § 35 a StPO. Diese sehen nur eine Belehrungspflicht der Gerichte über Rechtsmittel im engen Sinn vor.

Als Sanktion einer fehlenden oder fehlerhaften Rechtsmittelbelehrung sehen die meisten Verfahrensarten eine Hemmung des Fristenlaufs für die Frist zur Einlegung des Rechtsmittels oder Rechtsbehelfs vor. Aus Rechtsschutzgründen ist diese Hemmung der Rechtskraft der Entscheidung auf höchstens ein Jahr beschränkt, weil Rechtsunsicherheiten verhindert werden sollen.[477] Eine Ausnahme bildet § 35 a StPO, der im Falle einer fehlenden oder fehlerhaften Rechtsmittelbelehrung die Möglichkeit einer Wiedereinsetzung in den vorigen Stand vorsieht.

Die Rechtsmittel- oder Rechtsbehelfsbelehrungspflicht beruht dabei in allen Verfahrensordnungen auf demselben Grundgedanken: Der rechtsunkundige Prozeßbeteiligte soll keine ihm zustehende Rechtsmittel- oder Rechtsbehelfsmöglichkeit gerade durch seine Unkenntnis verlieren.

So findet sich in § 35 a StPO eine zusätzliche Belehrungspflicht, wenn das Gericht erkennt, daß der Beteiligte die Belehrung nicht verstanden hat. Diese zusätzliche Belehrungspflicht findet ihre Grundlage in dem allgemeinen Fürsorgegedanken.[478] Gerade im Strafprozeß, in dem der Staat für den Betroffenen weitreichende Sanktionen für dessen Verhalten vorsieht, muß dem Betroffenen geholfen werden, damit nicht ein zu großes Ungleichgewicht zwischen den Prozeßparteien, der Privatperson auf der einen und dem Staat auf der anderen Seite, besteht. Dieses Verständnis basiert im Strafprozeß daher nicht nur auf den

---

477 Cybulka in Sodan/Ziekow, VwGO, § 58 Rdnr. 4 f.; Meissner in Schoch/Schmidt-Aßmann/Pietzner, VwGO, § 58 Rdnr. 6.

478 OLG Hamm JMBl NRW 1963, 146; OLG Koblenz MDR 1977, 425; OLG Neustadt GA 1956, 92; Maul in KK-StPO, § 35 a Rdnr. 11.

Schutzinteressen des Einzelnen, sondern auch auf der Vorstellung von einem fairen Verfahren. Der Staat, der sich durch sein Wissen in einer größeren Machtposition befindet, darf diese nicht ungehindert ausnutzen können, sondern muß einen Ausgleich schaffen, und zwar in Form einer Rechtsmittelbelehrung der Gerichte. Die Rechtsmittelbelehrung ergeht daher im Strafprozeß auch im Interesse der Öffentlichkeit an einem fairen Prozeß.[479]

Aufgrund seiner Nähe zum zivilprozessualen Verfahren ist für die Einführung einer Rechtsmittelbelehrungspflicht in den Zivilprozeß insbesondere § 9 V ArbGG von Interesse. Da hier kein Verfahren gegeben ist, in dem der Staat einem rechtsunkundigen Bürger gegenüber steht, kann die Rechtsmittelbelehrungspflicht auch nicht mit diesem Wissengefälle und der Machtposition des Staates begründet werden. Hier stellt sich die Rechtsmittelbelehrungspflicht vielmehr als Ergebnis einer Interessenabwägung dar: Auf der einen Seite erfüllt die obligatorische Rechtsmittelbelehrung den Zweck, die unterlegene unkundige Prozeßpartei darüber zu informieren, ob ein Rechtsmittel gegeben ist. Auf der anderen Seite muß auch berücksichtigt werden, daß der obsiegenden Partei kein gravierender Nachteil entstehen darf, indem der Prozeßgegner auf die Rechtsmittelmöglichkeiten aufmerksam gemacht wird.

Die unterlegene Partei ist durch die Rechtsmittelbelehrung in der Lage, selbst entscheiden zu können, ob sie ein mögliches Rechtsmittel einlegen möchte. Dadurch kann sie dem Grundsatz des Parteibetriebs, der im Zivilverfahren - und daher auch in arbeitsgerichtlichen Verfahren - gilt,[480] besser gerecht werden. Für die unterliegende Prozeßpartei bietet eine obligatorische Rechtsmittelbelehrung nur Vorteile.

Aber auch die Interessen der obsiegenden Partei müssen berücksichtigt werden. Sie hat ein Urteil oder einen instanzbeendenden Beschluß zu ihren Gunsten erstritten. Dieser Vorteil darf nun nicht durch ein sinnloses Rechtsmittelverfahren gefährdet werden. Die Belehrung darf nicht dazu führen, daß vom Unterlegenen aufgrund seiner nun erlangten Kenntnisse Rechtsmittel eingelegt werden können, die ihm sonst nicht zugestanden hätten. Die gewinnende Partei muß sich aufgrund des Gedankens der Rechtssicherheit auf eine einmal ergangene Entscheidung grundsätzlich verlassen können.

Allerdings ist bei der Abwägung zu berücksichtigen, daß die unterliegende Partei durch die Rechtsmittelbelehrung nicht etwa ein zusätzliches Rechtsmittel einlegen kann, sondern lediglich über die ihr ohnehin zustehenden Rechtsmittel *informiert* wird. Die Belehrung erweitert nur die Rechtskenntnis des Betroffenen

479 Wendisch in Löwe-Rosenberg, StPO, § 35 a Rdnr. 20; auch Hübner, Allgemeine Verfahrensgrundsätze, Fürsorgepflicht oder fair trial?, S. 130 f..

480 Ostrowicz/Künzl/Schäfer, Der Arbeitsgerichtsprozeß, Rdnr. 1, 118

und hat keinen Einfluß auf die Anfechtsbarkeit der Entscheidung. Es werden durch die Rechtsmittelbelehrung keine neuen Rechtsmittelmöglichkeiten geschaffen, sondern nur die bestehenden Möglichkeiten aufgezeigt. Mit einer Einlegung dieser Rechtsmittel muß die obsiegende Prozeßpartei immer rechnen.

Insofern ist hier das Interesse der unterliegenden Partei höher zu bewerten als das Interesse der obsiegenden Partei am Bestehenbleiben der Entscheidung. Anders verhält es sich bei einer fehlerhaften oder unterbliebenen Rechtsmittelbelehrung. Dort werden die Rechtsmittelmöglichkeiten auf ein Jahr begrenzt, was vor allem dem Rechtsschutzinteresse der obsiegenden Partei Rechnung trägt, da diese in absehbarer Zeit eine endgültige Entscheidung über den Streitfall erhält.

Ähnliche schützende Jahresfristen gelten auch in den anderen Verfahrensordnungen.

Teil 3: Verfassungsrechtliche Herleitung der Rechtsmittelbelehrungspflicht

Der obligatorischen Rechtsmittelbelehrung liegt ein zentraler Gedanke zugrunde, nämlich der Schutz der Prozeßparteien. Dieser Schutzgedanke geht von der Überlegung aus, daß eine Prozeßpartei vor Rechtsverlusten durch ihre Unwissenheit geschützt werden soll, indem ihr Informationen über mögliche Rechtsmittel und die damit verbundenen Verfahren vom Gericht mitgeteilt werden.

Dieser Aspekt des Schutzes und der Fürsorge für die Parteien eines Prozesses durch den Staat zieht sich wie ein "roter Faden" durch die geschichtliche Entwicklung der Rechtsmittelbelehrungspflicht. Er ist auch in den heutigen Regelungen bei den anderen Prozeßarten außerhalb des Regelungsbereichs der Zivilprozeßordnung zu finden. Einige Überlegungen aus der geschichtlichen Entwicklung sollen im folgenden noch einmal zusammengefaßt werden:

Dieser Gedanke des Ausgleichs eines Informationsdefizits wird schon in dem Text der preußischen Constitution von 1748 deutlich, deren § 6 den Wortlaut "solche Erinnerung" verwendet.[481] § 126 der Kur-Badenschen Obergerichtsordnung von 1803 lautet ähnlich "zum Andenken".[482] An den Formulierungen allein dieser beiden Normierungen zeigt sich, daß die Rechtsmittelbelehrung als Unterstützung für die Parteien eines Prozesses gedacht war. Die Prozeßparteien sollten daran "erinnert" werden und "daran denken", daß ein Rechtsmittel gegen die Entscheidung möglich ist und in welcher Form es eingelegt werden muß.

Der Umfang der Rechtsmittelbelehrungspflicht, insbesondere die Pflicht zu einer Rechtsmittelbelehrung für anwaltlich vertretene Personen war und ist sehr umstritten: Nach dem Wortlaut der preußischen Constitution von 1748 ist eine Belehrung einer kundigen oder anwaltlich vertretenen Partei möglich. Der Begriff "Erinnerung" beinhaltet, daß das Gesagte der Partei grundsätzlich bekannt ist. Lediglich das gegenwärtige aktive Wissen von einer Tatsache kann verloren gegangen sein. Juristische Kenntnisse schaden damit nicht.

Auf der anderen Seite sahen die badische Prozeßordnung von 1831 und die hinsichtlich der Rechtsmittelbelehrung identische Prozeßordnung von 1851 eine Belehrungspflicht nur vor, wenn die Parteien "nicht Rechtsgelehrte" waren.

---

481 Siehe oben: Teil 1, B I 1.
482 Siehe oben: Teil 1, B II 1.

Auch Bolley und von Harpprecht differenzierten in ihren Entwürfen für Württemberg von 1844 und 1848 zwischen juristisch vertretenen und nicht vertretenen Parteien.[483]

Dennoch wurde in vielen der übrigen Prozeßordnungen - insbesondere in den zeitlich früher entstandenen Zivilrechtsnormierungen - nicht zwischen kundigen und unkundigen Parteien unterschieden. Eine Diffenzierung blieb aus. Es wurde in den Normierungen nur allgemein auf die Kenntnis der Prozeßparteien abgestellt, die durch die Belehrung gestärkt werden sollte. Dabei wurde nicht die tatsächliche Kenntnis oder Unkenntnis der Parteien als Maßstab genommen. Die Rechtsmittelbelehrung erfolgte vielmehr unabhängig davon. Eine zusätzliche Belehrung einer schon wissenden und möglicherweise juristisch gebildeten Partei schadete nach diesen Normen nicht. Es wurde erkannt, daß andere Gründe ebenfalls zu schon vorhandenem Wissen führen können: Prozeßparteien, die öfter Prozesse führten, werden eine gewisse Kenntnis von den rechtlichen Gegebenheiten und Möglichkeiten erlangt haben, auch wenn sie keine Juristen sind. Die Parteien sollten selbst entscheiden können, ob sie einen Rechtsbehelf einlegen wollen oder nicht. Ihr fehlenden juristisches Wissen sollte sie dabei - gerade auch in den Instanzen in denen keine Anwaltspflicht herrschte - nicht hindern, ihre Rechte und ihre Möglichkeiten der weiteren Rechtsverfolgung wahrzunehmen.

Darüber hinaus mußte der Schutz und Fürsorgegedanke bei der Abfassung der gerichtlichen Entscheidungen in den zivilprozeßrechtlichen Kodifizierungen des 19. Jahrhunderts beachtet werden:

§ 148 des IV. Edikts von 1818 für Württemberg stellte beispielsweise auf die Verständlichkeit der Gerichtsentscheidung ab.[484] War die schriftliche Eröffnung des Erkenntnisses nicht deutlich genug, so hatte es mündlich erklärt zu werden. Die Rechtsmittelbelehrung sollte "deutlich und umständlich" über das Rechtsmittel und die damit verbundenen Verfahrensvoraussetzungen belehren. Das Gericht sollte durch die Normierung einer Rechtsmittelbelehrung gezwungen werden, auf die intellektuellen Bedürfnisse der Prozeßparteien im Einzelfall einzugehen. Nur bei Kenntnis aller Umstände konnten die Parteien eine für sie "richtige" Entscheidung über die weitere Vorgehensweise treffen.

Eine weitere Ausprägung des Schutzgedankens findet man in der Normierung einer *schriftlichen Belehrung*: In der Badensche Obergerichtsordnung von 1803 wurde die Möglichkeit einer gedruckten Belehrung ebenso festgeschrieben,

---

483 Siehe oben: Teil 1, B III 3.
484 Siehe oben: Teil 1, B III 1.

wie in den badischen Prozeßordnungen von 1831 und 1851.[485] Bolley sah in seinem Entwurf einer Zivilprozeßordnung für Württemberg von 1844 in § 1314 Entwurf-Bolley ebenfalls vor, daß eine schriftliche, durch ein Formular erfolgte Belehrung zusätzlich mündlich erläutert werden sollte.[486] Von Harpprecht hielt in seinem Entwurf von 1846 auch eine gedruckte Belehrung für nötig.[487] Durch diese Maßnahme der schriftlichen Fixierung des Belehrungstextes wurde die Nachvollziehbarkeit der Belehrung und damit die spätere Erinnerung daran erleichtert. Eine umfassende Information der Prozeßparteien war gewährleistet, ebenso wie durch die zusätzliche mündliche Erläuterung. Indem das Gericht sicherstellte, daß der Einzelne die Belehrung nachvollziehen konnte, sorgte es für ein genaueres Verständnis der Partei von dem gegebenen Rechtsmittel und verschaffte den Parteien die Möglichkeit, ordnungsgemäß ihre Rechte weiter zu verfolgen.

In diesen Zusammenhang fällt auch die Belehrung über die Folgen, die eintreten, wenn die Partei kein Rechtsmittel einlegt. So sprach die preußische Constitution von 1748 von "sub poena Desertionis". Nach der Preußischen Allgemeinen Gerichtsordnung von 1793 wurde die Rechtsmittelbelehrung erteilt "mit dem ausdrücklichen Bedeuten, daß bei unterbliebener Meldung dafür geachtet werden solle, daß sie [Anm.: die Partei] bei dem Urtel sich beruhige".[488] Auch das württembergische IV. Edikt von 1818, die Entwürfe von Bolley und von Harpprecht, die hannoversche Prozeßordnung von 1850 und der Bundesstaaten-Entwurf von 1866 sahen eine Belehrung über die Folgen einer versäumten Rechtsmittelfrist vor.[489] Den Prozeßparteien sollten durch diese Hinweise die Bedeutung und die Tragweite ihrer Entscheidung klar gemacht werden. Auch diesem Erfordernis liegt wieder der Aspekt des fürsorglichen Schutzes durch den Staat zugrunde.

Dieser Fürsorge- und Schutzgedanke des Staates gegenüber den Prozeßparteien ist nicht nur in den Zivilprozeßordnungen des 19. Jahrhunderts zu finden, sondern er ist auch in aktuellen Verfahrensordnungen sichtbar. Nach § 35 a StPO und in den verwaltungs-rechtlichen Verfahren ist ebenfalls die Möglichkeit der Rechtsmittelbelehrung durch ein zusätzliches schriftliches Formular bekannt. Diese zusätzliche schriftliche Rechtmittelbelehrung erfüllt auch in diesen Verfahren die Funktion, die Erinnerung der Prozeßpartei an die gerichtlichen Erläu-

485 Siehe oben: Teil 1, B II 2, 3.
486 Siehe oben: Teil 1, B III 3.
487 Siehe oben: Teil 1, B III 3
488 Siehe oben: Teil 1, B I 3.
489 Siehe oben: Teil 1, B III 1, 3; IV 2; V 1.

terungen zu stärken oder überhaupt erst die Kenntnisse über die konkreten Umstände zu verschaffen.

Es stellt sich die Frage, ob diese gesetzlich normierten Belehrungspflichten als Ausdruck eines Schutzgedankens gegenüber dem Einzelnen ihre Grundlage in einem verfassungsrechtlichen Gebot haben. Wenn man dies bejaht, so hätte es zur Konsequenz, daß die Pflicht zu einer Rechtsmittelbelehrung schon aus verfassungsrechtlichen Gründen umgehend in die Zivilprozeßordnung aufgenommen werden müßte.

A. Derzeitiger Meinungsstand

Die Herleitung einer Pflicht zur Rechtsmittelbelehrung aus dem Grundgesetz selbst oder aus verfassungrechtlichen Grundsätzen ist in Rechtsprechung und Literatur umstritten. Die Auseinandersetzung, die mit einem stark umstrittenen Urteil des Bundesfinanzhofs vom 1. Dezember 1954 begann, hat in jüngerer Zeit, insbesondere durch den Beschluß des Bundesverfassungsgerichts vom 20. Juni 1995, neue Relevanz erhalten. Dieser letztgenannte Beschluß bezog sich - anders als die meiste, ausschließlich verwaltungrechtlich orientierte Rechtsprechung und Literatur - ausdrücklich auf die Situation des Zivilprozesses und löste damit eine erneute Diskussion aus.

I. Rechtsprechung

1. Bundesverfassungsgericht

Das Bundesverfassungsgericht hat sich erstmalig in einer Entscheidung vom 25. Oktober 1951[490] zu dem Problem der verfassungsrechtlichen Herleitung einer Rechtsmittelbelehrung geäußert. Es sah in dem der Entscheidung zugrundeliegenden Fall keine Verletzung des rechtlichen Gehörs dadurch, daß eine Rechtsmittelbelehrung fehlte. Begründet wurde diese Ansicht aber nicht näher.

In seiner Entscheidung vom 8. Januar 1959 [491] hielt das Bundesverfassungsgericht eine Belehrung in dem konkreten Fall für verfassungsrechtlich geboten. Begründet wurde diese Argumentation mit Art. 103 I GG. Diese Norm des

---

490 Wohl unveröffentlicht (1 BvR 200/51), zitiert bei: Röhl, NJW 1954, 1314, 1315, Anm. 7; auch Hingerl, Die Rechtsbehelfsbelehrung, S. 14.

491 BVerfGE 9, 89, 107.

Grundgesetzes garantiert nach Ansicht des Bundesverfassungsgerichts ein Recht auf Gegenvorstellung bei Haftbefehlen des Oberlandesgerichts. Gesetzlich war eine Rechtsmittelbelehrung bei diesen Haftbefehlen nicht vorgesehen. Nach der Auffassung des Bundesverfassungsgerichts ergibt sich jedoch aus der auf Art. 103 I GG gestützten Garantie eines Rechts auf Gegenvorstellung eine verfassungsrechtliche Pflicht, über diesen Rechtsbehelf den Betroffenen zu belehren.

Am 28. Oktober 1975 erging wiederum eine Entscheidung des Bundesverfassungsgerichts, in der es sich mit einer Rechtmittelbelehrungspflicht auseinandersetzte.[492] In dieser Entscheidung, die eine Beschwerde gegen Maßnahmen der Vollzugsbehörden zum Inhalt hatte, bezog das Bundesverfassungsgericht keine Position zu der Frage der verfassungsrechtlichen Grundlage einer Rechtsmittelbelehrung. Es hat die Frage, ob sich eine Belehrungspflicht aus Art. 19 IV GG oder einer anderen verfassungsrechtlichen Grundlage herleiten läßt, offengelassen.

Die neueste Entscheidung des Bundesverfassungsgerichts ist für das vorliegende Thema von besonderer Relevanz und soll deshalb ausführlicher dargestellt werden. In dem Beschluß vom 20. Juni 1995, der sich ausdrücklich auf den Zivilprozeß bezog, lehnte das Bundesverfassungsgericht eine verfassungsrechtliche Grundlage für eine Pflicht zu einer Rechtsmittelbelehrung im Zivilprozeß "derzeit noch" ab.[493] Dabei diskutierte das Bundesverfassungsgericht die mögliche Herleitung aus dem verfassungsrechtlichen Anspruch auf einen wirkungsvollen Rechtsschutz, der sich für den Zivilprozeß aus Art. 2 I GG in Verbindung mit dem Rechtsstaatsprinzip ergebe. Darüber hinaus wurde eine eventuelle Verletzung des Gleichheitsgrundsatzes aus Art. 3 I GG erörtert.

Das Bundesverfassungsgericht vertrat folgende Ansicht: Zwar sei aus dem Rechtsstaatsprinzip eine Forderung nach möglichst effektivem Rechtsschutz für den Einzelnen abzuleiten, aber dennoch müsse auch eine Abwägung mit einer Herstellung von Rechtssicherheit, die ebenfalls im Rechtsstaatsprinzip verankert sei, stattfinden. Die Rechtssicherheit setze voraus, daß streitige Rechtsverhältnisse im öffentlichen Interesse in "angemessener Zeit" entschieden würden. Die erforderliche Abwägung führe zu dem Ergebnis, daß als Voraussetzung für den "effektiven Rechtsschutz" lediglich gefordert werden müsse, daß der Rechtsweg "nicht in unzumutbarer, durch Sachgründe nicht mehr zu rechtfertigender Weise erschwert werden" dürfe.[494] Als Beispiel führte das Bundesverfassungsgericht in

---

492 BVerfGE 40, 237, 258.
493 BVerfGE 93, 99 .
494 BVerfGE 93, 99, 108; auch BVerfGE 88, 118, 124.

diesem Beschluß Formerfordernisse an, die so kompliziert sein können, daß eine rechtzeitige eigene Aufklärung der Partei über die Pflichten in zumutbarer Weise fristgerecht nicht erfolgen könne: "Das kann namentlich in Verfahren zutreffen, in denen kein Anwaltszwang besteht."[495] Nur in diesem Rahmen könne auch eine Pflicht zur Rechtsmittelbelehrung bestehen.

Ausgehend von diesen Grundgedanken betrachtete das Bundesverfassungsgericht das Verfahren des Zivilprozesses näher. Dabei vertrat es folgende Ansicht: Das Zivilverfahren sei den Rechtssuchenden von allen Verfahrensarten am vertrautesten. Das Rechtsmittelsystem selbst sei im Klageverfahren "im Rahmen des Herkömmlichen und [...] überschaubar."[496]

Darüber hinaus setzte sich das Bundesverfassungsgericht intensiv mit der Frage der anwaltlichen Vertretung auseinander: Im Zivilprozeß gebe es für die Rechtsmittel der Berufung und der Revision die Pflicht zur anwaltlichen Vertretung (Anwaltszwang, § 78 I ZPO). Diese Tatsache sei den Bürgern allgemein bekannt. Davon habe der Gesetzgeber ausgehen können. Da man von einem Rechtsanwalt "ohne weiteres" erwarten darf, "daß er die formellen Rechtsmittelerfordernisse des Zivilprozesses kennt",[497] sei hier eine Rechtsmittelbelehrung nicht notwendig.

Das Bundesverfassungsgericht sah außerdem anderweitige Möglichkeiten für die Prozeßpartei, sich zu informieren: "Selbst wenn sich die Partei im Einzelfall nicht sofort an einen Anwalt wenden will, kann sie sich bei dem Gericht, das die anzufechtende Entscheidung erlassen hat, nach den Rechtsmittelmöglichkeiten und -erfordernissen erkundigen." Diese Maßnahmen zur Information seien nur für die bisher *nicht* anwaltlich vertretene Partei notwendig und sie lägen "im Rahmen des Zumutbaren".[498] Aus all diesem schloß das Bundesverfassungsgericht, daß eine verfassungsrechtliche Pflicht aus Art. 2 I GG in Verbindung mit dem Rechtsstaatsprinzip, also dem Anspruch auf effektiven Rechtsschutz, zur Erteilung einer Rechtsmittelbelehrung auch im Zivilprozeß nicht existiere.

Aber auch aus dem Gleichheitssatz des Art. 3 I GG folgt nach der Auffassung des Bundesverfassungsgerichts keine verfassungsrechtliche Pflicht zur Erteilung einer Rechtsmittelbelehrung: Zwar bestehe in anderen Gerichtsbarkeiten die Pflicht, die Entscheidungen mit einer Rechtsmittelbelehrung zu versehen. Der sachliche Grund für eine Differenzierung gegenüber dem Zivilprozeß liege nicht schon allein in der formellen Abgrenzung nach Fachgerichtsbarkeiten. Vielmehr erforderten die Besonderheiten des Zivilprozesses eine Differenzie-

495 BVerfGE 93, 99, 108.
496 BVerfGE 93, 99, 108.
497 BVerfGE 93, 99, 109
498 BVerfGE 93, 99, 109.

rung. Dies gelte insbesondere deshalb, weil für die zivilrechtlichen Rechtsmittel ein Vertretungszwang durch einen Anwalt vor Gericht vorgesehen ist.[499]

Das Bundesverfassungsgericht sah seine getroffene Entscheidung nicht als abschließend in der Sache an. Vielmehr könnten nach seiner Auffassung durchaus Umstände eintreten, die ein verfassungsrechtliches Gebot einer Belehrungspflicht möglich machten: "Hinzuweisen ist allerdings darauf, daß auch für das Klageverfahren im Zivilprozeß die Gründe, die das Unterlassen der Rechtsmittelbelehrung derzeit noch rechtfertigen, künftig um so mehr an Gewicht verlieren können, je umfassender in den übrigen Bereichen der verschiedenen Gerichtsbarkeiten eine Rechtsmittelbelehrung vorgeschrieben wird."[500]

Darüber hinaus wies das Gericht darauf hin, daß keine verfassungsrechtlichen Bedenken *gegen* eine Erteilung einer Rechtsmittelbelehrung sprächen: "Dabei ist auch zu bedenken, daß ein öffentliches Interesse am Unterlassen einer Rechtsmittelbelehrung nicht besteht."[501] und "Es sind freilich keine sachlichen Gesichtspunkte ersichtlich, die einer durchgehenden Erteilung von Rechtsmittelbelehrungen in allen gerichtlichen Verfahrensarten entgegenstünden. Insbesondere wäre die Rechtssicherheit nicht beeinträchtigt, wenn die Prozeßparteien jeweils von Amts wegen über ihre Rechtsmittelmöglichkeiten aufgeklärt würden."[502]

Die Entscheidung des Bundesverfassungsgerichts enthielt hinsichtlich der "Erwägungen zur Rechtsmittelbelehrung" eine abweichende Meinung des Richters Kühling, der eine Rechtsmittelbelehrung nur für den Anwaltsprozeß für verzichtbar erachtete, und eine Belehrung für amtsgerichtliche Urteile für nötig befand.[503] Nach seiner Ansicht ist das Rechtsmittelsystem des Zivilprozesses zu komplex, als daß es unproblematisch von einem Normalbürger ohne professionelle Hilfe durchschaut werden könne. Insofern ergibt sich nach Meinung Kühlings aus Art. 2 I in Verbindung mit dem Rechtsstaatsprinzip eine Belehrungspflicht bei amtsgerichtlichen Urteilen. Er ist der Ansicht, daß der Betroffene zunächst selbst sich Klarheit darüber verschaffen können müsse, ob ein Rechtsmittel gegeben sei, bevor er einen Anwalt konsultiere, was aufgrund von Kostenbefürchtungen in der Bevölkerung mit einer Hemmschwelle verbunden sei.[504]

---

499 BVerfGE 93, 99, 111.
500 BVerfGE 93, 99, 112.
501 BVerfGE 93, 99, 112.
502 BVerfGE 93, 99, 109.
503 BVerfGE 93, 99, 117.
504 BVerfGE 93, 99, 117, 118.

2. Bundesfinanzhof

Auch der Bundesfinanzhof hat sich mit der verfassungsrechtlichen Herleitung einer Rechtsmittelbelehrungspflicht befaßt.

Eine Ableitung einer allgemeinen Rechtsmittelbelehrungspflicht aus dem Gedanken der Rechtsweggarantie oder des effektiven Rechtsschutzes aus Art. 19 IV GG lehnte der Bundesfinanzhof in seinem Grundsatzurteil vom 1. Dezember 1954 vor allem mit einem formellen Argument ab: Der Art. 19 IV GG gewährleiste nur den Rechtsweg gegen Verwaltungsakte selbst. Es fänden sich jedoch keine näheren Regelungen eines Verfahrensablaufs in diesem Artikel. Aufgrund des Fehlens solcher ausdrücklichen Verfahrensumstände müsse davon ausgegangen werden, daß der konkrete Verfahrensablauf, insbesondere aber eine mögliche Rechtsmittelbelehrungspflicht, nicht mit von Art. 19 IV GG umfaßt sei.[505]

Dieser Ansicht blieb der Bundesfinanzhof - trotz heftiger Kritik durch die Literatur - auch in seiner weiteren Rechtsprechung treu.[506]

Zwar erkennt er in seinem Urteil vom 30. Juni 1964 an, daß "die Verwirklichung der in Art. 19 IV GG zum Ausdruck kommende Forderung nach einem umfassenden Rechtsschutz es notwendig macht, daß derjenige, der sich durch einen Akt der öffentlichen Gewalt in seinen Rechten verletzt glaubt, in der Lage sein muß, sich ohne Schwierigkeiten über die ihm zustehenden Rechtsmittel und damit im Zusammenhang stehenden Formvorschriften zu unterrichten".[507] Eine allgemeine Pflicht zur Rechtsmittelbelehrung ließe sich nach Ansicht des Bundesfinanzhofs trotzdem nicht aus Art. 19 IV GG ableiten. Allerdings fehlt dieser Ansicht eine weitergehende, inhaltliche über die bloße formale Begründung hinausgehende, Argumentation für eine Ablehnung.

Verwaltungsbeschwerde-Entscheidungen der Oberfinanzdirektionen und der Ministerien, gegen die der durch Art. 19 IV GG geschützte erweiterte Rechtsweg gegeben ist, müssen nach Ansicht des Bundesfinanzhofs mit einer Rechtsmittelbelehrung versehen sein: Diese ergebe sich aber nicht aus der Verfassung, sondern aus § 258 AO.[508]

Darüber hinaus erkannte der Bundesfinanzhof schon in seinem Urteil vom 1. Dezember 1954, daß rechtsunkundige Beteiligte durch eine fehlende Rechtsmittelbelehrung benachteiligt werden könnten: "Wenn nach den obigen Ausführun-

505 BFHE 60, 68, 70.
506 BFH BStBl 1959 III, 356; BFH BStBl 1961 III, 147; BFH BStBl 1964 III, 491.
507 BFH BStBl 1964 III, 490 ff..
508 BFHE 60, 68, 71 f..

gen auch eine allgemeine Rechtsmittelbelehrungspflicht über den Rechtsweg nach Art. 19 Abs. 4 GG für die Finanzverwaltungsbehörden der Länder nicht gegeben ist, so kann doch im einzelnen Falle, besonders bei rechtsunkundigen Beteiligten, eine solche Rechtsmittelbelehrung erwünscht und zweckmäßig sein. Es wird überhaupt dem Grundgedanken des Art. 19 Abs. 4 GG entsprechen, wenn die Behörden, auch ohne daß eine gesetzliche Pflicht zur Rechtsmittelbelehrung besteht, in möglichst weitgehendem Umfange die Beteiligten über die ihnen gegen Verwaltungsakte zustehenden Rechtsmittel aufklären."[509]

3. Bundesverwaltungsgericht

Auch das Bundesverwaltungsgericht lehnte in seiner einzigen Entscheidung zu diesem Thema vom 21. September 1972 eine Herleitung einer Rechtsmittelbelehrungspflicht aus verfassungsrechtlichen Gründen ab, wobei es sich inhaltlich mit dem Problem nicht weiter auseinandergesetzt hat. Es erklärte vielmehr: "Daß Art. 19 Abs. 4 GG, ..., nicht die Erteilung von Rechtsmittelbelehrungen fordert, ist überwiegend anerkannt; der beschließende Senat teilt diese Auffassung."[510]

4. Bundesgerichtshof

Der Bundesgerichtshof hat sich zu der verfassungsrechtlichen Frage wenig geäußert.

Der XII. Zivilsenat hat sich in seinem Beschluß vom 19. März 1997 nur auf die bereits zitierte Entscheidung des Bundesverfassungsgerichts bezogen und daher eine Pflicht zu einer Rechtsmittelbelehrung abgelehnt: Eine allgemeine Rechts- und Fürsorgepflicht bestehe nicht. Bei der Frage einer richterlichen Fürsorgepflicht müsse nach der Ansicht des Bundesverfassungsgerichts auch das Interesse an einer Funktionsfähigkeit der Justiz und der Schutz vor zusätzlichen Belastungen berücksichtigt werden.[511]

Der IV. Zivilsenat hat in seinem Beschluß vom 30. Januar 1980 lediglich festgestellt, daß für den Bereich der Zivilprozeßordnung keine gesetzliche Normierung einer Rechtsmittelbelehrungspflicht existiere und daß eine solche Rechtsmittelbelehrung auch nicht "üblich" sei.[512] Er vertritt die Ansicht: "Es ist Sache einer juristisch nicht vorgebildeten Partei, der eine ihr ungünstige Gerichtsentscheidung zugestellt wird, sich alsbald nach der Form oder der Frist ei-

---

509 BFHE 60, 68, 73.
510 BVerwG, DVBl 1973, 313 f..
511 BGH NJW 1997, 1989.
512 BGH FamRZ 1980, 347.

nes Rechtsmittels zu erkundigen, selbst wenn sie noch nicht sogleich zur Einlegung des Rechtsmittels entschlossen ist."[513]

Diese Entscheidung ist nicht die einzige zu diesem Thema. Auch der Senat für Notarsachen vertritt in ständiger Rechtsprechung die Auffassung, daß bei Notarsachen die Verwaltungsakte nicht mit einer Rechtsmittelbelehrung versehen werden müßten, da die Beteiligten, gegen die der Verwaltungsakt im Bereich der Bundesnotarordnung ergehen kann, nur Notare und Notarassessoren, also rechtskundige Personen seien. Der Senat für Notarsachen ist der Ansicht, daß aufgrund deren Rechtskunde Rechtsmittelbelehrungen entbehrlich seien, und ein Fehlen einer Rechtsmittelbelehrung keinen Einfluß auf den Fristenlauf habe.[514]

Darüber hinaus vertrat der IV. Zivilsenat in seinem Beschluß vom 9. Februar 1977 die Meinung, daß ein Prozeßbevollmächtigter verpflichtet sei, seine Partei darüber zu unterrichten, ob, in welchem Zeitraum und in welcher Weise gegen ein Urteil ein Rechtsmittel eingelegt werden könne. Der Zivilsenat meinte, dies gehöre "zu den Betreuungspflichten des Rechtsanwalts, der in der durch das Urteil beendeten Instanz für die Partei tätig geworden ist".[515]

II. Literatur

Die Literaturansichten zur verfassungsrechtlichen Begründung einer Rechtsmittelbelehrungspflicht sind sehr vielfältig. Sie lassen sich in verschiedene zeitliche Perioden einteilen.

Viele Äußerungen folgten auf das Grundsatzurteil des Bundesfinanzhofs vom 1. Dezember 1954 und die inhaltlich identischen nachfolgenden Entscheidungen. Zu diesem Zeitpunkt setzten sich die Ansichten vor allem mit der Herleitung der Belehrungspflicht im Verwaltungsverfahren aus der Verfassung auseinander.

Im Zuge der Reformbestrebungen für den Zivilprozeß Ende der siebziger Jahre des 20. Jahrhunderts wurde erneut über die Pflicht zu einer Rechtsmittelbelehrung in der Literatur diskutiert.

---

513 BGH FamRZ 1980, 347; vgl. auch: BGH LM BEG § 218 Nr. 1; BGHZ 42, 223, 229.

514 BGHZ 42, 390, 392; BGH BGHR § 111 Abs. 4 S. 2 "Wiedereinsetzung 2"; BGH DNotZ 1973, 494; BGH DNotZ 1982, 381; BGH DNotZ 1984, 186; Lemke in Schippel, BNotO, § 111 Rdnr. 39; Sandkühler in Arndt/Lerch/Sandkühler, BNotO, § 111 Rdnr. 114.

515 BGH JZ 1977, 305.

In jüngerer Zeit gab der Beschluß des Bundesverfassungsgerichts vom 20. Juni 1995 den Anstoß zu Erörterungen.

Während die Rechtsprechung eine Pflicht zur Rechtsmittelbelehrung aus der Verfassung ablehnt, werden in der Literatur unterschiedliche Meinungen vertreten. Zum einen wird zwar in Übereinstimmung mit der Rechtsprechung eine verfassungsrechtliche Pflicht zu einer Rechtsmittelbelehrung abgelehnt, zum anderen stehen jedoch viele Autoren dieser Rechtsprechungsansicht, selbst wenn sie ihr vom Ergebis her zustimmen, kritisch gegenüber.

1. Meinungen gegen eine verfassungsrechtliche Begründung einer Rechtsmittelbelehrungspflicht

Deutlich wird diese Distanz zwischen Rechtsprechung und Literatur, trotz der Zustimmung im Ergebnis, schon bei den Analysen zum Urteil des Bundesfinanzhof vom 1. Dezember 1954:

Zwar stimmt beispielsweise Maaßen der vom Bundesfinanzhof vertretenen Ansicht zu, da "die Möglichkeit des Rechtsweges gegen Ermessensentscheidungen heutzutage so allgemein bekannt [sei], daß eine Belehrung in diesem Verfahrensabschnitt selbst unter weitgehender Heranziehung des Rechtsschutzgedankens nicht unbedingt erforderlich [erscheine]."[516] Die Äußerung Maaßens beschränkt sich sonst auf eine zustimmende Wiedergabe der Ansicht des Bundesfinanzhofs.

Auch andere Autoren stellen vor allem die Entscheidung des Bundesfinanzhof vor und wiederholen dessen Begründung. So stimmt Felix ohne nähere Begründung dem Bundesfinanzhof zu und leitet ebenfalls aus Art. 19 IV GG keine Pflicht zu einer Rechtmittelbelehrung her.[517]

Fließbach vertritt in seiner Erläuterung zum Urteil des Bundesfinanzhof vom 1. Dezember 1954 ebenfalls diese Ansicht, verweist jedoch ausdrücklich auf die Ausführungen des Bundesfinanzhofs zur Rechtmittelbelehrung gegenüber rechtsunkundigen Beteiligten.[518] Ein Jahr später greift Fließbach anläßlich eines neuen Urteils des Bundesfinanzhofs die Frage der Begründung einer Rechtsmittelbelehrungspflicht aus Art. 19 IV GG erneut auf. Er bezeichnet jetzt die Gegenargumente in der Literatur als "durchaus beachtliche Argumente" und vertritt die Ansicht, daß der Bundesfinanzhof diese Meinungen bei seiner nächsten Entscheidung berücksichtigen müsse.[519]

---

516 Maaßen, FR 1955, 256 f..

517 Felix, BB 1955, 150.

518 Fließbach, Steuer und Wirtschaft 1955, Spalte 205, 208; siehe oben: Teil 3, A I 2.

519 Fließbach, Steuer und Wirtschaft 1956, Spalte 863 f..

Rümelin lehnt ebenfalls die Herleitung einer Rechtsmittelbelehrungspflicht aus Art. 19 IV GG ab, "weil diese Vorschrift nur den gerichtlichen Rechtsschutz im Auge hat, aber nichts über das Verfahren aussagen will, das der Anrufung der Gerichte vorgeht."[520] Da sich diese Argumentation ausschließlich auf das Steuerverfahren und den Bezug zu § 21 BVerwGG bezieht, läßt Rümelin gegen Ende seiner Erläuterungen eine Herleitungsmöglichkeit aus Art. 19 IV GG offen: "Auch wenn man statt des § 21 BVerwGG den Art. 19 Abs. 4 GG zur Begründung einer Belehrungspflicht über Rechtsbehelfe heranziehen kann - was ich hier offen lassen möchte - ..."[521]

Ritter sieht keine Pflicht zu einer Rechtsmittelbelehrung, die sich aus der Verfassung, insbesondere aus Art. 19 IV GG ergeben könnte, wobei er mit der Begründung seiner Ansicht dem Urteil des Bundesfinanzhofs von 1954 folgt.[522]

Auch über das Grundsatzurteil des Bundesfinanzhofs hinaus vertreten einige Autoren die Ansicht, eine verfassungsrechtliche Grundlage für eine Rechtsmittelbelehrungspflicht sei nicht gegeben.

Stelkens vertritt die Meinung, daß aus Art. 19 IV GG keine Pflicht zu einer Rechtsmittelbelehrung zu folgern sei. Als Begründung verweist er lediglich auf die "h. M." in dieser Frage.[523]

Auch Schmidt-Aßmann und Bettermann lehnen eine Herleitung der Pflicht zur Rechtsmittelbelehrung aus der Verfassung, sowohl aus Art. 19 IV GG, als auch aus Art. 103 GG, mit ähnlich kurzen Begründungen ab.[524]

Klempt und Mayer sehen für das Steuerverfahren über die normierte einfachgesetzliche Rechtsmittelbelehrungspflicht hinaus keine sich aus Art. 19 IV GG ergebende Verpflichtung zu einer Belehrung.[525]

Stober lehnt die verfassungsrechtliche Ableitung einer Belehrungspflicht ebenfalls ab. Dabei bezieht er sich nicht nur auf Art. 19 IV GG, aus dem er eine Rechtsmittelbelehrung aufgrund des Wortlautarguments, das auch vom Bundesfinanzhof vertreten wurde, nicht herausliest. Stober setzt sich auch mit der Herleitung einer Belehrungspflicht aus dem Rechtsstaatsprinzip auseinander: Zum

---

520 Rümelin, Zölle und Verbrauchssteuer 1956, 364 f., mit Verweis auf: Zölle und Verbrauchssteuer 1955, 3 f..

521 Rümelin, Zölle und Verbrauchssteuer 1956, 365 .

522 Ritter, Zölle und Verbrauchssteuer 1956, 199 f..

523 Stelkens, NuR 1982, 10 f..

524 Bettermann in Bettermann/Nipperdey/Scheuner, Die Grundrechte, 3. Band, 2. Halbband, S. 779, 808; Schmidt-Aßmann in Maunz-Dürig, GG, Art. 19 Abs. 4 Rdnr. 157 und Art. 103 Abs 1 Rdnr. 79; Schmidt-Aßmann in Schoch/Schmidt-Aßmann/Pietzner, VwGO, Einleitung Rdnr. 208.

525 Klempt/Mayer, Rechtsmittelverfahren in Steuerstreitsachen, S. 62.

Rechtsstaatsprinzip gehöre das Element der Rechtssicherheit, was bewirke, daß "staatliche Machtäußerungen vorhersehbar, meßbar und klar sein müssen". Aber auch eine Ableitung aus dem Rechtsstaatsprinzip lehnt Stober durch Verweis auf die "herrschende Meinung" und "aus Gründen der Rechtsstaatlichkeit" ab.[526]

Schenke sieht ebenfalls keinen Anlaß aus dem Prinzip der Rechtsschutzeffektivität eine Verpflichtung zu einer Rechtsmittelbelehrung abzuleiten.[527] Jedoch zeigt er Verständnis für die Erwägungen der Gegenmeinung: "Insbesondere ergibt sich aus diesem Grundsatz, so sehr man eine in dieser Richtung erhobene Forderung auch rechtspolitisch begrüßen mag, keine Verpflichtung zu einer Rechtsmittelbelehrung."[528]

2. Meinungen für eine verfassungsrechtliche Begründung einer Rechtsmittelbelehrungspflicht

Demgegenüber kritisiert ein anderer Teil der Literatur die vom Bundesfinanzhof vertretene Auffassung und leitet - auch unabhängig von dem Urteil - eine allgemeine Pflicht zu einer Rechtsmittelbelehrung aus Art. 19 IV GG her: Die Autoren sind der Meinung, daß die Ansicht des Bundesfinanzhofs zu eng sei, da sie nur auf den Wortlaut dieser Verfassungsnorm abstelle und dadurch zu wenig flexibel sei.[529]

So vertritt Kaatz die Ansicht, daß die Rechtsmittelbelehrung als Teil des durch Art. 19 IV GG gewährleisteten Rechtsschutzes anzusehen sei und daß die Meinungen, die in Art. 19 IV GG nur die Möglichkeit der Inanspruchnahme eines Gerichts sehen, zu eng seien. Die bloße Gewährung einer Informationsmöglichkeit genügt nach seiner Ansicht nicht.[530]

Wendt versucht die Pflicht zu einer Rechtsmittelbelehrung damit zu begründen, daß das Grundgesetz ein einheitliches Rechtssystem wolle und daß deshalb der in Art. 19 IV GG gewährleistete Rechtsschutz nur dann wirksam sein könne, wenn eine Belehrung erfolge.[531]

Auch Werner verfolgt eine ähnliche Argumentation: Die Rechtsmittelbelehrung gehöre zum unmittelbaren Verfassungsvollzug des Art. 19 IV GG. Die Belehrungspflicht folge daher unmittelbar aus Art. 19 IV GG, der zudem extensiv ausgelegt werden müsse. Außerdem sei eine Belehrungspflicht über Rechtsmittel "ein Kernstück einer rechtsstaatlich verstandenen Verfahrensordnung".[532]

526 Stober, BayVBl 1976, 169, 171, 173.
527 Schenke in BK-GG, Art. 19 Abs. 4 Rdnr. 429.
528 Schenke in BK-GG, a.a.O..
529 Kaatz, FR 1955, 379.
530 Kaatz, FR 1955, 379.
531 Wendt, BB 1955, 457.
532 Werner, JZ 1955, 347, 349.

Bachmeyer befürwortet ebenfalls eine weite Auslegung des Art. 19 IV GG, der die Pflicht zu einer Rechtsmittelbelehrung mit umfasse: "Art. 19 Abs 4 GG gehört zu den Grundrechten, die weit ausgelegt werden müssen; denn diese Bestimmung soll dem Staatsbürger einen möglichst umfassenden Rechtsschutz gewährleisten. Bereits der Hinweis auf bestehende Rechtsschutzmöglichkeiten (Rechtsmittelbelehrung) ist aber ein Teil des Rechtsschutzes; denn niemand soll aus Unkenntnis eines Rechtsbehelfs verlustig gehen."[533]

Auch Pipkorn leitet die Pflicht zur Erteilung von Rechtsmittelbelehrungen aus Art. 19 IV GG her, allerdings ohne nähere verfassungsrechtliche Begründung.[534]

Darüber hinaus ist insbesondere die Ansicht Brinkmanns zu nennen. Dieser leitet unmittelbar aus Art. 19 IV GG eine Pflicht zu einer Rechtsmittelbelehrung ab, da ansonsten der Rechtsweg "aus Unkenntnis, Vorsicht oder gar Furcht" nicht beschritten werde. Brinkmann ist der Ansicht, der Staat würde zwar den Rechtsweg mit Art. 19 IV GG für den Betroffenen grundsätzlich öffnen, auf der anderen Seite aber infolge einer Nichtbelehrung wieder verschließen. Nach seiner Ansicht folgt daher die Pflicht zur Rechtsmittelbelehrung aus Art. 19 IV GG.[535]

Auch Wassermann sieht "angesichts der Unübersichtlichkeit der Rechtsbehelfe" eine Belehrung für die Gewährung der Rechtsweggarantie aus Art. 19 IV GG für notwendig an. Das Erfordernis eines erkennbaren Rechtsschutzes, das von Art. 19 IV GG umfaßt sei, begründet seiner Meinung nach ein Recht auf eine Rechtsmittelbelehrung aus der Verfassung.[536]

Hingerl setzt sich sehr eingehend mit der Frage der verfassungsrechtlichen Grundlage einer Rechtsbehelfsbelehrung auseinander und beleuchtet die unterschiedlichen Aspekte. Er sieht ohne Rechtsbehelfsbelehrung den Rechtsschutz aufgrund von Unkenntnis faktisch erschwert. Er befürwortet eine Rechtsbehelfsbelehrung auch aus dem Gesichtspunkt des Rechtsstaatsprinzips. Außerdem solle die Belehrung seiner Ansicht nach durch den Staat erfolgen und nicht durch die Anwaltschaft.[537]

B. Verfassungsrechtliche Grundlagen

Ansätze für eine verfassungsmäßige Begründung einer Rechtsmittelbelehrungspflicht finden sich auch in der Begründung der Bundesregierung zur Einführung

533 Bachmeyer, Steuer und Wirtschaft 1960, Spalte 747, 751.
534 Pipkorn, DÖV 1970, 175.
535 Brinkmann, Grundrechtskommentar, Art. 19 Anm. I 8 d.
536 Wassermann in AK-GG, Art. 19 Abs. 4 Rdnr. 58.
537 Hingerl, Die Rechtsbehelfsbelehrung, S. 43 f., 52 ff., 58.

einer Belehrungspflicht in § 35 a StPO. Nach der amtlichen Begründung wurde diese Norm "aus rechtsstaatlichen Erfordernissen" eingeführt.[538]

Auch der von der SPD-Fraktion 1988 im Bundestag eingebrachte Gesetzentwurf zur Änderung der Zivilprozeßordnung sieht eine Pflicht zur Rechtsmittelbelehrung vor und begründet diese mit verfassungsrechtlichen Gesichtspunkten, nämlich dem Gleichheitsgrundsatz.[539]

I. Anknüpfung an die Verfassung

Die oben dargestellen Ansichten in Rechtsprechung und Literatur haben gemeinsam, daß sie überwiegend die verfassungsrechtlichen Grundlagen nur sehr oberflächlich berühren. Es sollen deshalb die möglichen verfassungerechtlichen Anknüpfungen für eine Belehrungspflicht im einzelnen untersucht werden.

1. Artikel 19 Absatz 4 GG

Art. 19 IV GG regelt die sogenannte Rechtsweggarantie: *"Wird jemand durch die öffentliche Gewalt in seinen Rechten verletzt, so steht ihm der Rechtsweg offen. Soweit eine andere Zuständigkeit nicht begründet ist, ist der ordentliche Rechtsweg gegeben. Artikel 10 Absatz 2 Satz 2 bleibt unberührt."*

Dieser Artikel ist ein in seiner Bedeutung überragendes Rechtsinstitut mit fundamentalem Charakter für das gesamte Grundgesetz.[540] Durch Art. 19 IV GG sichert der Staat dem Bürger einen allgemeinen rechtsstaatlichen Justizgewährleistungsanspruch zu.[541] Damit schafft der Verfassungsstaat ein Gegengewicht zu seinem eigenen staatlichen Gewaltmonopol, dem Selbsthilfeverbot und der bürgerliche Friedenspflicht, und er sichert allgemein einen Rechtsschutz gegen Akte der öffentlichen Gewalt.[542] Art. 19 IV GG ist eine spezielle Ausprägung des Rechtsstaatsprinzips.[543] Seine Auslegung ist damit einem Rückgriff auf den allgemeinen Grundsatz vorzuziehen.[544]

---

538 Begr. BT Drs 1/ 3713, Art. 4 zu 4, S. 46; auch Dallinger, JZ 1953, 432 ff.; auch Schrader, NStZ 1987, 448; auch Warda, MDR 1957, 717.

539 BT Drs. 11/1704.

540 Schulze-Fielitz in Dreier, GG, Art. 19 IV Rdnr. 26.

541 Beispielsweise BVerfGE 54, 277, 292; Huber in v. Mangoldt/Klein/Starck, GG, Art. 19 Abs. 4 Rdnr. 363, 365; Krebs in v. Münch/Kunig, GG, Art. 19 Rdnr. 50; Schmidt-Aßmann in Maunz-Dürig, GG, Art. 19 Abs. IV Rdnr. 16.

542 Schulze-Fielitz in Dreier, GG, a.a.O..

543 Lorenz, Der Rechtsschutz des Bürgers und die Rechtsweggarantie, S. 12 ff.; Schulze-Fielitz in Dreier, GG, Art. 19 IV Rdnr. 27.

544 Krebs in v. Münch/Kunig, GG, Art. 19 Rdnr. 50 m. w. N.; Schulze-Fielitz in Dreier, GG, a.a.O..

Vor allem beinhaltet Art. 19 IV GG das Prinzip des effektiven Rechtsschutzes.[545] Das bedeutet aber nicht, daß diese Norm einen Anspruch auf mehr als eine gerichtliche Instanz begründet.[546] Vielmehr garantiert Art. 19 IV GG die Zugänglichkeit des gegebenen Rechtsweges und die Wirksamkeit des gerichtlichen Rechtsschutzes. Das bedeutet auch, daß falls ein Instanzenzug existiert, der Zugang zu den höheren Gerichten nicht unzumutbar erschwert werden darf.[547] Grundsätzlich darf der Betroffene die ihm zustehenden Rechtsmittel in vollem Umfang ausnutzen. Lediglich sachgerechte Zugangsbegrenzungen sind zulässig, da diese ebenfalls dem Rechtsschutz dienen sollen, indem sie für Rechtssicherheit und den geordneten Gang der Rechtspflege sorgen.[548] Aus diesem Grund ist auch eine Zurückweisung eines Rechtsmittels als unzulässig möglich, wenn es für den Rechtsmittelführer nutzlos ist.[549]

Die Zugänglichkeit des Rechtsweges umfaßt daneben das Gebot der Rechtswegklarheit. Zwar entbindet Art. 19 IV GG den Rechtsschutzsuchenden nicht von eigenen Erkundigungen, aber dennoch müssen ihm Hilfestellungen und Vereinfachungen von Verfassungswegen gegeben werden.[550] In der Praxis geschieht dies vor allem dadurch, daß der Betroffene von den Rechtsnachteilen freigestellt wird, wenn die Rechtswegnormen zu abstrakt sind und Abgrenzungsschwierigkeiten beinhalten.[551]

---

545 Huber in v. Mangoldt/Klein/Starck, GG, Art. 19 Abs. 4 Rdnr. 462; Kunig, Das Rechtsstaatsprinzip, S. 442; Pipkorn, Auskunftspflicht der daseinsvorsorgenden Verwaltungsbehörden, S. 88 ff.; Schenke in BK-GG, Art. 19 Abs. 4 Rdnr. 424 ff.; Schmidt-Aßmann in Maunz-Dürig, GG, Art. 19 Abs. IV Rdnr. 229 ff.; Wassermann in AK-GG, Art. 19 Abs. 4 Rdnr. 56.

546 BVerfGE 4, 74, 94; BVerfGE 11, 232, 233; BVerfGE 40, 268, 274 f.; BVerfGE 83, 24, 31; BVerfGE 87, 48, 61; BVerfGE 92, 365, 410; BVerwGE 66, 312, 313; BVerwGE 86, 48, 51; BVerwGE 94, 279, 280; Lorenz, Der Rechtsschutz des Bürgers und die Rechtsweggarantie, S. 247 ff.; Schulze-Fielitz in Dreier, GG, Art. 19 IV Rdnr. 73.

547 BVerfGE 41, 323, 325 f.; BVerfGE 49, 329, 341; BVerfGE 65, 76, 90; BVerfGE 78, 88, 99; Lorenz, Der Rechtsschutz des Bürgers und die Rechtsweggarantie, S. 253 f.; Schulze-Fielitz in Dreier, GG, Art. 19 IV Rdnr. 74; Schmidt-Aßmann in Maunz-Dürig, GG, Art. 19 Abs. IV Rdnr. 229 ff..

548 BVerfGE 10, 264, 268; BVerfGE 40, 237, 256; BVerfGE 40, 268, 274 f.; BVerfGE 42, 128, 130; BVerfGE 44, 302, 305; BVerfGE 54, 94, 97; Schmidt-Aßmann in Maunz-Dürig, GG, Art. 19 Abs. IV Rdnr. 233.

549 BVerwG, NVwZ 1990, 360, 361; Schulze-Fielitz in Dreier, GG, a.a.O..

550 Huber in v. Mangold/Klein/Starck, GG, Art. 19 Abs. 4 Rdnr. 463, Schmidt-Aßmann in Maunz-Dürig, GG, Art. 19 IV Rdnr. 230 f.; Wassermann in AK-GG, Art. 19 Abs. 4 Rdnr. 57.

551 Schmidt-Aßmann in Maunz-Dürig, GG, Art. 19 Abs. IV Rdnr. 231.

Unter diesen Bereich des effektiven Rechtsschutzes, insbesondere auch unter das Prinzip der Rechtswegklarheit, läßt sich das Problem der verfassungsrechtlichen Verpflichtung zu einer Rechtsmittelbelehrung einordnen.

Dies besagt aber noch nichts darüber, ob sich aus Art. 19 Abs. 4 GG auch eine Rechtsmittelbelehrungspflicht im *zivilprozessualen Verfahren* herleiten läßt. Zweifel bestehen allein deshalb, weil das Bundesverfassungsgericht in seinem Beschluß vom 20. Juni 1995, der die Pflicht zur Rechtsmittelbelehrung speziell im Zivilprozeß betraf, Art. 19 IV GG mit keinem Wort erwähnt hat, obwohl sich die Entscheidung mit dem Thema Rechtsmittelbelehrung umfassend und sehr ausführlich auseinandergesetzt hat. Stattdessen wurde der Anspruch auf wirkungsvollen Rechtsschutz aus Art. 2 I GG in Verbindung mit dem Rechtsstaatsprinzip hergeleitet.[552]

Zweifel bestehen weiterhin, weil sich ein Großteil der Literatur und Rechtsprechung auf die Probleme einer Rechtsmittelbelehrung im allgemeinen Verwaltungsverfahren oder im finanzrechtlichen Bereich bezieht. Viele Literatur-Stimmen sind als Reaktion auf die Grundsatz-Entscheidung des Bundesfinanzhofs vom 1. Dezember 1954 ergangen, und viele Gerichtsentscheidungen hatten zu prüfen, ob ein Verwaltungsakt einer Behörde ordnungsgemäß erteilt wurde. In diesen Verfahren trifft jedoch die Rechtsmittelbelehrung nicht nur das Gericht, sondern vor allem eine Verwaltungsbehörde.[553]

Anders hingegen sieht es bei der Einführung einer Rechtsmittelbelehrung für den Zivilprozeß aus. Hier kann seitens des Staates nur das Gericht selbst die Rechtsmittelbelehrung erteilen, da die Streitigkeiten des Zivilprozesses rein privatrechtlicher Natur sind, es also an einer Exekutive fehlt, an die das Gebot der Rechtsmittelbelehrung gerichtet werden könnte.

Als echtes Grundrecht im Sinne eines selbständigen subjektiven öffentlichen Rechts[554] garantiert Art. 19 IV GG formell-rechtlich einen lückenlosen gerichtlichen Rechtsschutz gegen Akte der öffentlichen Gewalt.[555] Der Begriff der "öffentlichen Gewalt" wird in Art. 19 IV GG eng gefaßt. Er gilt nach ganz herrschender Meinung nur für die Akte der gesamten vollziehenden Gewalt.[556] Nur die den Verwaltungsakt erlassende Behörde, die den Betroffenen möglicher-

552 BVerfGE 93, 99, 107.
553 Siehe oben: Teil 2, C
554 Krebs in v. Münch/Kunig, GG, Art. 19, Rdnr, 49; Schulze-Fielitz in Dreier, GG, Art. 19 Abs. 4 Rdnr. 30 m.w.N..
555 Heyde in Handbuch des VerfR, § 33 Rdnr. 46; Schulze-Fielitz in Dreier, GG, Art. 19 Abs. 4 Rdnr. 31.
556 Schulze-Fielitz in Dreier, GG, Art. 19 Abs. 4 Rdnr. 34; Vollkommer, Der Anspruch der Parteien auf ein faires Verfahren im Zivilprozeß, in: Gedächtnisschrift für Rudolf Bruns, S. 195, 204.

weise auf seine Rechtsschutzmöglichkeiten aufmerksam machen muß, fällt unter den Begriff der "öffentlichen Gewalt" im Sinne des Art. 19 IV GG.

Die Rechtsprechung selbst hingegen ist nicht von dem Begriff der "öffentlichen Gewalt" des Art. 19 IV GG umfaßt.[557] Art. 19 IV GG bietet nur Schutz *durch* den Richter, nicht *gegenüber* dem Richter.[558]

Da der Betroffene nur eine Verletzung einer möglichen Belehrungspflicht durch die Verwaltung gemäß Art. 19 IV GG rügen kann, ergibt sich im Umkehrschluß die Feststellung, daß eine gerichtliche Rechtsmittelbelehrung in Art. 19 IV GG keine verfassungsrechtliche Grundlage hat. Für das Verfahren vor den Gerichten selbst findet sich in Art. 19 IV GG kein Schutz.

Art. 19 IV GG scheidet als verfassungsrechtliche Grundlage für eine Pflicht zu einer Rechtsmittelbelehrung im Zivilprozeß aus.

2. Artikel 103 Absatz 1 GG

Im Zusammenhang mit einer gerichtlichen Rechtsmittelbelehrungspflicht wird weiter Art. 103 I GG herangezogen. Art. 103 I GG regelt die Gewährung des rechtlichen Gehörs: *"Vor Gericht hat jedermann Anspruch auf rechtliches Gehör".*

Art. 103 I GG ist ein wesentlicher Bestandteil des Rechtsstaatsprinzips[559] und ein grundlegendes Institut des Prozeßrechts.[560] Er verhindert, daß mit dem Betroffenen "kurzer Prozeß" gemacht wird. Aus diesem Grund dient Art. 103 I GG nicht nur zur Klärung der Grundlage der Gerichtsentscheidung, sondern auch zur "Achtung der Würde des Menschen".[561] Demjenigen, der von einer gerichtlichen Entscheidung betroffen werden kann, wird durch die Verfassung das Recht zu-

---

557 BVerfGE 15, 275, 280; Pieroth/Schlink, Grundrechte, Staatsrecht II, Rdnr. 1009; Schmidt-Bleibtreu in Schmidt-Bleibtreu/Klein, GG, Art. 19 Rdnr. 25; Vollkommer, Der Anspruch der Parteien auf ein faires Verfahren im Zivilprozeß, a.a.O..

558 BVerfGE 11, 255, 265; BVerGE 15, 275, 280; BVerGE 22, 106, 110; BVerfGE 49, 329, 340 ff.; BVerfGE 65, 76, 90; BVerfGE 76, 93, 98; auch Heyde in Handbuch des VerfR, § 33 Rdnr. 47; Schmidt-Bleibteu in Schmidt-Bleibteu/Klein, GG, Art. 19 Rdnr. 25.

559 Degenhart in Sachs, GG, Art. 103 Rdnr. 2; Schmidt-Aßmann in Maunz-Dürig, GG, Art. 103 Abs. I Rdnr. 5; Schmidt-Bleibteu in Schmidt-Bleibtreu/Klein, GG, Art. 103 Rdnr. 1.

560 Schmidt-Aßmann in Maunz-Dürig, GG, a.a.O.; Vollkommer, Der Anspruch der Parteien auf ein faires Verfahren im Zivilprozeß, in Gedächtnisschrift für Rudolf Bruns, S. 195, 200.

561 BVerfGE 55, 1, 6; BVerGE 70, 180, 188; Lorenz, Der Rechtsschutz des Bürgers und die Rechtsweggarantie S. 233 f. ; Schmidt-Aßmann in Maunz-Dürig, GG, Art 103 Abs. I Rdnr. 3.

gestanden, sich vor Erlaß der Entscheidung zu dem streiterheblichen Sachverhalt und zu den Rechtsfragen zu äußern.[562] Ein Rechtsgespräch zwischen der Prozeßpartei und dem Gericht wird von Art. 103 I GG aber nicht verlangt,[563] ebensowenig besteht eine Pflicht einer Partei zur Äußerung.[564]

Das rechtliche Gehör umfaßt drei Stufen: 1. die Informationspflicht, 2. das Äußerungsrecht und 3. die Beachtenspflicht.[565] Eine Pflicht zu einer Rechtsmittelbelehrung könnte aufgrund ihres Hinweischarakters Bestandteil der Informationspflicht des Art. 103 I GG sein.

Zu untersuchen ist daher zunächst, welchen Umfang die anerkannte Informationspflicht des rechtlichen Gehörs hat. Ausgangspunkt für diese Überlegung ist das Verständnis von Art. 103 I GG als "Kern der gerichtlichen Hinweispflicht".[566] Zu denken wäre angesichts dieser besonderen Bedeutung der Norm an eine allgemeine, umfassende und auch eigenständige Hinweispflicht. Gegen eine so weite Auslegung der Informationspflicht spricht aber, daß dadurch die Neutralitätspflicht und Unbefangenheit des Richters beeinträchtigt werden könnte und daß auch die Prozeßverantwortung des Einzelnen für den Prozeß durch eine zu umfassende Hinweispflicht faktisch aufgelöst werden könnte.[567] Als "Kern der gerichtlichen Hinweispflicht" ist deshalb nur eine kurze, grobe Informationspflicht zu verstehen. Eine allgemeine umfassende Frage- und Aufklärungspflicht des Richters läßt sich aus Art. 103 I GG nicht ableiten.[568] Vielmehr bildet die Informationspflicht eine Grundlage, auf der der

---

562 BVerfGE 42, 128, 130; BVerfGE 55, 1, 6; BVerfGE 60, 1, 5; BVerfGE 64, 135, 143 f.; BVerfGE 67, 96, 99; Dahs, Das rechtliche Gehör im Strafprozeß, S. 45; Kunig in v. Münch/Kunig, GG, Art 103 Rdnr. 9; Schmidt-Aßmann in Maunz-Dürig, GG, Art. 103 Abs. I Rdnr. 66; Schmidt-Bleibtreu in Schmidt-Bleibtreu/Klein, GG, Art. 103 Rdnr. 1; Wassermann in AK-GG, Art. 103 Rdnr. 32.

563 BVerfGE 31, 364, 370; BVerfGE 54, 100, 117; BVerwG DVBl 1982, 635; Dahs, Das rechtliche Gehör im Strafprozeß, S. 45; Degenhart in Sachs, GG, Art. 103 Rdnr. 15; Kopp, AöR Bd. 106 (1981), 604, 624; Rüping, Grundsatz des rechtlichen Gehörs, S. 145; Schmidt-Aßmann in Maunz-Dürig, GG, Art. 103 Abs I Rdnr.78, 81; Schmidt-Bleibtreu in Schmidt-Bleibtreu/Klein, GG, Art. 103 Rdnr. 4.

564 Dahs, Das rechtliche Gehör im Strafprozeß, S. 45.

565 Auch BVerfGE 60, 1, 5; BVerfGE 67, 39, 41; BVerfGE 69, 145, 148; Degenhart in Sachs, GG, Art. 103 Rdnr. 9; Pieroth/Schlink, Grundrechte, Staatsrecht II, Rdnr. 1077; Rüping in BK-GG, Art. 103 I Rdnr. 24; Rüping, Der Grundsatz des rechtlichen Gehörs, S. 199; Schmidt-Aßmann in Maunz-Dürig, GG, Art. 103 Abs. I Rdnr. 69 m.w.N.; Wassermann in AK-GG, Art 103 Rdnr. 20, 24 ff..

566 Rüping in BK-GG, Art. 103 I Rdnr. 57; Schmidt-Aßmann in Maunz-Dürig, GG, Art. 103 Abs. I Rdnr. 76; Waldner, Rechtliches Gehör im Zivilprozeß, S. 117 ff..

567 Rüping in BK-GG, a.a.O.; Schmidt-Aßmann in Maunz-Dürig, GG, a.a.O..

568 BVerfGE 66, 116, 147; BVerfGE 67, 90, 96; Schmidt-Aßmann in Maunz-Dürig, GG, a.a.O.; Stürner, Die richterliche Aufklärung im Zivilprozeß, S. 35 ff..

Beteiligte sich darüber klar werden kann, wozu und in welchem Prozeßstadium er sich äußern kann. Die Informationspflicht bildet lediglich die erste Stufe der Verwirklichung des rechtlichen Gehörs, und nur in diesem Rahmen kommt ihr eine Bedeutung und ein Verwirklichungsspielraum zu. Sie ist keine eigenständige, abstrakte Pflicht, sondern besteht nur im Rahmen des Art. 103 I GG, im Zusammenhang mit den beiden weiteren Elementen, dem Äußerungsrecht und der Beachtenspflicht.

Der Umfang der Informationspflicht läßt sich daher nur durch eine Zusammenschau aller den Art. 103 I GG charakterisierenden Elemente festlegen. Nur über den konkreten spezifischen Schutzbericht des Art. 103 I GG läßt sich der Umfang dieser Pflicht definieren. Auch die sich möglicherweise aus der anerkannten Informationspflicht ergebende Rechtsmittelbelehrungspflicht läßt sich nur durch eine enge Auslegung anhand der eigentlichen Grundrechtsmerkmale finden.

Sinn der Informationspflicht ist es, der Partei eines Prozesses die für sie relevanten Hinweise zu geben, damit sie sich mit dem Verfahren und den Rechtsfragen auseinandersetzen kann, um dann - in der nächsten Stufe - ihr Recht auf Äußerung sinnvoll zu nutzen. Die Informationspflicht schafft die Grundlagen, damit sie ihr Recht auf Äußerung sachgerecht nutzen kann. Eine Einbuße des Gehörrechts durch ein Verschleiern der gerichtlichen Vorgehensweise soll durch die Informationspflicht vermieden werden. Die Informationspflicht umfaßt daher anerkanntermaßen die Information über die Einleitung, den Hauptinhalt und den derzeitigen Stand des gerichtlichen Verfahrens.[569]

Unter "Einleitung" des Verfahrens könnte auch die Einlegung eines Rechtsmittels zu verstehen sein, mit der Folge, daß eine Belehrung hierüber von diesem Teil der Informationspflicht umfaßt wäre. Die Information über die Einleitung eines gerichtlichen Verfahrens ist aber nicht in dem Sinne zu verstehen, daß der Partei die Möglichkeit eines Rechtsmittels genannt wird. Vielmehr ist Gegenstand diese Teils der Informationspflicht, daß der Partei mitgeteilt wird, daß ein Verfahren überhaupt eingeleitet worden ist, an dem sie beteiltigt ist. Diese Informationspflicht betrifft damit ein bereits *anhängiges* Verfahren.

Von den bereits genannten Bestandteilen der Informationspflicht ist damit kein Teil für die Rechtsmittelbelehrung einschlägig. Die Rechtsmittelbelehrungspflicht läßt sich nicht aus der Informationspflicht des Grundrechts aus

569 Dahs, Das rechtliche Gehör im Strafprozeß, S. 22 f.; auch Kopp, AöR 106 (1981), 604, 624 f.; Schmidt-Aßmann in Maunz-Dürig, GG, Art. 103 Abs. I Rdnr. 70; Waldner, Der Anspruch auf rechtliches Gehör, Rdnr. 34 ff.; Waldner, Rechtliches Gehör im Zivilprozeß, S. 49 ff..

rechtliches Gehör herleiten. Die beiden anderen Elemente des Art. 103 I GG kommen für eine Ableitung einer Rechtsmittelbelehrungspflicht schon offensichtlich nicht in Betracht. Zu untersuchen ist daher nun, ob über diese drei anerkannten Aspekte des rechtlichen Gehörs hinaus sich weitere, erweiternde Auslegungsmöglichkeiten der Norm selbst anhand ihres spezifischen Schutzbereichs ergeben. Da Art. 103 I GG selbst die drei angeführten Bestandteile des rechtlichen Gehörs nicht in seinem Wortlaut normiert hat, ist auch *nicht* davon auszugehen, daß diese drei Stufen *abschließend* das Wesen des Art. 103 I GG erfassen. Eine darüber hinausgehende Auslegung mittels des konkreten Schutzbereichs der Norm erscheint möglich. Damit stellt sich nun die Frage nach den inhaltlichen Schwerpunkten des konkreten Schutzbereichs von Art. 103 I GG.

Da Art. 103 I GG ein wichtiger Bestandteil des Rechtsstaatsprinzips ist, hierbei aber nicht alleine steht, sondern mit anderen Verfassungsbestimmungen ein dichtes Gefüge des rechtsstaatlichen Schutzes bildet, ist der spezifische Schutzbereich des Art. 103 I GG vor allem auch durch eine Abgrenzung zu den anderen Verfassungsgeboten zu bestimmen. Hierbei ist insbesondere die Abgrenzung zum Justizgewährungsanspruch des Art. 19 IV GG beachtlich, da beide Normen den gerichtlichen Rechtsschutz betreffen. Grundsätzlich ist zwischen unterschiedlichen verfassungsrechtlichen Garantien ein Verhältnis von Spezialität und Exklusivität gegeben, das sich nach dem Schwerpunkt des Regelungsbereichs der einzelnen Normen bemißt. Nur in Ausnahmefällen, wenn ein Bereich durch mehrere verfassungsrechtliche Bestimmungen gleichwertig betroffen ist, gelten die Vorschriften nebeneinander.[570]

Die Unterscheidung der Schutzbereiche von Art. 19 IV GG und Art. 103 I GG läßt sich mit der gängigen Formulierung umschreiben: Art. 19 IV GG gewährt den Weg *zum* Richter und Art. 103 I GG das rechtliche Gehör *vor dem* Richter.[571] Art. 19 IV GG eröffnet selbst den Rechtweg (" ..., so steht ihm der Rechtsweg offen"). Art. 103 I GG hingegen gewährt *innerhalb* eines anhängigen Verfahrens die verfassungsrechtliche Beachtung der Rechtsstellung der Beteiligten und das Zustandekommen der gerichtlichen Entscheidung[572] und somit einen "allgemeinen Rechtsschutzstandard". Dies wird aus der Formulierung "vor Gericht" deutlich.

---

570 Schmidt-Aßmann in Maunz-Dürig, GG, Art. 103 Abs I Rdnr. 6.

571 BVerfG NJW 1963, 803; Hingerl, Rechtsbehelfsbelehrung, S. 20; ausführlich: Lorenz, Der Rechtsschutz des Bürgers und die Rechtsweggarantie, S. 230 ff; auch Rüping in BK-GG, Art. 103 Abs. 1 Rdnr. 13; auch Schmidt-Aßmann in Maunz-Dürig, GG, Art. 103 Rdnr. 7.

572 Pieroth/Schlink, Grundrechte, Staatsrecht II, Rdnr. 1080; Rüping in BK-GG, Art. 103 Abs. 1 Rdnr. 13; Schmidt-Aßmann in Maunz-Dürig, GG, Art. 103 Abs. I Rdnr. 7; Wassermann in AK-GG Art. 103 Rdnr. 12 f..

Auch wenn man mit der Rechtsprechung und Teilen der Literatur ein Zusammenwirken der beiden Grundrechte und eine Überlappung der Schutzbereiche in Ausnahmefällen anerkennt, um einen lückenlosen effektiven Rechtsschutz zu gewährleisten[573], so werden die unterschiedlichen Schutzbereiche dennoch nicht gegenstandlos. Vielmehr greifen lediglich in speziellen Einzelfällen beide Normen zum Schutz ein. Grundsätzlich bleiben aber die individuellen Schutzbereiche der Grundrechte vorrangig anwendbar. Der Schutz des Art. 103 I GG greift daher eher *innerhalb* einer Instanz und *nicht auf dem Weg* zu einer Instanz. Letzteres ist ein Problem der Rechtswegeröffnung, die durch Art. 19 IV GG geschützt ist.

Die Rechtsmittelbelehrungspflicht soll - von ihrem Rechtsgedanken her - die Betroffenen in die nächste Instanz leiten. Sie soll die weitere Vorgehensweise aufzeigen und gerade nicht das Verfahren innerhalb eines anhängigen Prozesses vor diesem Gericht regeln.

Die Pflicht zu einer Rechtmittelbelehrung läßt sich daher auch nicht anhand einer erweiternden Auslegung unter den spezifischen Schutzbereich des Art. 103 I GG subsumieren. Aus Art. 103 I GG läßt sich daher keine verfassungsrechtliche Pflicht zu einer Rechtsmittelbelehrung herleiten.

3. Artikel 3 Absatz 1 GG

In der Diskussion um eine Rechtsmittelbelehrungspflicht wird immer wieder der Gleichheitsgrundsatz des Art. 3 I GG genannt, so auch in der bereits zitierten Entscheidung des Bundesverfassungsgerichts von 1995.

Art. 3 I GG lautet: *"Alle Menschen sind vor dem Gesetz gleich."* . Er gehört zu den "Grundbestandteilen unserer verfassungsmäßigen Ordnung".[574] Die Inhaltsbestimmung des Gleichheitssatzes ist, über den bloßen knappen Wortlaut hinaus, geprägt von einer umfangreichen, oft auch unübersichtlichen Auslegung in Rechtsprechung und Rechtslehre, insbesondere durch die Rechtsprechung des Bundesverfassungsgerichts.

Art. 3 I GG setzt voraus, daß zwei Sachverhalte "gleich" oder "ungleich" behandelt werden. Diese Gleich- oder Ungleichbehandlung kann durch positives Tun, aber auch durch Unterlassen geschehen, wenn den Staat eine Pflicht zum Handeln trifft.[575]

573 BVerfG NJW 1980, 1565; Hingerl, Rechtsbehelfsbelehrung, S. 22; Schmidt-Aßmann in Maunz-Dürig, GG, Art. 103 I Rdnr. 6.

574 Kannengießer in Schmidt-Bleibtreu/Klein, GG, Art. 3 Rdnr. 1.

575 Gubelt in v. Münch/Kunig, GG, Art. 3 Rdnr. 10.

Lange Zeit hat das Bundesverfassungsgericht in seiner Rechtsprechung den Art. 3 I GG vor allem auf ein Willkürverbot reduziert: Wesentlich Gleiches sollte nicht willkürlich ungleich behandelt werden, und wesentlich Ungleiches durfte nicht willkürlich gleich behandelt werden.[576] Das Bundesverfassungsgericht vertrat folgende Ansicht: Es habe stets eine Orientierung am Gerechtigkeitsgedanken zu erfolgen.[577] Wenn sich für die umstrittene Maßnahme "keine vernünftigen Erwägungen finden lassen, die sich aus der Natur der Sache ergeben oder sonst wie einleuchtend sind"[578], sei Art. 3 I GG verletzt. Außerdem seien bei der Beurteilung der Maßnahme der Sachbereich und seine Eigenart zu berücksichtigen.[579]

Von dieser Rechtsprechung, die ganz von der Prüfung der Willkürlichkeit der Maßnahme geprägt war, wandte sich das Bundesverfassungsgericht in jüngerer Zeit ab und entwickelte die sogenannte "neue Formel". Danach ist Art. 3 I GG verletzt, "wenn eine Gruppe von Normadressaten im Vergleich zu anderen Normadressaten anders behandelt wird, obwohl zwischen beiden Gruppen keine Unterschiede von solcher Art und solchem Gewicht bestehen, daß sie die ungleiche Behandlung rechtfertigen könnten."[580] Ein Verstoß gegen Art. 3 I GG wird nach der neuen Rechtsprechung des Bundesverfassungsgerichts durch einen Vergleich von Lebensverhältnissen und sonstigen Umständen zwischen den Vergleichsparteien festgestellt.[581]

Die Änderung der Rechtsprechung durch die Entwicklung der sogenannten neuen Formel sollte eine verbesserte Nachprüfbarkeit bewirken. Während nach der alten Rechtsprechung jeder sachlich nachvollziehbare Grund, der nicht willkürlich war, für eine unterschiedliche Behandlung genügte, muß nun eine direkte Abwägung anhand der tatsächlichen Unterschiede erfolgen. Der Aspekt der Verhältnismäßigkeit wird nun stärker beachtet.[582]

---

576 BVerfGE 4, 144, 155; BVerfGE 27, 364, 371 f.; BVerfGE 76, 256, 329; BVerfGE 78, 104, 121; Kannengießer in Schmidt-Bleibtreu/Klein, GG, Art. 3 Rdnr. 13; Osterloh in Sachs, GG, Art. 3 G Rdnr. 8 ff., 25 ff..

577 BVerfGE 3, 58, 135 f.; BVerfGE 18, 38, 46; BVerfGE 76, 256, 329; BVerfGE 98, 365, 385.

578 Auch BVerfGE 10, 234, 246; BVerfGE 90, 145, 196.

579 BVerfGE 76, 256, 329; BVerfG NJW 1991, 743, 745.

580 BVerfGE 55, 72, 88; BVerfGE 82, 60, 86; BVerfGE 82, 126, 146; BVerfGE 84, 133, 157; BVerfGE 84, 197, 199; BVerfGE 84, 348, 359; BVerfGE 85, 191, 210; BVerfGE 85, 238, 244; BVerfGE 88, 5, 12; BVerfGE 95, 39, 45.

581 Kannengießer in Schmidt-Bleibtreu/Klein, GG, Art. 3 Rdnr. 1 ff.; Osterloh in Sachs, GG, Art 3 Rdnr. 13 ff..

582 Gubelt in v. Münch/Kunig, GG, Art. 3 Rdnr. 14.

Trotzdem wird vom Bundesverfassungsgericht auf eine Prüfung nach dem Maßstab des Willkürverbots nicht gänzlich verzichtet.[583] Die Grenzen, die Art. 3 I GG dem Gesetzgeber bei der Beachtung von Art. 3 I GG setzt, sind unabhängig vom Regelungsgegenstand und daher sehr variabel: Sie reichen vom bloßen Willkürverbot bis zu einer genauen Beachtung der Verhältnismäßigkeitserfordernisse.[584] Die konkrete Einstufung erfolgt anhand der betroffenen Differenzierungmerkmale. Insbesondere bei einer Differenzierung nach personenbezogenen Merkmalen muß nach der Ansicht des Bundesverfassungsgerichts eine besonders strenge und genaue Prüfung der Verhältnismäßigkeit erfolgen.[585]

Im Hinblick auf eine Pflicht zu einer Rechtsmittelbelehrung läßt sich an zwei unterschiedliche mögliche Verstöße gegen Art. 3 I GG denken: Zum einen könnte ein Verstoß gegen Art. 3 I GG darin zu sehen sein, daß die Prozeßparteien im Zivilprozeß trotz eines unterschiedlichen Kenntnisstandes über Rechtsmittel durch die fehlende Rechtsmittelbelehrung gleich behandelt werden. Zum anderen könnte eine ungerechtfertigte Ungleichbehandlung der Prozeßparteien im Zivilprozeß im Vergleich zu den Prozeßparteien in anderen Prozeßordnungen, die eine Rechtsmittelbelehrungspflicht kennen, vorliegen.

a. Gleichbehandlung trotz Informationsdefizits

Einige Autoren[586] sehen eine willkürliche Gleichbehandlung der Prozeßparteien innerhalb des Zivilprozesses. Sie gehen von folgendem aus: Es existieren zwei verschiedene Personengruppen im Zivilprozeß. Die eine Gruppe von Prozeßbeteiligten habe Kenntnisse von der Einlegung eines Rechtsmittels, sei es aus eigenem Wissen, sei es aufgrund anwaltlicher Beratung. Die andere Gruppe hingegen habe keine derartigen Informationen. Sie sei nicht anwaltlich vertreten und verfüge auch über kein eigenes prozessuales Wissen. Diese beiden Gruppen würden im Zivilprozeß dadurch gleichbehandelt, daß keine Rechtsmittelbelehrung erteilt wird. Dies ergäbe Konflikte, wenn die verschiedenen Parteien in einem Prozeß aufeinander träfen. Durch die unterlassene Rechtsmittelbelehrung würden das Informationsdefizit und die damit verbundene Chancenungleichheit durch den Staat toleriert. Die Gleichbehandlung sei willkürlich. Eine Rechtfertigung sei nicht zu finden.

---

583 Bryde/Kleindiek, Jura 1999, 36 f..
584 BVerfGE 93, 99, 111; auch Osterloh in Sachs, GG, Art. 3 Rdnr. 25 ff..
585 BVerfGE 93, 99, 111.
586 Vgl. Nesselrodt, DRiZ 1982, 59; SPD-Entwurf, BT Drs. 11/1704 S. 1.

In der Tat ist durch die Rechtsprechung unter Art. 3 I GG auch ein Rechtsinstitut subsumiert worden, das eine Chancengleichheit zwischen den Parteien eines Verfahrens gebietet, nämlich der "Anspruch auf Rechtsschutzgleichheit".[587] Dieser Anspruch beruht auf einer Verbindung des Gleichheitsgrundsatzes mit dem Sozialstaatsprinzip[588] und soll bei der Verwirklichung des Rechtsschutzes die Situationen der Bemittelten und Unbemittelten angleichen. So ist von der Rechtsprechung anerkannt, daß Prozeßkostenhilfe und die Beiordnung eines Anwalts in diesen Regelungsbereich des Art. 3 I GG fallen.[589]

Allerdings ist dieser Aspekt der Wahrung des finanziellen Gleichgewichts der einzige Anwendungsbereich des Grundsatzes der Rechtsschutzgleichheit. Eine Vereinheitlichung der unterschiedlichen Prozeßordnungen ist nicht bezweckt.[590] Bei der Erteilung einer Rechtsmittelbelehrung geht es jedoch nicht um einen Ausgleich aufgrund finanziell unterschiedlicher Situationen, sondern um eine Wissensvermittlung. Diese läßt sich nicht unter den Grundsatz der Rechtsschutzgleichheit subsumieren.

Darüber hinaus ist im Bereich des Zivilprozesses ein weiteres ähnliches Rechtsinstitut anerkannt, das auch die Verwirklichung von Chancengleichheit zwischen den Prozeßparteien zum Ziel hat: der Grundsatz der "prozessualen Waffengleichheit". Ob jedoch dieser zivilprozessuale Grundsatz ebenfalls unter den Schutz des Art. 3 I GG fällt, ist umstritten.[591]

Eine Lösung dieser umstrittenen Frage kann jedoch für diese Arbeit dahingestellt bleiben, da die Argumentation der Autoren aus anderen Gründen nicht hinreichend überzeugt. Die Ansicht verkennt, daß es für eine willkürliche Gleichbehandlung nach Art. 3 I GG zunächst zwei verschiedene Gruppen von Normadressaten geben muß. Um die Adressatengruppe am Maßstab der Gleich-

---

587 BVerfGE 50, 217, 231; BVerfGE 52, 131, 144; BVerfGE 81, 347, 356 f ; BVerfGE 85, 337, 347; Dürig in Maunz-Dürig, GG, Art. 3 Abs. I Rdnr. 42 ff.; Osterloh in Sachs, GG, Art. 3 Rdnr. 204.

588 BVerfGE 10, 264, 270;BVerfGE 51, 295, 302; BVerfGE 56, 139, 143; BVerfGE 63, 380, 394; BVerfGE 78, 104, 117 f.; BVerfGE 88, 5, 16; Osterloh in Sachs, GG, a.a.O..

589 BVerfGE 9, 124, 129 ff.; BVerfGE 22, 83, 87; Osterloh in Sachs, GG, Art. 3 Rdnr. 205.

590 Osterloh in Sachs, GG, Art. 3 Rdnr. 204; vgl. im Hinblick auf die Zulässigkeit von Sonderregelungen: BVerfGE 31, 297, 302 ff.; BVerfGE 31, 306, 308 ff..

591 BVerfGE 52, 131, 143 ff., 153 ff.; auch BVerfGE 69, 248, 254; auch EGMR NJW 1995, 1413, 1414; vgl. auch Bötticher, Gleichbehandlung und Waffengleichheit, 1979, S. 9 ff.; Degenhart in Handbuch des StaatsR, § 76 Rdnr. 43 ff., 45; Osterloh in Sachs, GG, Art. 3 Rdnr. 208; Sachs in Handbuch des StaatsR, § 127 Rdnr. 78; Schmidt-Aßmann in Handbuch des StaatsR, § 24, Rdnr. 74; Tettinger, Fairneß und Waffengleichheit, 1984, insb. S. 5 ff..

heit messen zu können, wie es von der Verfassung geboten ist, müssen die Vergleichsgruppen klar voneinander abgrenzbar sein. Aber gerade dies erscheint hier fraglich:

Selbstverständlich gibt es wissende und unwissende Prozeßbeteiligte. Grundsätzlich steht es aber jedermann offen, sich über das Rechtsmittelrecht zu informieren. Dies kann zum einen sicherlich durch Anwaltskonsultation geschehen, es ist aber auch durch Selbststudium von Gesetzestexten und Kommentierungen für jeden durchführbar. Insofern ist die von dieser Ansicht getroffene Unterscheidung der beiden Personengruppen nicht zwingend. Sie sind keine starren abgrenzbaren Gruppen, die Einordnung in diese Gruppen ist durchlässig und fließend. Man denke nur an eine Person mit teilweisen prozessualen Kenntnissen. In welche Adessatengruppe wäre diese Person einzuordnen? Die unterschiedlichen Wissensstände von Prozeßbeteiligten sind deshalb kein taugliches Abgrenzungskriterium für die Einteilung in zwei unterschiedliche Gruppen von Normadressaten im Sinne des Art. 3 I GG.

Außerdem bestehen Zweifel an einer willkürlichen, also nicht gerechtfertigten Gleichbehandlung dieser Personengruppen im Sinne des nach wie vor vom Bundesverfassungsgericht geprüften Willkürverbots. Immerhin steht es den betroffenen Personen frei, sich zu informieren. Die fehlenden Kenntnisse sind nicht naturgegeben und unabänderlich. Die Gleichbehandlung ist daher nicht vom Staat beeinflußt, sondern von der Person selbst. Sie hat es in der Hand, ihre Kenntnisse zu erweitern und damit eine Gleichbehandlung zu rechtfertigen.

Eine willkürliche Gleichbehandlung unterschiedlicher Personenkreise und damit eine Verletzung des Art. 3 I GG ist hier nicht zu erkennen. Eine verfassungsrechtliche Rechtsmittelbelehrungspflicht läßt sich nicht mit dieser Argumentation begründen.

b. Ungleichbehandlung in den verschiedenen Prozeßordnungen

Ein Verstoß gegen Art. 3 I GG könnte jedoch in einer unterschiedlichen Behandlung der Prozeßparteien im Zivilprozeß im Vergleich zu den Parteien in anderen Prozeßarten gegeben sein. Während die Prozeßbeteiligten im Arbeitsgerichtsprozeß, in den verschiedenen Verwaltungsprozeßarten und auch im Strafprozeß über Rechtsmittel belehrt werden, fehlt eine solche obligatorische Belehrungspflicht im Zivilprozeß. Durch die Belehrung werden die Prozeßparteien in den übrigen Verfahren besser informiert und können deshalb ihre Rechte schneller und vor allem auch effektiver wahrnehmen. Demgegenüber besteht im Zivilprozeß die Gefahr, daß die unwissende Partei das Rechtsmittel gerade aufgrund ihrer Unwissenheit über die Gegebenheiten und Anforderungen des Rechtsmittels verliert.

Hierin könnte eine verfassungsrechtliche relevante Ungleichbehandlung im Sinne des Art. 3 I GG liegen: Der Partei in dem einen Prozeß wird durch Informationen geholfen, ein Rechtsmittel oder einen Rechtsbehelf einzulegen, während die Partei in dem anderen Prozeß Gefahr läuft, ihr Rechtsmittel aufgrund von fehlenden Kenntnissen zu verlieren. Durch diese ungleiche Ausgestaltung des Rechtsmittelrechts könnte gegen Art. 3 I GG verstoßen werden.

Mit dieser Frage hat sich auch die bereits zitierte Entscheidung des Bundesverfassungsgerichts vom 20. Juni 1995 beschäftigt und einen Verstoß gegen Art. 3 I GG verneint.[592]

Der Ansicht des Bundesverfassungsgerichts ist im Ergebnis zuzustimmen. Eine verfassungsrechtliche Pflicht zu einer Rechtsmittelbelehrung auch im Zivilprozeß läßt sich nicht aus Art. 3 I GG, dem Gleichheitsgrundsatz, herleiten.

Die Argumentation des Bundesverfassungsgerichts erscheint jedoch nicht zwingend:

Das Bundesverfassungsgericht geht bei dem von ihm zu entscheidenden Fall von der Prämisse aus, daß zwei Normadressaten involviert sind, zwischen denen keine Unterschiede bestehen, die also "gleich" sind. In seinem Beschluß behandelt das Bundsverfassungsgericht lediglich die *Rechtfertigungsmöglichkeiten* für eine Ungleichbehandlung.[593] Die Ungleichbehandlung zwischen vergleichbaren Gruppen wird vorausgesetzt. Die in dem entschiedenen Fall von der einen Prozeßpartei geltendgemachte Differenzierung wird durch die ausschließliche Behandlung der Rechtfertigungsmöglichkeiten durch das Bundesverfassungsgericht inzident als zutreffend akzeptiert.

Aber gerade an diesem Punkt, setzten Zweifel an: Nach der neuen Formel des Bundesverfassungsgerichts ist eine Verletzung des Art. 3 I GG dann gegeben, wenn eine Gruppe von "Normadressaten" anders behandelt wird als eine andere Gruppe, und wenn dafür kein Grund besteht.[594] Wer aber ist hier in diesem Fall der "Normadressat"? Und "Adressat" welcher "Norm" ist er?

Als "Norm" könnte die jeweilige Rechtsmittelbelehrungsvorschrift in Betracht kommen. Allerdings bestehen erhebliche Zweifel daran, daß der *Adressat* dieser Normen die Prozeß*partei* ist und daß sich diese dadurch auf eine Verletzung des Art. 3 I GG berufen kann, wie sie es in dem vom Bundesverfassungsgericht entschiedenen Fall getan hat. § 9 V ArbGG, § 35 a StPO, § 58 VwGO und die übrigen verwaltungsrechtlichen Normen über die Rechtsmittelbelehrung

---

592 Siehe oben: Teil 3, A I 1.

593 BVerfGE 93, 99, 111.

594 BVerfGE 55, 72, 88; BVerfGE 82, 60, 86; BVerfGE 82, 126, 146; BVerfGE 84, 197, 199; BVerfGE 88, 5, 12; BVerfGE 95, 39, 45 (st. Rspr.).

schreiben eine *Pflicht* vor oder setzten eine solche voraus. Derjenige, an den sich die jeweilige Norm wendet, muß bei seiner Entscheidung eine Rechtsmittelbelehrung erteilen. Adressat dieser Rechtsmittelbelehrungsvorschriften kann daher nicht die Prozeßpartei selbst sein. Diese ist lediglich Empfänger der Rechtsmittelbelehrung. Die mit der Norm kodifizierte Pflicht trifft nicht sie. Die Pflicht trifft den Richter oder die Verwaltungsbehörde. Nur diese sind "Normadressaten", da sich die Verpflichtung aus diesen Normen nur an sie wendet.

Hieraus wird deutlich, daß die Prozeßpartei in jenen Verfahren niemals Adressatin der Rechtsmittelbelehrungsnorm ist. Sie kann sich daher nicht auf ihre Ungleichbehandlung als "Normadressatin" berufen, wie es das Bundesverfassungsgericht in seiner Entscheidung inzident angenommen hat.

Darüber hinaus bestehen an der Einteilung in Vergleichsgruppen weitere Zweifel. Nach dem Grundgedanken des Art. 3 I GG müssen zwei Gruppen vorliegen, die "gleich" sind oder - wie es das Bundesverfassungsgericht in der schon mehrfach zitierten Entscheidung[595] sagt - "eine Gruppe von Normadressaten" muß "im Vergleich zu einer anderen Gruppe von Normadressaten" betrachtet werden. Beide Ansatzpunkte setzen jedoch voraus, daß es um dieselbe übergeordnete Norm geht. Zwei Gruppen können nur dann "gleich" sein, wenn sie Gemeinsamkeiten aufweisen, die sie - nach einem übergeordneten Maßstab betrachtet - "gleich" machen.[596] Ebenso setzt auch der Vergleich zwischen den Gruppen der "Normadressaten" voraus, daß diese "Adressaten" derselben "Norm" sind, denn nur so ist ein Vergleich ihrer unterschiedlichen Behandlung möglich.

Die Behandlung der Prozeßparteien ist, was die Rechtsmittelbelehrung angeht, im Zivilprozeß und in anderen Prozeßordnungen unterschiedlich. Es fehlt aber an einem übergeordneten Maßstab, der einen Vergleich der Verfahrensarten möglich macht. Die unterschiedlichen Verfahrensarten weisen hinsichtlich einer Rechtsmittelbelehrung *keine* gemeinsame Norm auf. Für den Zivilprozeß ist diese Norm gerade nicht kodifiziert. Wenn das Bundesverfassungsgericht in seiner Entscheidung[597] sich hinsichtlich einer Rechtfertigung der Differenzierung der beiden Gruppen ausführlich mit inhaltlichen Argumenten auseinandersetzt und zum Ergebnis kommt, Art. 3 I GG sei nicht verletzt, da aufgrund der spezifischen Eigenheiten des Zivilprozesses dort (noch) keine Rechtsmittelbelehrung notwendig sei, unterläuft ihm ein Zirkelschluß. Um überhaupt zu einer Rechtfertigungsdiskussion im Rahmen des Art. 3 I GG zu kommen, müßte zunächst als

---

595 Vgl. auch BVerfGE 55, 72, 88; BVerfGE 84, 348, 359; BVerfGE 88, 5, 12; BVerfGE 95, 39, 45.

596 Pieroth/Schlink, Grundrechte, Staatsrecht II, Rdnr. 433.

597 BVerfGE 93, 99 .

übergeordnetes Prinzip zwischen der fehlenden Rechtsmittelbelehrung im Zivilprozeß und der gegebenen Rechtsmittelbelehrungspflicht in den anderen Verfahrensarten eine allgemeine Pflicht zur Rechtsmittelbelehrung anerkannt werden. Es muß eine Gemeinsamkeit vorliegen, dessen fehlende Umsetzung im Zivilprozeß dann gerügt werden könnte.

Solange jedoch gerade das gemeinsame Prinzip der Rechtsmittelbelehrung umstritten ist, liegt auch kein Fall von Art. 3 I GG vor. Es sind keine "Adressaten" derselben "Norm" gegeben. Die Rechtsmittelbelehrungsnorm des § 9 V ArbGG gilt nicht für die Zivilprozeßordnung und ein übergeordnetes Prinzip, aus dem sich eine Pflicht zu einer Rechtsmittelbelehrung in allen Verfahrensordnungen ableiten läßt, ist gerade streitig.

Allerdings verpflichtet der Gleichheitssatz nach Ansicht des Bundesverfassungsgerichts nicht nur zur Gleichbehandlung wesentlich gleicher Normadressaten, sondern auch zur Gleichbehandlung von wesentlich gleichen *Lebenssachverhalten.*[598] Aber auch hier gilt nichts anderes als das bereits gesagte: Auch hier ist ein gemeinsamer "Oberbegriff" nötig, anhand dessen die zur Diskussion stehenden Lebenssachverhalte subsumiert werden. Ein Vergleich ohne einen gemeinsamen Maßstab ist nicht möglich.

Dabei ist zu berücksichtigen, daß die zu vergleichenden Lebenssachverhalte genügend konkretisiert werden müssen. Sie dürfen nicht zu weit gefaßt werden, weil die verschiedenen Verfahrensarten gewolltermaßen spezifische Unterschiede aufweisen. Als gemeinsamer Lebenssachverhalt auf die Tatsache eines Gerichtsverfahrens abzustellen, erscheint deshalb für einen Vergleich als ungeeignet. Der Lebenssachverhalt "Gerichtsverfahren" ist so weit, daß schon aus diesem Grund keine Vergleichbarkeit mehr gegeben ist. Als gemeinsamer Oberbegriff könnte der "Erlaß einer Entscheidung" gewählt werden, bei dem im Zivilprozeß keine Rechtsmittelbelehrung erteilt wird, während dies in den anderen Verfahren der Fall ist. Jedoch bestehen Zweifel an der Geeignetheit eines derartigen Oberbegriffs: Der Begriff des "Lebenssachverhalts" ersetzt lediglich den des Normadressaten. Der gemeinsame Bewertungsmaßstab bleibt jedoch erhalten. Weiterhin müssen die zu vergleichenden Gruppen *an einer Norm* gemessen werden. Als Oberbegriff zweier Lebenssachverhalte kann nicht etwa ein dritter, weiter gefaßter Lebenssachverhalt gewählt werden, der die beiden übrigen umfaßt. Vielmehr müssen auch die zwei Lebenssachverhalte anhand der gemeinsamen zugrundeliegenden Norm gemessen werden.

Auch bei einer Differenzierung nach Lebenssachverhalten kann als gemeinsamer Oberbegriff aber nur die Rechtsmittelbelehrungspflicht selbst gefunden

598 BVerfGE 55, 72, 89 ff.; Bryde/Kleindiek, Jura 1999, 39 f..

werden. Da aber eine derartige allgemeine Pflicht (noch) nicht existiert und normiert ist, scheitert auch bei dieser Argumentation Art. 3 I GG an den vergleichbaren Gruppen.

Aus Art. 3 I GG läßt sich daher keine allgemeine Pflicht zu einer Rechtsmittelbelehrung herleiten. Ein Anspruch auf Erteilung einer Rechtsmittelbelehrung aufgrund einer Verletzung des Gleichheitsgrundsatzes besteht nicht, da die Regelung einer Rechtsmittelbelehrungspflicht im Zivilprozeß unterlassen wurde.

Direkt aus den Verfassungsnormen ergibt sich keine Möglichkeit, eine Rechtsmittelbelehrungspflicht für den Zivilprozeß herzuleiten.

II. Anknüpfung an den verfassungsrechtlichen Grundsatz des Rechtsstaatsprinzips

In Rechtsprechung und Literatur wird weiter eine Anknüpfung der Rechtsmittelbelehrungspflicht für den Zivilprozeß an das Rechtsstaatsprinzip erörtert.

1. Grundlagen des Rechtsstaatsprinzips

Das Rechtsstaatsprinzip gehört zu den Grundprinzipien der verfassungsrechtlichen Ordnung in Deutschland.[599]

Im 19. Jahrhundert wurde der Begriff des "Rechtsstaats" zu einem zentralen Gedanken im Staatsrecht. Dabei war das frühere Verständnis des Rechtsstaatsprinzips ganz von formalen Gesichtspunkten geprägt, so daß man auch vom Verständnis des "formalen Rechtsstaats" spricht.[600] Die damals herauskristallisierten Merkmale eines Rechtsstaats sind gekennzeichnet von der maximalen Vorhersehbarkeit und Kontrollierbarkeit von Staatshandeln. So fallen hierunter das Prinzip der Gewaltenteilung, die Unabhängigkeit der Justiz, die Gesetzmäßigkeit der Verwaltung und die umfassenden gerichtlichen Rechtsschutzmöglichkeiten gegen jeden Eingriff durch die Verwaltung, aber auch der Anspruch auf Entschädigung bei Eingriffen in die private Vermögenssphäre.[601]

---

599 BVerfGE 1, 14 (Leitsatz 28); BVerfGE 20, 323, 331; Böckenförde, Entstehung und Wandel des Rechtsstaatsbegriffs, in FS A. Arndt, S. 59; auch Hummer, Justizgewährung und Justizverweigerung in verfassungsrechtlicher Sicht, S. 53 ff..

600 Benda in Handbuch des VerfR, § 17 Rdnr. 3; Forsthoff in Forsthoff, Rechtsstaatlichkeit und Sozialstaatlichkeit, S. 173, 175; Herzog in Maunz-Dürig, GG, Art. 20 Kap. VII Rdnr. 16; Sachs in Sachs, GG, Art. 20 Rdnr. 49.

601 Benda in Handbuch des VerfR, § 17 Rdnr. 2.

Als Grundsatz der Gesetzmäßigkeit der Verwaltung ist dieser formale Rechtsgedanke auch noch im heutigen Staatsrecht zu finden.[602]

Nach den Erfahrungen in der Zeit des Nationalsozialismus wurde das Rechtsstaatsprinzip in neuerer Zeit umfassender betrachtet. Es wurde der Begriff des "materiellen Rechtsstaats" geprägt.[603] Der "Rechtsstaat" wurde und wird nicht mehr allein nach formalen Gesichtspunkten bewertet, sondern es wird der Inhalt und die Richtung der staatlichen Tätigkeit mit berücksichtigt.[604] Im Begriff des "materiellen Rechtsstaats" sind alle diejenigen Grundprinzipien umfaßt, denen jedermann, auch der Staat selbst, unterworfen ist. Ausdruck dieser neuen Auffassung ist die vom Rechtsstaatsbegriff nun auch umfaßte Bewahrung der Menschenwürde, Freiheit und Gleichheit.[605]

Auch das Bundesverfassungsgericht, das in dem Rechtsstaatsgrundsatz eine "Leitidee"[606] und einen "Verfassungsgrundsatz"[607] sieht, zählt zur Rechtsstaatlichkeit nicht nur die Vorhersehbarkeit von staatlichem Handeln, sondern auch "die Rechtssicherheit und die materielle Richtigkeit oder Gerechtigkeit".[608] Das wiederum bedeutet, daß der Sinn und Zweck einer hoheitlichen Maßnahme auf vernünftigen oder zumindest vertretbaren Überlegungen beruhen muß, und sich also mit dem Grundsatz der Verhältnismäßigkeit als zentralem zugrundeliegendem Prinzip vereinbaren lassen muß.[609] Durch die Verknüpfung mit dem Verhältnismäßigkeitsgrundsatz als Prüfungsmaßstab rückt das Bundesverfassungsgericht das Rechtsstaatsprinzip "in den Mittelpunkt der Ausgestaltung des Staat-Bürger-Verhältnisses".[610]

602 Auch Herzog in Maunz-Dürig, GG, Art. 20 Kap. VII Rdnr. 16; auch Kröger, Einführung in die Verfassungsgeschichte, S. 124 ff.; vgl. auch Kunig, Das Rechtsstaatsprinzip, S. 24 ff; Schmidt-Aßmann in Handbuch des StaatsR, § 24 Rdnr. 18.

603 Benda in Handbuch des VerfR, § 17 Rdnr. 7; vgl. Böckenförde, Entstehung und Wandel des Rechtsstaatsbegriffs, in FS A. Arndt, S. 53, 66; Herzog in Maunz-Dürig, GG, Art. 20 Kap. VII Rdnr. 15, 17; Scheuner in Forsthoff, Rechtsstaatlichkeit und Sozialstaatlichkeit, S. 463 ff.; Schmidt-Aßmann in Handbuch des StaatsR, § 24 Rdnr. 19.

604 Hesse in Forsthoff, Rechtsstaatlichkeit und Sozialstaatlichkeit, S. 562; Benda in Handbuch des VerfR, a.a.O..

605 Sachs in Sachs, GG, Art. 20 Rdnr. 49; vgl. Stern, Staatsrecht, Bd. 1, S. 784.

606 BVerfGE 2, 380, 403.

607 BVerfGE 7, 89, 92 f..

608 BVerfGE 7, 89, 92; auch BVerfGE 21, 378, 388; auch BVerfGE 37, 57, 65.

609 BVerfGE 19, 342, 348 f. ; BVerfGE 23, 127, 133 f..

610 Benda in Handbuch des VerfR, § 17 Rdnr. 13.

Ausdrücklich läßt sich das "Rechtsstaatsprinzip" nicht in der Verfassung finden. Es wird jedoch nach ganz herrschender Meinung an den Begriffen der "verfassungsmäßigen Ordnung" und "Gesetz und Recht" in Art. 20 III GG festgemacht.[611] Darüber hinaus finden sich zahlreiche weitere Regelungen in der Verfassung, die mit dem Rechtsstaatsprinzip verknüpft sind: die Menschenwürdegarantie des Art. 1 I, die Grundrechtsbindung nach Art. 1 III, die Rechtsweggarantie nach Art. 19 IV, die Gewaltenteilung nach Art. 20 II 2, die Justizgrundrechte nach Art. 92 ff. und insbesondere der Anspruch auf rechtliches Gehör nach Art. 103 I GG.[612] Vor allem in Art. 28 I 1 GG taucht der Begriff "Rechtsstaat" auf. Aber dennoch leitet sich das Prinzip nicht aus einzelnen Normen her, sondern aus einer Zusammenschau der verschiedenen Verfassungsvorschriften.[613]

Das Rechtsstaatsprinzip umfaßt damit einen ganzen Normenkomplex, der die Herrschaft der Gesetze, die Mäßigung der Staatsgewalt, die Sicherung der Bürgerrechte und den Entwurf materieller Gerechtigkeit zum Inhalt hat. Es gewährleistet die Verwirklichung von Rechtssicherheit und Rechtsfrieden als einer der wichtigsten Funktionen des Rechts.[614]

Insbesondere ist auch der verfassungsrechtliche Anspruch auf "effektiven Rechtsschutz", auch "wirkungsvoller Rechtsschutz" genannt, Bestandteil des Rechtsstaatsprinzips. Das Bundesverfassungsgericht bezeichnet diesen Anspruch sogar als "Grundrecht".[615]

Das Gebot des effektiven Rechtsschutzes ergibt sich zwar direkt durch die Auslegung einer Verfassungsnorm, nämlich der Rechtsweggarantie aus Art. 19 IV GG. Art. 19 IV GG ist jedoch nur eine spezielle Ausprägung des übergeordneten, umfassenden Rechtsstaatsprinzips.[616] Das allgemeine Rechtsstaatsprinzip schützt daher erst recht den sogenannten effektiven Rechtsschutz, und zwar un-

---

611 BVerfGE 93, 99, 107; Herzog in Maunz-Dürig, GG, Art. 20 Kap. VII Rdnr. 30 ff. insb. 35; auch Hummer, Justizgewährung und Justizverweigerung in verfassungsrechtlicher Sicht, S. 54; Sachs in Sachs, GG, Art. 20 Rdnr. 50; auch Schmidt-Aßmann in Handbuch des StaatsR, § 24 Rdnr. 33 ff..

612 Benda in Handbuch des VerfR, § 17 Rdnr. 6; Herzog in Maunz-Dürig, GG, Art. 20, Kap. VII Rdnr. 21 ff; Sachs in Sachs, GG, Art. 20 Rdnr. 52; auch Schmidt-Aßmann in Handbuch des StaatsR, § 24 Rdnr. 5.

613 Herzog in Maunz-Dürig, GG, Art. 20, Kap. VII Rdnr. 32, 34; Schmidt-Jortzig, NJW 1994, 2569, 2570.

614 Benda in Handbuch des VerfR, § 17 Rdnr. 14.

615 BVerfGE 88, 118, 123.

616 Lorenz, Der Rechtsschutz des Bürgers und die Rechtsweggarantie, S. 12 ff., auch S. 150 f.; Schmidt-Aßmann in Handbuch des StaatsR, § 24 Rdnr. 73; Schulze-Fielitz in Dreier, GG, Art. 19 IV Rdnr. 27.

abhängig von der jeweiligen Verfahrensart.[617] Insofern gilt diese Herleitung der Gewährung des effektiven Rechtsschutzes insbesondere im Zivilprozeß, bei dem Art. 19 IV GG nicht anwendbar ist.[618] Für das zivilprozessuale Verfahren leitet sich der Anspruch auf effektiven Rechtsschutz unmittelbar aus der allgemeinen Handlungsfreiheit des Art. 2 I GG in Verbindung mit dem Rechtsstaatsprinzip her.[619] Der Verweis auf Art. 2 I GG erfolgt deshalb, weil Art. 2 I GG eine lückenlose Individualrechtsgarantie gewährt.[620] Art 19 IV GG gilt nur für den lückenlosen Schutz gegenüber Eingriffen der öffentlichen Gewalt.[621] Der Staat stellt durch den Anspruch auf effektiven Rechtsschutz sicher, daß auch für Streitigkeiten zwischen Privatpersonen Möglichkeiten einer gerichtlichen Entscheidung bestehen.[622] Die Wahrnehmung dieser Möglichkeiten beruht dann auf der allgemeinen Handlungsfreiheit nach Art. 2 I GG. Da es sich beim Zivilprozeß um ein Verfahren über streitige Fragen ausschließlich zwischen Subjekten des Privatrechts handelt, wird hiermit auch der Parteimaxime des Zivilprozesses Rechnung getragen.

Der Anspruch auf effektiven Rechtsschutz beinhaltet verschiedene Gebote: Er umfaßt das Recht auf Zugang zu den Gerichten und eine Prüfung des Streitgegenstandes durch das Gericht, sowohl in tatsächlicher Hinsicht, als auch in rechtlicher Hinsicht.[623] Es muß eine verbindliche Entscheidung des Gerichts ergehen,[624] und zwar in einer angemessenen Zeit (Beschleunigungsgebot).[625] Darüberhinaus gebietet der effektive Rechtsschutz vor allem, daß der Zugang zu den Gerichten nicht in unzumutbarer Weise erschwert wird.[626] Obwohl sich nach der

---

617 auch BVerfGE 52, 203, 207; BVerfGE 53, 115, 127; BVerfGE 85, 337, 345; auch BVerfGE 74, 228, 234; Heyde in Handbuch des VerfR, § 33 Rdnr. 49.

618 Siehe oben: Teil 3, B I 1.

619 BVerfGE 88, 118, 123; BVerfGE 93, 99, 107.

620 Heyde in Handbuch des VerfR, § 33 Rdnr. 46; auch Schwerdtfeger, Öffentliches Recht in der Fallbearbeitung, Rdnr. 490.

621 Heyde in Handbuch des VerfR, a.a.O..

622 Sachs in Sachs, GG, Art. 20, Rdnr. 109 m.w.N..

623 BVerfGE 54, 277, 291; BVerfGE 84, 366, 369; BVerfGE 85, 337, 345; Heyde in Handbuch des VerfR § 33 Rdnr. 49; Sachs in Sachs, GG, Art. 20, Rdnr. 111; Vollkommer, Der Anspruch der Parteien auf ein faires Verfahren im Zivilprozeß, in: Gedächnisschrift für Rudolf Bruns, S. 195, 218.

624 BVerfGE 54, 277, 291; BVerfGE 85, 337, 345; Heyde in Handbuch des VerfR, a.a.O.; Sachs in Sachs, GG, a.a.O.; Schmidt-Aßmann in Handbuch des StaatsR, § 24 Rdnr. 74.

625 BVerfGE 88, 118, 124; Heyde in Handbuch des VerfR, § 33 Rdnr. 50, auch Kunig, Das Rechtsstaatsprinzip, S. 442; Sachs in Sachs, GG, a.a.O..

626 Auch BVerfGE 54, 277, 292 f.; BVerfGE 69, 381, 385; BVerfGE 88, 118, 124 f.; Sachs in Sachs, GG, Art. 20 Rdnr. 109; Schmidt-Jortzig, NJW 1994, 2569, 2572.

Ansicht des Bundesverfassungsgerichts aus dem Gebot des effektiven Rechtsschutzes kein Recht auf einen Instanzenzug ableiten läßt,[627] muß der Zugang zur Instanz möglichst gleichmäßig eröffnet sein, wenn ein Instanzenzug existiert. Dieser darf nicht in unzumutbarer Weise, die aus keinen sachlichen Gründen zu rechtfertigen ist, erschwert werden.[628] Der effektive Rechtsschutz garantiert, daß für den Bürger eine möglichst wirksame Kontrolle in allen Instanzen erfolgt und daß die Durchsetzung seiner materiellen Ansprüche nicht durch unangemessen hohe verfahrensrechtliche Hindernisse vereitelt wird.[629]

Gerade die zuletzt genannten Aspekte des Anspruchs auf effektiven Rechtsschutz aus dem Rechtsstaatsprinzip können für die verfassungsrechtliche Grundlage einer Einführung einer obligatorischen Rechtsmittelbelehrung relevant sein.

2. Kritik an der Auffassung des Bundesverfassungsgerichts

Die bereits zitierte Entscheidung des Bundesverfassungsgerichts zur Rechtsmittelbelehrungspflicht im Zivilprozeß vom 20. Juni 1995 stützt sich im wesentlichen auf vier Argumente, mit denen das Bundesverfassungsgericht eine Rechtsmittelbelehrung aus dem Rechtsstaatsprinzip ablehnt:

a. Der Zivilprozeß sei den Bürgern am vertrautesten.
b. Das Rechtsmittelsystem sei überschaubar.
c. Für die Rechtsmittel der Berufung und Revision bestehe ohnehin Anwaltszwang.
d. Es gebe weitere zumutbare Erkundigungsmöglichkeiten.

Allerdings überzeugen diese Überlegungen, die das Bundesverfassungsgericht anstellt, um eine Rechtsmittelbelehrungspflicht aus der Verfassung abzulehnen, nicht.

a. Vertrautheit des Zivilprozesses

Soweit das Bundesverfassungsgericht geltend macht, der Zivilprozeß sei der Bevölkerung am vertrautesten,[630] so ist dem nicht zuzustimmen.

---

627 BVerfGE 4, 74, 94; BVerfGE 11, 232, 233; BVerfGE 83, 24, 31; BVerfGE 89, 381, 390; BVerfGE 92, 365, 410.

628 Auch BVerfGE 54, 277, 291 f.; BVerfGE 74, 228, 234; Heyde in Handbuch des VerfR, § 33 Rdnr. 49; Sachs in Sachs, GG, Art. 20, Rdnr. 111.

629 BVerfGE 41, 23, 26; BVerfGE 44, 302, 305; BVerfGE 52, 203, 207; BVerfGE 53, 115, 117; BVerfGE 74, 228, 234; BVerfGE 77, 275, 284; Heyde in Handbuch des VerfR, § 33 Rdnr. 49.

630 BVerfGE 93, 99, 108.

Es mag zwar sein, daß die meisten Menschen gewisse Vorstellungen von einem Zivilprozeß haben. Grund dafür mag die unübersehbare Zahl von Rechtsgeschäften privatrechtlicher Art sein, die täglich geschlossen werden - man denke nur an Kaufverträge.

Schon aufgrund dieser Vielzahl von privatrechtlichen Rechtsbeziehungen kommen zivilprozessuale Streitigkeiten überproportional häufiger für den Normalbürger vor, als beispielsweise Strafsachen oder Verwaltungsverfahren. Für alle diese privatrechtlichen Streitigkeiten ist der ordentliche Rechtsweg, sind die Zivilgerichte zuständig. So sind beispielsweise 1998 bei den Amtsgerichten in Deutschland, ohne die Familiengerichte, 1.584.128 Neuzugänge verzeichnet worden, während zu Jahresbeginn noch 703.596 Verfahren anhängig waren. Bei den Landgerichten betrug die Zahl der erstinstanzlichen Neuzugänge 1998 immerhin noch 404.496 Verfahren.[631]

Diese Prozeßflut und die Entwicklung des Zivilprozesses hin zu einem "Massen"-Verfahren bedeutet jedoch nicht, daß zwangsläufig die Bürger vertiefte Kenntnisse dieses Prozeßsystems haben. Derartige Kenntnisse würden eine persönliche Beschäftigung mit der Materie "Zivilprozeß" oder auch schon persönliche Prozeßerfahrungen voraussetzen. Dies ist sicherlich in einem Teil der Prozeßfälle gegeben, aber dennoch bieten auch diese Kenntnisse keinen Schutz davor, Rechtsbegriffe oder Rechtshandlungen, sowie Verfahrensschritte laienhaft mißzuverstehen.

Vielen Laien sind juristische Begriffe wie "Rechtsmittel" zwar bekannt, aber letztlich inhaltsleer und ohne konkrete Bedeutung. Die dahinterstehenden Erwägungen, Wertungen und Zwecke dieser Rechtsinstitute bleiben ihnen verborgen.

Man denke nur an einen Zivilprozeß vor den Amtsgerichten: Oftmals bestehen hier für Naturalparteien erhebliche Probleme, ordnungsgemäße Anträge zu stellen, obwohl schon das Gericht nach § 139 ZPO Unterstützung leistet. Nicht anders sieht es bei Klageschriften und Klageerwiderungen aus. Eine einigermaßen logische und folgerichtige Begründung zu bringen, verlangt sprachliches Können und ist daher nicht immer der Fall. Von diesen Prozeßparteien sind keine vertieften Kenntnisse etwa über Formen und Fristen zu erwarten. Von Laien, die möglicherweise zum ersten Mal vor Gericht stehen, kann man nicht erwarten, Einzelheiten des Zivilprozesses wie Form- und Fristvorschrifen zu kennen. Es begehen selbst Volljuristen in diesem Bereich hin und wieder Fehler.

Daher ist festzustellen, daß juristischen Laien zwar der Zivilprozeß als solcher und auch einige Rechtsinstitute bekannt sein mögen, aber auf keinen Fall konkrete Formen und Fristen. Ein derartiges Wissen kann nicht vorausgesetzt

---

631 Statistisches Jahrbuch 2000 für die Bundesrepublik Deutschland, S. 346.

werden. Dieses Argument des Bundesverfassungsgerichts hindert eine verfassungsrechtliche Grundlage einer Rechtsmittelbelehrungspflicht nicht. Es spricht eher für eine solche.

b. Überschaubarkeit des Rechtsmittelsystems

Die Argumentation des Bundesverfassungsgerichts überzeugt weiterhin nicht, soweit es geltend macht, eine Rechtsmittelbelehrung sei nicht aus der Verfassung geboten, da das Rechtsmittelsystem im Zivilprozeß "überschaubar sei" und "im Rahmen des Herkömmlichen" liege.[632]

Die Unrichtigkeit des Ansatzes des Bundesverfassungsgerichts wird schon dadurch deutlich, daß zur Zeit in der Diskussion um einen dreistufigen Gerichtsaufbau und eine Vereinheitlichung des Rechtsmittelsystems auch mit der Unübersichtlichkeit des gegenwärtigen Rechtsmittelsystems argumentiert wird.[633]

Darüber hinaus gelten auch gegen dieses Argument die eben vorgebrachten Bedenken. Zwar mögen in der Bevölkerung die Rechtsmittel der Berufung und Revision bekannt sein, die konkreten Unterschiede zwischen den Rechtsmitteln, die Hintergründe und Anwendungsbereiche sind juristischen Laien jedoch unklar. Dies gilt vor allem für so spezifische Voraussetzungen wie Formvorschriften und Fristen, deren genaue Berechnung problematisch sein kann. Diese Bereiche sind stark von Rechtsprechungsauslegungen geprägt, die Nichtjuristen in der Regel unbekannt sind. Noch schwieriger für einen Laien ist es, zu erkennen, ob die Beschwerdewert-Voraussetzungen für die Einlegung eines Rechtsmittels erfüllt sind. In diesem Zusammenhang sind die zum Teil komplizierten Streitwertvorschriften der §§ 2 ff. ZPO und der §§ 12 ff. GKG zu erwähnen.

Das Bundesverfassungsgericht sieht das Rechtsmittelsystem mit den Augen von Juristen, die wissen, wo im Gesetz sie welche Vorschrift zu suchen haben und wo sie ergänzende Auslegungen und Kommentierungen finden können.

Auch die Argumentation "im Rahmen des Herkömmlichen" setzt ein umfangreiches juristisches Wissen zur Vergleichsmöglichkeit mit anderen, unter Umständen älteren Normen, voraus, das bei Nichtjuristen nicht vorausgesetzt werden kann.

Auch diese Begründung des Bundesverfassungsgerichts spricht nicht zwingend gegen eine verfassungsrechtliche Grundlage der Rechtsmittelbelehrungpflicht, sondern angesichts der tatsächlichen Unübersichtlichkeit des Rechtsmittelrechts eher dafür.

---

632 BVerfGE 93, 99, 108.
633 Dauster, ZRP 2000, 338, 340.

c. Anwaltszwang

Darüber hinaus hat das Bundesverfassungsgericht in dem Beschluß vom 20. Juni 1995 geltend gemacht, daß bei Berufung und Revision ohnehin Anwaltszwang bestehe, der in der Bevölkerung bekannt sei, und daß daher keine Belehrung nötig sei und deshalb die Rechtsmittelbelehrungspflicht nicht als verfassungsrechtliche Verpflichtung angesehen werden könne.[634]

Auch dieses Argument hält einer kritischen Betrachtung nicht stand: Selbst wenn man davon ausgeht, daß die Kenntnis vom Anwaltszwang allgemein bekannt ist - was aufgrund der dafür notwendigen spezifisch juristischen Kenntnisse mit den bereits vorgebrachten Argumenten zu bezweifeln ist - ist nicht erkennbar, weshalb ein Anwaltszwang einer verfassungsrechtlichen Rechtsmittelbelehrungspflicht entgegenstehen sollte:

In der nächsten Instanz ist zwar durchaus ein Vertretungszwang gegeben. Es muß aber beachtet werden, daß eine Belehrung über Rechtsmittel nach allen bisherigen Normen in der Ausgangsinstanz erfolgt[635] und damit auch im Zivilprozeß dort anzusiedeln sein dürfte. Die Rechtsmittelbelehrung eröffnet erst den Weg zur nächsten Instanz. In diesem Zeitpunkt hat aber der Betroffene unter Umständen noch keinen anwaltlichen Beistand, etwa dann, wenn er den Prozeß vor dem Amtsgericht in der ersten Instanz ohne Rechtsanwalt geführt hat.

Gerade für diesen Betroffenen stellt sich nach der Argumentation des Bundesverfassungsgerichts eine unbefriedigende Situation dar, sofern er juristischer Laie ist: Um überhaupt zu entscheiden, *ob* er ein Rechtsmittel einlegen kann und mit welchen Zugangsvoraussetzungen dies verknüpft wäre, müßte er sich von einem Rechtsanwalt beraten lassen. Diese Beratung wäre aufgrund seiner Unkenntnis notwendig, obwohl er möglicherweise niemals in die nächste Instanz gehen kann und diesen Rechtsanwalt nicht mit der Betreuung seiner Angelegenheiten in der Berufungsinstanz beauftragen wird.

Aber auch für einen schon anwaltlich vertretenen Prozeßbeteiligten stellt sich die Frage, ob und wie er ein Rechtsmittel einlegen kann.

Das Bundesverfassungsgericht und andere Autoren haben in diesen Fällen eine Belehrungspflicht seitens des Anwalts für gegeben erachtet.[636] Fraglich ist jedoch, welcher Anwalt hierfür zuständig ist. Der Rechtsstreit befindet sich im Zeitpunkt der Entscheidung über eine Rechtsmitteleinlegung in einem Zwischenstadium. Die eine Instanz ist abgeschlossen und die nächste Instanz noch nicht angegangen. Gerade in diesem Zeitpunkt ist eine Beendigung des Mandats

---

634 BVerfGE 93, 99, 108 f..

635 Siehe oben: Teil 2.

636 BVerfGE 93, 99, 108 f.; Gebler, Die Aufklärungspflicht des Anwalts, S. 28.

eines Rechtsanwalts nicht ungewöhnlich. Die Prozeßpartei ist mit der vorinstanzlichen Entscheidung nicht zufrieden, weshalb sie auch die Überlegungen anstellt, ein Rechtsmittel einzulegen. Oftmals äußert sich diese Unzufriedenheit auch gegenüber dem Rechtsanwalt, der "die Sache nicht so geführt hat", wie die Partei es sich vorgestellt hat. Hier endet häufig das Mandat nach der Entscheidung der Vorinstanz. In diesen Fällen eine auf die Zukunft gerichtete Belehrungspflicht des Rechtsanwalts über Rechtsmittel zu konstruieren, erscheint nicht sachgerecht. Über den Beendigungszeitpunkt hinaus besteht kein gegenseitiges Interesse an einer Zusammenarbeit und damit auch kein Interesse des Mandanten an der Information durch den Rechtsanwalt und kein Interesse des Rechtsanwalts an vermögensschützenden Maßnahmen für den Mandanten.

Eine Belehrungspflicht seitens des "neuen" Anwalts für eine mögliche nächste Instanz stößt auf dieselben Probleme, wie die Information durch einen Anwalt bei erstinstanzlich nicht vertretenen Personen. Beide Prozeßbeteiligten sind ohne anwaltlichen Beistand und stehen vor der Frage, ob sie für die bloße Information über *mögliche* Rechtsmittel einen (anderen) Anwalt aufsuchen. Konkrete Erfolgsaussichten eines Rechtsmittels, also Dinge, die juristische Kenntnisse und spezielle Subsumtionstechnik erfordern, werden dabei von der Partei unter Umständen (noch) gar nicht gewünscht.[637] Sie will zunächst lediglich das "Ob" und das "Wie" und "Wann" der Rechtsmitteleinlegung wissen. Die Prozeßpartei, die aufgrund ihrer fehlenden juristischen Kenntnisse nicht in der Lage ist, zu entscheiden, ob sie ein Rechtsmittel gegen eine gerichtliche Entscheidung einlegen kann, wird durch die fehlende Rechtsmittelbelehrung zur Kenntniserlangung an einen Anwalt verwiesen, also zu einer kostenträchtigen Informationsmöglichkeit.[638] Dieser Verweis an einen Rechtsanwalt schon zur Klärung der Rechtsmittelmöglichkeiten widerspricht dem Grundsatz des fehlenden Anwaltszwangs vor dem Amtsgericht und damit auch der freien Entscheidungsmöglichkeit der Partei bis zum Zeitpunkt der tatsächlichen Einlegung des Rechtsmittels über die Einschaltung eines Rechtsanwalts in das Verfahren. Erst in der höheren Instanz *muß* die Partei einen Anwalt beauftragen.

Darüber hinaus spielen bei diesem Entschluß, sich an einen Anwalt zu wenden, um überhaupt erst feststellen zu können, ob ein Rechtsmittel gegeben ist, finanzielle Hindernisse und vor allem "Hemmschwellen"[639] eine große Rolle. Allgemein bekannt ist, daß die Beratung durch einen Rechtsanwalt Geld kostet, wobei die konkrete Berechnung der Gebühr dem Nichtjuristen unbekannt ist.

---

637 Vgl. abweichende Meinung Kühling in BVerfGE 93, 99, 117 ff.; Müller, NJW 1962, 1890; vgl. zur Rolle der Anwälte bei der Einlegung der Berufung: E. Blankenburg/V. Blankenburg/H. Morasch in: Rechtsmittel im Zivilprozeß, S. 85 ff., 88.

638 Vgl. § 20 BRAGO.

639 Vgl. Kühling in BVerfGE 93, 99, 118.

Dieser geht in der Regel von der pauschalen Wertung "teuer" aus, was ihn von der Konsultation eines Anwalts hindern kann. So weist Kühling in seiner abweichenden Meinung zum Beschluß des Bundesverfassungsgerichts vom 20. Juni 1995 sehr richtig darauf hin, daß derjenige, der sich im erstinstanzlichen Verfahren nicht durch einen Anwalt vertreten ließ, oftmals gerade diese Kostenfrage stark beachte.[640]

Der Anwaltszwang in der Berufungs- und Revisionsinstanz hindert nach alledem nicht eine verfassungsrechtliche Pflicht zu einer Rechtsmittelbelehrung. Die Vertretung durch den Anwalt betrifft die neue, höhere Instanz oder die abgeschlossene Vorinstanz. In dem Entscheidungszwischenraum selbst zwischen den Instanzen besteht kein Anwaltszwang und damit auch keine obligatorische Informationspflicht der Betroffenen über mögliche Rechtsmittel durch den Rechtsanwalt.

d. Weitere Erkundigungsmöglichkeiten

Auch das vierte Argument des Bundesverfassungsgerichts gegen eine verfassungs-rechtliche Ableitung einer Rechtsmittelbelehrungspflicht, nämlich die Feststellung, daß es andere Informationsmöglichkeiten gebe,[641] überzeugt nicht.

In der Praxis der Zivilgerichte existert eine derartige Auskunftspflicht der Gerichte über Rechtsmittelmöglichkeiten und -erfordernisse nicht.[642] Weder die Geschäftsstellen, noch die Rechtsantragsstellen beim Amtsgericht haben eine solche Pflicht. Die Rechtsantragsstellen erteilen keine Beratungen über Rechtsmittel. Sie formulieren vielmehr nur in juristisch einwandfreier Form den von der Prozeßpartei gewollten Antrag. Eine Entscheidungshilfe, ob überhaupt ein Rechtsmittel eingelegt werden kann, geben die Rechtsantragsstellen nicht. Im übrigen sind sie nur für das bei ihrem Gericht anhängige Verfahren zuständig.

Darüberhinaus könnte eine solche Auskunft mangels ausdrücklicher Vorschrift in der Zivilprozeßordnung formfrei erfolgen, also auch mündlich. Hierzu gibt Kühling zutreffenderweise zu bedenken, daß diese mündliche Auskunft Risiken mit sich bringe. Insbesondere würden nach seiner Ansicht alle Mißverständnisse zu Lasten des Rechtssuchenden gehen, da ein Nachweis einer falschen Belehrung kaum zu erbringen sei.[643]

---

640 Kühling in BVerfGE 93, 99, 118.
641 BVerfGE 93, 99, 109.
642 Kühling in BVerfGE 93, 99, 119.
643 Kühling in BVerfGE 93, 99, 119.

Aus Rechtsschutzgesichtspunkten steht dieses vom Bundesverfassungsgericht gebrachte Argument nicht einer verfassungsrechtlichen Herleitung einer Rechtsmittelbelehrungspflicht im Zivilprozeß entgegen.

3. Eigene Begründung einer Rechtsmittelbelehrungspflicht aus dem Rechtsstaatsprinzip

Es gibt mit der Argumentation des Bundesverfassungsgerichts keine überzeugende Argumentation *gegen* eine verfassungsrechtlich gebotene Rechtsmittelbelehrungspflicht. Es stellt sich jedoch die Frage, ob - entgegen der Ansicht des Bundesverfassungsgerichts - nicht doch hinreichende verfassungsrechtliche Gründe *für* eine Rechtsmittelbelehrungspflicht im Zivilprozeß existieren. Wenn das Bundesverfassungsgericht aus den genanten vier Gründen eine Rechtsmittelbelehrungspflicht auch verneint hat, so hat es doch eingeräumt, daß die Rechtssicherheit nicht beeinträchtigt werde, wenn eine solche Belehrung erteilt würde.[644]

Den bloßen Umkehrschluß aus der Argumentation des Bundesverfassungsgerichts zu ziehen und zu sagen, wenn keine negativen Argumente gegen eine verfassungsrechtliche Pflicht zur Erteilung einer Rechtsmittelbelehrung sprechen, sei eine verfassungsrechtliche Pflicht gegeben, genügt als Begründung nicht.

Eine von der Verfassung bestimmte Rechtsmittelbelehrungspflicht könnte sich aber aus dem Gebot des effektiven Rechtsschutztes ergeben, das sich seinerseits aus dem Rechtsstaatsprinzip ableitet.

Das Gebot des effektiven Rechtsschutzes gebietet, daß der Rechtsweg nicht in unzumutbarer und durch Sachgründe nicht zu rechtfertigender Weise erschwert wird.[645] Außerdem fordert das Rechtsstaatsprinzip, daß die Rechtssicherheit in angemessener Zeit wieder hergestellt wird, indem das streitige Rechtsverhältnis dauerhaft geklärt wird.[646] Unzumutbarkeit liegt dann vor, wenn der Aufwand für eine Angelegenheit und der mit ihr bezweckte Erfolg in einem Mißverhältnis stehen.[647] Bei einer fehlenden Rechtsmittelbelehrung im Zivilprozeß könnte der Aufwand, den die betroffene Partei führen muß, um Kenntnisse über die Rechtsmitteleinlegung zu erlangen, zu hoch sein für den Erfolg, nämlich die Kenntniserlangung selbst.

Dabei richtet sich die Frage nach einer verfassungsrechtlichen Ableitung einer Rechtsmittelbelehrungspflicht im Zivilprozeß nur auf die gerichtliche Beleh-

644 Siehe oben: Teil 3, A I 1.
645 BVerfGE 88, 118, 124.
646 BVerfGE 88, 118, 124.
647 Vgl. auch Kühling in BVerfGE 93, 99, 117.

rung über das "Ob" und das "Wie" und "Wann" einer Rechtsmitteleinlegung. Eine gerichtliche Belehrung hinsichtlich der Erfolgsaussichten eines Rechtsmitttels ist ohnehin nicht verfassungsrechtlich geboten: Über Erfolgsaussichten sind oftmals unterschiedliche Meinungen vertretbar, da hier eine Prüfung in der Sache selbst erfolgt. Diese Belehrungspflicht trifft nicht den Staat, da das ansonsten bedeuten würde, daß die erste gerichtliche Instanz inhaltlich ihre eigene Entscheidung unter Umständen in Frage stellen muß. Das ist mit dem ebenfalls im Rechtsstaatsprinzip verankerten Grundsatz der Rechtssicherheit[648] nicht vereinbar. Durch eine Belehrung auch über die Erfolgsaussichten eines Rechtsmittels würde der Inhalt der vorherigen Entscheidung an Aussagekraft verlieren, da von juristischen Laien die Belehrung über Erfolgsaussichten als Unsicherheit des Gericht über die materiell-rechtliche Streitmaterie gewertet werden könnte.

Außerdem ist eine Belehrung über die Erfolgsaussichten nicht mit hinreichender Sicherheit möglich, da die Rechtsmittelinstanz nicht an die Rechtsauffassung des vorhergehenden Gerichts gebunden ist.[649] Eine summarische Vorwegnahme der Entscheidung in der nächsten Instanz ist nicht möglich.

Aus einer Abwägung zwischen der rechtsstaatlichen Garantie aus Rechtssicherheit und dem Gebot des effektiven Rechtsschutzes, der ein Verbot unzumutbarer Rechtsweghindernisse nach sich zieht, ergibt sich, daß eine anderweitige Informationsbeschaffung über diesen Punkt zumutbar ist. Aus dem Gebot des effektiven Rechtsschutzes läßt sich keine verfassungsrechtliche Grundlage für eine Rechtsmittelbelehrung über die Erfolgsaussichten eines Rechtsmittels herleiten.

Im Gegensatz dazu greifen diese Bedenken gegenüber einer Rechtsmittelbelehrung über die bloßen Formalien nicht durch. Hier ist vielmehr der Gedanke relevant, daß der Staat die Rechtsprechung zur Verfügung stellt und daß er sie daher auch für den Bürger in zumutbarer Weise nutzbar machen muß. Das Rechtsmittelsystem der Zivilprozeßordnung ist für die Betroffenen aber derart unübersichtlich,[650] daß sie es ohne kundige Hilfe nicht nutzen können. Insofern gebietet das Rechtsstaatsprinzip, insbesondere das Gebot des effektiven Rechtsschutzes, daß der Staat die Beteiligten über die Möglichkeiten des weiteren Vorgehens belehrt. Zwar leitet sich aus dem Rechtsstaatsprinzip kein Anspruch auf einen Instanzenzug her.[651] Ist dieser aber vorhanden, so muß er für den Rechtssuchenden transparent sein.

---

648 BVerfGE 93, 99, 107; Schmidt-Aßmann in Handbuch des StaatsR, § 24 Rdnr. 81; Schmidt-Jortzig, NJW 1994, 2569, 2572 f..

649 Albers in Baumbach/Lauterbach/Albers/Hartmann, ZPO, Übersicht § 511 Rdnr. 1.

650 Siehe oben: Teil 3, B II 2 b.

651 BVerfGE 4, 74, 94; BVerfGE 11, 232, 233; BVerfGE 83, 24, 311; BVerfGE 89, 381, 390; BVerfGE 92, 365, 410.

Vor allem eine Belehrung über Formalien und Fristen erfüllt diese Kriterium. Sie stellt sicher, das der Rechtssuchende seinen Rechtsschutz nicht aufgrund bloßer Unkenntnis verliert. Wenn in der Zivilprozeßordnung schon Beschränkungen durch Form- und Fristvorschriften existieren, so gebietet das Prinzip des effektiven Rechtsschutzes, daß die Betroffenen - als Ausgleich - auf diese Formalien aufmerksam gemacht werden. Hierdurch wird eine Transparenz des Rechtsmittelsystems geschaffen, was zu einem größeren Vertrauen der Betroffenen in die Rechtsprechung führt. Nur durch eine Belehrung über die Form- und Fristvorschriften einer Rechtsmitteleinlegung kann die Prozeßpartei ohne Verzögerung ihre Rechts wahrnehmen, so daß die Effektivität ihres Rechtsschutzes gesichert ist.

Eine verfassungsrechtliche Verpflichtung zu einer Rechtsmittelbelehrung trifft dabei ausschließlich die Gerichte. Dies läßt sich jedoch nicht alleine damit begründen, daß eine Rechtsmittelbelehrung inhaltlich prozessuale Fragen betrifft, die den Gerichten geläufig sind. Vielmehr läßt sich eine eindeutig verfassungsrechtliche Argumentation anführen: Das Gebot des effektiven Rechtsschutzes und das Rechtsstaatsprinzip selbst sind verfassungsrechtliche Gebote. Verfassungsrechtliche Prinzipien richten sich mit ihren Forderungen jedoch in erster Linie an den Staat und nicht an Privatpersonen, wie etwa Rechtsanwälte. Daher richtet sich auch das Gebot des effektiven Rechtsschutzes an den Staat. Nur diesen trifft die Verpflichtung zum Handeln, welcher er durch eine *gerichtliche* Belehrung im Sinne der sachnächsten staatlichen Institution nachkommen kann.

Eine Verschiebung der Verpflichtung auf einen Rechtsanwalt ist deshalb nicht möglich, weil es eine verfassungsrechtliche Verpflichtung eines Anwalts aufgrund der Zielrichtung der Verfassung nicht geben kann. Eine vertragliche Verpflichtung eines Rechtsanwalts zu Belehrungen ist aber in jedem Fall ein schwächerer Schutz als eine verfassungsrechtlich gebotene Verpflichtung des Gerichts.

Für eine Rechtsmittelbelehrung durch das Gericht spricht auch, daß es hierbei ausschließlich um die Information an den Rechtssuchenden darüber geht, welche Rechtsmittel die Verfahrensordnung ihm im konkreten Fall zur Verfügung stellt. Möglicherweise geht es auch nur um die Information, daß *kein* Rechtsmittel gegeben ist. Im Sinne eines effektiven Rechtsschutzes darf diese Information über die objektiv gegebenen Rechtsmittelmöglichkeiten nicht finanziell belastet werden, etwa durch eine anwaltliche Beratung über die Möglichkeiten, Fristen und Formen einer Rechtsmitteleinlegung. Eine solche Beratung über die objektiv gegebenen Möglichkeiten würde bereits nach § 20 BRAGO eine

Rechtsanwaltsgebühr auslösen.[652] Dies ist für den Rechtssuchenden nicht zumutbar.

Außerdem ist die Informationsbeschaffung durch das Gericht für die Prozeßpartei mit dem geringst möglichen Aufwand verbunden. Für das Gericht selbst bringt die Erteilung einer Rechtsmittelbelehrung zwar einen zusätzlichen Arbeitsaufwand mit sich. Wenn der Aufwand aber nicht einen solchen Umfang hat, daß die Effektivität des Rechtsschutzes durch ihn gefährdet wird, ist er in jedem Fall durch die Bedeutung des geschützten Rechtsguts gerechtfertigt. Es ist daher anhand des Umfangs und der Umstände der konkreten Belehrungspflicht zu entscheiden, ob tatsächlich bei allen gerichtlichen Entscheidungen Rechtsmittelbelehrungen erfolgen müssen und ob über alle Rechtsmittel belehrt werden muß. Denkbar ist eine Differenzierung nach der Bedeutung der Entscheidung für die Partei. Auf diese Problematik ist im Rahmen der konkreten Ausgestaltung einer Belehrungspflicht für den Zivilprozeß näher einzugehen.[653]

In vielen Fällen, beispielsweise bei gerichtlichen Urteilen, läßt sich keine relevante zusätzliche Belastung der Gerichte oder eine spürbare Erhöhung der Kosten durch die Rechtsmittelbelehrungspflicht denken. Es ist möglich, einer Entscheidung ein Formblatt beizulegen oder als Textbaustein die Belehrung in die Entscheidung einzufügen.

Auch der mögliche Einwand, eine Rechtmittelbelehrungspflicht würde dazu führen, daß eine erhöhte Zahl von Rechtsmitteln eingelegt würde, und daß daher ein Unterlassen gerechtfertigt sei, um eine Überlastung der Gerichte - ein Verstoß gegen das Rechtsstaatsprinzip - zu verhindern, überzeugt nicht.

Keinesfalls soll die Rechtsmittelbelehrung von ihrer Idee her mehr Parteien zur Einlegung eines Rechtsmittels bewegen, auch wenn sie selbst es gar nicht möchten. Vielmehr wird durch die Belehrung die Partei auf die ihr zustehenden Rechte aufmerksam gemacht. Wenn die Folge eine verstärkte Einlegung von Rechtsmitteln bei den Gerichten ist, so ist dies nur die Konsequenz, die aufgrund der vorherigen Unsicherheit und Unkenntnis der Parteien entstanden war.

So kommentiert Kniffka in seinem Aufsatz die Problematik der möglicherweise ansteigenden Prozeßzahlen folgendermaßen: "Man kann sich des Eindrucks nicht erwehren, als gründe sich die Zurückhaltung in der Frage der Rechtsmittelbelehrung auf der Befürchtung, die Betroffenen könnten von ihren Rechten Gebrauch machen, wenn sie ihnen erst einmal bekannt sind."[654]

---

652 Siehe oben: Teil 3, B II 2 c.
653 Siehe unten: Teil 4, A I 3.
654 Kniffka, DRiZ 1980, 106.

Diese Ansicht Kniffkas ist zu unterstützen. Es ist vielmehr wünschenswert, daß die Betroffenen, die dazu die rechtlichen Möglichkeiten haben, von ihren Rechtsmitteln Gebrauch machen. Die Rechtsmittelbelehrung dient dabei auch der Rechtssicherheit: Durch das Wissen von den Rechtsmitteln aufgrund der Rechtsmittelbelehrung können auch diejenigen ein Rechtsmittel einlegen, die dies ansonsten versäumt hätten. Durch diese zusätzlichen Entscheidungen über Rechtsmittel in unter Umständen besonders umstrittenen Problemen wird eine Vereinheitlichung der Rechtsprechung und eine Rechtsfortbildung gefördert. Zudem wird die Arbeit der Justiz durch eine Rechtsmittelbelehrungspflicht nicht zusätzlich vermehrt, sondern nur umverteilt. Die Arbeit der vorinstanzlichen Gerichte wird dadurch erleichtert und beschleunigt, daß vereinheitlichende "Muster"-Entscheidungen der Obergerichte verstärkt vorliegen. Eine stärkere Orientierung an diesen obergerichtlichen Entscheidungen in einer größeren Anzahl von Fällen wird ermöglicht.

Allerdings ist zu beachten, daß die Gerichte besonders interessante und streitige Rechtsfragen nicht anders behandeln dürfen als typische "Routine"-Fälle. Eine Belehrungspflicht über Rechtsmittel gilt selbstverständlicht gleichmäßig in allen Prozessen. Die Rechtsmittelbelehrung darf nicht mit dem Inhalt der Entscheidung verknüpft werden und davon abhängig gemacht werden. Der Gedanke des fürsorglichen Schutzes durch den Staat verbietet hier eine Differenzierung.

Das rechtsstaatliche Gebot des effektiven Rechtsschutzes ist in zwei unterschiedlichen Bereichen relevant: Zum einen gilt es für die Gerichte, wobei hier eine Reduzierung der Arbeitsbelastung der Gerichte und eine Beschleunigung des Verfahrens im Vordergrund steht. Auf der anderen Seite beinhaltet die "Effektivität" eines Rechtsschutzes auch den Schutz des Einzelnen. Durch die Verpflichtung des Staates, das Gebot des effektiven Rechtsschutzes zu beachten, sind die Rechtsschutzinteressen von Privatpersonen betroffen. Für den Einzelnen muß es in effektiver Weise möglich sein, seinen Rechtsschutz zu finden. Der Begriff der "Effektivität" darf daher nicht beschränkt werden auf eine möglichst große Arbeitsersparnis und eine Erhöhung der statistischen Erledigungszahlen der Gerichte. Dieser Aspekt der Überbelastung der Gerichte wird in der Diskussion oft über bewertet. Vielmehr muß auch der Individualschutz Einzelner berücksichtigt werden, wozu eine Rechtsmittelbelehrungspflicht zu zählen ist. Durch eine Rechtsmittelbelehrungspflicht wird die verfassungsrechtlich gebotene Effektivität des Rechtsschutzes im Individualbereich des Einzelnen gestärkt.

Eine Rechtsmittelbelehrung läßt sich auch damit aus der Verfassung herleiten, daß ein Rechtsstreit in einer angemessenen Frist geklärt werden muß.[655] Auch dieser Grundsatz folgt aus dem Rechtsstaatsprinzip.

Dieser Beschleunigungsgrundsatz dient der Rechtssicherheit im Rechtsstaatsprinzip. Das gerichtliche Verfahren soll nicht unangemessen verzögert werden, weshalb für die Zivilprozeßordnung und die anderen Verfahrensordnungen verfahrensbeschleunigende Vorschriften und zum Beispiel auch Fristenregelungen erlassen worden sind. Der Beschleunigungsgrundsatz steht der Ableitung einer Rechtsmittelbelehrungspflicht aus dem Grundsatz des effektiven Rechtsschutzes nicht entgegen, sondern bietet vielmehr ein Argument dafür. Zwar beinhaltet das Gebot des wirkungsvollen Rechtsschutzes vor allem den Schutz des einzelnen Rechtssuchenden, während der Beschleunigungsgrundsatz vor allem im öffentlichen Interesse steht.[656] Eine Rechtsmittelbelehrung verstärkt aber auch die Rechtssicherheit: Durch eine Belehrung über Form und Frist einer Rechtsmitteleinlegung kann der Betroffene den Aufwand, den er für das Rechtsmittel betreiben muß, besser einschätzen. Insofern kann er besser über die ihm zur Verfügung stehende Zeit disponieren, und es kommt nicht zu unnötigen Verzögerungen. Das Rechtsmittel kann aufgrund der bereits vorhandenen Kenntnisse möglicherweise schon vor Ablauf der Rechtsmittelfrist eingelegt werden und nicht erst im allerletzten zulässigen Zeitpunkt. Der betroffene Prozeßbeteiligte benötigt nicht die volle, ihm zustehende Frist, da er bei seinen Überlegungen auf gewisse Grundkenntnisse durch die Rechtsmittelbelehrung aufbauen kann.

Auch eine Abwägung der Interessen der beteiligten Prozeßparteien führt nicht notwendig dazu, daß eine verfassungsrechtliche Grundlage einer Rechtsmittelbelehrungspflicht abgelehnt werden muß. Zwar mag die Gegenpartei ein Interesse daran haben, daß der Rechtsstreit, den sie schon als beendet angesehen hat, *nicht* fortgesetzt wird. Sie mag sich dabei auf Rechtsschutzgesichtspunkte berufen.

Hiergegen ist aber einzuwenden, daß ein Rechtsstreit erst dann wirksam beendet ist, wenn die Entscheidung rechtskräftig, das heißt nicht mehr anfechtbar,[657] ist. Bis zu diesem Zeitpunkt ist das Interesse des Prozeßgegners gerade nicht besonders schützenswert. Er muß damit rechnen, daß der andere die ihm zustehenden Rechtsmittel geltend macht. Insofern ist auch *keine* Abwägung der

655 BVerfGE 60, 253, 269; BVerfGE 88, 118, 124; Heyde in Handbuch des VerfR, § 33 Rdnr. 50.

656 BVerfGE 88, 118, 124.

657 Hartmann in Baumbach/Lauterbach/Albers/Hartmann, ZPO, Einführung vor §§ 322 - 327 Rdnr. 1 ff..

verschiedenen Interessen der Prozeßbeteiligten *zugunsten* des Rechtsschutzes des *Prozeßgegners* zu treffen. Das Interesse des Prozeßgegners an Rechtssicherheit, in Form des Bestehenbleibens der Entscheidung, ist weniger schützenswert als das Bedürfnis der anderen Partei, eine sie beschwerende Entscheidung angreifen zu können. Da dies aber nur durch eine Rechtsmittelinformation durch den Staat ordnungsgemäß sichergestellt werden kann, geht das Interesse der zu belehrenden Partei an einer Rechtsmittelbelehrung dem Interesse des Prozeßgegners am Bestehen der Entscheidung vor.

Eine allgemeine Pflicht zur Rechtsmittelbelehrung ist daher als Bestandteil des Gebotes des effektiven Rechtsschutzes anzusehen, das selbst aus dem Rechtsstaatsprinzip abgeleitet wird.

Folgt man der Rechtsprechung des Bundesverfassungsgerichts, das das Gebot des effektiven Rechtsschutzes auch als "Grundrecht"[658] bezeichnet, so muß man einen *Anspruch* auf eine Rechtsmittelbelehrung bejahen. Die Funktion von Grundrechten geht nach dem heutigen Verfassungsverständnis über eine bloße Schutzfunktion gegen staatliches Handeln hinaus und umfaßt vor allem einen *Anspuch auf Fürsorge.*[659] Das Gebot des effektiven Rechtsschutzes unterliegt als "Grundrecht" daher dieser Fürsorgeverpflichtung. Da sich aus dem Grundrechtsverständnis in einem fürsorgenden sozialen Rechtsstaat ein Anspruch auf Fürsorge durch den Staat ableiten läßt, muß auch ein *Anspruch auf eine Rechtsmittelbelehrung* aus dem Gebot des effektiven Rechtsschutzes abgeleitet werden.

C. Zwischenergebnis

Die Pflicht zur Rechtmittelbelehrung ist als Bestandteil des effektiven Rechtsschutzes durch das Rechtsstaatsprinzip geboten.

Insofern ist die Einführung einer allgemeinen Rechtsmittelbelehrung für den Zivilprozeß notwendig, da andernfalls der Zugang zu den Rechtsmitteln in unzumutbarer Weise erschwert wird. Aus verfassungsrechtlichen Gründen beschränkt sich diese Belehrungspflicht aus eine Belehrung über die Formalien, während über Erfolgsaussichten von Rechtsmitteln durch das Gericht nicht belehrt werden darf.

---

658 BVerfGE 88, 118, 123.

659 BVerfGE 1, 100, 104; Kannengießer in Schmidt-Bleibtreu, GG, Vorb. v. Art. 1 Rdnr. 1.

Teil 4: Ausgestaltung der Rechtsmittelbelehrungspflicht für den Zivilprozeß

A. Kriterien

Nach der Feststellung einer verfassungsrechtlich gebotenen Belehrungspflicht stellt sich nun die Frage, wie eine solche Rechtsmittelbelehrungspflicht konkret ausgestaltet werden kann. Es ist zu untersuchen, ob bei der Belehrungspflicht zu differenzieren ist nach dem möglichen Rechtsmittel oder Rechtsbehelf oder eventuell nach der zugrundeliegenden gerichtlichen Entscheidung.

I. Belehrungsobjekt / zugrundeliegende gerichtliche Entscheidung

1. Rechtsbehelfssystem des Zivilprozesses

Das derzeitige Rechtsbehelfssystem des Zivilprozesses setzt sich aus den drei eigentlichen Rechtsmitteln "Berufung" (§§ 511 ff. ZPO), "Revision" (§§ 545 ff. ZPO) und "Beschwerde" (§§ 567 ff. ZPO)[660] zusammen und aus einigen anderen Vorgehensmöglichkeiten gegen einzelne Entscheidungen des Gerichts. Zu diesen letzteren Rechtsbehelfen zählen:

- Wiederaufnahme des Verfahrens (§§ 578 ff. ZPO)
- Einspruchsverfahren (gegen Versäumnisurteil §§ 338 ff. ZPO; gegen Vollstreckungsbescheid § 700 ZPO)
- die verschiedenen Erinnerungen gemäß §§ 104, 576, 766 ZPO,
- Widerspruch gegen Mahnbescheid (§ 694 ZPO), Arrestbefehl und einstweilige Verfügung (§§ 924, 936 ZPO),
- Wiedereinsetzung in den vorigen Stand (§§ 233 ff. ZPO)[661]

Angesichts dieser Vielzahl von unterschiedlichen Rechtsmitteln und Rechtsbehelfen im Zivilprozeß stellt sich für die konkrete Ausgestaltung einer Rechtsmittelbelehrungspflicht zunächst die Frage, ob über alle tatsächlich möglichen

660 Musielak, Grundkurs ZPO, Rdnr. 489; Paulus, Zivilprozeßrecht, Rdnr. 389; Rosenberg/Schwab/ Gottwald, Zivilprozeßrecht, § 134, S. 802; Schellhammer, Zivilprozeßrecht, Rdnr. 956; Schilken, Zivilprozeßrecht, Rdnr. 863.

661 Schellhammer, Zivilprozeßrecht, Rdnr. 1116; Schilken, Zivilprozeßrecht, Rdnr. 862.

Rechtsmittel und Rechtsbehelfe zu belehren ist. Primär ist die Frage zu lösen, welche Rechtsmittel oder Rechtsbehelfe Belehrungsobjekte sein sollen und nach welchen Kriterien eine mögliche Differenzierung dieser Rechtbehelfe möglich ist.

2. Vergleich mit den anderen Prozeßordnungen

Als Entscheidungshilfe lassen sich die Normierungen von Rechtsmittelbelehrungen in den anderen geltenden Prozeßordnungen heranziehen:

Im arbeitsgerichtlichen Verfahren wird eine Belehrung gemäß § 9 V ArbGG nur bei gegebenem Rechtsmittel im engen Sinn erteilt, nicht jedoch bei Rechtsbehelfen allgemein. Es wird nur über die weiteren Vorgehensweisen belehrt, die einen Suspensiv- *und* einen Devolutiveffekt haben. Darüber hinaus muß nach § 9 V ArbGG eine Belehrung nur über "befristete Rechtsmittel" erteilt werden[662]. § 9 V ArbGG lautet: "Alle mit einem befristeten Rechtsmittel anfechtbaren Entscheidungen enthalten die Belehrung über das Rechtsmittel."

Auch nach § 35 a StPO muß nur über tatsächliche Rechtsmittel im engen Wortsinn belehrt werden, und zwar wie im arbeitsgerichtlichen Verfahren nur über befristete Rechtsmittel. Ebenso wie nach § 9 V ArbGG ist bei § 35 a StPO das Vorliegen des Suspensiv- und des Devolutiveffekts entscheidend für die Bestimmung des Rechtsbehelfs, über den belehrt werden muß.

Nach beiden Verfahrensarten wird daher nur über die Berufung, die Revision und die verschiedenen Beschwerdearten belehrt.[663] Eine Differenzierung über die Notwendigkeit einer Rechtsmittelbelehrung erfolgt im Arbeitsgerichtsgesetz und der Strafprozeßordnung anhand der möglichen Rechtsbehelfe, nicht jedoch aufgrund der zugrundeliegenden gerichtlichen Entscheidung.

In den verwaltungsprozessualen Verfahren, also den Prozessen nach der Verwaltungsgerichtsordnung, der Finanzgerichtsordnung und dem Sozialgerichtsgesetz, wird über Rechtsbehelfe im weiten Sinn belehrt. Eine Abgrenzung zwischen Rechtsmitteln und Rechtsbehelfen ist in diesen Verfahren nicht erforderlich.[664]

Alle diese Normen beruhen auf dem gleichen Denkansatz: Zunächst wird abstrakt festgestellt, über welche Rechtsmittel oder Rechtsbehelfe eine Belehrung erfolgen muß. Als zweiter Schritt wird festgestellt, welche Entscheidungen mit diesem Rechtsmittel angefochten werden können, über das belehrt werden muß. In diesen Fällen muß dann die Rechtsmittel- oder Rechtsbehelfsbelehrung

662 Siehe oben: Teil 2, A II 1.
663 Siehe oben: Teil 2, A II 1; B II 1.
664 Siehe oben: Teil 2, C II 1.

durchgeführt werden. Die genannten Normen gehen also von dem möglichen Rechtmittel aus und schließen von dort auf eine Belehrungspflicht in der mit dem Rechtsmittel anfechtbaren Entscheidung zurück.

Diese Vorgehensweise wird auch von einem Großteil der Literatur zur Rechtsmittelbelehrungspflicht im Zivilprozeß vertreten. Sehr häufig wird dabei dem für das Arbeitsgerichtsgesetz gefundenen Differenzierungskriterium gefolgt: Es wird danach unterschieden, ob ein Rechtsmittel oder ein Rechtsbehelf im weiten Sinne möglich ist. Eine Belehrung soll nach diesen Ansichten im Zivilprozeß im Anschluß an § 9 V ArbGG ebenfalls nur bei Rechtsmitteln im eigentlichen Sinn erfolgen.[665]

Insofern werden im arbeitsgerichtlichen und im strafgerichtlichen Prozeß sowohl Belehrungen bei Urteilen als auch bei Beschlüssen erteilt.[666] Im Verwaltungsprozeß existieren wegen der spezifischen Besonderheit, daß auch eine behördliche Entscheidung als Grundlage für eine Rechtsmittelbelehrungspflicht genügt, ebenfalls an den Rechtsbehelf geknüpfte Belehrungspflichten.[667]

3. Differenzierung im Zivilprozeß

Diese Vorgehensweise erscheint gerade für das zivilprozessuale Verfahren wegen der Unübersichtlichkeit der verschiedenen Entscheidungs- und Rechtsmittelmöglichkeiten[668] nicht sachgerecht. Zwar spricht *für* eine Differenzierung anhand des Kritieriums "Rechtsbehelf", daß die Gruppe der eigentlichen drei Rechtsmittel in der Zivilprozeßordnung abgrenzbar ist und daß damit eine Entscheidung in der Praxis über einen Belehrung auf den ersten Blick recht praktikabel und leicht handhabbar sein könnte. Diese Differenzierung berücksichtigt allerdings zu wenig den hinter der Rechtsmittelbelehrungspflicht stehenden Schutzgedanken. Dieser Schutz kann bei einer derartig pauschalen Unterscheidung allein aufgrund des Rechtsbehelfs nicht hinreichend erfolgen. Vielmehr muß für einen umfassenden Schutz auch die gerichtliche Entscheidung, die dem möglichen Rechtsmittel vorangeht berücksichtigt werden.

---

665 Rechtsmittelbelehrungspflicht für das Hauptrechtsmittel: Ausschuß-Entwurf BT Drs. 7/5250 S. 5; Hinsichtlich des Abstellens auf das Rechtsmittel, auch in anderen Verfahren: Gutachten Gottwald für den 61. Deutschen Juristentag A 31; Nesselrodt, DRiZ 1982, 60 ff.; vgl. SPD-Entwurf BT Drs. 11/1704 S. 3; unveröffentliches Arbeitspapier des Bundesjustizministeriums.

666 Siehe oben: Teil 2, A II 1; B II 1.

667 Siehe oben: Teil 2, C II 1.

668 Paulus, Zivilprozeßrecht, Rdnr. 389; auch Schellhammer, Zivilprozeßrecht, Rdnr. 1116.

Nur wenn die tatsächliche Beeinträchtigung der Prozeßparteien durch die Entscheidung als Kriterium herangezogen wird, kann eine sehr viel stärker auf die Wissenserfordernisse der Prozeßparteien zugeschnittene Rechtsmittelbelehrung erteilt werden.

Es erscheint daher sachgerechter, die rechtsstaatliche Erforderlichkeit einer Rechtsmittelbelehrung anhand der gerichtlichen Entscheidung zu prüfen und bei Bejahung der Erforderlichkeit eine Rechtsmittel- oder Rechtsbehelfsbelehrung zu erteilen. Das Belehrungsobjekt leitet sich nach dem Grad der Beeinträchtigung durch die zugrundeliegende gerichtliche Entscheidung und damit nach dem Grad der erforderlichen Information her. Der umgekehrte Rückschluß vom Rechtsmittel her, ohne Ansehung der Entscheidung und ohne Beantwortung der Frage der konkreten Notwendigkeit der Rechtsmittelbelehrung, ist nicht sachgerecht.

a. Rechtsmittelbelehrung bei allen Entscheidungen

Zunächst ließe sich an einen umfassenden Schutz der Prozeßparteien durch eine Belehrung bei *allen* gerichtlichen Entscheidungen denken, da durch jede Entscheidung die Prozeßparteien, insbesondere die unterliegende Partei, unmittelbar betroffen ist. Eine derartige Ansicht widerspricht jedoch durch eine ausufernde, unpraktikable Belehrungspflicht nicht nur den Erfordernissen der Praxis, sie berücksichtigt zudem nicht, daß nicht immer und in allen Bereichen der Gerichtsentscheidungen der volle Schutzumfang der Fürsorgepflicht nötig ist. Wegen des im Zivilprozeß herrschenden Grundsatzes der Privatautonomie kann es nicht Aufgabe des Gerichts sein, die Prozeßparteien vor jeglichem Schaden zu bewahren. Eine gewisse Eigenverantwortlichkeit auch im prozessualen Bereich bleibt vielmehr bei demjenigen bestehen, der einen Rechtsstreit führt.

Eine Belehrungspflicht über die Rechtsmittel gegen ausnahmslos alle vom Gericht getroffenen Entscheidungen, Urteile wie Beschlüsse, fördert nicht die Effektivität des Rechtsschutzes, sondern gefährdet sie. In einem solchen Fall würde die Arbeit der Gerichte durch die Fülle an Rechtsmittelbelehrungen im Laufe eines Prozesses zusätzlich stark belastet. Eine zusätzliche Arbeitsbelastung der Gerichte wäre auch in den Prozeßabschnitten gegeben, in denen die Belastung der Partei durch die Entscheidung nur gering ist. Hierunter könnte die eigentliche Arbeit der Gerichte, die zügige Erledigung der Rechtsstreitigkeiten[669] verzögert werden. Im Hinblick auf den effektiven Rechtsschutz muß daher eine Abwägung zwischen den Bedürfnissen des Gerichts an einer reibungslosen, zü-

669 Vgl. auch Paulus, Zivilprozeßrecht, Rdnr. 221; Rosenberg/Schwab/Gottwald, Zivilprozeßrecht, § 84, S. 451 ff.; Schilken, Zivilprozeßrecht, Rdnr. 382 ff..

gigen Arbeit und dem Interesse der Prozeßpartei an einer Belehrung über Rechtsmittel erfolgen. Die zusätzliche Arbeitsbelastung des Gerichts durch die Rechtsmittelbelehrung ist nur in den Bereichen zu rechtfertigen, in denen der Rechtsuchende besonders schützenswert ist und er deshalb über Rechtsmittel gegen eine getroffenen Entscheidung belehrt werden muß.

b. Rechtsmittelbelehrung bei Endurteilen

Eine besondere Schutzbedürftigkeit der Prozeßpartei ergibt sich in den Fällen, in denen das Gericht mit seiner Entscheidung über den ihm vorgelegten Rechtsstreit *in der Sache* entscheidet. Hier kann aufgrund der Unkenntnis der Prozeßpartei über ein mögliches Rechtsmittel ein bleibender Rechtsverlust eintreten.

Dagegen tritt der Fürsorgegedanke dort zurück, wo die Entscheidung des Gerichts nicht die Sache selbst betrifft, sondern allein das Verfahren oder Nebenfragen, etwa Terminierungsbeschlüsse, Streitwertbeschlüsse, Ordnungsgeldbeschlüsse gegen Zeugen oder Kostenbeschlüsse nach Klagerücknahme (§ 269 III ZPO) oder nach übereinstimmender Erledigungserklärung (§ 91 a ZPO), wobei es sich bei der Aufzählung nur um Beispiele handelt. In diesen Fällen ist die Prozeßpartei von einem direkten Rechtsverlust in der für sie vorrangig relevanten Hauptstreitsache nicht unmittelbar betroffen.

Darüber hinaus macht die Zivilprozeßordnung allein aus der Hierarchie der Entscheidungen - Urteil, Beschluß, Verfügung (§ 160 III Nr. 6 ZPO)[670] - deutlich, welchen Entscheidungen sie eine besonders weitgehende Bedeutung für den Rechtsuchenden beimißt. Es sind die Urteile, die den besonderen Anforderungen der §§ 300 ff. ZPO, insbesondere dem § 313 ZPO, entsprechen müssen, und die - bei Erreichen der Streitwertgrenze - in jedem Falle durch ein Rechtsmittel oder Rechtsbehelf anfechtbar sind. Sie stellen damit die "höchstrangige" Entscheidungsform der Zivilprozeßordnung dar[671] und werden deshalb in allen Fällen angewendet, in denen ein weitreichender und dauerhafter Rechtsverlust einer Prozeßpartei zu befürchten ist.

Aufgrund dieser Überlegungen erscheint eine Rechtsmittelbelehrungspflicht - parallel zum Grad der nötigen Fürsorge - nur in den Fällen als geboten, in denen es um eine Entscheidung in der Hauptsache geht. Nur diese Entscheidungen sind für die Partei wegen des darin enthaltenen möglichen Rechtsverlusts von besonderer Relevanz. Derartige Entscheidungen werden in der Regel aufgrund ihrer Bedeutung in der besonders herausgehobenen Entscheidungsform des Urteils

---

670 Vgl. auch Musielak, Grundkurs ZPO, Rdnr. 474 ff.; Rosenberg/Schwab/Gottwald, Zivilprozeßrecht, § 58, S. 305; Schellhammer, Zivilprozeßrecht, Rdnr. 723.

671 Vgl. Wassermann in AK-ZPO, § 329 Rdnr. 1.

abgefaßt. Das bedeutet, daß bei allen Arten von Endurteilen im streitigen Verfahren eine Rechtsmittelbelehrung zu erteilen ist. In diesen Fällen ist die Entscheidung in dieser Instanz abschließend und damit der mögliche Rechtsverlust für die Partei dauerhaft eingetreten.

Ebenfalls muß eine Rechtsmittelbelehrung in den Säumnisentscheidungen erteilt werden, da sie bei Versäumung der Einspruchsfrist den bleibenden Rechtsverlust nach sich ziehen.

c. Rechtsmittelbelehrung bei anderen Urteilen

Fraglich ist jedoch, wie bei den übrigen Arten von Urteilen, wie Zwischen-, Teil-, Grund- und Vorbehaltsurteilen, zu verfahren ist.

Teilurteile sind ebenfalls Endurteile, die zwar nur einen Teil des Rechtsstreits betreffen, diesen jedoch abschließend erledigen.[672] Ein Teilurteil splittet den Prozeß nur in verschiedene Teile auf, die voneinander unabhängig sind. Sie können selbständig vollstreckt werden, und auch die Revisions- oder Berufungssumme wird eigenständig für das Teilurteil festgestellt.[673] Aufgrund ihrer Eigenschaft als Endurteil und damit aufgrund der Bedeutung der Entscheidung für die Parteien, muß bei Teilurteilen eine Rechtsmittelbelehrung erfolgen.

Zwischenurteile hingegen treffen nur eine Entscheidung über Steitpunkte, die nicht den Streitgegenstand der Hauptsache selbst betreffen. Sie regeln prozessuale Vorfragen (§§ 280, 303 ZPO), entscheiden über den Anspruchsgrund (§ 304 ZPO) oder über einen Zwischenstreit einer Partei mit einem Dritten (§§ 71, 135 II, 372 a, 387, 402 ZPO). Eine Anfechtungsmöglichkeit besteht in der Regel nur zusammen mit dem Endurteil, wobei Zwischenurteile in den Fällen der §§ 10, 268, 512 a und 549 II ZPO unanfechtbar sind.[674] Urteile in einem Zwischenstreit mit Dritten sind mit der sofortigen Beschwerde gemäß § 577 ZPO anfechtbar.[675] In den Fällen der §§ 280 II, 304 II ZPO besteht eine isolierte Anfechtungsmöglichkeit wie bei Endurteilen.[676] Da Zwischenurteile die eigentliche Entscheidung in der Hauptsache lediglich vorbereiten, könnte dies für eine geringere Relevanz für die Parteien sprechen, so daß eine Rechtsmittelbelehrungspflicht überflüssig wäre. Dies entspricht jedoch nicht den Tatsachen: Zum einen werden die ausnahmsweise selbständig anfechtbaren Zwischenentschei-

672 Baur/Grunsky, Zivilprozeßrecht, Rdnr. 197, S. 191; Musielak, Grundkurs ZPO, Rdnr. 477; Paulus, Zivilprozeßrecht, Rdnr. 298; Rosenberg/Schwab/Gottwald, Zivilprozeßrecht, § 59 II 2, S. 308; Schellhammer, Zivilprozeß, Rdnr. 919.

673 Rosenberg/Schwab/Gottwald, Zivilprozeßrecht, § 59 II 2 b, S. 310.

674 Rosenberg/Schwab/Gottwald, Zivilprozeßrecht, § 59 III, S. 310.

675 Musielak, Grundkurs ZPO, Rdnr. 477; Paulus, Zivilprozeßrecht, Rdnr. 300.

676 Musielak, Grundkurs ZPO, a.a.O.; Paulus, Zivilprozeßrecht, a.a.O..

dungen nach §§ 280 II, 304 II ZPO auch selbständig rechtskräftig, so daß die höhere Instanz in diesen Fällen von der Entlastungsaufgabe der Zwischenurteile profitiert, weil sie an das rechtskräftige Zwischenurteil gebunden ist.[677] In diesen Fällen auf eine Belehrungspflicht zu verzichten, würde den Rechtsschutz der Prozeßpartei einschränken. Zum anderen spricht eine praktikablere und auch für Laien verständliche Entscheidungsverkündung für eine Rechtsmittelbelehrung. Da juristischen Laien oftmals die Unterscheidung der einzelnen Arten von Urteilen und deren spezifische Aufgaben im Zivilprozeß fremd ist, kann eine fehlende Belehrung bei Zwischenurteilen zu Rechtsunsicherheiten und Irritationen führen, insbesondere wenn - wie hier - eine Rechtsmittelbelehrungspflicht bei Endurteilen bejaht wird. Aus dem Gedanken der Rechtssicherheit ist daher auch bei Zwischenurteilen eine Rechtsmittelbelehrung zu erteilen, obwohl sie nicht den Streitgegenstand der Hauptsache betreffen. Dafür spricht auch, daß die Zivilprozeßordnung für Entscheidungen über Zwischenstreite die "hochrangige" Urteilsform[678] vorsieht.

Die gleiche Argumentation greift auch bei Grund- und Vorbehaltsurteilen, die beide Zwischenurteile sind.[679] Das Grundurteil, das eine Entscheidung über den Grund eines Anspruchs vorab fällt, bevor über die Höhe entschieden wird, ist nach § 304 II ZPO selbständig anfechtbar.[680] Im übrigen findet in diesen Fällen der Rechtsverlust beim Beklagten bereits durch das Grundurteil statt, indem der Anspruch dem Grunde nach für gerechtfertigt erklärt wird. Entsprechend tritt ein Rechtsverlust beim Kläger ein, wenn nur ein Teil des geltendgemachten Anspruchs für gerechtfertigt erklärt wird.

Das Vorbehaltsurteil steht seiner Rechtsnatur nach zwischen Endurteil und Zwischenurteil: Es stellt nicht bloß einen einzelnen Streitpunkt fest, sondern vollzieht - wie ein Endurteil - die vom Kläger beantragte Rechtsschutzhandlung. Auf der anderen Seite schließt es - wie ein Zwischenurteil allgemein - die Instanz nicht ab,[681] da im Nachverfahren über Einwendungen in derselben Instanz entschieden wird. Hinsichtlich der Rechtsmittel ist das Vorbehaltsurteil allerdings den Endurteilen gleich gestellt (§ 302 III ZPO).

---

677 Hinsichtlich der Bindungswirkung auch: RGZ 109, 154 und 290; Rosenberg/Schwab/Gottwald, Zivilprozeßrecht, a.a.O..

678 Vgl. Wassermann in AK-ZPO, § 329 Rdnr. 1.

679 RGZ 151, 8; Rosenberg/Schwab/Gottwald, Zivilprozeßrecht, § 59 V 4, S. 319; Hinsichtlich des Vorbehaltsurteils: a. A. Schellhammer, Zivilprozeß, Rdnr. 938: auflösend bedingtes Endurteil.

680 Baur/Grunsky, Zivilprozeßrecht, Rdnr. 199, S. 193; Paulus, Zivilprozeßrecht, Rdnr. 301; Rosenberg/ Schwab/Gottwald, Zivilprozeßrecht, § 59 IV, S. 312 ff., 316; Schellhammer, Zivilprozeß, Rdnr. 906.

681 Rosenberg/Schwab/Gottwald, Zivilprozeßrecht, § 59 V, S. 319.

Eine Rechtsmittelbelehrung muß aus Gründen des rechtsstaatlichen Parteienschutzes und auch aus Rechtssicherheitserwägungen bei allen Arten von Urteilen im Streitverfahren erteilt werden.

d. Rechtsmittelbelehrung bei Beschlüssen

Anders sieht die Situation bei der Entscheidungsform "Beschluß" aus. Da durch Beschlüsse oftmals lediglich rein prozessuale, prozeßleitende Entscheidungen getroffen werden,[682] die den Streitgegenstand in der Hauptsache nicht betreffen, muß hier keine Rechtsmittelbelehrung erfolgen. Die Gefahr einer Verletzung der Rechtsschutzmöglichkeiten der Partei ist durch die fehlende Rechtsmittelbelehrung bei Beschlüssen nicht gegeben. Dies wird auch an der Einordnung der Beschlüsse in der Hierarchie der Entscheidungen in der Zivilprozeßordnung deutlich: Beschlüsse werden in der Regel ohne mündliche Verhandlung erlassen (etwa §§ 519 b II, 554 a II, 922 I, 936 ZPO), viele Beschlüsse sind - ausdrücklich gesetzlich normiert - überhaupt nicht anfechtbar (etwa §§ 160 IV S. 3, 225 III, 227 IV S. 3, 336 II, 355 II, 490 II S. 2, 515 III S. 3 ZPO). Den Beschlüssen wird im System der Zivilprozeßordnung damit nicht die grundlegende Bedeutung beigemessen wie den Urteilen, die konkreten Formerfordernissen unterliegen und grundsätzlich anfechtbar sind.

e. Rechtsmittelbelehrung im Zwangsvollstreckungsrecht

Problematisch erscheint eine Pflicht zur Rechtsmittel- oder Rechtsbehelfsbelehrung im Zwangsvollstreckungsverfahren. Die Verfahren im achten Buch der Zivilprozeßordnung weisen eine Vielzahl von Entscheidungsmöglichkeiten und damit auch Anfechtungsmöglichkeiten auf. Neben die Rechtsmittel und Rechtsbehelfe des Erkenntnisverfahrens treten noch einige weitere Rechtsbehelfe, so beispielsweise die Vollstreckungserinnerung (§ 766 ZPO), die sofortige Beschwerde (§ 793 ZPO) und die Klauselerinnerung (§ 732 ZPO), um einige wichtige zu nennen.

Allerdings ist im Hinblick auf die Einführung einer Rechtsmittelbelehrungspflicht zu bedenken, daß die Zwangsvollstreckung nur die Folgen des ursprünglichen Rechtsstreits der Parteien, nämlich die Umsetzung des erstrittenen Titels darstellt. Die Vollstreckung bewirkt nur die Durchsetzung des Titels.[683] Der Rechtsverlust ist bereits in dem vorangegangenen Verfahren eingetreten. Eine

---

682 Rosenberg/Schwab/Gottwald, Zivilprozeßrecht, § 58 I 3 b, S. 305.
683 Musielak, Grundkurs ZPO, Rdnr. 573; Paulus, Zivilprozeßrecht, Rdnr. 455 f..

Entscheidung in der Sache selbst erfolgt nicht. Daher sind die Prozeßparteien im Zwangsvollstreckungsverfahren nicht so stark von der gerichtlichen Entscheidung betroffen.

Insofern könnte man davon ausgehen, daß im Zwangsvollstreckungsverfahren keine Rechtsmittelbelehrungen zu erteilen sind. Dies entspricht jedoch nicht den Wertungen der Zivilprozeßordnung und den Bedeutungen der einzelnen Entscheidungen. Hier gilt das bereits zum Streitverfahren Erläuterte entsprechend: Auch im Zwangsvollstreckungsverfahren wird für besonders schwerwiegende Entscheidungen die Entscheidungsform des Urteils gewählt. In diesen Fällen geht die Systematik der Zivilprozeßordnung davon aus, daß die Bedeutung für die betroffenen Prozeßparteien groß ist.

Dies wird deutlich bei der Drittwiderspruchsklage nach § 771 ZPO. Hier ist die Besonderheit gegeben, daß ein bisher nicht vom Prozeß betroffener Dritter am Verfahren beteiligt ist. Mit der Drittwiderspruchsklage nach § 771 ZPO macht ein Dritter geltend, daß die konkrete Zwangsvollstreckung in sein Vermögen erfolgt und nicht in das des Vollstreckungsschuldners. Voraussetzung ist, daß dem Dritten an dem Gegenstand der Vollstreckung ein die Veräußerung hinderndes Recht zusteht.[684]

In diesem Fall geht es damit nicht um eine Fortführung des alten Rechtsstreits, sondern um einen völlig neuen Prozeß, der mit dem ursprünglichen Verfahren lediglich durch die Pfändung schuldnerfremder Sachen verknüpft ist. In einem solchen Fall auf eine Rechtsmittelbelehrung zu verzichten, würde den Schutz des bisher vom Verfahren nicht betroffenen Dritten in ungerechtfertigter Weise einschränken. Seinen Rechtsverlust erleidet er, wenn die Drittwiderspruchsklage abgewiesen ist.

Gleiches gilt auch für die Vollstreckungsgegenklage nach § 767 ZPO. Hier nimmt zwar kein "neuer" Prozeßbeteiligter am Verfahren teil, aber dennoch besteht hier für die Prozeßpartei des vorangegangenen Verfahrens eine besondere Schutzwürdigkeit. Mit der Vollstreckungsgegenklage nach § 767 ZPO kann sich der Vollstreckungsschuldner gegen die Zwangsvollstreckung aus einem Titel richten, gegen dessen zugrundeliegenden, vollstreckbaren materiellen Anspruch nachträglich Einwendungen bestehen.[685] Die Vollstreckungsgegenklage beseitigt

684 Gaul in Rosenberg/Gaul/Schilken, Zwangsvollstreckungsrecht, § 41, S. 654 ff.; Hartmann in Baumbach/Lauterbach/Albers/Hartmann, ZPO, § 771 Rdnr. 2; Putzo in Thomas/Putzo, ZPO, § 771 Rdnr. 14 ff..

685 BGHZ 100, 212; BGH FamRZ 1984, 878 ff.; BGH NJW-RR 1990, 48 f.; Gaul in Rosenberg/ Gaul/Schilken, Zwangsvollstreckungsrecht, § 40 I, S. 609 ff; Putzo in Thomas/Putzo, ZPO, § 767 Rdnr. 3.

als prozessuale Gestaltungsklage nicht den Vollstreckungstitel selbst, sondern nur dessen Vollstreckbarkeit.[686] Auch in diesem Fall entscheidet das Gericht durch Urteil. Dies trägt der Bedeutung der Entscheidung Rechnung, denn hier wird über ein vom Vorprozeß unabhängiges, neu entstandenes Gegenrecht des Vollstreckungsschuldners entschieden.

Aufgrund dieser Bedeutung der Urteile auch im Zwangsvollstreckungsverfahren, die sich darauf stützt, daß auch hier der Rechtsverlust der Prozeßpartei groß ist, gebietet es der rechtsstaatliche Fürsorgegedanke auch bei diesen Urteilen im Zwangsvollstreckungsverfahren eine Rechtsmittelbelehrung zu erteilen. Die Tatsache, daß im Zwangsvollstreckungsverfahren die beiden wichtigsten Entscheidungen in Urteilsform aus den genannten Gründen eine Rechtsmittelbelehrung verlangen, läßt es als geboten erscheinen, aus Gründen der Rechtseinheitlichkeit und damit aus Gründen der Rechtssicherheit auch in den weiteren selteneren Urteilsentscheidungen im Zwangsvollsteckungsverfahren eine Rechtsmittelbelehrung zu erteilen (etwa bei §§ 723, 731, 768 ZPO). Damit gilt im Hinblick auf die Einheitlichkeit und Praktikabilität für alle Urteile im Zwangsvollstreckungsverfahren eine Rechtsmittelbelehrungspflicht.

Eine besondere Situation ist in der Zwangsvollstreckung dort gegeben, wo das Gesetz wahlweise eine Entscheidung durch Beschluß oder durch Urteil vorsieht. Hier stellt sich die Frage, ob in diesen Fällen nur dann obligatorisch über die möglichen Rechtsmittel belehrt werden muß, wenn das Gericht die Urteilsform wählt. Es handelt sich hierbei um das Arrestverfahren nach §§ 916 ff. ZPO und das Verfahren der einstweiligen Verfügung nach §§ 936 ff. ZPO. Hier bestimmen die §§ 921, 922 ZPO, die über § 936 ZPO auch für das Verfahren der einstweiligen Verfügung gelten, daß die Entscheidung des Gerichts ohne mündliche Verhandlung ergehen kann. Das Gericht kann dann durch Beschluß entscheiden. Führt dagegen das Gericht eine mündliche Verhandlung durch, so entscheidet es durch Endurteil.

Die Tatsache, daß das Gesetz hier alternativ eine Entscheidung durch Urteil vorsieht, läßt erkennen, daß eine besondere Bedeutung der Entscheidung im Arrestverfahren und der Entscheidung im Verfahren der einstweiligen Verfügung für die Beteiligten anzunehmen ist. Die Verfahren des Arrests und der einstweiligen Verfügung sind beide auf die Sicherung von Rechten gerichtet, woraus sich häufig eine besondere Eilbedürftigkeit ergibt.[687] Beide Entscheidungsformen,

686 Hartmann in Baumbach/Lauterbach/Albers/Hartmann, ZPO, § 767 Rdnr. 2; Musielak, Grundkurs ZPO, Rdnr. 682; Putzo in Thomas/Putzo, ZPO, § 767 Rdnr. 1.

687 Brox/Walker, Zwangsvollstreckungsrecht, Rdnr. 1492; Rosenberg/Gaul/Schilken, Zwangsvollstreckungsrecht, § 74, S. 996.

der Beschluß und das Urteil, müssen diesen Anforderungen genügen. Die Entscheidung in Beschlußform trägt jedoch in besonderem Maße dieser Eilbedürfigkeit Rechnung. Sie ergeht ohne mündliche Verhandlung und setzt nicht einmal die Anhörung des Antragsgegners voraus.[688] Im Gegensatz zur Entscheidung im Urteilsverfahren hatte der Antragsgegner bei der Beschlußentscheidung zu keinem Zeitpunkt die Gelegenheit gehabt, sich zum Antrag zu äußern. Er hat auch nicht zu erkennen geben können, ob er gegen diesen Antrag Einwendungen hat. Das Beschlußverfahren stellt vielmehr ein sehr summarisches Verfahren dar,[689] da es seine Entscheidung allein auf den Antrag *einer* Partei stützt und diese die Voraussetzungen für die Entscheidung lediglich glaubhaft machen muß.[690] Um dieses summarische Verfahren auszugleichen, werden an den Widerspruch nach § 925 ZPO für den Antragsgegner keine weitreichenden Voraussetzungen gestellt. So muß er nur zu erkennen geben, daß er mit der Entscheidung nicht einverstanden ist, um das Verfahren in ein streitiges Verfahren zu überführen. Der Antragsgegner muß sein Begehren nicht ausdrücklich als "Widerspruch" bezeichnen, und er muß auch keine besondere Frist beachten.[691]

Aufgrund dieser erleichterten Rechtsbehelfserfordernisse und der Tatsache, daß er sich bisher noch nicht zur Sache geäußert hat, besteht hier keine Belehrungspflicht für den Antragsgegner. Die Grundentscheidung, ob er gegen den Antrag Einwendungen hat, muß der Antragsgegner selbst treffen. Hierfür bedarf es keiner gerichtlichen Belehrung. Gibt der Antragsgegner durch seinen "Widerspruch" aber zu erkennen, daß er Einwendungen gegen die Entscheidung hat, wird das Verfahren in ein mündliches Verfahren überführt, welches eine Entscheidung in Urteilsform mit sich bringt. Bei einer derartig abgekürzten, vorläufigen und lediglich summarischen Entscheidung ist keine Belehrung notwendig.

Eine Gleichstellung der Beschlüsse mit den Urteilen bei Arrest und einstweiliger Verfügung ist daher nicht gerechtfertigt. Auch in diesen Verfahren muß eine Rechtsmittelbelehrung nur bei Urteilen erteilt werden.

---

688 Auch Grunsky in Stein/Jonas, ZPO, § 922 Rdnr. 1; Heinze in MüKo-ZPO, § 922 Rdnr. 1 f.; Vollkommer in Zöller, ZPO, § 922 Rdnr. 1.

689 Grunsky in Stein/Jonas, ZPO, Vor § 916 Rdnr. 5; Hartmann in Baumbach/ Lauterbach/Albers/ Hartmann, ZPO, Vor § 916 Grundzüge Rdnr. 1, 12.

690 Brox/Walker, Zwangsvollstreckungsrecht, Rdnr. 1511; auch Grunsky in Stein/ Jonas, ZPO, Vor § 916 Rdnr. 6.

691 Grunsky in Stein/Jonas, ZPO, § 924 Rdnr. 10; Heinze in MüKo-ZPO, § 924 Rdnr. 8; Vollkommer in Zöller, ZPO, § 924 Rdnr. 7.

4. Zwischenergebnis

Zusammenfassend ist damit festzustellen, daß im Zivilprozeß *alle* gerichtlichen Entscheidungen, die in Form eines Urteils ergehen, eine Rechtsmittelbelehrung enthalten müssen. Damit steht nun auch fest, über welche Rechtmittel und Rechtsbehelfe im einzelnen zu belehren ist, denn diese ergeben sich - ausdrücklich normiert - aus der Zivilprozeßordnung.

Im Zivilprozeß ist in den folgenen Fällen eine Belehrung über das dazugehörige Rechtsmittel oder den Rechtsbehelf nötig:

1. *Endurteile*: Berufung (§§ 511 ff. ZPO), Revision (§§ 545 ff. ZPO), Revision in Familiensachen (§ 621 d ZPO), befristete Beschwerde (§ 629 a ZPO in Verbundsachen/Familiensachen), sofortige Beschwerde (§ 721 VI ZPO bei isolierter Anfechtungsmöglichkeit der Räumungsfrist von Wohnraum), kein Rechtsmittel (§ 952 ZPO beim Ausschlußurteil, hier Anfechtungsklage nach § 957 ZPO nötig)

2. *Teilurteile*: Berufung (§§ 511 ff. ZPO), Revision (§§ 545 ff. ZPO)

3. *Zwischenurteile im engen Sinn*: bei §§ 387, 402: sofortige Beschwerde (§§ 71 II, 135 III, 387 III ZPO); bei § 280 II ZPO: Berufung (§§ 511 ff. ZPO), Revision (§§ 545 ff. ZPO)

4. *Grundurteile*: hinsichtlich des Rechtsmittels wie Endurteile zu behandeln (§ 304 II ZPO): Berufung (§§ 511 ff. ZPO), Revision (§§ 545 ff. ZPO)

5. *Vorbehaltsurteile*: hinsichtlich des Rechtsmittels wie Endurteile zu behandeln (§ 302 III ZPO, § 599 III ZPO): Berufung (§§ 511 ff. ZPO), Revision (§§ 545 ff. ZPO)

6. *Versäumnisurteile (§§ 330, 331 ZPO)*: Einspruch (§ 338 ZPO)

7. *Arrest (§§ 916 ff. ZPO) / einstweilige Verfügung (§§ 936 ff. ZPO)*: nur, wenn Entscheidung in Urteilsform ergangen: Berufung (§ 511 ZPO), keine Revision (§ 545 II ZPO)

Nach der hier vertretenen Ansicht, daß die Rechtsmittelbelehrungspflicht an die von der Zivilprozeßordnung vorgeschriebenen Entscheidungsform geknüpft ist, muß eine Belehrung damit nicht nur über Rechtsmittel im engen Sinn erfolgen, sondern auch über Rechtsbehelfe (Einspruch).[692]

II. Adressat der Rechtsmittelbelehrung

1. Belehrung der "Beteiligten"

Als Adressat der Belehrung kommt grundsätzlich die unterliegende Prozeßpartei in Betracht, also die Partei, die ein Rechtsmittel gegen die ergangenen Entscheidung einlegen kann.

Derartige Regelungen sehen auch die geltenden Vorschriften über eine Rechtsmittelbelehrung in den übrigen Verfahrensarten vor.[693] Darüberhinaus begründen § 9 V ArbGG und die verwaltungsrechtlichen Prozeßordnungen eine Belehrung auch für "Beteiligte", also Personen, die nicht "Partei" des Prozesses sind, die aber die Entscheidung trotzdem anfechten können.[694] § 35 a StPO spricht von "Betroffenen", wobei diese Norm ebenfalls weit ausgelegt wird und jeden Verfahrensbeteiligten betrifft, der die Entscheidung des Gerichts mit einem befristeten Rechtsmittel angreifen kann.[695]

Auch für die Rechtsmittel- und Rechtsbehelfsbelehrung im Zivilprozeß ist diese weite Auslegung der Belehrungspflicht angebracht, da in einigen Fällen ein Dritter durch seine Hereinziehung in einen Streit zwischen anderen Parteien von einem Urteil besonders betroffen und damit schutzbedürftig ist.

Dies ist etwa bei Zwischenurteilen über die Zeugnisverweigerung nach § 387 I ZPO der Fall. Durch diese Entscheidung wird in erster Linie der Zeuge betroffen, wenn seine Weigerung als nicht rechtmäßig angesehen wird. Umgekehrt betrifft die Entscheidung die Partei, die den Zeugen benannt hat, und zwar dann, wenn die Weigerung des Zeugen durch das Gericht als berechtigt angesehen wird.[696] Abzugrenzen ist die Eigenschaft als Adressat der Rechtsmittelbelehrung anhand der Beschwerdeberechtigung.

---

692 Dennoch soll in dieser Arbeit weiterhin von "Rechtsmittelbelehrung im Zivilprozeß" die Rede sein und nicht von "Rechtsbehelfsbelehrung". Der Begriff "Rechtsmittelbelehrung" ist bereits in den Zivilprozeßordnungen des 19. Jahrhunderts verwendet worden, und eine Änderung der Diktion würde zu unnötigen Verwirrungen führen. In Folgenden wird der Begriff "Rechtsmittelbelehrung" für den Bereich des Zivilprozesses nicht im engen technischen Sinne gebraucht, sondern umfassend..

693 Siehe oben: Teil 2, A II 3, B II 3, C II 3.

694 Siehe oben: Teil 2, A II 3.

695 Siehe oben: Teil 2, B II 3.

696 Hartmann in Baumbach/Lauterbach/Albers/Hartmann, ZPO, § 387 Rdnr. 4.

Beschwerdeberechtigt ist grundsätzlich nur der unterlegene Beweisführer und im Fall des § 399 ZPO dessen Gegner. Darüber hinaus ist in den Fällen, in denen eine Aussageverweigerung für unberechtigt erklärt wurde, der Zeuge beschwerdeberechtigt.[697] Umstritten ist allerdings, ob in letzteren Konstellationen auch dem Gegner der beweisführenden Partei ein Beschwerderecht zusteht. Während Hartmann dies bejaht,[698] lehnt ein Teil der Literatur in Übereinstimmung mit dem Beschluß des Oberlandesgerichts Frankfurt vom 29. September 1982 ein derartiges Recht ab.[699] Begründet wird dies mit dem Argument, daß der Partei kein Recht auf *Nicht*vernehmung eines Zeugen zustehe.[700]

Dieselbe Position wie ein Zeuge hat über die Verweisungsnorm des § 402 ZPO ein Sachverständiger.[701] Danach ist eine Belehrung des Sachverständigen und der sich auf dessen Gutachten berufenden Partei über das mögliche Rechtsmittel erforderlich.

Die Entscheidung über einen Zwischenstreit über die Nebenintervention nach § 71 I ZPO betrifft ebenfalls nicht ausschließlich die Prozeßparteien, sondern einen Dritten, den Nebenintervenienten. So ist die Entscheidung nach § 71 II ZPO im Falle einer Zurückweisung des Nebenintervenienten und der von ihm unterstützten Hauptpartei mit der sofortigen Beschwerde anfechtbar.[702] Wenn die Nebenintervention dagegen zugelassen wird, sind ausschließlich die beiden Prozeßparteien des Hauptverfahrens beschwerdeberechtigt.[703]

In den Fällen des § 135 III ZPO, dem Rückgabestreit über Urkunden zwischen einer Prozeßpartei und dem Rechtsanwalt der Gegenpartei, ist dieser als Dritter von dem Zwischenstreit betroffen. Der Rechtsanwalt müßte nach den gefundenen Kriterien auch belehrt werden, was wegen seiner Sachkenntnis überflüssig erscheinen mag. Allerdings ist der Rechtsanwalt der Gegenpartei nicht alleine von dem Zwischenurteil betroffen, sondern auch die ihm in dem Streit gegenüberstehende Prozeßpartei. Dieser muß aber der umfassende Rechtsschutz durch die Rechtsmittelbelehrung gewährt werden, da bei ihr keine Kenntnisse vorausgesetzt werden können. In den Fällen des § 135 III ZPO die Belehrungspflicht hinsichtlich der unterliegenden Partei zu differenzieren und bei Unterlie-

697 Greger in Zöller, ZPO, § 387 Rdnr. 7.
698 Hartmann in Baumbach/Lauterbach/Albers/Hartmann, ZPO, a.a.O..
699 OLG Frankfurt MDR 1983, 236; Berger in Stein/Jonas, ZPO, § 387 Rdnr. 13.
700 Berger in Stein/Jonas, ZPO, a.a.O..
701 Thomas in Thomas/Putzo, ZPO, § 402.
702 Weth in Musielak, ZPO, § 71 Rdnr. 7.
703 Weth in Musielak, ZPO, a.a.O..

gen der Prozeßpartei eine Rechtsmittelbelehrung zu erteilen und bei Unterliegen des Rechtsanwalts nicht, erscheint unzweckmäßig. Die Rechtsmittelbelehrungspflicht kann nicht an die konkrete Partei und deren Wissensstand geknüpft werden, sondern muß allgemeingültig für das jeweilige *Urteil* erfolgen. Eine Differenzierung nach dem Kriterium des Wissens stößt darüberhinaus mangels eines eindeutig abgrenzbaren Maßstabs auf unlösbare Probleme: Welches Maß an Wissen muß vorhanden sein, damit eine Belehrung seitens des Gerichts entbehrlich ist?

Ein Zwischenurteil über einen Rückgabestreit nach § 135 ZPO kann daher nur einheitlich mit einer Rechtsmittelbelehrung versehen werden oder grundsätzlich überhaupt nicht. Da der Schutz der Prozeßpartei ohne spezifische juristische Kenntnisse bei einer Abwägung überwiegt, muß auch für den Rechtsanwalt eine Belehrung erfolgen.

2. Belehrung bei anwaltlicher Vertretung / Vergleich mit § 139 ZPO

Die Belehrung des Rechtsanwalts im Rahmen des § 135 III ZPO führt gedanklich auf ein weiteres Problem der Belehrungspflicht, nämlich ob die Rechtsmittel- oder Rechtsbehelfsbelehrung auch in Anwaltsprozessen und bei freiwilliger anwaltlicher Vertretung der Partei erfolgen oder ob nur die Naturalpartei belehrt werden muß.

In der Strafprozeßordnung erfolgt die Rechtsmittelbelehrung unabhängig davon, ob die Prozeßpartei anwaltlich vertreten ist.[704]

Wie bereits erläutert, schließt eine anwaltliche Vertretung einer Partei die verfassungsmäßige Gebotenheit einer staatlichen und damit gerichtlichen Rechtsmittelbelehrungspflicht nicht aus.[705] Zwar ist es Aufgabe eines Rechtsanwalts, seinen Mandanten umfassend zu informieren,[706] also auch über Rechtsmittel und deren Einlegung. Der Mandant muß jedoch die Grundentscheidung, ob ein Rechtsmittel oder ein Rechtsbehelf eingelegt werden soll, selbst treffen können, und erst anschließend einen Anwalt beauftragen müssen.

Für diese Argumentation spricht auch die Handhabung der vergleichbaren Norm des § 139 ZPO in der zivilprozessualen Praxis. § 139 ZPO beinhaltet ebenfalls eine Belehrungspflicht, nämlich die richterliche Frage- und Hin-

---

704 Siehe oben: Teil 2, B II 3.
705 Siehe oben: Teil 3, B II 2 c.
706 BGH NJW 1987, 1322; Gebler, Die Aufklärungspflicht des Anwalts, S. 28; Paulus, Zivilprozeßrecht, Rdnr. 18.

weispflicht im Zivilprozeß. Das Gericht muß darauf hinwirken, daß die Parteien die notwendigen Tatsachen und Beweismittel umfassend vortragen.

§ 139 ZPO beruht, wie auch die Rechtsmittelbelehrungspflicht, auf dem Gedanken, die rechtsunkundigen Parteien zu unterstützen.[707] Der Paragraph soll eine Hilfestellung für die Prozeßparteien sein, aber keinesfalls ihnen die freie Entscheidung und Verantwortung abnehmen, die ihnen aufgrund der Dispositionsmaxime obliegt.[708] § 139 ZPO ist damit, ebenso wie die Rechtsmittelbelehrung, eine Ausprägung des sozialen Rechtsstaats,[709] da er zur Wahrung der prozessualen Chancengleichheit dient.[710] Der Grundgedanke der Rechtsmittelbelehrung ist mit dem des § 139 ZPO vergleichbar.

Allerdings dient § 139 ZPO der Herbeiführung einer gerichtlichen Entscheidung.[711] Insofern ist die Aufklärungs- und Erörterungspflicht des Gerichts dem Wortlaut nach lediglich auf den laufenden Prozeß beschränkt. Daher schließen einige Ansichten daraus, daß eine weitergehende Belehrung über Rechtsmittel sich hieraus nicht ergebe.[712]

Auf der anderen Seite ist es jedoch gerade diese übereinstimmende Zielrichtung der Rechtsmittelbelehrung und der Belehrung des § 139 ZPO, die beide Belehrungsinstitute so eng miteinander verknüpfbar macht. Das gilt insbesondere auch deshalb, weil das gerichtliche Verfahren in den einzelnen Instanzen als einheitliches Ganzes zu werten ist. Deutlich wird dies dadurch, daß vor allem in den höheren Instanzen auf die tatsächliche Feststellung des Sachverhalts des Falles in der ersten Instanz zurückgegriffen wird und nur in begründeten Ausnahmefällen die Einbringung weiterer, anderer Tatsachen in den Prozeß möglich ist. Im Hinblick auf diesen ineinander übergehend und aufeinander aufbauend gestalteten Instanzenweg ist die Pflicht zu einer Rechtsmittelbelehrung durch das Gericht die Fortführung der Belehrungspflichten des § 139 ZPO in dem Zwischenstadium zwischen zwei Instanzen.

Für § 139 ZPO ist eine grundsätzliche Anwendbarkeit auch im Anwaltsprozeß und bei anwaltlich vertretenen Parteien in der zivilprozessualen Praxis aner-

---

707 Leipold in Stein/Jonas, ZPO, § 139 Rdnr. 5; Peters in MüKo-ZPO, § 139 Rdnr. 3.

708 Auch Laumen, Das Rechtsgespräch im Zivilprozeß, S. 193 f; Leipold in Stein/Jonas, ZPO, a.a.O.; auch Spohr, Die richterliche Aufklärungspflicht (§ 139 ZPO) im Zivilprozeß, S. 152 ff..

709 Laumen, Das Rechtsgespräch im Zivilprozeß, S. 193.

710 Laumen, Das Rechtsgespräch im Zivilprozeß, S. 194; auch Spohr, Die richterliche Aufklärungspflicht (§ 139 ZPO) im Zivilprozeß, S. 201 ff..

711 Baumbach/Lauterbach/Albers/Hartmann, ZPO, § 139 Rdnr. 2.

712 Vgl. Nesselrodt, DRiZ 1982, 60; Baumbach/Lauterbach/Albers/Hartmann, ZPO, § 139 Rdnr. 52; vgl. auch BGH VersR 89, 277.

kannt,[713] auch wenn in Einzelfällen einschränkende Entscheidungen ergangen sind.[714]

Der Grund liegt in der Entwicklungsgeschichte der gerichtlichen Aufklärungspflicht. Zwar war in der Civilprozeßordnung vom 30. Januar 1877 die richterliche Hinweispflicht im Amtsgerichtsprozeß (§ 464 CPO) umfassender gefaßt als im Anwaltsprozeß (§ 130 CPO),[715] allerdings gilt der durch die Verordnung über das Verfahren in bürgerlichen Rechtsstreitigkeiten vom 13. Februar 1924[716] erweitert gefaßte § 139 ZPO ohne Unterschied für den Partei- und Anwaltsprozeß.[717] § 139 ZPO differenziert in seinem Wortlaut nicht zwischen Anwaltsprozeß und Prozeß einer Naturalpartei, und auch aus seiner systematischen Stellung läßt sich keine Unterscheidung ableiten.[718]

Peters führt als Begründung weiter an: § 139 ZPO sei nicht nach dem Verschuldensprinzip gefaßt und deshalb könne der Prozeßpartei auch nicht ein mögliches Verschulden des Anwalts zugerechnet werden. Allein ein fehlender Vortrag begründe die Pflicht des Richters zu Hinweisen.[719] Außerdem solle den Parteien und ihren Vertretern durch die Hinweispflicht der vorläufige Rechtsstandpunkt des Gerichts dargelegt werden, damit sie darauf reagieren können.[720] Eine Hinweispflicht nach § 139 ZPO ist daher auch im Anwaltsprozeß und bei einer anwaltlich vertretenen Partei gegeben.

Wenn jedoch schon eine Aufklärungspflicht gemäß § 139 ZPO bei anwaltlicher Vertretung verlangt wird, dann muß dies *erst recht* für eine Rechtsmittelbelehrung gelten: § 139 ZPO gilt *innerhalb* einer Instanz, innerhalb eines laufenden Verfahrens, in dem den Anwalt eine unmittelbare Beratungspflicht gegenüber seiner Mandantschaft trifft. Die Rechtsmittelbelehrung hingegen entfaltet ihre Wirkung in einem Zeitpunkt *nach Abschluß* einer Instanz. In diesem Zwischenstadium ist nicht notwendig eine Beratung der rechtlich unwissenden Partei durch einen Rechtsanwalt sichergestellt. Das Mandat kann mit Erlaß der erstinstanzlichen Entscheidung enden.

---

713 Greger in Zöller, ZPO, § 139 Rdnr. 13; Leipold in Stein/Jonas, ZPO, § 139 Rdnr. 6; Peters in MüKo-ZPO, § 139 Rdnr. 3, 11 ff..

714 BGH NJW 1984, 310.

715 Peters in MüKo-ZPO, § 139 Rdnr. 1.

716 RGBl. 1924 I S. 135.

717 Leipold in Stein/Jonas, ZPO, § 139 Rdnr. 6.

718 Peters in MüKo-ZPO, § 139 Rdnr. 13; Peters, Richterliche Hinweispflichten und Beweisinitiativen im Zivilprozeß, S. 143.

719 Peters in MüKo-ZPO, a.a.O.; Peters, Richterliche Hinweispflichten und Beweisinitiativen im Zivilprozeß, a.a.O..

720 Peters in MüKo-ZPO, a.a.O.; Peters, Richterliche Hinweispflichten und Beweisinitiativen im Zivilprozeß, a.a.O.; auch Spohr, Die richterliche Aufklärungspflicht (§ 139 ZPO) im Zivilprozeß, S. 152 ff..

Für eine Belehrung auch einer anwaltlich vertretenen Partei spricht letzlich ebenfalls die Tatsache, daß die Zivilprozeßordnung vom landgerichtlichen Prozeß ausgeht, der über die Verweisungsnorm des § 495 ZPO auch für das amtsgerichtliche Verfahren gilt. Wenn also die Zivilprozeßordnung eine Hinweis- und Belehrungspflicht im Rahmen des § 139 ZPO normiert, setzt sie damit den Anwaltsprozeß voraus.

Eine Rechtsmittelbelehrung muß damit auch in Anwaltsverfahren und bei anwaltlicher Vertretung in der Vorinstanz erfolgen.

III. Inhalt der Rechtsmittelbelehrung

Hinsichtlich des Inhalts der Belehrungspflicht stellt sich die Frage, welchen Umfang die Rechtsmittelbelehrung haben soll und vor allem wie konkret sie sein soll.

1. Sogenanntes Wegweisermodell

Die einfachste Form einer Rechtsmittelbelehrung stellt das sogenannte Wegweisermodell in der aktuellen Diskussion dar.[721] Nach dem Wegweisermodell soll die gerichtliche Belehrung nur dahingehend erfolgen, daß die Prozeßpartei sich Rat von einem Rechtsanwalt über die möglichen Rechtsmittel einholen kann. Über das Rechtsmittel oder den Rechtsbehelf selbst und die Form- und Fristvorschriften soll gerichtlich nicht belehrt werden, da dies in den Aufgabenbereich des Anwalts falle.

Diese Ansicht widerspricht jedoch dem Schutzzweck der verfassungsrechtlich gebotenen Rechtsmittelbelehrung: Aus rechtsstaatlichen Gesichtspunkten ist es der Staat, der verpflichtet ist, die Parteien eines Prozesses über die ihnen gegen die gerichtliche Entscheidung zustehenden Rechtsbehelfe zu belehren.[722] Diese "Wegweiser"-Belehrung verhilft der Prozeßpartei nicht zu Wissen über die Rechtsbehelfe und damit zu einer Entscheidung darüber, ob ein Rechtsmittel eingelegt werden kann. Der Schutzzweck der Belehrungspflicht würde durch eine derartige Belehrung nicht erfüllt.

Darüber hinaus erscheint diese bloße Verweisung der Parteien an Anwälte durch das Gericht in keinem zu rechtfertigenden Verhältnis zum Aufwand zu stehen, da die Möglichkeit einer anwaltlichen Beratung allgemein bekannt ist.

---

721 Unveröffentlichtes Arbeitspspier des Bundesjustizministeriums.

722 Siehe oben: Teil 3, B II 3; C

Wenn das Gericht sich ohnehin die zusätzliche Mühe einer Belehrung macht, kann es die Parteien auch selbst über die Möglichkeiten und Formalien der Rechtsmittel belehren. Der Umweg über eine anwaltliche Beratung, allein um die Möglichkeit eines Rechtsmittels einschätzen zu können, ist nicht sinnvoll.

Das gilt auch dann, wenn die Betroffenen noch zusätzlich auf die Möglichkeit einer Beratungshilfe hingewiesen werden, um die "Hemmschwelle" vor einer anwaltlichen Beratung aufgrund der damit verbundenen Kosten abzubauen.[723] Zu bedenken ist aber, daß Beratungshilfe nur für mittellose Prozeßparteien vom Staat gewährt wird, nicht jedoch für alle Prozeßparteien. Damit geht bei einem großen Teil der Prozeßparteien eine Belehrung über die Beratungshilfe ins Leere. Da die Rechtsmittelbelehrung aber für alle Parteien gleichmäßig zu erteilen ist, ohne Ansehung der finanziellen Situation, genügt der Hinweis auf Beratungshilfe nicht. Darüber hinaus stellt die Belehrung nach dem Wegweisermodell unter Hinweis auf die Beratungshilfe immer noch eine zusätzliche Belastung für die minderbemittelte Prozeßpartei dar, da diese zunächst ihre Mittellosigkeit glaubhaft machen muß, um Beratungshilfe gewährt zu bekommen. Dies mag bei einer Beratung in der Sache selbst noch gerechtfertigt sein, in keinem Fall jedoch bei dem alleinigen Erfragen der Rechtsmittelmöglichkeiten.

Folge des Wegweisermodells ist, daß in jedem Fall eine vom Streitwert abhängige Rechtsanwaltsgebühr für die Beratung der unterliegenden Prozeßpartei entsteht. Dies erscheint angesichts der Fürsorgepflicht des Staates[724] nicht gerechtfertigt, jedenfalls nicht, wenn es um die Frage geht, ob überhaupt ein Rechtsmittel gegeben ist und wie es gegebenenfalls eingelegt werden muß. Hier erscheint es sachgerecht, wenn die Justiz / der Staat diese Kosten trägt. Hat sich die unterlegene Partei aufgrund der Rechtsmittelbelehrung grundsätzlich für die Einlegung eines Rechtsmittels entschieden, mag sie den finanziellen Aufwand für die Beratung in der Sache selbst tragen. In der Sache trifft den Staat keine verfassungsrechtliche Belehrungspflicht.[725]

Die Verweisung auf die Möglichkeit einer anwaltlichen Beratung ("Wegweisermodell") ist damit keine den Verfassungserfordernissen entsprechende Rechtsmittelbelehrung.

---

723 Siehe oben: Teil 3, A I 1.
724 Siehe oben: Teil 3, B II 3; C.
725 Siehe oben: Teil 3, B II 3; C.

2. Konkrete oder abstrakte Belehrung

Es stellt sich die Frage, ob eine allgemeine Belehrung ohne Bezug zum gegebenen Fall genügt, die nur auf allgemeine Voraussetzungen einer möglichen Rechtsmittel- oder Rechtsbehelfseinlegung aufmerksam macht, oder ob eine konkrete, auf den Einzelfall bezogene Rechtsmittelbelehrung den Parteien erteilt werden muß, die die Rechtsbehelfsmöglichkeiten für das vorliegende Verfahren aufzeigt. Eine abstrakte Belehrung könnte beispielsweise den Hinweis enthalten, daß "man grundsätzlich bei Erreichen der Berufungssumme eine Berufung einlegen kann", während eine konkrete Belehrung davon sprechen könnte, daß "der Beklagte gegen dieses Urteil Berufung einlegen kann, da seine Beschwer ... DM beträgt". Während erstere Belehrung pauschal die Gesetzeslage wiederholt, enthält die zweite Belehrung konkrete Hinweise für die Prozeßpartei in dem gegebenen Verfahren.

Die Rechtsmittelbelehrungspflichten im Arbeitsgerichtsgesetz, in der Strafprozeßordnung und in den verwaltungsprozessualen Vorschriften sehen eine konkrete Belehrung vor, die der betroffenen Partei für ihren Einzelfall genau die Hinweise gibt, welcher Rechtsbehelf, in welcher Form und Frist möglich ist.[726] Aus Gründen des Schutzes für juristische Laien muß bei allen diesen Rechtsbehelfsbelehrungen nicht nur das Rechtsmittel genannt werden, sondern vor allem auch die Frist, während derer die Rechtsmittelschrift bei Gericht eingegangen sein muß. Nur bei einer Information auch über die Form- und Fristvorschriften kann die Prozeßpartei dafür Sorge tragen, daß sie rechtzeitig Schritte für eine Einlegung des Rechtsmittels ergreift. Zu der Belehrung über die Formerfordernisse gehört auch der Hinweis auf das zuständige Gericht und die in der Rechtsmittelinstanz notwendige anwaltliche Vertretung.

Es empfielt sich auch in diesem Punkt bei der Rechtsmittelbelehrung in der Zivilprozeßordnung nicht von dem bewährten Umfang der Belehrung abzuweichen. Da die verfassungsrechtliche Begründung der Pflicht zu einer Rechtsmittelbelehrung im zivilprozessualen Verfahren sich auf einen rechtsstaatlichen Schutz- und Fürsorgegedanken stützt, ist dem Belehrungsumfang, der den rechtsunkundigen Parteien in größerem Maße hilft, der Vorzug zu geben. Eine konkrete, auf den Einzelfall bezogene Rechtsmittelbelehrung mit Hinweisen auf die einzelnen Erfordernisse des Rechtsmittels ist für die Parteien brauchbarer als eine bloße abstrakte Formulierung.

---

726 Siehe oben: Teil 2, A II 4; B II 4; C II 4.

3. Umfang der Rechtsmittelbelehrungspflicht

Die konkrete Belehrung im Einzelfall hat zur Folge, daß den Prozeßparteien mit der Rechtsmittelbelehrung zahlreiche Einzelpunkte mitgeteilt werden müssen, die zum Verständnis des in dem vorliegenden Fall gegebenen Rechtsmittels oder Rechtsbehelfs beitragen:

In erster Linie muß die Partei, die ein Rechtsmittel einlegen kann namentlich benannt werden, wobei hier ihr Status im Verfahren (Beklagter, Kläger) ausreicht. Der Grund hierfür ist in psychologischen Aspekten zu sehen: Durch die Benennung fühlt sich der Prozeßbeteiligte direkt angesprochen, was zur Folge hat, daß er die Rechtsmittelbelehrung aufmerksamer liest.

Weiter muß das eventuelle Rechtsmittel oder der Rechtsbehelf benannt werden und eine Aussage darüber getroffen werden, ob die Einlegung des Rechtsmittels möglich ist.

Damit die Prozeßparteien die Entscheidung des Gerichts über das Rechtsmittel nachvollziehen können, ist es beispielsweise bei der Berufung oder der Revision nötig, die konkrete Beschwer der betroffenen Partei anzugeben. Auf der Beschwer der Partei beruht die Entscheidung darüber, ob die Einlegung eines Rechtsmittels zulässig ist.[727] Die Beschwer muß eine bestimmte Mindesthöhe überschreiten,[728] etwa die Berufungssumme von derzeit 1.500,- DM (§ 511 a I ZPO). Durch die Angabe der Beschwer in der Rechtsmittelbelehrung ist für die Prozeßpartei diese Voraussetzung einer Berufung besser nachvollziehbar.

Zwar können Schwierigkeiten beim Bestimmen der Beschwer der Parteien bei unbezifferten Anträgen und bei unbezifferten Feststellungs- oder Unterlassensansprüchen bestehen.[729] In diesen Fällen ist der Zuständigkeitsstreitwert in der ersten Instanz nicht auf den ersten Blick erkennbar. Er bildet jedoch die Grundlage für die Berechnung der Beschwer, da sich die Frage stellt, inwieweit die kritisierte Entscheidung hinter den von der Prozeßpartei gestellten Anträgen zurückbleibt.[730]

Allerdings ist zu bedenken, daß das Gericht in diesen Fällen von Amtswegen den Zuständigkeitsstreitwert festsetzen muß,[731] so daß für die Prozeßpartei auch

727 Paulus, Zivilprozeßrecht, Rdnr. 397; Schellhammer, Zivilprozeßrecht, Rdnr. 965; Schilken, Zivilprozeßrecht, Rdnr. 873.

728 Baur/Grunsky, Zivilprozeßrecht, Rdnr. 211; Paulus, Zivilprozeßrecht, Rdnr. 400.

729 Vgl. etwa Baur/Grunsky, Zivilprozeßrecht, Rdnr. 212.

730 Roth in Stein/Jonas, ZPO, § 2 IV Rdnr. 35.

731 Herget in Zöller, ZPO, § 3 Rdnr. 6; Roth in Stein/Jonas, ZPO, § 2 IV Rdnr. 49.

hier deutlich wird, von welchem Wert das Gericht als Berechnungsgrundlage ausgeht. Es erscheint daher fragwürdig, die Vorteile für die Parteien durch eine konkrete Belehrung auch über die Beschwer aufgrund dieser relativ seltenen Fallkonstellation aufzugeben und nur eine abstrakte Belehrung zu erteilen.

Außerdem müssen in der Rechtsmittelbelehrung die Formvorschriften angegeben werden. Bei der Berufung ist hier etwa darüber zu belehren, daß sie schriftlich durch Einreichung einer Berufungsschrift bei dem Berufungsgericht eingelegt werden muß (§ 518 I ZPO). Der konkrete Inhalt der Berufungsschrift nach § 518 II ZPO muß dagegen nicht Bestandteil einer Rechtsmittelbelehrung sein, weil die tatsächliche Einlegung Sache eines Rechtsanwalts ist, da die Berufung ein Anwaltsprozeß im Sinne des § 78 ZPO darstellt. Die Rechtsmittelbelehrung soll nur die Entschlußfreiheit der Prozeßpartei stärken.

Bei dem Versäumnisurteil ist darauf hinzuweisen, daß ein Einspruch gemäß § 340 I ZPO durch Einreichen der Einspruchsschrift bei dem Prozeßgericht eingelegt werden muß, wobei hier die konkreten Erfordernisse an die Einspruchsschrift gemäß § 340 II ZPO genannt werden müssen. Für einen Einspruch gegen ein Versäumnisurteil vor dem Amtsgericht besteht kein Anwaltszwang, so daß die Partei hier selbst den Rechtsbehelf einlegen kann und folglich selbst Kenntnisse besitzen muß. Die unkundige Prozeßpartei in derartigen Fällen einer nicht notwendigen anwaltlichen Vertretung an einen Rechtsanwalt zu verweisen, widerspricht dem Zweck der Rechtsmittelbelehrung. Diese soll die Prozeßpartei selbst in die Lage versetzen, über die Einlegung eines Rechtsmittels zu entscheiden und es gegebenenfalls selbst einzulegen. Insofern ist die Belehrung hier erweitert zu fassen. Diese erweiterte Rechtsbehelfsbelehrung gilt auch für die säumige Partei im erstinstanzlichen Verfahren vor dem Landgericht, sofern die Partei aufgrund ihrer fehlenden anwaltlichen Vertretung säumig ist.[732] In diesen Fällen ist die Prozeßpartei darüber hinaus zu belehren, daß der Einspruch durch einen Rechtsanwalt eingelegt werden muß. Eine anwaltlich vertretene Partei im erstinstanzlichen Verfahren vor dem Landgericht bedarf dieser erweiterten Belehrung nicht, da es hier Sache des Rechtsanwalts ist, die erforderliche Form der Einspruchsschrift zu beachten.

Zu der Form der Rechtsmitteleinlegung gehört auch das zuständige Gericht. Eine konkrete Rechtsmittelbelehrung muß daher die Parteien auch auf das in ihrem Fall zuständige Rechtsmittelgericht namentlich hinweisen.

Neben den Formvorschriften müssen die Prozeßparteien mit der Rechtsmittelbelehrung auch über die Fristenregelungen hingewiesen werden. Nur wenn sie auch die in ihrem Fall einschlägige Frist kennen, können sie den zeitlichen Auf-

732 Thomas in Thomas/Putzo, ZPO, Vor § 330 Rdnr. 5.

wand abschätzen, den sie betreiben müssen, um das Rechtsmittel einzulegen. Bei der Berufung und der Revision ist über die Notfristen von jeweils einem Monat zu belehren (§§ 516, 552 ZPO). Den Parteien muß mitgeteilt werden, daß diese Frist ab Zustellung des in vollständiger Form abgefaßten Urteils zu laufen beginnt (§§ 516, 552 ZPO).

Dennoch erscheint auch in zivilgerichtlichen Verfahren eine konkrete Berechnung der Rechtsmittelfrist durch das Gericht nicht geboten. Auch die geltenden Verfahrensordnungen mit Rechtsbehelfsbelehrungen sehen eine solche Datierung nicht vor.[733] Wenn die Art und Weise der Berechnung in der Belehrung deutlich zum Ausdruck kommt, erleiden die Prozeßparteien bei einer eigenen Berechnung im Hinblick auf die Rechtsmitteleinlegung keinen Nachteil. Die Anknüpfung an die Zustellung des Urteils ist für die Partei eindeutig und mühelos nachvollziehbar.

Dies gilt auch für die Information der Prozeßparteien über die zweiwöchige Einspruchsfrist des § 339 I ZPO. Auch hier wird auf die Zustellung des Urteils abgestellt.

Damit die konkrete, einzelfallbezogene Rechtsmittelbelehrung die Prozeßparteien umfassend informiert, muß sie auch einen Hinweis auf eine Vertretungspflicht durch einen Rechtsanwalt in einem Anwaltsprozeß (§ 78 ZPO) enthalten, etwa bei Berufung und Revision.

Daß das Gericht nicht in der Sache selbst beratend tätig werden kann, wurde bereits dargestellt und versteht sich von selbst, da das Gericht nicht seine eigenen Entscheidungen in Frage stellen kann und darf, da es ansonsten hätte anders entscheiden müssen. Einen Sonderfall stellt die Divergenzberufung nach § 511 a II ZPO dar. Zur Vereinheitlichung auf dem Gebiet des Mietrechts ist bei dieser Divergenzberufung eine Berufung auch bei einem Beschwerdewert unterhalb der Berufungsgrenze des § 511 a I ZPO möglich,[734] wenn das erstinstanzliche Urteil von der Rechtsprechung eines Oberlandesgerichts oder des Bundesgerichtshofs abweicht. Hier gehört zur Rechtsmittelbelehrung der Hinweis darauf, daß von der obergerichtlichen Rechtsprechung abgewichen worden ist, wobei die konkrete Entscheidung nicht genannt werden muß. Dieses Erfordernis würde zu unnötigen Verzögerungen führen und ist zudem für die Prozeßparteien zunächst nur von untergeordnetem Interesse. Für die Entscheidung, ob ein Rechtsmittel eingelegt werden soll, genügt die Information darüber, daß eine relavante Abweichung gegeben ist.

---

733 Siehe oben: Teil 2, A II 4; B II 4; C II 4.

734 Vgl. Rimmelspacher in MüKo-ZPO, § 511 Rdnr. 57; Rödel/Dahmen, Rechtsmittel, § 3 Rdnr. 17.

Für alle Arten von Belehrungen gilt, daß ein Mehr an Information nicht schadet. Das Gericht kann über die verfassungsrechtlich gebotene Mindestbelehrungspflicht hinaus einer Partei noch zusätzliche Hinweise für die Einlegung eines Rechtsmittels oder Rechtsbehelfs geben. In diesem Zusammenhang kann auch der Tatsache Rechnung getragen werden, daß im amtsgerichtlichen Bereich häufig Naturalparteien auftreten, die weiterer Hinweise bedürfen können. Dies gilt insbesondere für den Einspruch gegen ein Versäumnisurteil. Hier hat die verurteilte Partei eine Fülle von Formvorschriften zu beachten, was leicht zu einem Rechtsverlust führen kann. In der Praxis wird deshalb über den § 340 III S. 4 ZPO hinaus auch über die Erfordernisse nach § 340 II und III S. 1 ZPO belehrt.[735]

4. Positive oder negative Belehrung

Bisher wurde nur von einer positiven Rechtsmittelbelehrung ausgegangen, also der Belehrung darüber, daß ein Rechtsbehelf gegeben ist.

Mit dieser positiven Belehrung geht auch die Frage nach der negativen Belehrung einher. In den Fällen einer negativen Belehrung werden die Prozeßparteien darüber informiert, daß *kein* Rechtsbehelf gegeben ist.

Für die Rechtsbehelfsbelehrung nach § 35 a StPO und den Verwaltungsverfahren gibt es keine Regelung zu einer negativen Belehrung, so daß in der Praxis auch nur positive Belehrungen erfolgen.

Anders hingegen verhält es sich nach § 9 V ArbGG. Dieser Paragraph schreibt ausdrücklich die Erteilung negativer Belehrungen vor (§ 9 V S. 2 ArbGG). Die Prozeßparteien sollen auch darüber unterrichtet werden, daß ein Rechtsmittel nicht gegeben ist.

Allerdings sind positive und negative Belehrungen so eng miteinander verknüpft, daß eine Differenzierung hier nicht angebracht erscheint. Wenn man für die Rechtsmittelbelehrung eine konkrete Belehrung im Einzelfall bejaht, so muß man auch eine negative Belehrung gutheißen. Wenn beispielsweise eine auf den Einzelfall bezogene konkrete Äußerung über das Erreichen der Berufungssumme erfolgen soll, so kann denknotwendig nur eine positive oder eine negative Belehrung erfolgen. In dem Fall, daß die Summe erreicht ist, ist die Belehrung positiv, während in der Konstellation, in der die Berufungssumme nicht erreicht wurde, notwendig eine negative Belehrung erteilt werden muß.

735 Vgl. in Berlin: Zivilprozeßformulare ZP 462, ZP 463.

Auch diese negative Belehrung gebietet der Fürsorgegedanke im sozialen Rechtsstaat. Nur so kann eine Partei ihre weiteren rechtlichen Möglichkeiten abschätzen und abwägen.

Damit ist auch in den Fällen eines Urteils gemäß § 495 a ZPO eine Belehrung notwendig, und zwar eine negative Belehrung. Eine positive Belehrung scheidet in diesen Fällen aus, da die Berufungssumme nie erreicht wird. Dieser Tatsache wird gerade durch die vereinfachte Urteilsabfassung Rechnung getragen.

Dabei ist unter einer negativen Belehrung aber nur die Belehrung darüber zu verstehen, daß ein eventuelles Rechtsmittel in dem gegebenen Fall nicht möglich ist. Eine negative Belehrung umfaßt nicht einen Hinweis darauf, daß bei einer gegebenen Rechtsmittelmöglichkeit einzelne konkrete Merkmale nicht zu beachten sind. So muß etwa kein Hinweis dahingehend erfolgen, daß für die Einlegung eines Einspruchs gegen ein Versäumnisurteil kein Anwaltszwang nach § 78 ZPO gegeben ist.

Bei einer negativen Belehrung entfallen die Hinweise auf Form- und Fristvorschriften ebenso selbstverständlich, wie die Information über das zuständige Gericht.

Eine negative Rechtsmittelbelehrung muß jedoch trotzdem die Prozeßpartei konkret benennen, das nicht gegebene Rechtsmittel darlegen und die Beschwer berechnen. Diese Angaben sind notwendig, damit die belehrte Prozeßpartei die Rechtsmittelbelehrung nachvollziehen kann. Als Rechtsmittel, welches in dem konkreten Fall nicht gegeben ist, ist aber nur ein üblicherweise wahrscheinliches Rechtsmittel zu berücksichtigen. So ist etwa bei einer gegebenen Berufungsmöglichkeit nicht darüber zu belehren, daß eine Revision nicht möglich ist. Dieses Rechtsmittel ist nach den konkreten Umständen abwegig.

IV. Form der Rechtsmittelbelehrung

Es stellt sich die Frage, ob die gerichtliche Rechtsmittelbelehrung Bestandteil der Entscheidung sein soll oder durch ein beigefügtes Merkblatt erteilt werden soll.

1. Schriftliche oder mündliche Rechtsmittelbelehrung

Die Rechtsmittelbelehrung nach dem Arbeitsgerichtsgesetz muß Bestandteil der Gerichtsentscheidung sein, da sie von der Unterschrift des Richters mit umfaßt sein soll.[736] Anders hingegen ist es nach § 35 a StPO: Diese Rechtsmittelbelehrung muß bei Anwesenheit des Betroffenen mündlich erfolgen. Sie kann jedoch durch ein Merkblatt ergänzt werden.[737] § 58 I VwGO schreibt die Schriftlichkeit der Rechtsmittelbelehrung vor, wobei sie sowohl Bestandteil der gerichtlichen Entscheidung als auch ein eigenständiges Dokument sein kann.[738]

Derzeit werden die Rechtsmittelbelehrungen somit - mit Ausnahme nach der Strafprozeßordnung - schriftlich erteilt, insbesondere auch in dem dem Zivilprozeß nahestehenden arbeitsgerichtlichen Verfahren.

Es empfiehlt sich auch im Zivilprozeß eine schriftliche Rechtsmittelbelehrung zu erteilen. Hierfür sprechen verschiedenen Gründe: Eine ausschließlich mündliche Belehrung stößt auf Beweisschwierigkeiten hinsichtlich ihres Inhalts und ihrer ordnungsgemäßen Erteilung. Außerdem ist eine schriftliche Rechtsmittelbelehrung im Vergleich zu einer mündlichen für die betroffenen Prozeßparteien besser nachvollziehbar. Die Parteien können sich zu einem späteren Zeitpunkt in Ruhe die Rechtsmittelmöglichkeiten nochmals durchdenken.

Für eine schriftliche Belehrung spricht weiterhin, daß gerade im Zivilprozeß bei der Urteilsverkündung die Prozeßparteien häufig nicht anwesend sind (§ 312 ZPO), etwa bei Verkündung in einem Verkündungstermin gemäß § 310 I ZPO. In diesem Fällen ist eine mündliche Belehrung nicht möglich. Auf der anderen Seite aber erscheinen doch manche Prozeßparteien zum Verkündungstermin. Für das Gericht ist dies vorher nicht abzusehen. Da im Verkündungstermin die Entscheidung zur Verkündung bereits fertig sein muß (§ 310 II ZPO), erscheint eine Differenzierung zwischen mündlicher Belehrung bei Anwesenheit der Parteien und schriftlicher Belehrung in den übrigen Fällen unangebracht. Eine einheitliche schriftliche Belehrung ist sachgerechter, da sie genau überlegt vorbereitet werden kann und damit einem rationellen Arbeitsablauf dient.

Außerdem ist eine mündliche Belehrung für ein Zivilgericht, welches ohnehin mit einer großen Menge an Verfahren belastet ist,[739] ein erheblicher zusätzlicher zeitlicher Aufwand, da sichergestellt werden müßte, daß die Prozeßpartei die Belehrung auch nachvollzogen hat. Dies läßt sich durch eine schriftliche Belehrung einfacher erreichen.

Darüber hinaus ist die Anwesenheit von Parteien vor Gericht gerade im Anwaltsprozeß vor dem Landgericht eher die Ausnahme. In diesen Fällen wäre eine

---

736 Siehe oben: Teil 2, A II 5.
737 Siehe oben: Teil 2, B II 5.
738 Siehe oben: Teil 2, C II 5
739 Vgl. Statistisches Jahrbuch 2000 für die Bundesrepublik Deutschland, S. 346.

mündliche Belehrung nur so selten möglich, daß hier eine generelle schriftliche Belehrung geboten ist.

2. Rechtsmittelbelehrung im Urteil oder durch Merkblatt

a. Rechtsmittelbelehrung durch Merkblatt

Die generelle Entscheidung für eine schriftliche Belehrung trifft noch keine Aussage darüber, wie diese erteilt werden soll. Hier bestehen zwei Möglichkeiten: Zum einen könnte die Rechtsmittelbelehrung auf einem Merkblatt erteilt werden, daß dem Urteil beigelegt wird, zum anderen wäre an eine Rechtsmittelbelehrung als Bestandteil des Urteils zu denken.

Gegen eine Rechtsmittelbelehrung in Form eines Merkblattes spricht zum einen die rein praktische Überlegung, daß ein Merkblatt verloren gehen kann und damit die zu belehrende Partei gar nicht erreicht. Auch kann vergessen werden, ein Merkblatt der Urteilsausfertigung für die Parteien beizufügen. In beiden Fällen können - wie bei der mündlichen Belehrung - Beweisschwierigkeiten für eine ordungsgemäße Erteilung der Rechtsmittelbelehrung entstehen.

Weiterhin besteht bei einer Rechtsmittelbelehrung mittels eines beigefügten Merkblattes die Gefahr, daß die Prozeßparteien die Bedeutung des Merkblattes nicht erkennen, es für unbeachtlich halten und daher nicht lesen und durchdenken. Dies würde dem Schutzzweck einer Rechtsmittelbelehrungspflicht entgegen laufen.

Auch ist eine Belehrung im Form eines Merkblattes wenig geeignet, weil ein Merkblatt in der Regel abstrakt belehrt, aber nicht konkret, wie es dem Schutzgedanken der Rechtsmittelbelehrung entspricht.

Zwar ließe sich daran denken, ein Merkblatt auf den Einzelfall bezogen auszufüllen, nur sollte - wenn ohnehin der Aufwand einer Konkretisierung betrieben werden muß - dieser so gewählt werden, daß die oben genannten Unsicherheitsfaktoren ausgeschlossen werden.

Diese Überlegungen führen dazu, daß eine Rechtsmittelbelehrung nicht durch ein Merkblatt erfolgen darf, sondern vom Urteil umfaßt sein muß.

b. Rechtsmittelbelehrung im Urteil

Es besteht die Möglichkeit, im Zivilprozeß eine Regelung wie in § 9 V ArbGG zu treffen und die Rechtsmittelbelehrung von der Unterschrift des Richters mit umfaßt sein zu lassen, da hierdurch der Richter die Gewähr für die Richtigkeit der darüber stehenden Belehrung übernimmt.[740] Dies wäre dann der Fall, wenn die Rechtsmittelbelehrung - wie im Arbeitsgerichtsprozeß - Bestandteil der Entscheidung wird.

Im Zivilprozeß müssen nach der hier vertretenen Ansicht alle Urteile mit einer Rechtsmittelbelehrung versehen werden.[741] Zivilurteile setzen sich grundsätzlich gemäß § 313 I ZPO aus Rubrum, Tenor, Tatbestand und Entscheidungsgründen zusammen.[742]

Eine Platzierung der Rechtsmittelbelehrungspflicht im Rahmen des Rubrums und des Tatbestandes ist schon aufgrund des Inhalts dieser Urteilsbestandteile abwegig. Zu denken wäre an eine Rechtsmittelbelehrung im Rahmen des Tenors. Dies wäre jedoch eine zu starke Aufwertung der Belehrungspflicht. Die Urteilformel (Tenor) enthält die zusammengefaßte Entscheidung über die Klage und außerdem eine Aussage über die Kosten der Entscheidung und die vorläufige Vollstreckbarkeit.[743] Die Rechtsmittelbelehrung betrifft jedoch nicht die Streitsache selbst und auch nicht unmittelbar deren Durchsetzung (vorläufige Vollstreckbarkeit). Vielmehr wird durch sie der unterliegenden Partei die Kenntnis über ein mögliches Rechtsmittel eröffnet. Die Rechtsmittelbelehrung betrifft daher einen anderen Aspekt der Entscheidung. Eine Platzierung der Rechtsmittelbelehrung in diesem wichtigsten Teil des Urteils ist daher nicht sachgerecht.

Eine Rechtsmittelbelehrung in den "Entscheidungsgründen" erscheint zunächst aufgrund des Inhalts der Entscheidungsgründe ebenfalls nicht angebracht. Die Entscheidungsgründe erläutern die gefundene und im Tenor dargelegte Entscheidung des Gerichts. Ein Rechtsmittel, also eine weitergehende Rechtsverfolgungsmöglichkeit, hat damit unmittelbar nicht zu tun.

Zu denken wäre jedoch an eine Platzierung der Rechtsmittelbelehrung am Ende der Entscheidungsgründe, nach der Begründung der Nebenentscheidungen des Urteils. Hierfür sprechen verschiedene Argumente: Der Richter muß sich im Rahmen der Begründung der Nebenentscheidungen bereits Gedanken darüber machen, ob gegen das Urteil eine der Parteien ein Rechtsmittel oder einen Rechtsbehelf einlegen kann, weil von dieser Entscheidung die Anwendung der Vollstreckbarkeitsnormen abhängt. Im Falle, daß kein Rechtsmittel möglich ist, kann die Schutzanordnung des § 711 ZPO unterbleiben (§ 713 ZPO). Da sich

740 Siehe oben: Teil 2, A II 5.
741 Siehe oben: Teil 4, A I 4.
742 Vgl. Musielak, Grundkurs ZPO, Rdnr. 478; Vollkommer in Zöller, ZPO, § 310 Rdnr. 5.
743 Paulus, Zivilprozeßrecht, Rdnr. 304; Rosenberg/Schwab/Gottwald, Zivilprozeßrecht, § 60 II 2 c, S. 325; Schilken, Zivilprozeßrecht, Rdnr. 599.

der Richter ohnehin Gedanken über die Voraussetzungen des Rechtsmittels bei der Prüfung der vorläufigen Vollstreckbarkeit des Urteils machen muß, ist eine Rechtsmittelbelehrungsklausel an dieser Stelle der Entscheidungsgründe kein zusätzlicher gedanklicher Aufwand für ihn. Aber auch für die Prozeßpartei, die das Urteil gerade zu Ende gelesen hat, ist diese Stelle im Urteilsaufbau für eine Rechtsmittelbelehrung am geeignesten. Aufgrund der vorher dargelegten Entscheidungsgründe ist sie von der Begründung des Urteils überzeugt oder gerade nicht, wobei sie sich die Frage nach Rechtsmittelmöglichkeiten stellt. Diese Frage wird durch die Rechtsmittelbelehrung beantwortet. Die Rechtsmittelbelehrung wird an diesem Ort im Aufbau des Zivilurteils am geeignesten von den Parteien wahrgenommen und in ihre Überlegungen einbezogen.

Zu diesem allgemeinen Aufbau nach § 313 I ZPO gibt es jedoch Ausnahmen: So kann das Gericht bei Entscheidungen nach § 495 a ZPO den Tatbestand und die Entscheidungsgründe weglassen, wenn die tragenden Entscheidungsgründe im Terminsprotokoll dargestellt werden. Zwar sind diese Entscheidungen aufgrund der nicht erreichten Berufungssumme nicht berufungsfähig, sie müssen aber eine negative Belehrung hierüber enthalten. Die Rechtsmittelbelehrung läßt sich in diesen Fällen nicht in den Entscheidungsgründen des Urteils erteilen. Das gleiche gilt für die Versäumnis-, Anerkenntnis- und Verzichtsurteile, die gemäß § 313 b I ZPO ebenfalls keinen Tatbestand und keine Entscheidungsgründe aufweisen müssen.

Da es für die Versäumnisurteile bereits Belehrungen gemäß § 340 III ZPO gibt, könnte deren Handhabung für diese Urteilsarten ohne Entscheidungsgründe herangezogen werden. In der Praxis werden diese Belehrungen auf der Rückseite der Urteilsausfertigung erteilt. Zu denken wäre an eine Ergänzung dieser bisherigen formularartig erteilten Belehrungen, damit sie der hier vertretenen Auffassung einer konkreten, umfassenden Rechtsmittelbelehrung genügen. Zu bedenken ist aber, daß diese Belehrung auf der Rückseite der Urteilsausfertigung nicht den Anforderungen einer verfassungsmäßig gebotenen Rechtsmittelbelehrung genügt. Diese Rechtsmittelbelehrungspflicht trifft aufgrund des Rechtsstaatsprinzips unmittelbar das Gericht, also den entscheidenden Richter. Aufgrund dieser Bedeutung genügt eine lediglich formularartige Belehrung, wie sie bisher nach § 340 III ZPO praktiziert wird, selbst bei konkreter Ergänzung für den speziellen Fall, nicht. Die Belehrung muß auch in diesen Fällen unmittelbar Bestandteil des Urteils sein, also von der Unterschrift des Richters umfaßt sein. Nur so kann eine ordnungsgemäße Belehrung sichergestellt werden und eine eventuelle Verwechselung der Formulare oder ein falsches Ausfüllen der Formulare verhindert werden. Durch die Unterschrift wird das Urteil, und somit auch die Rechtsmittelbelehrung, räumlich und zeitlich abgeschlossen. Der Richter übernimmt die Gewähr für die Richtigkeit dieser Belehrung.

Außerdem ist die Praxis des § 340 III ZPO schon aufgrund dessen Wortlaut nicht für die Rechtsmittelbelehrung anwendbar, die nach der hier vertretenen Ansicht *im* Urteil erteilt werden muß. § 340 III ZPO sieht die Belehrungspflicht "bei der Zustellung des Versäumnisurteils" vor, also in einem Zeitpunkt, der in den Aufgabenbereich der Geschäftsstelle des Gerichts fällt (§ 209 ZPO). Der Richter selbst, den die Rechtsmittelbelehrungspflicht aus der Verfassung trifft, ist von § 340 III ZPO nicht angesprochen.

Es genügt daher nicht, die bereits bestehende Belehrungspraxis auf der Rückseite des Versäumnisurteils lediglich zu erweitern. Auch die Rechtsmittelbelehrung bei den Versäumnisurteilen muß von der Unterschrift des Richters umfaßt und damit Bestandteil des Urteils sein.

Entsprechendes gilt dann auch für die Urteile nach § 495 a ZPO und die übrigen Urteile, bei denen die Entscheidungsgründe weggelassen werden können, da die gegenwärtige Praxis der Belehrung bei Versäumnisurteilen nicht auf die Rechtsmittelbelehrungspflicht zu übertragen ist.

Eine derartige Belehrung am Ende der Entscheidungsgründe ist dazu nicht mit einem besonderen Aufwand verbunden, da es mit den heutigen Computern keinerlei Probleme bereitet, die Rechtsmittelbelehrung als "Baukastensystem" abzuspeichern und den geeigneten Bestandteil dann wieder aufzurufen.

V. Folgen einer fehlenden oder fehlerhaften Rechtsmittelbelehrung

1. Rechtsfolgen einer fehlenden oder fehlerhaften Rechtsmittelbelehrung

Es stellt sich nun die Frage, welche Auswirkungen eine fehlerhafte oder gänzlich fehlende Rechtsmittelbelehrung hat.

a. Begriffsbestimmung

Dafür sind zunächst die Begriffe "fehlerhaft" und "fehlend" in Zusammenhang mit einer Rechtsmittelbelehrung zu definieren.

Unzweifelhaft "fehlt" eine Rechtsmittelbelehrung, wenn sie in der getroffenen Entscheidung nicht vorhanden ist.

Problematischer erscheint jedoch der Begriff "fehlerhaft". Grundsätzlich ist eine Sache dann "fehlerhaft", wenn sie zum festgesetzten Gebrauch nicht nutzbar ist, da ihr eine vorbestimmte Eigenschaft fehlt und die Sache daher unrichtig ist.[744] Im Rahmen der Rechtsmittelbelehrungspflicht lassen sich verschiedene "Fehler" denken: So könnte das Gericht ein unzutreffendes Rechtsmittel benennen. Es könnte die Rechtsmittelmöglichkeit falsch bewerten, einen unrichtigen Wert der Beschwer angeben oder mangelhafte Form- und Fristkriterien benennen. Auch Rechtschreibfehler stellen "Fehler" einer Rechtsmittelbelehrung dar. Jedoch ist hierbei zu bedenken, daß nicht alle diese Fehler Auswirkungen auf den mit der Rechtsmittelbelehrung bezweckten Schutz der Prozeßparteien haben. Die Rechtsmittelbelehrung soll der betroffenen Prozeßpartei die Möglichkeiten ihres weiteren Rechtsschutzes darlegen. Die unterliegende Partei oder der unterliegende Beteiligte soll durch die Rechtsmittelbelehrung in die Lage versetzt werden, selbst und ohne rechtlichen Beistand erkennen zu können, ob ein Rechtsmittel möglich ist, und zu entscheiden, ob er grundsätzlich eines einlegen möchte.

Diese Intention wird jedoch nicht durch Rechtschreibfehler vereitelt und auch nicht durch *alle* anderen unrichtigen Angaben. So hat beispielsweise eine Belehrung, die den Wert der Beschwer auf 5.000,- DM statt auf 4.000,- DM festsetzt, zugleich aber besagt, daß eine Berufung möglich ist, *keinen* Einfluß aus die Entschlußfreiheit der betroffenen Prozeßpartei, da bei beiden Beschwerwerten zutreffenderweise eine Berufung möglich ist. Schon dieses Beispiel zeigt, daß selbst objektiv falsche Angaben in der Rechtsmittelbelehrung keine Auswirkungen auf den Entschluß der Prozeßparteien haben müssen und daher unbeachtliche Fehler sein können.

Als beachtliche und erhebliche Fehler im Sinne einer "fehlerhaften Rechtsmittelbelehrung" sind nur solche Fehler anzusehen, die die Prozeßparteien entweder von der Einlegung eines tatsächlich gegebenen Rechtsmittels abhalten oder die die Einlegung eines nicht bestehenden Rechtsmittels als Möglichkeit aufzeigen. In diesen beiden Fällen wird der Prozeßpartei eine in Wahrheit nicht existierende Tatsache über ein Rechtsmittel aufgezeigt, die erheblichen Einfluß auf den Entschluß der Partei hat. So ist etwa eine Rechtsmittelbelehrung fehlerhaft, die einen Beschwerdewert von 1.000,- DM annimmt,[745] obwohl in Wahrheit eine Beschwer von 2.000,- DM gegeben ist,[746] und die dazu nach der Auffassung des erkennenden Gerichts folgerichtig *keine* Berufungsmöglichkeit sieht. Hier wird die Prozeßpartei aufgrund der unzutreffenden Berechnung der Beschwer von einer Einlegung eines Rechtsmittels abgehalten. Dieser Fehler ist daher relevant. Die mit der Rechtsmittelbelehrung geschützte Entschlußfreiheit der Prozeßpartei wird in unzulässiger Weise eingeschränkt.

---

744 Vgl. auch Duden, Das große Wörterbuch, Band 2, S. 812, Stichwort "Fehler" ; Brockhaus Wahrig, Deutsches Wörterbuch, Band 2, S. 690, Stichwort "Fehler".

745 Gemäß § 511 I ZPO nicht berufungsfähig.

746 Gemäß § 511 I ZPO berufungsfähig.

b. Rechtsfolgen

Fraglich ist nun, welche Folgen die in diesem Sinne "falsche" oder "unterbliebene" Rechtsmittelbelehrung hat.

In den derzeit geltenden Verfahrensordnungen mit Rechtsbehelfsbelehrungen finden sich zwei verschiedene Folgen für fehlerhafte oder unterbliebene Rechtsmittelbelehrungen: Während bei § 9 V ArbGG und § 58 I VwGO der Beginn der Frist zur Einlegung des Rechtsbehelfs gehemmt wird, hat eine falsche oder fehlende Rechtsmittelbelehrung bei § 35 a StPO keine Auswirkungen auf den Fristenlauf. Sie begründet hier bei Versäumen der Rechtsmittelfrist die unwiderlegbare Vermutung, daß die Rechtsmittelfrist unverschuldet versäumt wurde, wodurch die Möglichkeit einer Wiedereinsetzung in den vorigen Stand gegeben ist.[747]

Zu denken ist daher auch für den Zivilprozeß entweder an eine Lösung über eine zeitliche Hemmung der Rechtskraft der Entscheidung - ähnlich wie in § 9 V ArbGG - , oder an eine Möglichkeit einer Wiedereinsetzung in den vorigen Stand nach § 233 ZPO. Nach der ersten Alternative wird die Rechtskraft der Entscheidung eine bestimmte Zeit - beispielsweise ein Jahr - gehemmt. Bis zum Ablauf dieser Zeit, selbst nach Ablauf der regulären Rechtsmittelfrist, kann die betroffene Prozeßpartei ein Rechtsmittel einlegen. Dieses Rechtsmittel gilt als rechtzeitig erfolgt, da das Urteil noch nicht rechtskräfig geworden ist. Die Lösung über die Wiedereinsetzung in den vorigen Stand jedoch hindert die Rechtskraft der Entscheidung nicht. Diese wird nach Ablauf der Rechtsmittelfrist ungeachtet der mängelbehafteten Rechtsmittelbelehrung rechtskräftig. Allerdings führt dann die fehlerhafte oder unterlassene Rechtsmittelbelehrung dazu, daß unwiderlegbar vermutet wird, daß die betroffene Partei die Notfrist des Rechtsmittels unverschuldet versäumt hat. Die Partei kann daher einen Antrag auf Wiedereinsetzung gemäß § 233 ZPO stellen und zugleich die versäumte Prozeßhandlung nachholen (§ 236 II ZPO), das heißt das Rechtsmittel einlegen.

Die Lösung über die Hemmung der Rechtskraft des Urteils stößt aber auf Bedenken: Wegen des Nichtlaufens der Rechtsmittelfrist für ein Jahr können erhebliche rechtsstaatliche Unsicherheiten auftreten. Die Rechtskraft des Urteils befindet sich über ein Jahr lang objektiv gesehen in einem Schwebezustand, während nach der Lösung über die Wiedereinsetzung die Rechtskraft nach den gesetzlichen Normen eintritt. Diese liegt beispielsweise gemäß § 511 I ZPO bei Nichteinlegung einer Berufung bei einem Monat. Erstere Lösung kann zu Pro-

747 Siehe oben: Teil 2, A II 6; B II 6; C II 6.

blemen der Rechtssicherheit führen. Gerade im Hinblick auf die schon oft erwähnte Schutz- und Fürsorgegepflicht des Staates aus dem Prinzip des sozialen Rechtsstaats erscheint dieses Ergebnis kaum haltbar: Der Staat hat auch gegenüber der obsiegenden Partei, die nicht belehrt werden mußte, eine "Fürsorgepflicht". Er hat aus dem Rechtsstaatsprinzip die Verpflichtung, den Parteien ein "sicheres" Rechtsschutzsystem zur Verfügung zu stellen.

Darüber hinaus ist die Konsequenz einer Wiedereinsetzung in den vorigen Stand auch aus einem anderen Grund vorzugswürdig: Gemäß § 238 I S. 2 ZPO ist die Gerichtsentscheidung nach Beantragung der Wiedereinsetzung und Einlegung des Rechtsmittels auf das Wiedereinsetzungsgesuch beschränkbar. Dies hat zur Folge, daß bei unklarer Rechtslage, bei der die Prozeßpartei befürchten muß, daß ihr unter Umständen das Rechtsmittel doch nicht zusteht, nicht zwingend eine Verhandlung in der Hauptsache geführt werden muß. Es besteht vielmehr die Möglichkeit, das Rechtsmittel vor dem Termin zur mündlichen Verhandlung, nach negativer Entscheidung über das Wiedereinsetzungsgesuch zurückzunehmen. Diese Möglichkeit führt zum einen zu einer schnelleren Entscheidung für die Prozeßpartei. Zum anderen ist sie mit geringeren Kosten verbunden, da dann nicht die vollen Kosten einer mündlichen Verhandlung angefallen sind.[748]

Aus diesem Grund ist als Rechtsfolge einer falschen oder unterlassenen Rechtsmittelbelehrung die Wiedereinsetzung in den vorigen Stand gemäß § 233 I ZPO zu wählen. Bei einer fehlerhaften oder fehlenden Rechtsmittelbelehrung gilt die Versäumung der Notfrist zur Rechtsmitteleinlegung durch die Prozeßpartei als unverschuldet erfolgt. Die betroffene Partei kann daher längstens binnen einem Jahr (§ 234 III ZPO) einen Wiedereinsetzungsantrag stellen, regulär zwei Wochen ab der Beseitigung des Hindernisses der Fristversäumung, also hier ab Kenntnis der wahren Umstände der Rechtsmittelmöglichkeiten.

Eine derartige Lösung über die Wiedereinsetzung in den vorigen Stand bei einer fehlerhaften oder unterlassenen Rechtsmittel- oder Rechtsbehelfsbelehrung sehen im übrigen auch die Rechtsmittelbelehrungen im Zivilprozeß nach der österreichischen Zivilprozeßordnung und den Zivilprozeßordnungen einiger Schweizer Kantone vor.[749]

Diese Konsequenz gilt auch für die Versäumnisurteile. Auch hier ist bei unzureichender Rechtsmittelbelehrung die Möglichkeit der Wiedereinsetzung in den vorigen Stand, also vor Ablauf der Notfrist des § 339 I ZPO, gegeben.

---

748 Vgl. dazu Greger in Zöller, ZPO, § 238 Rdnr. 12; Roth in Stein/Jonas, ZPO, § 238 Rdnr. 20.

749 Siehe oben: Teil 1, D II 1, 2.

2. *Amtshaftung bei einer fehlenden oder fehlerhaften Rechtsmittelbelehrung*

Problematisch ist, ob eine fehlende oder fehlerhafte gerichtliche Rechtsmittelbelehrung einen Amtshaftungsanspruch gemäß § 839 BGB in Verbindung mit Art. 34 GG begründet, wenn der betroffenen Prozeßpartei hieraus ein Schaden entstanden ist.

Unzweifelhaft entsteht der fehlerhaft belehrten Prozeßpartei dann ein Schaden, wenn entweder die Belehrung ganz unterblieben ist, oder dahingehend erteilt worden ist, daß *kein* Rechtsmittel möglich ist, obwohl objektiv gesehen ein Rechtsmittel eingelegt werden kann. Wenn sich die Partei in diesen Fällen auf die Belehrung verläßt, wird sie davon abgehalten, ein Rechtsmittel einzulegen. In den Fällen, in denen sie jedoch in der Rechtsmittelinstanz obsiegt hätte, entsteht ihr dadurch ein Schaden in Höhe dessen, was ihr in der Rechtsmittelinstanz zugesprochen worden wäre. Der Schaden beruht kausal auf der mangelhaften Belehrung, so daß in diesen Fällen ein Amtshaftungsanspruch möglich sein könnte.

Darüberhinaus entsteht einer fehlerhaft belehrten Partei auch noch in einer anderen Fallkonstellation ein Schaden: Wenn das Gericht die Partei dahingehend belehrt, daß ein Rechtsmittel möglich ist, obwohl dies objektiv nicht der Fall ist, wird die Prozeßpartei durch die Rechtsmittelbelehrung unter Umständen auf die Idee gebracht, ein Rechtsmittel einzulegen. Der Schaden entsteht der Prozeßpartei hier dadurch, daß sie einen Rechtsanwalt mit der Einlegung des vermeintlich möglichen Rechtsmittels beauftragt, welches vom Gericht der Rechtsmittelinstanz als unzulässig zurückgewiesen wird.

Grundsätzliche Zweifel an der Möglichkeit eines Amtshaftungsanspruchs könnten hier aufgrund des sogenannten Spruchrichterprivilegs[750] des § 839 II BGB bestehen.

Danach ist ein Beamter, der bei dem Urteil seine Rechtspflicht verletzt nur dann für den entstandenen Schaden verantwortlich, wenn die Pflichtverletzung in einer Straftat besteht.

Um die Anwendbarkeit des § 839 II BGB zu begründen, müßte eine fehlerhafte oder unterlassene Rechtsmittelbelehrung eine Rechtspflichtverletzung "bei einem Urteil" darstellen. Eine Verletzung einer Rechtspflicht liegt unzweifelhaft vor, da aufgrund der Kenntnisse eines Richters davon ausgegangen werden muß, daß eine nicht ordnungsgemäße Belehrung in der Regel aus Fahrlässigkeit falsch

750 Papier in MüKo-BGB, § 839 Rdnr. 317; Smid, Jura 1990, 225; Vinke in Soergel, BGB, § 839 Rdnr. 222.

erteilt wurde. Eine fahrlässige Verletzung genügt für eine Rechtspflichtverletzung im Sinne des § 839 I BGB.

Die Besonderheit des § 839 II BGB ist weiterhin die Pflichtverletzung "bei einem Urteil". Der Begriff "Urteil" wird in der Praxis zwar erweiternd gefaßt, so daß nicht nur Urteile im eigentlichen Sinn hierunter fallen, sondern auch Beschlüsse, wenn sie "urteilsvertretend" sind.[751] Entscheidend ist nicht der formale Charakter der Entscheidung, sondern ihr materieller Inhalt.[752]

Da aber die Rechtsmittelbelehrung nach der hier vertretenen Ansicht nur bei Urteilen erteilt werden muß und dort sogar Bestandteil des Urteils ist, ist eine fehlerhafte Rechtsmittelbelehrung als Urteilsbestandteil zweifelsfrei unter den Begriff "Urteil" in § 839 II BGB zu subsumieren.

Eine fehlerhafte oder unterlassene Rechtsmittelbelehrung stellt daher sogar eine Pflichtverletzung "in einem Urteil" dar, so daß das Haftungsprivileg des § 839 II BGB hier unproblematisch eingreift. Ein Amtshaftungsanpruch aus § 839 I BGB in Verbindung mit Art. 34 GG scheidet bei einer fehlenden oder fehlerhaften Rechtsmittelbelehrung aus.

Dieser Ausschluß der Amtshaftung erscheint in diesen Fällen auch nicht unbillig, da schon bei einer fehlerhaften oder fehlenden Rechtsmittelbelehrung das Korrektiv der Wiedereinsetzung in den vorigen Stand greift. Ein zweites Schutzinstitut ist hier nicht nötig. Ein gewisses Restrisiko liegt auch bei den Parteien, die sich auf einen gerichtlichen Rechtsstreit einlassen. Der Staat kann und muß nicht jegliche Schäden für die Parteien ausschließen.

Außerdem greift die Haftungsprivilegierung bei vorsätzlicher Verletzung einer Rechtspflicht, die einen Straftatbestand erfüllt, nicht ein. Vor Willkürhandlungen sind die Prozeßparteien weiterhin geschützt.

VI. Heilung von Belehrungsfehlern

Für § 9 V ArbGG und § 58 VwGO ist anerkannt, daß eine Berichtigung oder Nachholung der Rechtsmittelbelehrung möglich ist.[753] Begründet wird dies mit einer Verfahrensbeschleunigung: Es dürfe der Prozeßpartei nicht zugemutet werden, daß sich die Entscheidung weiterhin in einem Schwebezustand befindet,

---

751 Thomas in Palandt, BGB, § 839 Rdnr. 68.
752 BGH NJW 1966, 246; Thomas in Palandt, BGB, a.a.O..
753 Siehe oben: Teil 2, A II 7; C II 7.

obwohl der Fehler erkannt worden ist.[754] Auch § 21 LwVG und § 20 GrundstVG kennen die Möglichkeit, eine unterlassene Rechtsmittelbelehrung nachzuholen. Die Frist zur Einlegung des Rechtsmittels beginnt dann erst ab dem Zeitpunkt der nachgeholten oder berichtigten Rechtsmittelbelehrung zu laufen.[755]

Auch für die Rechtsmittelbelehrung im Zivilprozeß empfiehlt sich diese Vorgehensweise. Zwar kann für den Zivilprozeß als Begründung nicht der Schwebezustand der Entscheidung angeführt werden, da die fehlerhafte Rechtsmittelbelehrung nach der hier vertretenen Ansicht gerade keinen Einfluß auf die Rechtskraft der Entscheidung hat.

Als Begründung lassen sich vor allem rechtsstaatliche Erwägungen anführen. Eine Aufrechterhaltung eines anerkanntermaßen rechtswidrigen Zustandes ist nicht mit dem Sinn einer Prozeßordnung vereinbar. Eine erkannte fehlerhafte Rechtsmittelbelehrung bestehen zu lassen, widerspricht den Grundsätzen eines fairen Verfahrens, wie sie vom Rechtsstaatsprinzip erfaßt sind.[756] Ein erkannter Fehler einer Rechtsmittelbelehrung - sei es aufgrund eines Unterlassens, sei es durch eine inhaltlich oder formal falsche Belehrung - muß jederzeit verbessert werden können.

Diese Konsequenz wird auch deutlich in den Fällen, in denen die Rechtsmittelbelehrung erst nachträglich "unrichtig" wird. Dies kann etwa durch eine nachträgliche Änderung der Streitwertfestsetzung für die Vorinstanz eintreten. In diesen Fällen auf der dann falschen Belehrung zu beharren, widerspricht einem geordneten Verfahrensablauf. Auch hier muß eine Verbesserungsmöglichkeit gegeben sein.

Auch wenn man grundsätzlich eine Heilung einer fehlerhaften oder unterlassenen Rechtsmittelbelehrung für möglich ansieht, besagt dies noch nichts darüber, wie eine solche Berichtigung oder Ergänzung der Belehrung erfolgen kann.

Für eine Ergänzung oder Berichtigung einer fehlerhaften Rechtsmittelbelehrung empfiehlt sich die Beschlußform ohne mündliche Verhandlung. Die Möglichkeit, im Dezernat der Zivilprozeßabteilung die Berichtigung vorzunehmen, erlaubt es besonders schnell auf eine erkannt mangelhafte Rechtsmittelbelehrung zu reagieren. Da das Gericht hier die Entscheidung "in eigener Sache" trifft, ist eine Anhörung der Parteien vor Erlaß des Berichtigungsbeschlusses entbehrlich. Ihre Rechtsstellung wird durch einen Berichtigungsbeschluß nicht berührt.

---

754 Siehe oben: Teil 2, A II 7.
755 Siehe oben: Teil 2, D II.
756 Benda in Handbuch des VerfR, § 17 Rdnr. 46.

Wegen der grundsätzlich anwendbaren Vorschriften der Wiedereinsetzung in den vorigen Stand ist es erforderlich, einen derartigen Berichtigungsbeschluß den Beteiligten zuzustellen, weil ab Zustellung des Beschlusses die belehrte Partei die Wiedereinsetzungsfrist des § 234 ZPO beachten muß. Eine Zustellung empfiehlt sich an beide Parteien, damit auch die obsiegende Partei Kenntnis vom berichtigten Belehrungsinhalt des Urteils erhält.

Die Tatsache, daß die Berichtigung für den Fristenlauf einer Wiedereinsetzung von Bedeutung sein kann, unterscheidet die Berichtigung wegen einer fehlerhaften oder unterlassenen Rechtsmittelbelehrung von dem bereits vorhandenen Institut der Berichtigung des Urteils nach § 319 ZPO. Dieser Paragraph betrifft nur Schreibfehler, Rechenfehler und andere offenbare Unrichtigkeiten. In diesem Umfang kann § 319 ZPO für eine Berichtigung einer fehlerhaften Rechtsmittelbelehrung herangezogen werden. § 319 ZPO umfaßt dagegen nicht gedanklich falsche Entscheidungen über den Wert der Beschwer und die Frage, ob ein und welches Rechtsmittel gegeben ist. In diesem Bereich bedarf es einer Erweiterung der Berichtigungsmöglichkeiten.

Im Rahmen der Heilung von Belehrungsfehlern einer mangelhaften Rechtsmittelbelehrung stellt sich aber ein weiteres Problem:
Während die übrigen Verfahrensordnungen, die eine Heilungsmöglichkeit für eine Rechtsmittelbelehrung vorsehen, als Konsequenz einer fehlerhaften oder unterlassenen Rechtsmittelbelehrung eine Hemmung der Frist zur Einlegung des Rechtsmittels kennen, ist für den Zivilprozeß - nach der hier vertretenen Auffasssung - die Möglichkeit einer Wiedereinsetzung in den vorigen Stand gegeben. Die nachgeholte Belehrung kann daher nicht - wie in den anderen Verfahren - die Frist zur Einlegung des Rechtsmittels in Gang setzten. Bei der Rechtsmittelbelehrung für den Zivilprozeß beginnt diese Frist ohne Rücksicht auf die Rechtsmittelbelehrung mit der Zustellung des Urteils. Eine Heilung hat daher keinen Einfluß auf den Fristenlauf und kann daher eine Fristversäumung nicht verhindern.

Allerdings kann die Heilung einer Rechtsmittelbelehrung Auswirkungen auf die Frist zur Wiedereinsetzung haben. Je nach Zeitpunkt der Zustellung des Berichtigungsbeschlusses können verschiedene Konstellationen auftreten: Geht der Berichtigungsbeschluß der Partei *nach* Ablauf der regulären Rechtsmittelfrist zu, so kann die Partei Wiedereinsetzung in den vorigen Stand beantragen, wobei dann ab der Zustellung der erneuten Rechtsmittelbelehrung die zweiwöchige Frist zu laufen beginnt.

Da aus der normalerweise erfolgenden Rechtsmittelbelehrung die Wiedereinsetzungsmöglichkeit nicht ersichtlich sein muß, muß die betroffenen Partei in diesen Fällen einer nachgeholten Belehrung hierauf ausdrücklich aufmerksam gemacht werden, da sie ansonsten die sehr kurze Zwei-Wochen-Frist des § 234 I ZPO leicht versäumen kann. Aus den rechtsstaatlichen Gedanken eines fairen Prozesses und aufgrund der Schadensbegrenzung wegen der fehlerhaften Rechtmittelbelehrung ist eine erweiterte Belehrung hier notwendig.

Problematisch erscheint in diesen Fallkonstellationen, in der die reguläre Rechtsmittelfrist noch nicht abgelaufen ist. Hier gibt es zwei Aspekte zu beachten:

Zum einen weiß der Richter, der den berichtigenden Beschluß verfaßt nicht vorher, wann gerade der Beschluß zugestellt werden wird und wieviel Zeit folglich der Prozeßpartei zur Einlegung des Rechtsmittels noch übrig bleibt. In diesen Fällen ist es unklar, ob noch die reguläre Rechtsmittelfrist läuft oder ob das Institut der Wiedereinsetzung nötig ist, um der Partei wenigstens die zweiwöchige Wiedereinsetzungsfrist zur Überlegung der Rechtsmitteleinlegung zu gewähren.

Zum anderen darf durch die Möglichkeit der Wiedereinsetzung in den vorigen Stand nicht die reguläre Rechtsmittelfrist verkürzt werden. Dies kann aber dann der Fall sein, wenn der Berichtigungsbeschluß nur wenige Tage nach der ersten zugestellten Entscheidung ergeht. Die Probleme bei dieser Fallkonstellation lassen sich dadurch lösen, daß in jedem Fall über die Möglichkeit des Wiedereinsetzungsantrags belehrt wird. Der Lauf der regulären Rechtsmittelfrist wird durch die erneute oder zusätzliche Belehrung nicht berührt und der Wiedereinsetzungsantrag kommt nur dann zum Zuge, wenn die Wiedereinsetzungsfrist des § 234 ZPO später endet als sie reguläre Rechtsmittelfrist. Die Abwägung zwischen den beiden laufenden Fristen, der mit der Zustellung des Urteils beginnenden regulären Rechtsmittelfrist und der mit Zustellung des Berichtigungsbeschlusses laufenden Wiedereinsetzungfrist, muß aus rechtsstaatlichen Gründen zu Gunsten der regulären Rechtsmittelfrist gelöst werden. Der reguläre Rechtsschutz darf für die Prozeßpartei nicht verkürzt werden. Endet dagegen die Wiedereinsetzungsfrist nach Ablauf der regulären Rechtsmittelfrist, bestimmt sie die rechtzeitige Einlegung des Rechtsmittels.

B. Belehrungsvorschlag

Nach der abstrakten Betrachtung der Ausgestaltung der Rechtsmittelbelehrungspflicht und damit der im Gesetz zu normierenden Erfordernisse, sollen nun einige Formulierungsbeispiele einer den Prozeßparteien zu erteilenden Rechtsmittelbelehrung gebracht werden. Auch aus diesen Formulierungsvorschlägen lassen sich Schlüsse auf den zu normierenden Gesetzestext der Rechtsmittelbelehrungspflicht ziehen. An diesen Belehrungsvorschlägen wird deutlich, welche Anforderungen die Praxis an eine Rechtsmittelbelehrung stellt, die im Gesetz ihren Niederschlag finden müssen.

Dabei soll hier die Arbeit beispielhaft auf zwei Situationen einer Rechtsmittelbelehrung beschränkt werden: zum einen die Belehrung bei erstinstanzlichen Urteilen des Amtsgerichts über die Berufung und zum anderen auf die Belehrung über den Einspruch gegen ein Versäumnisurteil im amtsgerichtlichen Verfahren. Der Grund für die Beschränkung auf *gerade diese* Situationen ist in folgendem zu sehen: Die amtsgerichtlichen Verfahren machen einen Großteil der zivilprozessualen Rechtsstreitigkeiten aus. Ihre Zahl ist etwa vier- bis fünfmal so hoch wie die der landgerichtlichen Zivilrechtsstreitigkeiten der ersten Instanz.[757] Damit sind diese Formulierungsbeispiele die häufigsten Belehrungstexte im Zivilprozeß.

Der Formulierungsvorschlag für eine Rechtsbehelfsbelehrung im Säumnisverfahren wird deshalb ausgewählt, weil es sich bei dem Einspruch um einen Rechtsbehelf handelt, die Partei also über ihre weiteren Vorgehensweisen in derselben Instanz belehrt wird. Der Inhalt unterscheidet sich damit deutlich von den Belehrungen über Rechtsmittel im engen Sinn.

Diese beiden Formulierungsbeispiele lassen sich mühelos auf alle übrigen Belehrungssituationen übertragen. Sie lassen sich auch miteinander kombinieren, etwa dann, wenn die Klage im Wege eines sogenannten unechten Versäumnisurteils (§ 331 II ZPO)[758] teilweise abgewiesen worden ist und nur im übrigen ein Versäumnisurteil gegen den Beklagten ergangen ist.

I. Berufung gegen erstinstanzliche Urteile des Amtsgerichts

1. Eine Partei obsiegt in vollem Umfang. Die Entscheidung ist für die unterlegene Partei berufungsfähig:

Der Beklagte/Kläger kann gegen dieses Urteil Berufung einlegen.
Der Wert seiner Beschwer beträgt ... DM.

---

757 Statistisches Jahrbuch 2000 für die Bundesrepublik Deutschland, S. 346.
758 Vgl. zum Begriff: Paulus, Zivilprozeßrecht, Rdnr. 334.

Die Berufung muß beim Landgericht ..., (Adresse) eingelegt werden.
Die Berufungsfrist beträgt einen Monat. Sie beginnt mit dem Tag der Zustellung des Urteils oder dem Tag der Niederlegung der Urteilsausfertigung und Benachrichtigung.
Die Berufung ist durch Einreichen einer Berufungsschrift durch einen beim Landgericht ... zugelassenen Rechtsanwalt einzulegen.

2. Der Kläger und der Beklagte obsiegen teilweise. Beide können Berufung einlegen:

Der Beklagte kann gegen dieses Urteil Berufung einlegen.
Der Wert seiner Beschwer beträgt ... DM.
Der Kläger kann gegen dieses Urteil Berufung einlegen.
Der Wert seiner Beschwer beträgt ... DM.
Die Berufung muß beim Landgericht ..., (Adresse) eingelegt werden.
Die Berufungsfrist beträgt einen Monat. Sie beginnt mit dem Tag der Zustellung des Urteils oder dem Tag der Niederlegung der Urteilsausfertigung und Benachrichtigung.
Die Berufung ist durch Einreichen einer Berufungsschrift durch einen beim Landgericht ... zugelassenen Rechtsanwalt einzulegen.

3. Eine Partei obsiegt in vollem Umfang. Die unterlegene Partei kann nicht Berufung einlegen:

Der Beklagte/Kläger kann gegen dieses Urteil k e i n e Berufung einlegen.
Der Wert seiner Beschwer beträgt ... DM. Die Berufungssumme von 1.500,- DM (§ 511 a I S. 1 ZPO) wird nicht überschritten.

4. Der Kläger und der Beklagte obsiegen teilweise. Die Entscheidung ist für eine der Parteien berufungsfähig, für die andere nicht:

Der Beklagte/Kläger kann gegen dieses Urteil Berufung einlegen.
Der Wert seiner Beschwer beträgt ... DM.
Der Kläger/Beklagte kann gegen dieses Urteil k e i n e Berufung einlegen.
Der Wert seiner Beschwer beträgt ... DM. Die Berufungssumme von 1.500,- DM (§ 511 a I S. 1 ZPO) wird nicht überschritten.
Die Berufung des Beklagten/Klägers muß beim Landgericht ..., (Adresse) eingelegt werden.

Die Berufungsfrist beträgt einen Monat. Sie beginnt mit dem Tag der Zustellung des Urteils oder dem Tag der Niederlegung der Urteilsausfertigung und Benachrichtigung.
Die Berufung ist durch Einreichen einer Berufungsschrift durch einen beim Landgericht ... zugelassenen Rechtsanwalt einzulegen.

5. In den Fällen der Divergenzberufung

Der Beklagte/Kläger kann gegen dieses Urteil Berufung einlegen.
Der Wert seiner Beschwer beträgt ... DM. Die Berufungssumme von 1.500,- DM (§ 511 a I S. 1 ZPO) wird nicht überschritten. Eine Berufung ist dennoch möglich (Divergenzberufung, § 511 a II ZPO). Das Urteil hat Ansprüche aus einem Mietverhältnis oder einen Streit um dessen Bestand zum Inhalt. Es weicht in einer Rechtsfrage von einer Entscheidung eines Oberlandesgerichts oder des Bundesgerichtshofs ab, wobei die Entscheidung auf dieser Abweichung beruht.
Die Berufung muß beim Landgericht ..., (Adresse) eingelegt werden.
Die Berufungsfrist beträgt einen Monat. Sie beginnt mit dem Tag der Zustellung des Urteils oder dem Tag der Niederlegung der Urteilsausfertigung und Benachrichtigung.
Die Berufung ist durch Einreichen einer Berufungsschrift durch einen beim Landgericht ... zugelassenen Rechtsanwalt einzulegen.

II. Versäumnisurteil im amtsgerichtlichen Verfahren

Der Beklagte/Kläger kann gegen dieses Urteil Einspruch einlegen.
Der Einspruch muß beim Prozeßgericht, dem Amtsgericht ..., (Adresse) eingelegt werden.
Die Einspruchsfrist beträgt zwei Wochen. Sie beginnt mit der Zustellung des Versäumnisurteils oder dem Tag der Niederlegung des Versäumnisurteils und der Benachrichtigung.
Der Einspruch ist duch die Einreichung einer Einspruchsschrift einzulegen. Die Einspruchsschrift muß das Urteil bezeichnen, gegen das der Einspruch gerichtet ist. In der Einspruchsschrift hat der Beklagte/Kläger seine Angriffs- und Verteidigungsmittel vorzubringen.

C. Vorschlag für einen Gesetzestext

I. Systematik

Es bestünde die Möglichkeit, die Rechtsmittelbelehrungspflicht im Rahmen der richterlichen Frage- und Hinweispflicht gemäß § 139 ZPO zu regeln. § 139 ZPO bezweckt wie die Rechtsmittelbelehrungspflicht die Unterstützung einer rechtsunkundigen Prozeßpartei.[759] Allerdings gilt § 139 ZPO nur innerhalb eines laufenden Verfahrens, während die Rechtsmittelbelehrungspflicht erst bei dessen endgültigem oder vorläufigem Abschluß erteilt werden muß. Sie bezieht sich vielmehr auf die Weiterverfolgung eines Anspruchs. Da die Rechtsmittelbelehrung in diesen Fällen erst in dem Zwischenstadium zwischen zwei Instanzen ihre Wirkung entfaltet, ist eine direkte Verknüpfung der Rechtsmittelbelehrungspflicht mit der Hinweispflicht des § 139 ZPO aufgrund der anderen Zielrichtungen der gerichtlichen Aufklärungspflichten nicht angebracht.

Die Rechtsmittelbelehrung muß in allen Urteilen erteilt werden, und zwar am Ende der "Entscheidungsgründe" vor der Unterschrift des Richters. Daher erscheint eine Normierung der Belehrungspflicht im Zusammenhang mit dem § 313 ZPO am geeignetsten.

Hier ist zum einen zu bedenken, daß die Rechtsmittelbelehrung Bestandteil des Urteils geworden ist, da sie von der Unterschrift des Richters umfaßt ist. Insofern muß § 313 I ZPO um eine Ziffer 7 mit der Bezeichnung "Rechtsmittelbelehrung" ergänzt werden. Eine konkrete Darstellung auch des vorgeschriebenen Inhalts der Rechtsmittelbelehrung an dieser Stelle im Gesetz ist wenig praktikabel. Es ist sachgerechter für die umfassende Darstellung der Rechtsmittelbelehrungspflicht einen eigenen Paragraphen im Umfeld des § 313 ZPO zu wählen. Da die Rechtsmittelbelehrungspflicht einen weiteren Aspekt des Urteilsinhalts darstellt, ist eine Normierung als § 313 c ZPO am geeignetsten.

Darüber hinaus muß die bisherige Belehrung bei Versäumnisurteilen in § 340 III ZPO aus dem Gesetz herausgenommen werden, da für die Versäumnisurteile ebenfalls die allgemeine, umfassende Rechtsmittelbelehrung gilt.

---

759 Leipold in Stein/Jonas, ZPO, § 139 Rdnr. 5; Peters in MüKo-ZPO, § 139 Rdnr. 3.

§ 313 c ZPO

(1) In jedem Urteil sind die Prozeßbeteiligten, unter Angabe des Wertes ihrer Beschwer darüber zu belehren, ob für sie gegen die Entscheidung ein Rechtsmittel oder ein Rechtsbehelf möglich ist.

(2) Ist ein Rechtsmittel oder ein Rechtsbehelf möglich, so sind die Beteiligten über die Form und die Frist zur Einlegung des Rechtsmittels oder Rechtsbehelfs zu belehren. Die Belehrung muß auch das Gericht, bei dem das Rechtsmittel oder der Rechtsbehelf eingelegt werden muß, konkret benennen und einen Hinweis auf einen gegebenen Vertretungszwang in der Rechtsmittelinstanz gemäß § 78 ZPO enthalten.
Ist kein Rechtsmittel oder Rechtsbehelf möglich, so ist darüber zu belehren.

(3) Ist die Rechtsmittel- oder Rechtsbehelfsbelehrung unterlassen oder fehlerhaft erteilt worden, so gilt dies als unverschuldete Versäumung der Rechtsmittel- oder Rechtsbehelfsfrist. Die §§ 233 - 238 ZPO finden Anwendung.

(4) Das Gericht kann eine falsche oder unrichtig gewordene Rechtsmittel- oder Rechtsbehelfsbelehrung durch einen Beschluß ohne mündliche Verhandlung ändern oder ergänzen. Eine unterlassene Belehrung kann durch Beschluß nachgeholt werden. Der Berichtigungsbeschluß ist den Prozeßparteien zuzustellen. In dem Beschluß sind die Beteiligten auf die Notwendigkeit eines Wiedereinsetzungsantrags hinzuweisen. Die Frist für den Wiedereinsetzungsantrag beginnt ab Zustellung des Beschlusses zu laufen. Die ursprüngliche Rechtsmittel- oder Rechtsbehelfsfrist wird nicht verkürzt.

Resümee

Das im Rechtsstaatsprinzip verankerte Gebot der Rechtssicherheit und das Gebot des effektiven Rechtsschutzes begründen eine verfassungsrechtliche Verpflichtung des Staates, auch im Zivilprozeß eine Belehrungspflicht über Rechtsmittel und Rechtsbehelfe einzuführen. Eine derartige Verpflichtung ist für den Zivilprozeß kein neuer Gedanke. Schon in den zivilprozessualen Verfahrensordnungen des 18. und 19. Jahrhunderts fanden sich differenzierte Rechtsmittelbelehrungspflichten der Gerichte. Erst durch den stärkeren Einfluß des französischen Rechts auf die Zivilprozeßkodifikationen gegen Ende des 19. Jahrhunderts infolge der Übernahme des als liberaler angesehenen "Mündlichkeitsprinzips" ging diese Belehrungspflicht in der Zivilprozeßordnung von 1877 verloren.

Andere europäische Staaten kennen heute Rechtsmittelbelehrungspflichten im Zivilprozeß, wie etwa Österreich, Schweden oder einige Schweizer Kantone.

In Deutschland existieren ebenfalls Rechtsmittelbelehrungspflichten, jedoch in anderen Prozeßordnungen.[760] Bei der Ausgestaltung der Rechtsmittelbelehrungsnorm für den Zivilprozeß können diese derzeit geltenden Rechtsmittelbelehrungspflichten in den anderen Prozeßordnungen als Vorbild dienen.

Bei der aus verfassungsrechtlichen Gründen zu normierenden Rechtsmittelbelehrungspflicht im Zivilprozeß bestimmt sich nach der zugrundeliegenden gerichtlichen Entscheidung, in welchen Fällen eine Rechtsmittelbelehrung den Prozeßbeteiligten zu erteilen ist. Eine Rechtsmittel- und Rechtsbehelfsbelehrung ist bei allen Arten von Urteilen zu erteilen. Dabei ist die Belehrungspflicht - vergleichbar mit § 139 ZPO - unabhängig von einer anwaltlichen Vertretung, da die Entscheidung, ein Rechtsmittel oder einen Rechtsbehelf einzulegen, aus rechtsstaatlichen Gründen von der Prozeßpartei selbst getroffen werden muß, bevor ein Rechtsanwalt mit dem Mandat beauftragt werden muß. Es muß im Zivilprozeß eine konkrete auf den Einzelfall bezogene Belehrung über das Rechtsmittel oder den Rechtsbehelf und dessen Formerfordernisse und Fristen erfolgen. Die Belehrung muß darüber hinaus auf das für den Rechtsbehelf zuständige Gericht, die Beschwer der Partei und den Vertretungszwang nach § 78 ZPO hinweisen. Die Rechtsmittelbelehrung hat je nach Fall positiv oder negativ zu erfolgen. Die

760 § 9 V ArbGG, § 35 a StPO, § 58 VwGO, § 55 FGO, § 66 SGG, § 69 I Nr. 6 FGG, § 70 f I FGG, § 21 II S. 1 LwVG, § 20 GrundStVG.

Rechtsmittelbelehrung hat schriftlich zu erfolgen. Sie ist aufgrund der besseren Beweisbarkeit und zur besseren Verdeutlichung für die Parteien Bestandteil des Urteils. War die Rechtsmittelbelehrung fehlerhaft oder ist sie ganz unterblieben, besteht die Möglichkeit der Wiedereinsetzung in den vorigen Stand gemäß § 233 ZPO. Eine Rechtsmittelbelehrung, die fehlerhaft ist oder wird, und eine unterlassene Rechtsmittelbelehrung können durch Beschluß berichtigt werden.

Christian Kunz

Rechtsmittelbelehrung durch die Zivilgerichte

Sollten Entscheidungen im Zivilprozeß und in der freiwilligen Gerichtsbarkeit mit einer obligatorischen Rechtsmittelbelehrung versehen werden?

Frankfurt/M., Berlin, Bern, Bruxelles, New York, Oxford, Wien, 2000. XII, 245 S.
Europäische Hochschulschriften: Reihe 2, Rechtswissenschaft. Bd. 3022
ISBN 3-631-37176-4 · br. € 40.40*

Der Zivilprozeß und die freiwillige Gerichtsbarkeit kennen - anders als die übrigen großen Verfahrensordnungen - keine allgemeine Rechtsmittelbelehrung. Das Bundesverfassungsgericht hält diese Sonderstellung der Zivilgerichte für bedenklich. Daher häufen sich die Appelle an den Gesetzgeber, die Zivilgerichte ebenfalls zur Erteilung von Rechtsmittelbelehrungen zu verpflichten. Auf den ersten Blick erscheint die Forderung im Interesse der Gleichbehandlung und der Rechtssicherheit einleuchtend. Bei naherer Betrachtung ergeben sich jedoch systematische und praktische Einwände. Im Ergebnis sprechen die besseren Gründe dafür, die Differenzierung der Belehrungspflichten beizubehalten.

Aus dem Inhalt: Geltendes Recht · Historische Entwicklung · Verfassungsrechtliche Lage · Einfach-rechtliche Bewertung

FSC
www.fsc.org
MIX
Papier | Fördert
gute Waldnutzung
FSC® C083411

Kolibri 360 GmbH
Ferdinand-Jühlke-Straße 7
99095 Erfurt, Deutschland
produktsicherheit@kolibri360.de

Druck:
CPI Druckdienstleistungen GmbH
im Auftrag der
Kolibri 360 GmbH
Ferdinand-Jühlke-Str. 7
99095 Erfurt